Kurt Siebenwurst und Gustav Stock

English for Pilots

Englisch für Flugzeugführer

W0190214

Flugsicherungsdienste und -verfahren
Flugwettermeldungen und Flugwetterberatung
Flugsprechfunk BZF I (BZF II) und AZF
VFR, Sonder-VFR, Kontroll.-VFR, Radar, Notlagen
Flugbetrieb, Flugplatz, Luftfahrtpersonal
Flugzeug, Navigation
Instrumentenflugregeln IFR
Alphabetisches Fachwörterverzeichnis
Abkürzungen

Vierte auf den neuesten Stand gebrachte und erweiterte Auflage

Verlag Dr. Neufang KG · Nordring 10 · 4650 Gelsenkirchen Buer

Wichtige Hinweise zur 4. Auflage

1. Änderungen im Flugsprechfunkverkehr

Die ICAO − Internationale zivile Luftfahrtorganisation − hat die Sprechfunk-verfahren kürzer und präziser gestaltet. Mißverständnisse und Unfallgefah-ren sollen weitgehend ausgeschlossen werden. Änderungen sind hauptsäch-lich auf den Gebieten Flugplatzkontrolle und Instrumentenflugverfahren mit Radarführung eingetreten. Die wichtigsten Neuerungen sind:

- FREI/CLEARED im wesentlichen nur für Start- und Landefreigabe.
- RUNWAY VACATED für Verlassen der Start-/Landebahn.
- FLUGFLÄCHE/FLIGHT LEVEL vor Höhenangaben nach Standardluft-druck.
- FUSS/FEET nach Höhenangaben über NN (QNH).
- HIER/THIS IS bei Einleitungsanruf und Antwort entfällt.

2. Änderungen zu Form und Inhalt von Flugplänen

Am 21. Nov. 1985 sind international neue Flugpläne eingeführt worden. Diese Flugpläne enthalten wichtige Änderungen in der Form und im Inhalt für VFR- und IFR-Flüge.

3. Umfang der Änderungen in der 4. Auflage

Die vorliegende Neuauflage enthält alle Änderungen im Flugsprechfunkver-kehr für VFR-, CVFR- und IFR-Flüge. Die neuen Redewendungen sind meistens − durch Fettdruck bzw. Randstriche − besonders kenntlich gemacht. Die Neuauflage enthält ferner alle Angaben über den neuen „Flugplan für VFR- und IFR-Flüge" mit 6 verschiedenen Musterflugplänen. Außerdem ist das Buch überarbeitet worden. Die einzelnen Kapitel sind den vorstehenden Neuerungen angepaßt worden.

ISBN 3-923338-04-X

Alle Rechte vorbehalten
Printed in W.-Germany 1986
Verlag Dr. Neufang KG, 4650 Gelsenkirchen-Buer
Druck: Buersche Druckerei Dr. Neufang KG,
4650 Gelsenkirchen-Buer

Umfang und Anwendbarkeit dieses Fachbuches

Umfang

Umfassende Sammlung von Fachbegriffen und Redewendungen für den Flugbetrieb —Deutsch und Englisch—

Gruppierung nach Fachgebieten zum Nachschlagen an jeder beliebigen Stelle

Vollständige Lehrunterlage für den Erwerb und das Auffrischen von Flugfunkzeugnissen BZF I (BZF II) und AZF
mit zahlreichen Anwendungsbeispielen

Flugsprechfunk und Ablauf des Flugbetriebes in der Praxis
        — VFR, Sonder-VFR, Kontr. VFR (CVFR), Radar, Notlagen
        — **IFR**
Anlagen, Einrichtungen und Begriffe des Flugbetriebes

Flugpläne für alle Flugarten

Flugwettermeldungen und Flugwetterberatung

7000 alphabetische Fachwörter Deutsch/Englisch, Englisch/Deutsch

730 Abkürzungen in Fachgruppen

Anwendbarkeit

Berufsflugzeugführer und Privatflugzeugführer
        — Erwerb und Auffrischung der englischen Fachsprache
        — Nachschlagen von Fachbegriffen in der Flugbetriebspraxis
        — Erwerb der Sprechfunkzeugnisse in englischer Sprache für den
          VFR- sowie IFR-Flugbetrieb

Bedienstete im Flugbetrieb
        — Flugsicherung, Luftaufsicht, Flugleiter, Flugplätze, Luftfahrtbehörden, Luftfahrtunternehmen

Lehrkräfte
        — für Luftfahrtberufe und Personal im Flugbetrieb

INHALTSVERZEICHNIS

Flugsicherung
und
Luftverkehrsregeln

Flugsicherungs-Betriebsdienste

Flugverkehrskontrolldienst
  Bezirkskontrolldienst
  Anflugkontrolldienst
  Flugplatzkontrolldienst
Fluginformationsdienst
Flugverkehrsberatungsdienst
Flugalarmdienst
Flugberatungsdienst
Flugfernmeldedienst
Flugnavigationsdienst

Dienststellen

Bezirkskontrollstelle
Regionalkontrollstelle
Bezirkskontrollstelle für den
  oberen Luftraum
Anflugkontrollstelle
Flugplatzkontrollstelle
Fluginformationszentrale
Zentrale für das obere
  Fluginformationsgebiet

Begriffe

Bewegungslenkung des Luftverkehrs
Zusammenstöße verhindern
rascher und geordneter Ablauf
Luftfahrzeuge im Flug
Luftfahrzeuge auf dem Rollfeld
  Fahrzeuge
  Hindernisse
IFR-Flüge (-Verkehr)
VFR-Flüge (-Verkehr)
Anflüge
Abflüge
Flugplatzverkehr
in der Nähe von Flugplätzen
Anweisungen
Freigaben
Informationen
Hinweise, Ratschläge
Staffelung von bekanntem Verkehr
militärische Flüge
zuständige Stelle (Behörde)
Luftverkehr, Flugverkehr

Air Navigation Services

Air Traffic Control Service
  Area Control Service
  Approach Control Service
  Aerodrome Control Service
Flight Information Service   *FIS*
Air Traffic Advisory Service
Alerting Service
Aeronautical Information Service   *AIS*
Aeronautical Telecommunication Service
Aeronautical Navigation Service

Units

Area Control Centre   *ACC*
Regional Control Centre   *RCC*
Upper Area Control Centre   *UAC*

Approach Control Office   *APP*
Aerodrome Control Tower   *TWR*
Flight Information Centre   *FIC*
Upper Information Centre   *UIC*

Terms

control of air traffic
prevent collisions
expeditious and orderly flow
aircraft in flight
aircraft on the manoeuvring area
  vehicles
  obstructions
IFR flights (traffic)
VFR flights (traffic)
approaches
departures
aerodrome traffic
in the vincinity of aerodromes
instructions
clearances
information
advice
separation of known traffic
military flights
competent authority
air traffic

Flugbewegungen	*flight movements*
Flugplatz mit Flugverkehrskontrolle, Kontrollierter Flugplatz	*controlled aerodrome*
Flugplatzverkehr	*aerodrome traffic*
Umgebung des Flugplatzes	*vicinity of an areodrome*
Rollfeld	*manoeuvring area*
Flugverkehrsfreigabe	*air traffic clearance*
Flugverkehrskontrollfreigabe	*air traffic control clearance*
Staffelung	*separation*
Vermeidung von Zusammenstößen	*avoidance of collisions*
Bewegungslenkung	*movement control*
Höhe über Grund	*height*
Höhe über Normal Null (NN)	*height above mean sea level (MSL)*
Flughöhe	*altitude*
Flugfläche	*flight level*
Erdoberfläche	*surface of the earth*
Flugweg	*flight path*
Kurs	*course*
Kurs über Grund	*track*
Steuerkurs	*heading*
Gegenkurs	*reciprocal track*
Gegenrichtung	*opposite direction*
Steigflug	*climb*
Sinkflug	*descent*
Horizontalflug	*level flight*
kreuzender Verkehr	*crossing traffic, converging traffic*
überholender Verkehr	*overtaking traffic*
startender Verkehr	*departing traffic*
landender Verkehr	*landing traffic*
überfliegender Verkehr	*overflying traffic*
Hörbereitschaft	*listening watch*
Lichtsignale	*light signals*
Bodensignale	*ground signals*
Einflug	*entry*
Ausflug	*exit*
Durchflug	*penetration; crossing*
Abflugverfahren	*departure procedure*
Anflugverfahren	*approach procedure*
Abflugstrecke	*departure route*
Einflugstrecke	*entry route*
vorgeschriebene Flughöhe	*prescribed altitude*
Maximalhöhe	*maximum altitude*
örtliche Verfahren	*local procedures*
Pflichtmeldepunkt	*compulsory reporting point*

Sichtweite	visual range
Sichtanflugkarte	visual approach chart
Landekarte	landing chart
Flugplatzlageplan	aerodrome configuration

Flugrundfunkdienste

Aeronautical Broadcasting Services

Zu den Flugrundfunkdiensten gehören die automatischen Ausstrahlungen von VOLMET und ATIS in englischer Sprache. Zum Beispiel enthalten die Wetterfunksendungen FRANKFURT VOLMET, Frequenz 127.60 sowie 135. 775 und BREMEN VOLMET, Frequenz 127.40, die Flughafenwettermeldungen aller deutschen und einiger ausländischer Flughäfen. Diese Wettermeldungen werden kontinuierlich ausgestrahlt und halbstündlich erneuert Die Beobachtungszeiten werden jeweils angegeben.

Zur Reduzierung des Sprechfunkverkehrs werden auf bestimmten UKW-Frequenzen (z. B. VOR) die Lande- und Startinformationen ATIS kontinuierlich ausgestrahlt und erneuert. Die jeweiligen Meldungen sind mit einem Kennbuchstaben — zum Beispiel „Information Sierra" — versehen. Durch Angabe des Buchstabens bei Sprechfunkaufnahme ist die Aktualität der abgehörten Meldung mit der Flugsicherung abzustimmen. ATIS-Frequenzen enthält unter anderem die ICAO-Luftfahrtkarte 1 : 500 000.

an alle Funkstellen gerichtet	directed to all radio stations
automatische Ausstrahlung	automatic emission
ununterbrochen	continuous
Klartext	plain language
VOLMET — Wetterinformationen für Luftfahrzeuge im Fluge	VOLMET — Meteorological information for aircraft in flight
Flughafenwettermeldungen und Landewettervorhersagen (siehe auch Abschnitt Flugwetter)	aerodrome weather reports and landing forecasts (trend)
ATIS — Automatische Ausstrahlung von Lande- und Startinformationen	ATIS — Automatic Terminal Information Service

Inhalt von ATIS	Contents of ATIS
1. Ortsname; Kennbuchstabe	1. Location; code letter
2. Start- und Landebahn in Betrieb	2. runway in use
3. Übergangsfläche (für IFR-Flüge)	3. transition level (for IFR-flights)
4. Flugplatzwetter und Landewettervorhersage	4. aerodrome weather and landing forecast
Falls erforderlich:	If required:
5. Landebahnzustand und Bremswirkung	5. runway condition and braking action
6. Betriebseinschränkung bei Anflughilfen	6. restricted use of approach aids
7. Bauarbeiten an oder nahe der Start- und Landebahn	7. construction work on or near the runway
8. Andere für Start und Landung wichtige Informationen	8. other information important for take-off and landing

Such- und Rettungsdienst

Such- und Rettungsdienst (SAR-Dienst)
SAR-Dienst auslösen
Flugalarmdienst
alarmieren
Such- und Rettungsdienst durchführen
Rettungseinrichtungen
SAR-Leitstelle
Suchaktion
vermißtes Luftfahrzeug
Luftfahrzeug in Gefahr
Luftfahrzeug benötigt sofortige Hilfe
Notlandung
Flugzeugabsturz
Insassen retten

Alarmstufen

Ungewißheitsstufe (Alarmstufe 1)
Bereitschaftsstufe (Alarmstufe 2)
Notstufe (Alarmstufe 3)

Lufträume

Unkontrollierter Luftraum

Fluginformationsgebiet −FIR−
Oberes Fluginformationsgebiet −UIR−
Flugverkehrsberatungsbezirk −ADA−
Flugverkehrsberatungsstrecke −ADR−
Oberer Flugverkehrsberatungsbezirk −UDA−
Obere Flugverkehrsberatungsstrecke

Kontrollierter Luftraum

Kontrollbezirk −CTA−
(Unterer Luftraum)
  Flugverkehrsstrecke

  Bezeichnung von Flugverkehrsstrecken:
  Gelb 9   = A 9
  Blau 6   = B 6
  Grün 31   = G 31
  Rot 10   = R 10
  Weiß 41   = W 41
  Blau 29 Süd = B 29 S

Search and Rescue Service

Search and Rescue Service (SAR-Service)
initiating SAR service
alerting service
to alert
executing search and rescue service
rescue facilities (organizations)
rescue coordination centre (RCC)
search action (mission)
lost aircraft
aircraft in danger
aircraft requires immediate assistance
emergency landing
aircraft crash
to rescue occupants

Emergency phases

Uncertainty phase (INCERFA)
Alert phase (ALERFA)
Distress phase (DETRESFA)

Airspaces

Uncontrolled Airspace

Flight Information Region −FIR−
Upper Flight Information Region −UIR−
Advisory Area − ADA−
Advisory Route −ADR−
Upper Advisory Area −UDA−
Upper Advisory Route

Controlled Airspace

Control Area − CTA−
(Lower Airspace)
  Air Traffic Services Route
  − ATS Route −

  Designation of ATS Routes:
  Amber 9   = A 9
  Blue   6   = B 6
  Green 31   = G 31
  Red   10   = R 10
  White 41   = W 41
  Blue 29 South = B 29 S

14

Nahverkehrsbereich −TMA−	Terminal Control Area −TMA−
Sektor A	Sector A
Sektor B	Sector B
Sektor C	Sector C
Oberer Kontrollbezirk −UTA−	Upper Control Area −UTA−
(Oberer Luftraum)	(Upper Airspace)
Obere Flugverkehrsstrecke	Upper Air Traffic Services Route
	− Upper ATS Route
Kontrollzone −CTR−	Control Zone −CTR−

Andere Luftraumarten   **Other Types of Airspace**

Berlin-Korridore	Berlin Corridors
Flugplatzverkehrszone −ATZ−	Aerodrome Traffic Zone −ATZ−

Luftraumbeschränkungen   **Airspace Restrictions**

Gefahrengebiet −(ED)− D. .	Danger Area (ED) − D. .
Gebiet mit Flugbeschränkung (ED) − R. .	Restricted Area (ED) − R. .
Flugsperrgebiet (ED) − P. .	Prohibited Area (ED) − P. .
VFR-Beschränkungsgebiet (ED) − R(VFR)	VFR Restriction Area (ED) − R(VFR). .
Kontrolliertes VFR-Gebiet − CVFR Gebiet	Controlled VFR-Area − CVFR Area
Zeitweilig reservierter Luftraum −TRA−	Temporary Reserved Airspace − TRA−

Allgemeine Begriffe   **General Terms**

Untergrenze	lower limit
Obergrenze	upper limit
seitliche Begrenzung	lateral limits
Grenze, Staatsgrenze	boundary, frontier
Grenze des Fluginformationsgebietes	boundary of the flight information region
− FIR-Grenze −	− FIR boundary −
höhenmäßige Ausdehnung	vertical dimension
seitliche Ausdehnung	lateral dimension
Grund oder Wasser −GND−	ground or water −GND−
unbegrenzt −	unlimited −
Länge	length
Breite	width
benachbartes Fluginformationsgebiet	adjacent Flight Information Region
Flugplatzhöhe	aerodrome elevation
Radius	radius

Aufbau des Luftraumes
Structure of Airspace

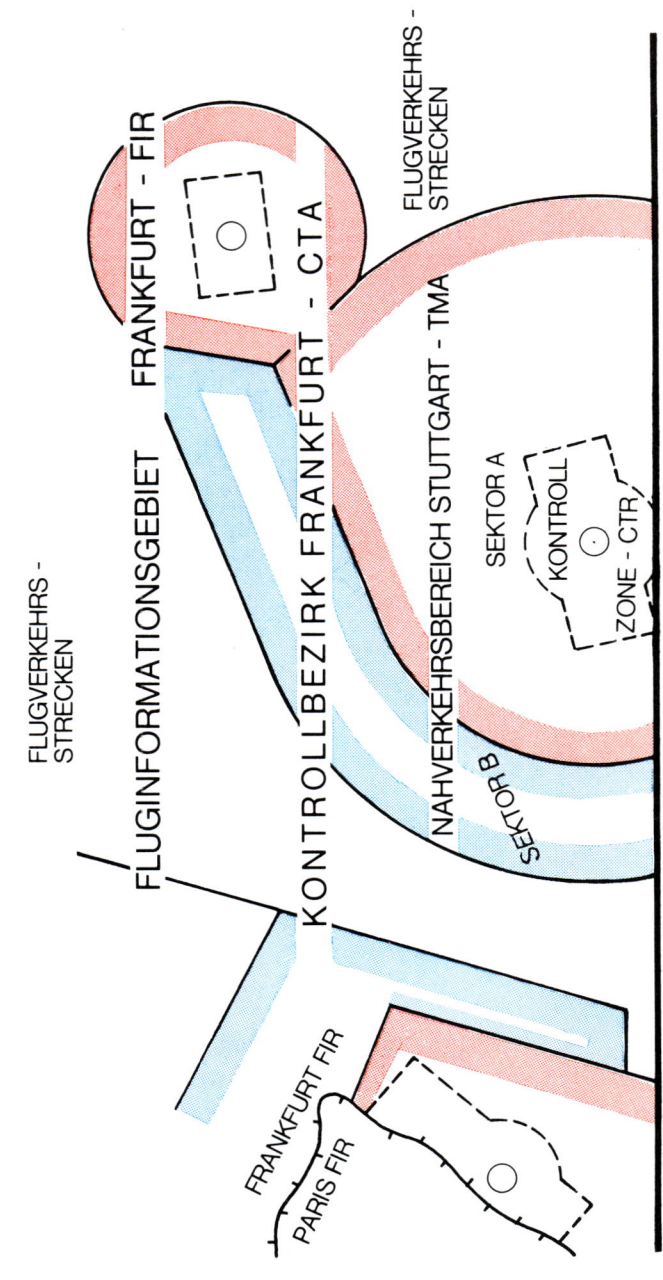

FLUGVERKEHRS - STRECKEN

FRANKFURT - FIR

FRANKFURT - CTA

FLUGVERKEHRS - STRECKEN

FLUGINFORMATIONSGEBIET

KONTROLLBEZIRK FRANKFURT

NAHVERKEHRSBEREICH STUTTGART - TMA

SEKTOR A

KONTROLL

ZONE - CTR

SEKTOR B

FLUGVERKEHRS - STRECKEN

FRANKFURT FIR

PARIS FIR

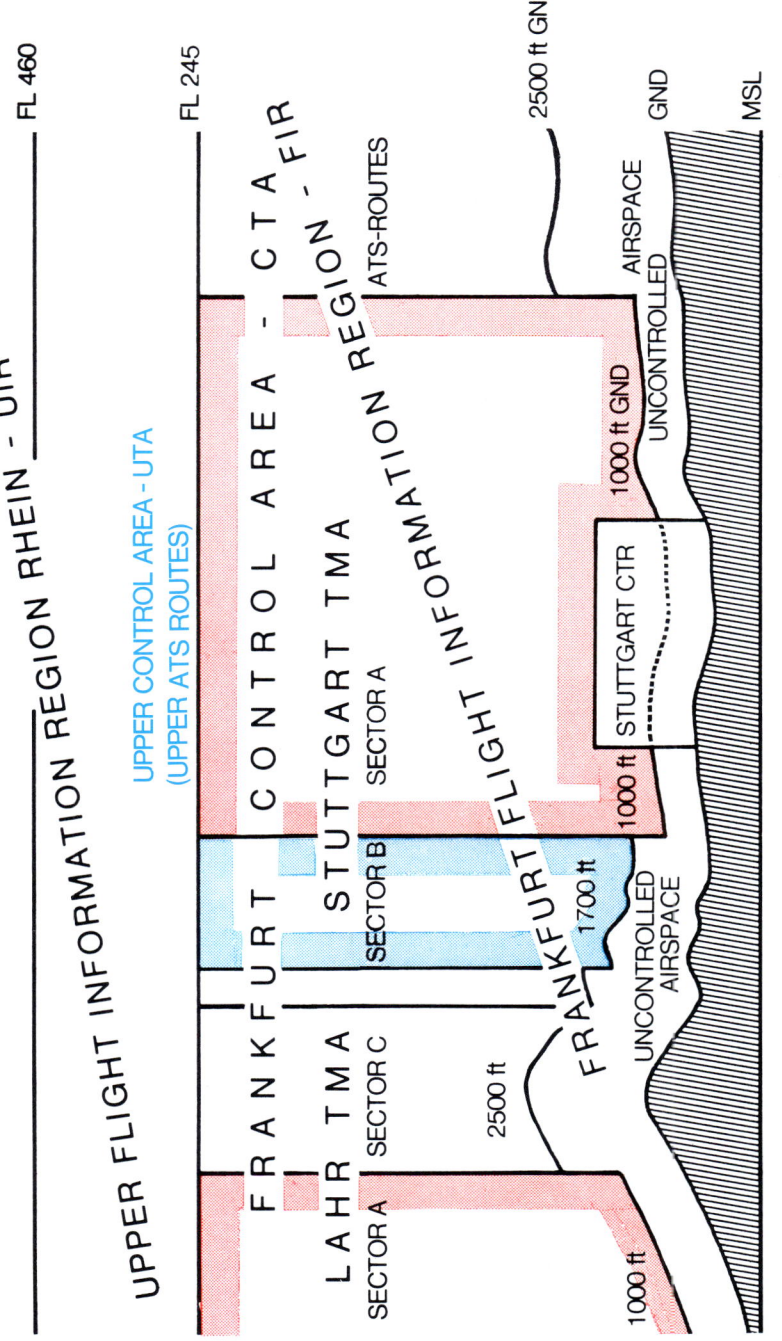

UPPER FLIGHT INFORMATION REGION RHEIN – UIR

FL 460

FL 245

UPPER CONTROL AREA – UTA
(UPPER ATS ROUTES)

FRANKFURT CONTROL AREA – CTA – FIR

STUTTGART TMA

SECTOR A

ATS-ROUTES

FRANKFURT FLIGHT INFORMATION REGION

STUTTGART CTR

1000 ft GND

2500 ft GND

UNCONTROLLED
AIRSPACE

GND

MSL

1000 ft

SECTOR B

1700 ft

UNCONTROLLED
AIRSPACE

LAHR TMA

SECTOR C

2500 ft

SECTOR A

1000 ft

SEITENSICHT
SIDE VIEW

Sichtflugregeln VFR

a) Im gesamten kontrollierten Luftraum und
im unkontrollierten Luftraum **über** 3000 ft über Grund:

Flugsicht		8 km
Wolkenabstand	waagerecht	1,5 km
	senkrecht	1000 ft

in der Kontrollzone **zusätzlich:**

Bodensicht	8 km
Hauptwolken-untergrenze	2000 ft

b) Im unkontrollierten Luftraum **unter** 3000 ft über Grund:

Flugsicht	1,5 km	Hubschrauber
		Luftschiffe 800 m
		Ballone
Wolkenabstand	Wolken dürfen nicht berührt werden	
Zusätzliche	Erdsicht muß beibehalten werden	
Erfordernisse		Rechtzeitiges Erkennen
– – – –		von Hindernissen muß
		möglich sein

Visual flight rules VFR

a) *Within controlled airspace and*
in uncontrolled airspace **above** *3000 ft above ground:*

Flight *visibility*		*8 km*
Distance from	*vertical*	*1,5 km*
clouds	*horizontal*	*1000 ft*

Within a control zone **additional:**

Ground *visibility*	*8 km*
Ceiling	*2000 ft*

b) *In uncontrolled airspace below 3000 ft above ground:*

Flight *visibility*	*1,5 km*	*Helicopters*
		Airships 800 m
		Balloons
Distance from	*Clear of clouds*	
clouds		
Additional	*Visual ground contact must be maintained*	
requirements		*Perception of obstruc-*
– – – –		*tions shall be possible*
		in due time

18

Schema Sichtflugregeln

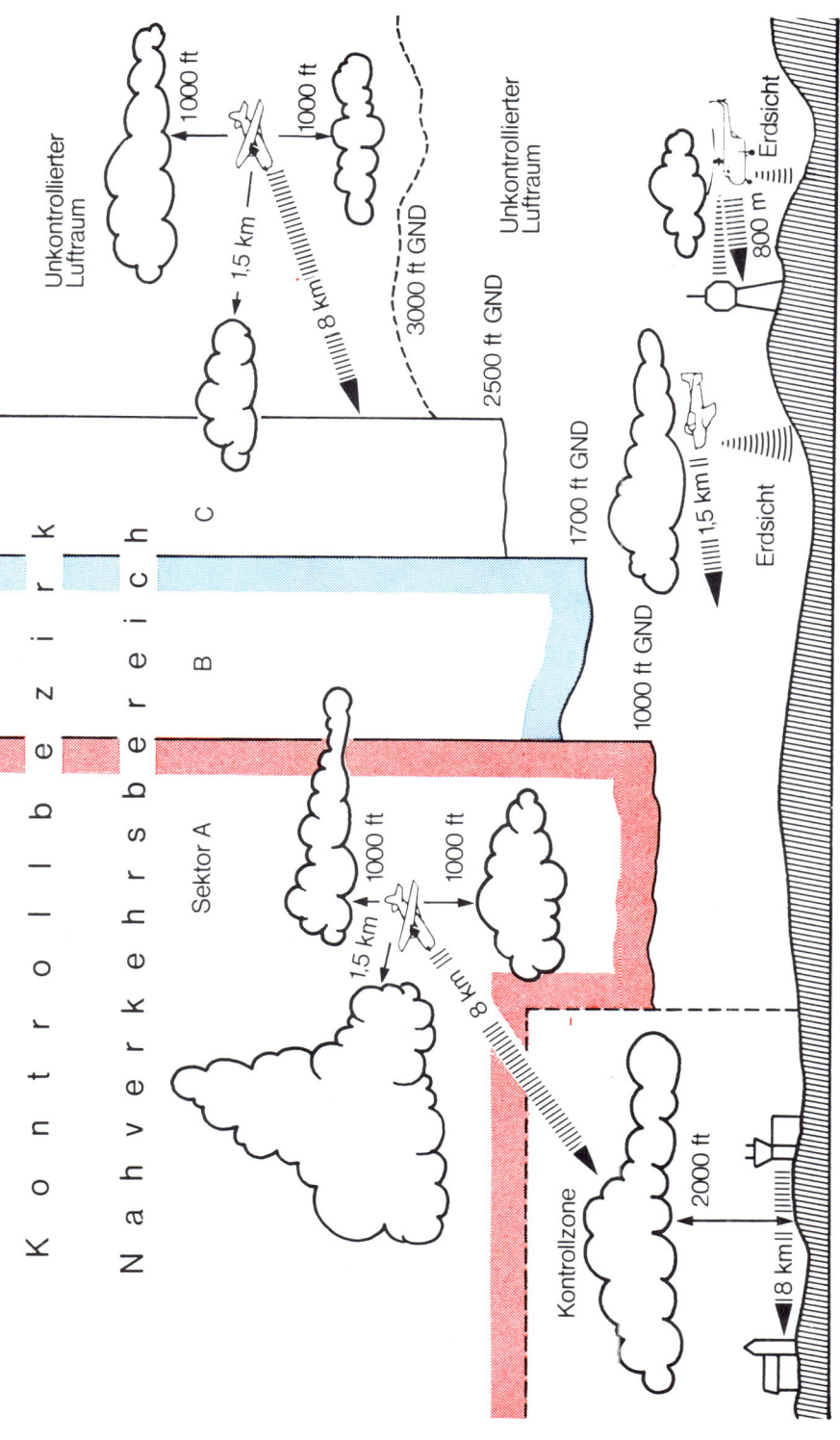

Maßeinheiten
Units of Measurement

Anwendung	Einheit	Abkür-zung	Beispiel
Application	Unit	Abbre-viation	Example
Entfernung für Navigation	Seemeilen und Zehntel	sm	4,5 sm
Distances for navigation	*Nautical miles and tenths*	*NM*	*4.5 NM*
Kurze Entfernungen	Meter	m	200 m
Short distances	*Meter*	*m*	*200 m*
Höhen über NN, geographische Höhen und Höhen über Grund	Fuß	ft	3500 ft
Altitudes, elevations and heights	*Feet*	*ft*	*3500 ft*
Horizontale Geschwindigkeit einschl. Windgeschwindigkeit (ausgedrückt in sm pro Stunde)	Knoten	Kt	85 Kt
Horizontal speed incl. wind speed (expressed in NM per hour)	*Knots*	*Kt*	*85 Kt*
Vertikale Geschwindigkeit (Steig- und Sinkgeschwindigkeit)	Fuß pro Minute	ft/min	500 ft/min
Vertical speed (rate of climb and descent)	*Feet per minute*	*ft/mn*	*500 ft/mn*
Windrichtung für Landung und Start	Grad mißweisend	°	210°
Wind direction for landing and take-off	*Degrees magnetic*	°	*210°*
Windrichtung außer für Start und Landung	Grad rechtweisend	°	030°
Wind direction except for landing and take-off	*Degrees true*	°	*030°*
Sicht und Landebahnsicht	Kilometer oder Meter	km m	10 km 1200 m
Visibility and runway visual range (RVR)	*Kilometer or meter*	*km m*	*10 km 1200 m*

Anwendung	Einheit	Abkür-zung	Beispiel
Application	Unit	Abbre-viation	Example
Höhenmessereinstellung (QNH oder Standardwert 1013,2)	Hektopascal (oder Zoll)	hPa ins	1013 hPa 29,92 ins
Altimeter setting (QNH or standard pressure 1013,2)	*Hektopascal (or inches)*	*hPa ins*	*1013 hPa 29,92 ins*
Temperatur	Grad Celsius	° C	18 °C
Temperature	*Degrees Celsius*	*° C*	*18 °C*
Gewicht	Kilogramm	kg	2500 kg
Weight	*Kilogrammes*	*kg*	*2500 kg*
Zeit (Der Tag von 24 Stunden beginnt um Mitternacht UTC)	Stunden und Minuten	z	1250 z
Time (The 24-hours day starts at midnight UTC)	*Hours and minutes*	*z*	*1250 z*

Umrechnungen
Conversions

1 m = 3.28 ft
1 ft = 0.30 m
1 km = 0.54 NM
1 NM = 1.85 km

Umrechnungsbeispiele:
Conversion examples:

150 m =	500 ft	1 NM (sm)	=	1,8 km	
300 m =	1000 ft	5 NM (sm)	=	9 km	
450 m =	1500 ft	8 NM (sm)	=	15 km	
520 m =	1700 ft	10 NM (sm)	=	18 km	
600 m =	2000 ft	5 km	=	2.7 NM (sm)	
900 m =	3000 ft	8 km	=	4.3 NM (sm)	

m/sec · 200 = ft/min (2,5 m/sec = 500 ft/min)
NM (Kt) · 2−10% = km (km/h)

Lichtsignale und Bodensignale   Light signals and Ground signals
Gerichtete Lichtsignale

Lichtsignal	Luftfahrzeug am Boden	Luftfahrzeug im Flug
Grünes Blinksignal	Rollerlaubnis erteilt	Zwecks Landung zurück-kehren, oder: Anflug fortsetzen!
Grünes Dauersignal	Start freigegeben!	Landung freigegeben!
Rotes Blinksignal	Benutzte Landefläche frei machen!	Flugplatz unbenutzbar, nicht landen!
Rotes Dauersignal	Halt!	Anderes Lfz. hat Vorflugrecht, Platzrunde (Warteschleife) fortsetzen!
Weißes Blinksignal	Kehren Sie zum Aus-gangspunkt auf dem Flugplatz zurück!	Auf diesem Flugplatz landen und zum Vorfeld rollen (Freigaben abwarten)!
Rote Feuerwerks-körper	– – – –	Ungeachtet aller früheren Anweisungen z. Z. nicht landen!

Anmerkung: Die angeführten Erläuterungen der Lichtsignale entsprechen nicht den für den Flugsprechfunk vorgesehenen Redewendungen.

Directed light signals

Lightsignal	Aircraft on the ground	Aircraft in flight
Flashing green	Taxi!	Return for landing, or continue approach!
Steady green	Cleared for take-off!	Cleared to land!
Flashing red	Taxi clear of landing area in use	Aerodrome unsafe, do not land!
Steady red	Stop!	Other aircraft has priority, continue holding!
Flashing white	Return to starting point on the aerodrome!	Land at this aerodrome and taxi to ramp (standby for clearance)!
Red pyrotechnics (flares)	– – – –	Disregard previous in-structions, do not land for the time being

22

Bestätigung der Lichtsignale

am Boden −
Betätigung der Querruder oder Seitenruder
Im Flug −
Betätigung der Querruder
Zwischen Sonnenuntergang und
Sonnenaufgang −
Zweimaliges Ein- und Ausschalten der
Landescheinwerfer oder Positionslichter
Funkanweisungen haben Vorrang
Funkanweisungen aufgehoben (ungültig)

Bodensignale

Signalfläche

rotes Quadrat

zwei gelbe Diagonalstreifen
  Landeverbot

ein gelber Diagonalstreifen
  besondere Vorsicht bei Landeanflug
  oder Landung

weiße Hantel
  Beschränkung von Rollen, Start
  und Landung

weißes Kreuz
  Teil des Rollfeldes unbenutzbar

Landerichtungsanzeiger
  Lande-T
  vorgeschriebene Start- und
  Landerichtung

Zweistellige Zahl am Kontrollturm
  zu benutzende Startrichtung

rechts abgewinkelter Pfeil
  Platzrunde rechts vorgeschrieben

schwarzes „C" auf gelber Tafel
  Meldestelle des Flugverkehrsdienstes

weißes Doppelkreuz
  Segelflugbetrieb

Windrichtungsanzeiger
  Windsack

Acknowledgement of light signals

on the ground −
moving the ailerons or rudder
In flight −
moving the ailerons (rocking the wings)
Between sunset (SS) and sunrise (SR)

switching on and off the landing-lights
or position lights twice
radio instructions have priority
radio instructions cancelled

Ground signals

signal area

red square

two yellow diagonals
  landing prohibited

one yellow diagonal
  extreme caution during
  approach or landing

white dumb-bell
  restriction for taxiing, take-off
  and landing

white cross
  part of manoeuvring area
  unusable (unserviceable)

landing direction indicator
  landing-T
  prescribed take-off and
  landing direction

a set of two digits at the control tower
  prescribed take-off direction

right angled arrow
  right traffic circuit compulsory

black coloured „C" on yellow board
  reporting station of air traffic ser-
  vices

white double-cross
  glider flying activity

wind direction indicator
  wind-sock

Höhenmessereinstellung

Grundverfahren

Höhe über Flugplatz (QFE)

Flugplatzhöhe

Höhe über Grund oder Wasser

Flughöhe (über NN)

QNH-Höhenmessereinstellung
   bei VFR-Flügen in und unterhalb 5000 ft
   MSL oder in und unterhalb 2000 ft GND,
   was immer höher ist

QNH des zur Strecke nächstgelegenen Flughafens mit FVK-Stelle, in unteren Flughöhen

ausreichende Bodenfreiheit gewährleisten

Flugfläche

Standard-Höhenmessereinstellung
(1013,2 hPa)

Flugflächensystem

bei VFR-Flügen oberhalb 5000 ft MSL
oder 2000 ft GND, was immer höher ist

für IFR-Flüge
   Übergangshöhe (5000 ft in BRD)
   Übergangsschicht
   Übergangsfläche (mind. 1000 ft über Ü.-höhe)

niedrigste benutzbare Flugfläche

Höhenstaffelung

Altimeter setting

basic procedure

height above aerodrome (QFE)

aerodrome elevation

height above ground or water

altitude (above MSL)

QNH altimeter setting
   on VFR flights at and below 5000 ft MSL
   or at and below 2000 ft GND, whichever is
   higher

QNH of the airport with ATC unit located
nearest to route of flight, at lower altitudes

to assure sufficient ground clearance

flight level

standard altimeter setting
(1013,2 hPa)

flight level system

on VFR flights above 5000 ft MSL or 2000 ft
GND, whichever is higher

for IFR flights
   transition altitude
   transition layer
   transition level

lowest usable flight level

vertical separation

Halbkreisflughöhen

festgelegte Reiseflughöhe

mißweisender Kurs über Grund

in der jeweiligen Hälfte der
   Kompaßgradeinteilung

bei IFR-Flügen außerhalb kontrollierter
   Lufträume

bei allen VFR-Überlandflügen

Ausnahmen —
   bei Steig- und Sinkflug, oder wenn
   Wolken und Sicht es erfordern

Semi-circular cruising levels

cruising level specified

track magnetic

in the corresponding half of the
   compass

during IFR flights outside of controlled
   airspaces

during all VFR cross-country flights

exeptions —
   during climb and descent, or if
   clouds and visibility require

Schema Höhenmessereinstellung

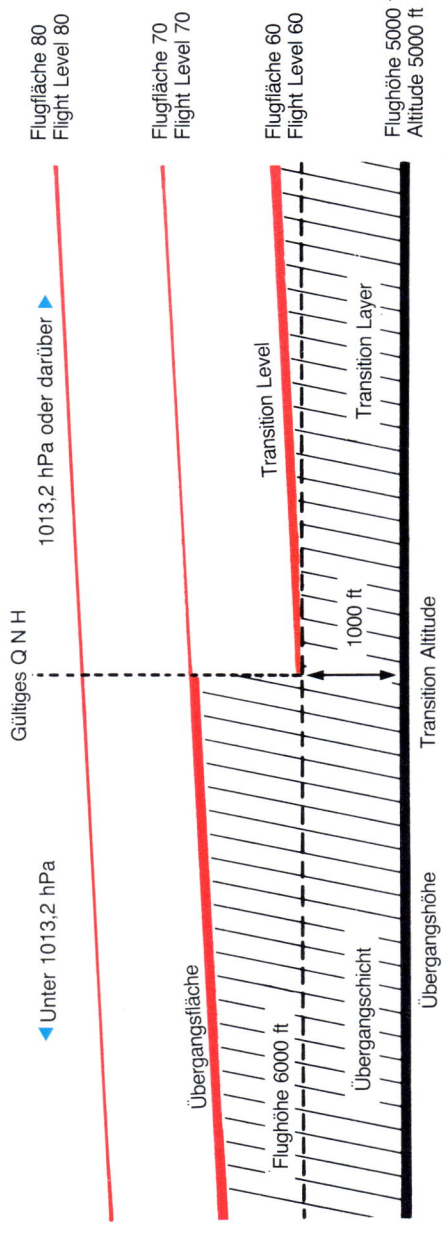

▼ Unter 1013,2 hPa	Gültiges Q N H
	1013,2 hPa oder darüber ▲

Flugfläche 80
Flight Level 80

Flugfläche 70
Flight Level 70

Flugfläche 60
Flight Level 60

Flughöhe 5000 ft
Altitude 5000 ft

Transition Level

Transition Layer

Übergangsfläche

1000 ft

Flughöhe 6000 ft

Übergangsschicht

Übergangshöhe

Transition Altitude

GND

MSL

VFR-Flüge in und unterhalb 5000 ft MSL oder in und unterhalb 2000 ft GND – was immer höher ist – fliegen mit der Einstellung des QNH des zur Strecke nächstgelegenen Flughafens mit FVK-Stelle.

VFR-Flüge oberhalb von 5000 ft MSL oder 2000 ft GND – was immer höher ist – fliegen mit der Standard-Höhenmessereinstellung 1013,2 hPa und halten eine Flugfläche gemäß Halbkreisregeln ein.

erste Hälfte der Kompaßgradeinteilung
(000-179°)
ungerade Flugflächen plus 500 ft
zweite Hälfte der Kompaßgradeinteilung
(180-359°)
gerade Flugfläche plus 500 ft

first half of compass
(000-179°)
odd flight levels plus 500 ft
second half of compass rose
(180-359°)
even flight levels plus 500 ft

Staffelung

Separation

Die bei allen Flügen nach Instrumentenflugregeln (IFR) durchgeführte Staffelung kommt in vereinfachter Form auch bei bestimmten Flügen nach Sichtflugregeln zur Anwendung. Es handelt sich dabei um Sonder-VFR-Flüge, eventuell Nacht-VFR-Flüge und um kontrollierte VFR-Flüge in bestimmten Teilen der kontrollierten Lufträume. Die Staffelung wird angewandt zwischen IFR-Flügen und den vorgenannten VFR-Flügen sowie zwischen diesen VFR-Flügen untereinander. Die Staffelung hat den Zweck, Zusammenstöße zwischen Luftfahrzeugen zu vermeiden und eine beschleunigte Flugdurchführung zu ermöglichen. Nachstehend einige wichtige Begriffe:

Anwendung bei allen IFR-Flügen, Sonder-VFR-Flügen in Kontrollzonen und kontrollierten VFR-Flügen

Application for all IFR-flights, Special-VFR-flights within control zones and Controlled VFR-flights

Zweck – Vermeidung von Zusammen-stößen und beschleunigter Verkehrsfluß

purpose – avoidance of collisions and expeditious flow of air traffic

Flugverkehrskontrollfreigabe einhalten

to comply with air traffic control clearance

Staffelungsarten für VFR-Flüge

kinds of separation for VFR-flights

vertikale Staffelung
  1000 ft senkrechter Abstand
horizontale Staffelung
  Radarstaffelung
  Seitenstaffelung
  geographische Staffelung
    genaue Standortangaben
Kurs über Grund
Steuerkurs

vertical separation
  1000 ft vertical distance
horizontal separation
  radar separation
  lateral separation
  geographical separation
    precise position reports
track
heading

26

Flugplan für VFR- und IFR-Flüge

Flugberatungsdienst
Flugplanformblatt
Flugplan aufgeben
Annahme des Flugplanes
Flugplan aufheben
Flugplan abschließen
geltender Flugplan
Flugzeuge im Verband
einzelne Flugabschnitte
  mit Zwischenlandungen
Dauerflugplan
Inhalt eines Flugplanes

Flugplanaufgabe

Nicht weniger als 30 Minuten
vor voraussichtlicher Abblockzeit
  (EOBT)
Im Ausland gegebenenfalls
60 Minuten vor EOBT

Luftfahrzeugkennung (Feld 7)

Eintragungszeichen
Funkrufzeichen

Flugregeln (Feld 8)

VFR-Flug
VFR-Flug bei Nacht
VFR-Flug innerhalb ED-R9
Kontrollierter Sichtflug (CVFR)
IFR-Flug
IFR-Flug, erster Teil IFR, dann VFR

IFR-Flug, erster Teil VFR

Art des Fluges

Planmäßiger Flug
Nichtplanmäßiger Flug
Flug der Allgemeinen Luftfahrt
Militärischer Flug
für andere Flüge

Anzahl (Feld 9)

Anzahl der Luftfahrzeuge angeben,
falls mehr als eines

Flight plan for VFR and IFR flight

aeronautical information service	AIS
flight plan form	
to file a flight plan, to submit a flight plan	
acceptance of flight plan	
to cancel flight plan	CNL FLP
to close flight plan	
current flight plan	
aircraft in formation	
separate stages of flight	
with intermediate stops	
repetetive flight plan	
contents of a flight plan	

Filing flight plan

Not less than 30 minutes
before estimated off-block time
  (EOBT)
In foreign countries possibly
60 minutes before EOBT

Aircraft identification (Item 7)

registration mark
radio call sign

Flight rules (Item 8)

VFR-flight	V
VFR flight during night	VN
VFR flight within ED-R9	VR
controlled VFR flight (CVFR)	VC
IFR flight	I
IFR flight, first portion IFR. then VFR	Y
IFR flight, first portion VFR	Z

Type of flight

scheduled flight	S
non-scheduled flight	N
general aviation flight	G
military flight	M
for other flights	X

Number (Item 9)

state number of aircraft,
  if more than one

Muster des Luftfahrzeuges		Type of aircraft	
ICAO-Abkürzung		*ICAO designator*	
Wirbelschleppenkategorie		**Wake turbulence category**	
schwer	– zulässiges Höchstgewicht 136 t oder mehr	heavy	– MPW of 136 t and above H
mittel	– zulässiges Höchstgewicht mehr als 7 t, aber weniger als 136 t	medium	– MPW more than 7 t but M less than 136 t
leicht	– zulässiges Höchstgewicht bis einschließlich 7 t	light	– MPW up to 7 t inclusive L

Ausrüstung (Feld 10)
Funk- und Funknavigationsgerät
für Strecken- und Anflugnavigation
Ausrüstung entspricht Erfordernissen
für die gesamte Strecke
Keine Ausrüstung vorhanden oder
nicht betriebsbereit
Einen oder mehrere Buchstaben ein-
setzen, falls bestimmte COM/
NAV/APP-Geräte verfügbar sind:

Equipment (Item 10)
Radio and radio navigation equipment
for enroute and approach navigation
equipment complies with requirements
for the entire route S
no equipment available or equipment
is unserviceable N
insert one or more letters if specific
COM/NAV/APP equipment is
available:

A	– LORAN A	*A*	*– LORAN A*
B	– frei	*B*	*– not allocated*
C	– LORAN C	*C*	*– LORAN C*
D	– Entfernungsmeßgerät (DME)	*D*	*– Distance measuring equipment (DME)*
E	– Decca	*E*	*– Decca*
F	– Automat. Funkpeilgerät (ADF)	*F*	*– Automatic direction finder (ADF)*
G	– frei	*G*	*– not allocated*
H	– Kurzwelle (Sprechfunk)	*H*	*– High frequency HF (RTF)*
I	– Trägheitsnavigation	*I*	*– Inertial navigation (INS)*
J	– frei	*J*	*– not allocated*
K	– frei	*K*	*– not allocated*
L	– Instrumentenlandesytem (ILS)	*L*	*– Instrument Landing System (ILS)*
M	– Omega	*M*	*– Omega*
O	– UKW-Drehfunkfeuer (VOR)	*O*	*– VHF omni-directional radio range (VOR)*
P	– Doppler-Navigation	*P*	*– Doppler navigation*
Q	– frei	*Q*	*– not allocated*
R	– Streckenausrüstung für Flächen- navigation	*R*	*– RNAV route equipment*
T	– VORTAC, TACAN	*T*	*– VORTAC, TACAN*
U	– Dezimeterwelle (Sprechfunk)	*U*	*– Ultra high frequency UHF (RTF)*
V	– Ultrakurzwelle (Sprechfunk)	*V*	*– Very high frequency VHF (RTF)*

W	– frei	W	– not allocated	
X	– frei	X	– not allocated	
Y	– frei	Y	– not allocated	
Z	– andere Ausrüstung	Z	– other equipment	

SSR-Ausrüstung

Sekundärradar-Antwortgerät

Kein SSR-Transponder vorhanden
oder nicht betriebsbereit

Transponder ohne Kodierungsmöglichkeit

Transponder (2 Ziffern), Modus A
mit 64 Codes

Transponder (4 Ziffern), Modus A
mit 4096 Codes

Transponder (4 Ziffern), Modus A
mit 4096 Codes und Modus C

SSR equipment

secondary radar transponder

*no SSR transponder available or
unserviceable*   N

transponder – no coding   O

*transponder (2 digits), Mode A
with 64 codes*   2

*transponder (4 digits), Mode A
with 4096 codes*   4

*transponder (4 digits), Mode A
with 4096 codes and Mode C*   C

Startflugplatz (Feld 13)

ICAO-Ortskennung
bei Flugplanaufgabe während des
  Fluges

Departure aerodrome (Item 13)

*ICAO location indicator
when filing flight plan
  during flight*   AFIL

Zeit

Voraussichtliche Abblockzeit

tatsächliche Startzeit

Time

estimated off-block time   EOBT

actual time of departure   ATD

Geschwindigkeit (Feld 15)

Wahre Eigengeschwindigkeit
  z. B. „N0090" (90 Knoten)
    „M075" (0,75 Mach)

Speed (Item 15)

true airspeed   TAS
  *e.g. "N0090" (90 knots)
    "MO75" (0,75 Mach)*

Reiseflughöhe

z. B. „F070" (Flughöhe 70)
  „A045" (Flughöhe 4500 ft)
  „VFR" (bei VFR-Flügen)

Level

*e.g. "F070" (flight level 70)
  "A045" (altitude 4500 ft)
  "VFR" (for VFR flights)*

Route

Für VFR-Flüge Wende-Punkte und/oder
andere Punkte entlang der Flugstrecke
angeben, die nicht mehr als 30 Minuten
Flugzeit voneinander entfernt sind

Für IFR-Flüge normalerweise Standard-
streckenführung angeben (AIP I, RAC)

Route

*for VFR flights insert turning points
and/or other points along the route
which are not more than 30 minutes
flying time apart*

*for IFR flights normally insert
standard routes (AIP I, RAC)*

Zielflugplatz (Feld 16)

ICAO-Ortskennung

Destination aerodrome (Item 16)

ICAO location indicator

29

Voraussichtliche Gesamtflugdauer
immer bezogen auf die tatsächliche
Startzeit
z. B. „0212" (2 Std. und 12 Minuten)

Ausweichflugplatz
ICAO-Ortskennung

Andere Angaben (Feld 18)
Keine weiteren Angaben
Voraussichtliche Flugdauer
z. B. bis zum Punkt, an dem der Flugplan beginnt, oder bis zur Grenze der FIR

Bei beabsichtigter Änderung des
Flugplanes nach Neufreigabe
während des Fluges
Luftfahrzeug-Eintragungszeichen
SELCAL-Code
Name des Luftfahrzeughalters
Beantragte Vorrangbehandlung
z. B. für Krankentransport, Such-
und Rettungsflüge etc.
Muster des Luftfahrzeuges
wenn keine ICAO-Abkürzung
vorhanden ist
Leistungsdaten des Luftfahrzeuges
Funkausrüstung
Funknavigationsausrüstung
Startflugplatz
wenn keine ICAO-Ortskennung
vorhanden ist
Zielflugplatz
wenn keine ICAO-Ortskennung
vorhanden ist
Ausweichflugplatz
wenn keine ICAO-Ortskennung
vorhanden ist
Sonstige Angaben

Ergänzende Angaben (Feld 19)

Höchstflugdauer
z. B. „0435" (4 Std. 35 Minuten)

Total estimated elapsed time   *total EET*
always referred to the actual time
of departure (ATD)
e.g. "0212" (2 hours and 12 minutes)

Alternate aerodrome
ICAO location indicator

Other information (Item 18)
no other information   0
estimated elapsed time   EET/
e.g. to the point where the flight
plan begins, or to the FIR
boundary
when a change in flight plan is
intended during flight after
obtaining reclearance in flight   RIF/
aircraft registration   REG/
SELCAL code   SEL/
name of operator   OPR/
requesting priority   STS/
e.g. for flights with injured
or sick persons, SAR flights etc.
type of aircraft   TYP/
if no ICAO abbreviation is
available
aircraft performance data   PER/
radio communication equipment   COM/
radio navigation equipment   NAV
departure aerodrome   DEP
if no ICAO location indicator
is available
destination aerodrome   DEST/
if no ICAO location indicator
is available
alternate aerodrome   ALTN/
if no ICAO location indicator
is available
any other remarks   RMK/

Supplementary Information (Item 19)

Endurance — E
e.g. "0435" (4 hours 35 minutes)

30

Personen an Bord	**Persons on board**	→ **P**
Notfunkfrequenz	**Emergency radio**	→ **R**
Dezimeterwelle	ultrahigh frequency	*UHF*
Ultrakurzwelle	very high frequency	*VHF*
selbsttätiger Notsender —	emergency location beacon —	
Luftfahrzeug	aircraft	*ELBA*
Rettungsausrüstung	**Survival equipment**	→ **S**
Pol	*polar*	*P*
Wüste	*desert*	*D*
See	*maritime*	*M*
Urwald	*jungle*	*J*
Schwimmwesten	**Jackets**	→ **J**
Licht	*light*	*L*
floureszierend	*flourescin*	*F*
Schlauchboote	**Dinghies**	→ **D**
Anzahl	*number*	
Tragfähigkeit	*capacity*	
Oberfläche	*cover*	→ *C*
Farbe	*colour*	
Farbe und Markierung des Luftfahrzeuges	**Aircraft colour and marking**	**A**
Bemerkungen	**Remarks**	→ **N**
Verantwortlicher Luftfahrzeugführer	**Pilot in command**	**C**
Unterschrift des Lfz.-Führers oder Berechtigten	**Signature of pilot or representative**	

« ≡ FF → ADDRESSEE(S) ANSCHRIFT(EN)

MUSTER FÜR VFR-FLUG

(Grenzüberschreitender Flug)

« ≡

FILING TIME AUFGABEZEIT → ORIGINATOR AUFGEBER « ≡

SPECIFIC IDENT OF ADDRESSEE(S) BESONDERE ANSCHRIFT(EN)

« ≡ (FPL   7 AIRCRAFT IDENTIFICATION LFZ.-KENNUNG — D E K A R 8 FLIGHT RULES FLUGREGELN — V   TYPE OF FLIGHT ART DES FLUGES G « ≡

9 NUMBER ANZAHL — TYPE OF AIRCRAFT MUSTER D. LFZ P A 2 8 WAKE TURBULENCE CATEGORY WIRBELSCHLEPPENKATEGORIE / L 10 EQUIPMENT AUSRÜSTUNG — S / 4 « ≡

13 DEPARTURE AERODROME STARTFLUGPLATZ — E D T K TIME ZEIT 1 0 0 0 « ≡

15 SPEED GESCHWINDIGKEIT — N 0 1 0 0 LEVEL REISEFLUGHÖHE V F R ROUTE ROUTE → SUL DCT DVI

« ≡

16 DESTINATION AERODROME ZIELFLUGPLATZ — L F S B TOTAL EET VORAUSS. GESAMTFLUGDAUER HR MIN 0 1 0 6 ALTERNATE AERODROME AUSWEICHFLUGPLATZ → E D T F 2ND ALTERNATE AERODROME 2. AUSWEICHFLUGPLATZ → « ≡

18 OTHER INFORMATION ANDERE ANGABEN

EET / LOERRACH 0101

) « ≡

SUPPLEMENTARY INFORMATION · ERGÄNZENDE ANGABEN

19 ENDURANCE HÖCHSTFLUGDAUER HR MIN — E / 0 3 3 0 PERS. ON BOARD PERS. AN BORD → P / 2 EMERGENCY RADIO NOTFUNKFREQUENZ → R / UHF U VHF V ELBA E

SURVIVAL EQUIPMENT RETTUNGSAUSRÜSTUNG → S / POLAR P DESERT D MARITIME M JUNGLE J JACKETS SCHWIMMWESTEN → J / LIGHT L FLUORES F UHF U VHF V

DINGHIES/SCHLAUCHBOOTE → D / NUMBER ANZAHL CAPACITY TRAGFÄHIGKEIT COVER → C COLOUR FARBE « ≡

AIRCRAFT COLOUR AND MARKINGS FARBE UND MARKIERUNG D. LFZ
A / BLUE YELLOW

REMARKS BEMERKUNGEN → N / « ≡

PILOT IN COMMAND VERANTWORTLICHER LFZ.-FÜHRER
C / AYEN) « ≡

REMARKS NOT FOR TRANSMISSION BEMERKUNGEN NICHT ZU ÜBERMITTELN

SIGNATURE OF PILOT OR REPRESENTATIVE UNTERSCHRIFT D. LFZ.-FÜHRERS ODER BERECHTIGTEN SIGNATURE AIS UNTERSCHRIFT FB

tel. Ayen

102-0032 - 8.85

« ≡ FF →   ADDRESSEE(S)
ANSCHRIFT(EN)

MUSTER FÜR VFR-FLUG

(Kein Flugplanzwang! - Start- und Zielflugplatz ohne ICAO-Ortskenrung)

≤ ≡

FILING TIME
AUFGABEZEIT

ORIGINATOR
AUFGEBER

→   « ≡

SPECIFIC IDENT OF ADDRESSEE(S)
BESONDERE ANSCHRIFT(EN)

« ≡ (**FPL**

7 AIRCRAFT IDENTIFICATION
LFZ-KENNUNG

– D E A B C | V

8 FLIGHT RULES
FLUGREGELN

TYPE OF FLIGHT
ART DES FLUGES

G   ≤ ≡

9 NUMBER
ANZAHL

TYPE OF AIRCRAFT
MUSTER D. LFZ

C 1 5 2

WAKE TURBULENCE CATEGORY
WIRBELSCHLEPPENKATEGORIE

/ L

10 EQUIPMENT
AUSRÜSTUNG

V O / N   ≤ ≡

13 DEPARTURE AERODROME
STARTFLUGPLATZ

– Z Z Z Z

TIME
ZEIT

0 9 3 0   « ≡

15 SPEED
GESCHWINDIGKEIT

– N 0 0 9 0

LEVEL
REISEFLUGHÖHE

V F R

ROUTE
ROUTE

→   W U R   K O R B A C H   N I E

≤ ≡

16 DESTINATION AERODROME
ZIELFLUGPLATZ

– Z Z Z Z

TOTAL EET
VORAUSS. GESAMTFLUGDAUER

HR   MIN

0 3 1 5

ALTERNATE AERODROME
AUSWEICHFLUGPLATZ

→ E D D H

2ND ALTERNATE AERODROME
2. AUSWEICHFLUGPLATZ

→   ≤ ≡

18 OTHER INFORMATION
ANDERE ANGABEN

D E P / B A C K N A N G → H E I N I N G E N

D E S T / A H R E N L O H E

) « ≡

SUPPLEMENTARY INFORMATION · ERGÄNZENDE ANGABEN

19   ENDURANCE
HÖCHSTFLUGDAUER

HR   MIN

– E / 0 4 0 0

PERS. ON BOARD
PERS. AN BORD

→ P / 2

EMERGENCY RADIO
NOTFUNKFREQUENZ

UHF   VHF   ELBA

→ R / U   V   E

SURVIVAL EQUIPMENT
RETTUNGSAUSRÜSTUNG

POLAR   DESERT   MARITIME   JUNGLE

→   S / P   D   M   J

JACKETS
SCHWIMMWESTEN

LIGHT   FLUORES   UHF   VHF

→ J / L   F   U   V

DINGHIES/SCHLAUCHBOOTE

NUMBER
ANZAHL

CAPACITY
TRAGFÄHIGKEIT

COVER   COLOUR
FARBE

→ D / →   → C →   « ≡

AIRCRAFT COLOUR AND MARKINGS
FARBE UND MARKIERUNG D. LFZ

A /   R E D   W H I T E

REMARKS
BEMERKUNGEN

→ N /   ≤ ≡

PILOT IN COMMAND
VERANTWORTLICHER LFZ.-FÜHRER

C /   F I S C H E R

) « ≡

REMARKS NOT FOR TRANSMISSION
BEMERKUNGEN NICHT ZU ÜBERMITTELN

SIGNATURE OF PILOT OR REPRESENTATIVE
UNTERSCHRIFT D. LFZ.-FÜHRERS ODER BERECHTIGTEN

SIGNATURE AIS
UNTERSCHRIFT FB

tel. Fischer

102-0032 - 8.85

FLIGHT PLAN – FLUGPLAN

« ≡ FF →   ADDRESSEE(S)
ANSCHRIFT(EN)

MUSTER FÜR CVFR-FLUG
(Grenzüberschreitender Flug)

« ≡

FILING TIME
AUFGABEZEIT   ORIGINATOR
AUFGEBER

→   « ≡

SPECIFIC IDENT OF ADDRESSEE(S)
BESONDERE ANSCHRIFT(EN)

« ≡ (**FPL**   7 AIRCRAFT IDENTIFICATION
LFZ.-KENNUNG | D E G S K | 8 FLIGHT RULES
FLUGREGELN | V C | TYPE OF FLIGHT
ART DES FLUGES | G | « ≡

9 NUMBER
ANZAHL | | TYPE OF AIRCRAFT
MUSTER D. LFZ | C 2 1 O | WAKE TURBULENCE CATEGORY
WIRBELSCHLEPPENKATEGORIE   / | L | 10 EQUIPMENT
AUSRÜSTUNG | V F O / 4 | « ≡

13 DEPARTURE AERODROME
STARTFLUGPLATZ | E D F E | TIME
ZEIT | 0 9 2 0 | « ≡

15 SPEED
GESCHWINDIGKEIT | N 0 1 4 0 | LEVEL
REISEFLUGHÖHE | V F R | ROUTE
ROUTE   →   DSB1 LBU TGO DSB3   EDTM

« ≡

16 DESTINATION AERODROME
ZIELFLUGPLATZ | L O I H | TOTAL EET
VORAUSS. GESAMTFLUGDAUER
HR   MIN | 0 1 3 0 | ALTERNATE AERODROME
AUSWEICHFLUGPLATZ   →   2ND ALTERNATE AERODROME
2. AUSWEICHFLUGPLATZ   →   « ≡

18 OTHER INFORMATION
ANDERE ANGABEN

E E T / L O W W 0 1 2 6
R M K / C V F R   A R E A   S T U T T G A R T

)   « ≡

SUPPLEMENTARY INFORMATION · ERGÄNZENDE ANGABEN

19   ENDURANCE
HÖCHSTFLUGDAUER
HR   MIN   PERS. ON BOARD
PERS. AN BORD   EMERGENCY RADIO
NOTFUNKFREQUENZ
UHF   VHF   ELBA

E / | 0 3 0 0 | → **P** / | 3 | → **R** / | U | | V | | E |

SURVIVAL EQUIPMENT
RETTUNGSAUSRÜSTUNG   POLAR   DESERT   MARITIME   JUNGLE   JACKETS
SCHWIMMWESTEN   LIGHT   FLUORES   UHF   VHF

→ | S̸ | / | P̸ | | D̸ | | M̸ | | J̸ | → **J** / | L̸ | | F̸ | | U | | V |

DINGHIES/SCHLAUCHBOOTE

NUMBER
ANZAHL   CAPACITY
TRAGFÄHIGKEIT   COVER   COLOUR
FARBE

→ | D̸ | /   →   → | C̸ | →   « ≡

AIRCRAFT COLOUR AND MARKINGS
FARBE UND MARKIERUNG D. LFZ

A /   RED   GREEN   YELLOW

REMARKS
BEMERKUNGEN

→ | N̸ | « ≡

PILOT IN COMMAND
VERANTWORTLICHER LFZ.-FÜHRER

C /   GAMERDINGER   )   « ≡

REMARKS NOT FOR TRANSMISSION
BEMERKUNGEN NICHT ZU ÜBERMITTELN

SIGNATURE OF PILOT OR REPRESENTATIVE
UNTERSCHRIFT D. LFZ.-FÜHRERS ODER BERECHTIGTEN   SIGNATURE AIS
UNTERSCHRIFT FB

tel. Gamerdinger

≪ ≡ FF →   ADDRESSEE(S) ANSCHRIFT(EN)

MUSTER FÜR IFR-FLUG

⊂ ≡

FILING TIME AUFGABEZEIT   ORIGINATOR AUFGEBER

→   ≪ ≡

SPECIFIC IDENT OF ADDRESSEE(S) BESONDERE ANSCHRIFT(EN)

≪ ≡ (FPL

7 AIRCRAFT IDENTIFICATION LFZ.-KENNUNG   – D I B A T

8 FLIGHT RULES FLUGREGELN   – I

TYPE OF FLIGHT ART DES FLUGES   G   ⊂ ≡

9 NUMBER ANZAHL   –

TYPE OF AIRCRAFT MUSTER D. LFZ   C 3 1 0

WAKE TURBULENCE CATEGORY WIRBELSCHLEPPENKATEGORIE   / L

10 EQUIPMENT AUSRÜSTUNG   – S / C   ⊂ ≡

13 DEPARTURE AERODROME STARTFLUGPLATZ   – E D D M

TIME ZEIT   1 0 3 0   ≪ ≡

15 SPEED GESCHWINDIGKEIT   – N 0 1 8 0

LEVEL REISEFLUGHÖHE   F 0 8 0   →

ROUTE ROUTE   DM 11   WLD   B6   AALEN   5DS

⊂ ≡

16 DESTINATION AERODROME ZIELFLUGPLATZ   – E D D S

TOTAL EET VORAUSS. GESAMTFLUGDAUER HR   MIN   0 1 0 5

ALTERNATE AERODROME AUSWEICHFLUGPLATZ   → E D D M

2ND ALTERNATE AERODROME 2. AUSWEICHFLUGPLATZ   →   ⊂ ≡

18 OTHER INFORMATION ANDERE ANGABEN

○

)   ≪ ≡

SUPPLEMENTARY INFORMATION · ERGÄNZENDE ANGABEN

19   ENDURANCE HÖCHSTFLUGDAUER HR   MIN   – E / 0 4 3 0   →

PERS. ON BOARD PERS. AN BORD   P / 6

EMERGENCY RADIO NOTFUNKFREQUENZ   → R /   U (UHF)   V (VHF)   E (ELBA)

SURVIVAL EQUIPMENT RETTUNGSAUSRÜSTUNG   → S /   P (POLAR)   D (DESERT)   M (MARITIME)   J (JUNGLE)

JACKETS SCHWIMMWESTEN   → J /   L (LIGHT)   F (FLUORES)   U (UHF)   V (VHF)

DINGHIES/SCHLAUCHBOOTE

NUMBER ANZAHL   D /   →

CAPACITY TRAGFÄHIGKEIT   →

COVER   C   →

COLOUR FARBE   ≪ ≡

AIRCRAFT COLOUR AND MARKINGS FARBE UND MARKIERUNG D. LFZ   A /   YELLOW

REMARKS BEMERKUNGEN   N /   ⊂ ≡

PILOT IN COMMAND VERANTWORTLICHER LFZ.-FÜHRER   C /   RAPPOLD   )   ≪ ≡

REMARKS NOT FOR TRANSMISSION BEMERKUNGEN NICHT ZU ÜBERMITTELN

SIGNATURE OF PILOT OR REPRESENTATIVE UNTERSCHRIFT D. LFZ.-FÜHRERS ODER BERECHTIGTEN	SIGNATURE AIS UNTERSCHRIFT FB	
gez. Rappold		

FLIGHT PLAN – FLUGPLAN

BFS

« ≡ FF →   ADDRESSEE(S)
ANSCHRIFT(EN)

MUSTER FÜR IFR-FLUG

(1. Teil VFR)

« ≡

FILING TIME
AUFGABEZEIT

ORIGINATOR
AUFGEBER

→   « ≡

SPECIFIC IDENT OF ADDRESSEE(S)
BESONDERE ANSCHRIFT(EN)

	7 AIRCRAFT IDENTIFICATION LFZ.-KENNUNG		8 FLIGHT RULES FLUGREGELN	TYPE OF FLIGHT ART DES FLUGES
« ≡ (FPL	— D,E,K,K,S,		— Z	G « ≡

9 NUMBER ANZAHL	TYPE OF AIRCRAFT MUSTER D. LFZ	WAKE TURBULENCE CATEGORY WIRBELSCHLEPPENKATEGORIE	10 EQUIPMENT AUSRÜSTUNG
—	C,1,8,2	/ L	— S / C « ≡

13 DEPARTURE AERODROME
STARTFLUGPLATZ   TIME ZEIT

— E,D,T,H   1,6,0,5   « ≡

15 SPEED GESCHWINDIGKEIT	LEVEL REISEFLUGHÖHE		ROUTE ROUTE
N,0,1,1,0	V,F,R,	→	LBU / 0110 F080 IFR KNG VFR

« ≡

16 DESTINATION AERODROME ZIELFLUGPLATZ	TOTAL EET VORAUSS. GESAMTFLUGDAUER HR MIN	ALTERNATE AERODROME AUSWEICHFLUGPLATZ	2ND ALTERNATE AERODROME 2. AUSWEICHFLUGPLATZ
— E,D,F,E	0,1 0,7	→ E,D,D,F	→ « ≡

18 OTHER INFORMATION
ANDERE ANGABEN

EET / LBU 0013
RMK / RQ CLR FROM EDDS 125,05

) « ≡

SUPPLEMENTARY INFORMATION · ERGÄNZENDE ANGABEN

19 ENDURANCE HÖCHSTFLUGDAUER HR MIN	PERS. ON BOARD PERS. AN BORD	EMERGENCY RADIO NOTFUNKFREQUENZ

— E / 0,3,3,0   → P / 4,   → R / [Ø] UHF V VHF E ELBA

SURVIVAL EQUIPMENT
RETTUNGSAUSRÜSTUNG

JACKETS
SCHWIMMWESTEN

→ [Ø] POLAR / [Ø'] DESERT [Ø] MARITIME [M] JUNGLE [Ø] → [Ø] / [K] LIGHT [Ø'] FLUORES [X] UHF [X] VHF

DINGHIES/SCHLAUCHBOOTE

NUMBER ANZAHL	CAPACITY TRAGFÄHIGKEIT	COVER	COLOUR FARBE
→ [Ø] / →	→ [Ø'] →	« ≡

AIRCRAFT COLOUR AND MARKINGS
FARBE UND MARKIERUNG D. LFZ

A / YELLOW   GREEN

REMARKS
BEMERKUNGEN

→ [N]   « ≡

PILOT IN COMMAND
VERANTWORTLICHER LFZ.-FÜHRER

C / ZISKA   ) « ≡

REMARKS NOT FOR TRANSMISSION
BEMERKUNGEN NICHT ZU ÜBERMITTELN

SIGNATURE OF PILOT OR REPRESENTATIVE UNTERSCHRIFT D. LFZ.-FÜHRERS ODER BERECHTIGTEN	SIGNATURE AIS UNTERSCHRIFT FB	
tel. Ziska		

« ≡ FF → ADDRESSEE(S)
ANSCHRIFT(EN)

MUSTER FÜR IFR-FLUG

(1.Teil IFR, dann VFR)

« ≡

FILING TIME
AUFGABEZEIT

ORIGINATOR
AUFGEBER

→ « ≡

SPECIFIC IDENT OF ADDRESSEE(S)
BESONDERE ANSCHRIFT(EN)

« ≡ (**FPL**

7 AIRCRAFT IDENTIFICATION
LFZ.-KENNUNG

– D I C E M

8 FLIGHT RULES
FLUGREGELN

– Y

TYPE OF FLIGHT
ART DES FLUGES

G « ≡

9 NUMBER
ANZAHL

–

TYPE OF AIRCRAFT
MUSTER D. LFZ

C 4 1 4

WAKE TURBULENCE CATEGORY
WIRBELSCHLEPPENKATEGORIE

/ L

10 EQUIPMENT
AUSRÜSTUNG

– S / C « ≡

13 DEPARTURE AERODROME
STARTFLUGPLATZ

– E D D S

TIME
ZEIT

0 6 2 0 « ≡

15 SPEED
GESCHWINDIGKEIT

– N 0 1 8 0

LEVEL
REISEFLUGHÖHE

F 0 9 0

ROUTE
ROUTE

→ DS5 AALEN WLD DCT MIQ

DCT ERD VFR

« ≡

16 DESTINATION AERODROME
ZIELFLUGPLATZ

– E D M S

TOTAL EET
VORAUSS. GESAMTFLUGDAUER
HR   MIN

0 1 0 5

ALTERNATE AERODROME
AUSWEICHFLUGPLATZ

→ E D D M

2ND ALTERNATE AERODROME
2. AUSWEICHFLUGPLATZ

→ « ≡

18 OTHER INFORMATION
ANDERE ANGABEN

O

) « ≡

SUPPLEMENTARY INFORMATION · ERGÄNZENDE ANGABEN

19 ENDURANCE
HÖCHSTFLUGDAUER
HR   MIN

– E / 0 4 3 0

PERS. ON BOARD
PERS. AN BORD

→ P / 6

EMERGENCY RADIO
NOTFUNKFREQUENZ

→ R / UHF U   VHF V   ELBA E

SURVIVAL EQUIPMENT
RETTUNGSAUSRÜSTUNG

→ S / POLAR P   DESERT D   MARITIME M   JUNGLE J

JACKETS
SCHWIMMWESTEN

→ J / LIGHT L   FLUORES F   UHF U   VHF V

DINGHIES/SCHLAUCHBOOTE

→ D / NUMBER
ANZAHL   CAPACITY
TRAGFÄHIGKEIT   COVER COLOUR
FARBE

→ C → « ≡

AIRCRAFT COLOUR AND MARKINGS
FARBE UND MARKIERUNG D. LFZ

A / BLUE WHITE

REMARKS
BEMERKUNGEN

→ N / « ≡

PILOT IN COMMAND
VERANTWORTLICHER LFZ.-FÜHRER

C / SCHWEITZER

) « ≡

REMARKS NOT FOR TRANSMISSION
BEMERKUNGEN NICHT ZU ÜBERMITTELN

SIGNATURE OF PILOT OR REPRESENTATIVE
UNTERSCHRIFT D. LFZ.-FÜHRERS ODER BERECHTIGTEN

SIGNATURE AIS
UNTERSCHRIFT FB

tel. Kühl

102-G032 - 6.85

Flugwetter

Flugwetterberatung und Vorhersage

Aeronautical weather briefing and forecasting

Allgemeine meteorologische Begriffe

Flugwetterwarte

Meteorologe
Wetterbeobachter
Wetterbeobachtung
Wetterkarte
Vorhersagekarte
Flugplatzwetter
Flugplatzwettervorhersage
Streckenwetter(meldung)
Streckenwetter-Vorhersage
Wettermeldung
Wetterwarnung
Wetterberatung
Wetterberatung vor dem Flug
Wetterinformation im Flug
aktuelles Wetter
auf Anforderung
mündliche Beratung
gültig für 2 Stunden
automatischer Anrufbeantworter
automatische Flugwetteransage
Vorhersage Allgemeine Luftfahrt

Einstufung der Sichtflugmöglichkeiten:

C Charly (nur national)

Horizontale Sichtweite am Boden 10 km oder mehr; keine Hauptwolkenuntergrenze unter 5000 ft GND

O Offen −

Horizontale Sichtweite am Boden 8 km und mehr und keine Hauptwolkenuntergrenze unter 2000 ft GND

D Schwierig −

Horizontale Sichweite am Boden weniger als 8 km, mindestens jedoch 3 km und/oder Hauptwolkenuntergrenze unter 2000 ft, jedoch nicht unter 1000 ft GND

General meteorological terms

Aeronautical meteorological office
− MET office
meteorologist, forecaster
meteorological observer
meteorological observation
weather chart
prognostic chart
aerodrome weather
aerodrome weather forecast
en-route weather (report)
en-route weather forecast
met(-eorological)report
weather warning
weather briefing
preflight weather briefing (information)
in-flight weather information
actual weather (conditions)
on request
verbal briefing
valid for 2 hours
automatic telephon responder
automatic flight weather advisory   AFWA
General aviation forecast   GAFOR

Classification of VFR-flight possibilities:

C Charlie

Horizontal visibility at ground level 10 km or more; ceiling not below 5000 ft GND

O Open (Oskar) −

Horizontal visibility at ground level 8 km and more and ceiling not below 2000 ft GND

D Difficult (Delta) −

Horizontal visibility at ground level less than 8 km, but not less than 3 km and/or ceiling below 2000 ft, but not below 1000 ft GND

M Kritisch —
Horizontale Sichtweite am Boden weniger als 3 km, mindestens 1,5 km und/oder Hauptwolkenuntergrenze unter 1000 ft, jedoch nicht unter 500 ft GND

M Marginal (Mike) —
Horizontal visibility at ground level less than 3 km, not less than 1,5 km and/or ceiling below 1000 ft, but not below 500 ft GND

X Geschlossen —
Horizontale Sichweite am Boden weniger als 1,5 km und/oder Hauptwolkenuntergrenze unter 500 ft GND

X Closed (X-ray) —
Horizontal visibility at ground level less than 1,5 km and/or ceiling below 500 ft GND

Anmerkung: „und/oder" besagt, daß jeweils das weniger günstige der beiden Kriterien Sicht oder Hauptwolkenuntergrenze für die Einstufung der Sichtflugmöglichkeiten ausschlaggebend ist.
Remark: "and/or" indicates that in each case the less favourable of the two criteria visibility or ceiling is decisive for the step classification of possibilities for VFR flights.

— Weitere Hinweise siehe AIP MET-0-7 —

Wetterinformationen für Luftfahrzeuge im Flug	*MET information for aircraft in flight*	*VOLMET*
Informationen über besondere Wettererscheinungen	*information on significant meteorological phenomena*	*SIGMET*

Wetterlage / Weather situation

Hoch(-druckgebiet)	*high (pressure area)*
Tief(-druckgebiet)	*low (pressure area)*
Warmfront	*warm front*
Kaltfront	*cold front*
Wetterbedingungen	*weather conditions*
Wettermindestbedingungen	*weather minima*
Tendenz	*tendency, trend*
Verschlechterung des Wetters	*weather deterioration*
Besserung des Wetters	*weather improvement*
Wetterumschwung	*change in weather*
keine wesentliche Änderung	*no significant change* NOSIG
gefährliche Wetterlage	*hazardous weather conditions*
widrige Wetterverhältnisse	*adverse weather conditions*
Unwetter	*bad weather*
allgemeine Wetterübersicht	*general survey of weather situation*
vereinfachte tabellarische Darstellung	*simplified tabular form*
beobachtete Wetterbesonderheiten	*observed special weather conditions*
Übermittlung an andere Flugzeuge	*relay to other aircraft*

Wind / Wind

Windrichtung	*wind direction*
Windgeschwindigkeit	*wind speed*
Bodenwind	*surface wind*
Höhenwind	*winds aloft, upper winds*
ruhige Luft	*still air*

Wind still	*wind calm*
vorherrschende Winde	*prevailing winds*
gegenwärtiger Wind	*present wind*
veränderlicher (umlaufender) Wind	*wind variable*
böige Winde	*gusty winds*
Böen	*gusts*
markante Böe	*squall*
Böenwalze	*line squall*
Böigkeit im wolkenfreien Raum	*clear air turbulance*
Turbulenz	*turbulence*
turbulent	*turbulent*
Gegenwind	*head wind*
Rückenwind	*tail wind*
Querwind, Seitenwind	*cross wind*
Fallwind	*down draft, down current*
Großtrombe (Tornado oder Wasserhose)	*funnel cloud (tornado or waterspout)*

Sicht

Visibility

Bodensicht	*ground visibility*	
Flugsicht	*flight visibility*	
CAVOK (Sicht, Wolken und gegenwärtiges Wetter besser als die vorgeschriebenen Werte oder Bedingungen)	*CAVOK (visibility, clouds and present weather better than prescribed values or conditions)*	
Sicht voraus	*forward visibility*	
Schrägsicht	*slant visibility*	
Landebahnsicht	*runway-visual range*	*RVR*
beschränkte Sicht	*restricted visibility*	
schlechte Sicht	*bad visibility, poor visibility*	
abnehmende Sicht	*decreasing visibility*	
zunehmende Sicht	*increasing visibility*	
Sicht abnehmend auf...	*visibility down to...*	
Sicht ansteigend auf...	*visibility up to...*	

Niederschlag

Precipitation

Niederschlagsgebiet	*precipitation area*
Schauer	*showers*
Regen	*rain*
regnen	*raining, to rain*
Regenschauer	*rain shower*
starker Regen	*heavy rain*
gefrierender Regen	*freezing rain*
Sprühregen, Nieseln	*drizzle*
starker Sprühregen	*heavy drizzle*

43

gefrierender Sprühregen	*freezing drizzle*
Schneeregen	*rain and snow*
schneien	*snowing, to snow*
Schneeschauer	*snow shower*
starker Schnee(-fall)	*heavy snow*
niedriges Schneefegen	*low drifting snow*
Schneetreiben	*blowing snow*
Schneegriesel	*snow grains*
Eiskörner	*ice pellets*
Gewitter	*thunderstorm*
vereinzelt Gewitter	*isolated thunderstorms*
verbreitet Gewitter	*widespread thunderstorms*
starkes Gewitter	*heavy thunderstorm*
Hagel	*hail*
Hagelschauer	*hail shower*
starker Hagel	*heavy hail*
Gewitter mit Hagel	*thunderstorm with hail*
Graupel	*soft hail*
Vereisung	*icing*
Vereisungsgefahr	*danger of icing*
Vereisungsverhältnisse	*icing conditions*
Klareis	*clear ice*
Rauheis	*rime ice*
Dunst, Staubtrübung	*haze/dust*
dunstig	*hazy*
Dunstobergrenze	*tops of haze*
feuchter Dunst	*mist*
Staubsturm, Sandsturm	*duststorm, sandstorm*
aufgewirbelter Staub/Sand	*rising dust/sand*
Staubwirbel	*dust devils*
Nebel	*fog*
Nebelbildung	*fog development*
Nebelschwaden (-bänke)	*fog patches*
gefrierender Nebel	*freezing fog*
flacher Nebel	*shallow fog*
Hochnebel	*low stratus*
Bodennebelfetzen	*patches of ground fog*
Rauch	*smoke*
Smog	*smog*
Feuchtigkeit	*humidity*

Wolken		**Clouds**
cumulus	**cu**	*cumulus*
strato-cumulus	**sc**	*strato-cumulus*
stratus	**st**	*stratus*
cumulo-nimbus	**cb**	*cumulo-nimbus*
nimbo-stratus	**ns**	*nimbo-stratus*
alto-cumulus	**ac**	*alto-cumulus*
alto-stratus	**as**	*alto-stratus*
cirrus	**ci**	*cirrus*
cirro-cumulus	**cc**	*cirro-cumulus*
cirro-stratus	**cs**	*cirro-stratus*
heiter, wolkenlos		*sky clear*
vereinzelt Wolken		*scattered clouds*
bewölkt, wolkig		*broken clouds*
bedeckt		*overcast*
verhangen		*sky obscured*
Wolkenuntergrenze		*base of clouds*
Wolkenobergrenze		*tops of clouds*
Hauptwolkenuntergrenze (mehr als ⅝ Bedeckung)		*ceiling (covering more than half the sky)*
Hauptwolkenuntergrenze absinkend auf . . .		*ceiling down to . . .*
Hauptwolkenuntergrenze anhebend auf . . .		*ceiling up to...*
Wolkenschicht		*cloud layer*
Wolkenbedeckung		*cloud coverage*
tiefe Wolken		*low clouds*
bewölken, sich		*to become cloudy*
aufklären		*to clear up*

Temperatur	**Temperature**
Außenlufttemperatur	*outside air temperature*
Nullgrad-Grenze	*freezing level*
Temperatur-Inversion	*temperature inversion*
Taupunkt	*dew point*
steigend	*increasing*
sinkend	*decreasing*

Luftdruck	**Air pressure**
Luftdruck steigt	*pressure rising*
Hochdruck	*high pressure*
Luftdruck sinkt	*pressure dropping*
Tiefdruck	*low pressure*
QNH (Luftdruckwert am Flugplatz gemessen reduziert auf mittlere Meereshöhe)	*QNH (pressure value measured at airport converted to mean sea level)*
QFE (atmosphärischer Luftdruck in Flugplatzhöhe)	*QFE (atmospheric pressure at aerodrome elevation)*

Flugplatzwettermeldungen

Wettermeldung
Flugplatzwetter
Regelmäßige Flugplatzwettermeldung

halbstündige Flugplatzwettermeldung

Flugplatzwettervorhersage
aktuelles Wetter
gültig in der Kontrollzone
Startflugplatz
Bestimmungsflugplatz
Automatische Ausstrahlung von Lande- und Startinformationen (incl. Flugplatzwetter)
VOR-Wetterausstrahlung abhören
fortlaufende Ausstrahlung
Sonderwettermeldung
Verbesserung oder Verschlechterung von Wetterverhältnissen
Informationen über besondere Wettererscheinungen

Wetterinformation für Luftfahrzeuge im Fluge

Aerodrome weather reports

met report
aerodrome weather
Meteorological aerodrome routine report METAR
half-hourly aerodrome weather (-report)
terminal aerodrome forecast TAF
actual weather (conditions)
valid within control zone
departure aerodrome
destination aerodrome
Automatic terminal information service (incl. aerodrome weather) ATIS
monitoring VOR-weather broadcast
continuous broadcast
Special meteorological report
improvement or deterioration of meteorological conditions SPECIAL
Information concerning significant meteorological phenomena SIGMET
meteorological information for aircraft in flight VOLMET

Inhalt einer Flugplatzwettermeldung METAR	Contents of an aerodrome weather report METAR

Inhalt einer Flugplatzwettermeldung METAR

in folgender Reihenfolge:

„Wettermeldung" oder „Special"
Ort und Zeit der Beobachtung
Windrichtung und -geschwindigkeit,
mit Spitzenböen bis...
Sichtweite und Landebahnsicht

Gegenwärtiges Wetter
Bewölkung, Bedeckungsart in Achteln,
Wolkenarten abgekürzt, Wolkenhöhe

Wolken und Sicht o.k.
– Sichtweite: 10 km oder mehr
– Gegenwärtiges Wetter: kein Niederschlag,
Gewitter, flacher Nebel oder Schneefegen

– Bewölkung: keine Wolken unterhalb
5000 Fuß oder unterhalb der höchsten
Sektormindesthöhe und keine
Cumulonimbus

Luft- und Taupunkttemperatur

Luftdruck QNH
Trend (Vorhersage)
Keine bedeutsame Veränderung
Zusätzliche Angaben

Contents of an aerodrome weather report METAR

in the following sequence:

"MET REPORT" or "SPECIAL"
station and time of observation
wind direction and speed,
with gusts up to...
visibility and runway visual range
VIS + RVR
present weather
clouds, cloud coverage in octas,
types of clouds abbreviated,
height of clouds

clouds and visibility o.k.   CAVOK
– visibility: 10 km or more
– present weather: no precipitation,
thunderstorm, shallow fog or drifting
snow
– clouds: no clouds below
5000 ft or below the highest
sector minimum altitude
and no cumulonimbus

air temperature and dew point
temperature
pressure value QNH
trend (forecast)
no significant change   NOSIG
supplementary information

Beispiele für Flugplatzwettermeldungen

Hannover Wetter 0620 z

Wind	130 2 Kt
CAVOK	
Temperatur	15°
Taupunkt	4°
QNH 1011 hPa oder 29,85 ins	
Trend	NOSIG

Examples for aerodrome weather reports METAR

Hannover Met report 0620 z

wind	130 2 Kt
CAVOK	
temperature	15°
dew point	4°
QNH 1011 hPa or 29,85 ins	
Trend	NOSIG

47

Düsseldorf Wetter 1650 z

Wind 240 15 Kt mit Böen bis 30 Kt
Sicht   5000 m
starker Regen und Gewitter
Wolken ⅛ cumulonimbus in 2500 ft
       ⅝ durch Luftfahrzeug
       gemessen   4500 ft
Temperatur   28°
Taupunkt   21°
QNH 1007 hPa oder 29,74 ins
Trend: Sicht ansteigend auf 8 km

Saarbrücken Wetter 0950 z

Wind   240 5 Kt
Sicht   4500 m
starker Schneeschauer
Wolken ⅝ geschätzt   1 200 ft
      ⁶⁄₈   8 000 ft
      ⅞   14 000 ft
Temperatur   −2°
Taupunkt   −8°
QNH 996 hPa oder 29,41 ins
Trend: Hauptwolkenuntergrenze absinkend
auf 1000 ft

Stuttgart Wetter 1000 z

Sonderbeobachtung:

Wind   310 4 Kt
Sicht   800 m
RVR (Landebahnsicht)
     Landebahn 26   800 m
     Landebahn 08   900 m
Bodennebel
Himmel verhangen,
     Senkrechtsicht   300 ft
Temperatur   9°
Taupunkt   9°
QNH 1015 hPa oder 29,97 ins
Trend: Sicht ansteigend 1500 m
Hauptwolkenuntergrenze 1000 ft

Düsseldorf Met report 1650 z

wind 240 15 Kt with gusts up to 30 Kt
visibility   *5000 m*
heavy rain and thunderstorm
clouds ⅛ cumulonimbus at 2500 ft
       ⅝ aircraft measured 4500 ft

temperature   *28°*
dew point   *21°*
QNH 1007 hPa or 29,74 ins
Trend: visibility up to 8 km

Saarbrücken Met report 0950 z

wind   *240 5 Kt*
visibility   *4500 m*
heavy snowshower
clouds ⅝ estimated   1 200 ft
      ⁶⁄₈   8 000 ft
      ⅞   14 000 ft
temperature   *−2°*
dew point   *−8°*
QNH 996 hPa or 29,41 ins
Trend: ceiling down to 1000 ft

Stuttgart Met report 1000 z

special observation:

wind   *310 4 Kt*
visibility   *800 m*
RVR (runway visual range)
     runway 26   800 m
     runway 08   900 m
ground fog
sky obscured indefinite,
     vertical visibility   300 ft
temperature   *9°*
dew point   *9°*
QNH 1015 hPa or 29,97 ins
Trend: visibility up to 1500 m
ceiling up to   1000 ft

Inhalt einer Flugplatzwettervorhersage TAF

Datum
Zeit
Gebiet
Zeitraum der Vorhersagegültigkeit
Hauptwettervorhersage
Ortskennung (ICAO)
Windrichtung und Windstärke
Bodensicht
Wetterbesonderheiten
1. Wolkengruppe
2. Wolkengruppe
Temperatur (falls erforderlich)
Mögliche Entwicklung
Zeitweilige Änderung von kurzer Dauer

Allmähliche Änderung
(allmählich übergehend in...)
Erwartung, daß Änderung in weniger
    als ½ Stunde
Erwartung, daß Änderung von Haupt-
    vorhersage häufiger vorkommt als mit
    „tempo" angezeigt
Wahrscheinlichkeit der Vorhersage in
    Prozent (z. B. prob 30 =
    30% Wahrscheinlichkeit)

Contents of a terminal aerodrome forecast TAF

date
time
area
period of forecast validity
Main weather forecast
place name abreviation (ICAO)
wind direction and wind speed
ground visibility
weather phenomena
first cloud formation
second cloud formation
temperature (if required)
Possible trend
temporary variation of short
    duration   tempo
gradual change
(gradually developing in...)   gradu
expecting change in less than
    half hour   rapid
intermittent variation expected
    to occur more frequent than those
    indicated by- "tempo"   inter
probability of forecast in percent   prob

Beispiele für Flugplatzwettervorhersagen

Examples for terminal aerodrome forecast TAF

Beispiel 1: VMC

edrs	1019 30010 9999 7sc045 tempo 8000 80rash or 60ra 5cu008 =
edbb	1019 30010 9999 4cu025 5ac100 tempo 5000 80rash 3cb015 6cu020 prob20 95ts =
edbt	1019 3 010 9999 4cu025 5ac100 tempo 5000 80rash 3cb015 6cu020 prob20 95ts =
eddf	1019 31013 9999 5sccu035 tempo 8000 81xxsh 1cb015 7sccu030 =
eddh	1019 30012 9999 5cu030 tempo 5000 81xxsh 6cucb015 =
eddk*)	**1019 28008 9999 3cu020 5sc040 tempo 33015 5000 80rash 3st008 6cu012 =**
eddl	1019 29010 9999 6cu030 tempo 1015 32015 6000 80rash 7cu020 gradu 151824010 8000 60ra 6sc035 7as090 =
eddm	1019 28008 9999 60ra 3cu015 6sc025 8acas090 tempo 31015 6000 81xxsh 5cu008 8sc015 =
eddn	1019 29010 9999 4cu018 6sc040 tempo 35015/25 6000 80rash 3cb012 5cu018 prob20 95ts =
edds	1019 31010 9999 3st015 6cu030 tempo 5000 80rash 5st010 7cu015 =
eddw	1019 29012 9999 5cusc020 5ac100 tempo 7000 80rash 5st008 7cucb010 =
edrs	10//nil =
edvv	1019 27008 9999 4cu020 5sc060 tempo 8000 80rash 6cu015 prob20 tempo 1016 4000 81xxsh 3st010 5cb012 =

*) Beispiel EDDK

Vorhersagezeitraum 10–19 Uhr MGZ
Wind 280° 8 Kt
Sicht 10 km und mehr
Wolken 3/8 Cumulus 2000 Fuß
  5/8 Stratocumulus 4000 Fuß
Vorübergehend (tempo)
Wind 330° 15 Kt
Sicht 5000 m
mit 80% Wahrscheinlichkeit
Regenschauer
Wolken 3/8 Stratus 800 Fuß
  6/8 Cumulus 1200 Fuß

Example EDDK

Period of forecast 10–19 GMT
Wind 280° 8 Kt
Visibility 10 km and more
Clouds 3/8 Cumulus 2000 ft
  5/8 Stratocumulus 4000 ft
Temporary
Wind 330° 15 Kt
Visibility 5000 m
Probability 80%
Rainshower
Clouds 3/8 Stratus 800 ft
  6/8 Cumulus 1200 ft

Beispiel 2: IMC

edbb	0716 03005 3000 58ra 5st003 8st005 gradu 0710 6000 10br 5st007 8sco15 =
edbt	0716 03005 3000 58ra 5st003 8st005 gradu 0710 6000 10br 5st007 8sc015 =
eddf	0716 03012 6000 10br 6sc040 gradu 0811 9000 4sccu030 6ac100 =
eddh	0716 vrb05 9999 5st008 7sc015 gradu 0711 20008 5cusc025 5ci250 =
eddk	0716 15005 0800 44fg 6st002 tempo 0709 0400 5st001 gradu 0811 8000 wxnil 5sc025 =
eddl	0716 15005 0800 44fg 6st002 tempo 0709 0400 6st001 gradu 0811 6000 wxnil 4sc025 4ac100 =
eddm*)	**0716 14005 1200 10br 5st006 8st010 tempo 0500 45fg9//002 gradu 0811 5000 10br 3st010 6sc015 =**
eddn	0716 02005 7000 7sc015 tempo 4000 51dz 7st007 =
edds	0716 03005 4000 10br 5st015 8sc025 tempo 0710 1500 51dz 8st008 =
eddw	0716 vrb05 3000 10br 5st010 7sc015 gradu 1013 8000 7sc020 =
edrs	0716 06010 6000 10br 5sc035 7ac120 gradu 0911 9999 3cusc030 5ac120 =
edvv	0716 06007 4000 7sc015 gradu 0911 8000 7sc020 tempo 5000 61ra 7sc012 =

*) Beispiel EDDM

Vorhersagezeitraum 7−16 Uhr MGZ
Wind 140° 5 Knoten
Sicht 1200 m
Feuchter Dunst
Wolken ⅝ Stratus   600 Fuß
⅞ Stratus 1000 Fuß
Vorübergehend (tempo)
Sicht 500 m
Nebel
Vertikalsicht 200 Fuß geschätzt
Allmähliche Änderung (gradu)
zwischen 8−11 Uhr MGZ
Sicht 5000 m
Feuchter Dunst
Wolken ⅜ Stratus 1000 Fuß
⅝ Stratocumulus 1500 Fuß

Example EDDM

Period of forecast 7−16 GMT
Wind 140° 5 Kt
Visibility 1200 m
Brume
Clouds ⅝ Stratus   600 ft
⅞ Stratus 1000 ft
Temporary
Visibility 500 m
Fog
Vertical visibility 200 ft estimated
Gradual change between 8−11 GMT

Visibility 5000 m
Brume
Clouds ⅜ Stratus 1000 ft
⅝ Stratocumulus 1500 ft

VOLMET-Ausstrahlungen in der Bundesrepublik Deutschland
VOLMET Broadcasts in the Federal Republic of Germany

Rufzeichen Call Sign	Zeit Time	Frequenz Frequency MHz	Inhalt Contents	Betriebs- zeit Hours
			Flughafenwettermeldung und Landewettervorhersage für: Aerodrome weather report and landing forecast (TREND) for:	
Frankfurt 1 VOLMET	Ununter- brochen/ Continuous	127.600	Frankfurt Bruxelles Amsterdam Zürich Genéve Bâle-Mulhouse Wien Praha Paris/Ch. de Gaulle	Q Q Q
Frankfurt 2 VOLMET	Ununter- brochen/ Continuous	135.775	Frankfurt Köln/Bonn* Düsseldorf Stuttgart* Nürnberg* München Hamburg Berlin/Tempelhof Berlin/Tegel**	Q Q
Bremen VOLMET	Ununter- brochen/ Continuous	127.400	Hannover* Hamburg Bremen* Köln-Bonn* Frankfurt Berlin/Tempelhof Berlin/Tegel** Amsterdam København	Q Q

Q = QNH
*   Trend von/from 0520-2050
** Trend von/from 2320-1950

Sprechfunkverfahren für VFR-Flüge

Rufzeichen von Bodenfunkstellen
Call signs of aeronautical stations

English Language	Deutschsprachig
... CONTROL (Area Control Service without Radar)	... CONTROL*) (Bezirkskontrolldienst ohne Radar)
... APPROACH (Approach Control Service without Radar)	... APPROACH*) (Anflugkontrolldienst ohne Radar)
... RADAR (Air traffic control service by means of surveillance radar)	... RADAR (Flugverkehrskontrolldienst mittels Rundsichtradar)
... ARRIVAL (Control service for approaches by means of surveillance radar)	... ARRIVAL*) (Kontrolldienst bei Anflügen mittels Rundsichtradar)
... DEPARTURE (Control service for departures by means of surveillance radar)	... DEPARTURE*) (Kontrolldienst bei Abflügen mittels Rundsichtradar)
... PRECISION (Control service for final approaches with precision approach radar)	... PRECISION*) (Kontrolldienst bei Endanflügen mittels Präzisionsradar)
... DELIVERY (Transmission of enroute clearances)	... DELIVERY*) (Übermittlung von Streckenfreigaben)
... TOWER (Aerodrome control service)	... TURM (Flugplatzkontrolldienst)
... GROUND (Aircraft guidance on the manoeuvring area)	... ROLLKONTROLLE (Bewegungslenkung auf dem Rollfeld; Teil des Flugplatzkontrolldienstes)
... INFORMATION (Flight information service by BFS)	... INFORMATION*) (Fluginformationsdienst durch BFS)
... VOLMET (Aeronautical broadcasting service for transmission of aerodrome weather reports and landing forecasts)	... VOLMET*) (Flugrundfunkdienst zur Übermittlung von Flughafenwettermeldungen und Landewettervorhersagen)
... APRON (Aircraft guidance on the apron by airport operator)	... VORFELD (Bewegungslenkung auf dem Vorfeld durch den Flughafenunternehmer)

Anmerkungen: Die neuen Rufzeichen sind mit Randstrichen gekennzeichnet
*) Kein deutscher Sprechfunk

54

English Language	Deutschsprachig
. . . INFO *(Aerodrome flight information service by Luftaufsicht or Flugleitung)*	. . . INFO (Flugplatzinformationsdienst durch Luft- aufsicht oder Flugleitung)
. . . DISPATCH *(Transmission of flight operation messages of aircraft operating agencies)*	. . . DISPATCH*) (Übermittlung von Flugbetriebsmeldungen einer Luftverkehrsgesellschaft)
	. . . START oder . . . SCHULE (Ausbildung von Luftfahrern)
	. . . SEGELFLUG (Segelflugbetrieb)
	. . . RÜCKHOLER (Segelflugbegleit- und Rückholbetrieb)
	. . . VERFOLGER (Freiballonbegleit- und Rückholbetrieb
	. . . WETTBEWERB Wettbewerbsveranstaltungen

*) Kein deutscher Sprechfunk

VERFAHRENSSPRECH-GRUPPEN

ERBITTE
„Ich möchte wissen/ich beantrage"

FREI
„Genehmigung, unter festgelegten Bedingungen zu verfahren"

FREIGABEÄNDERUNG
„Es hat sich eine Änderung gegenüber Ihrer
letzten Freigabe ergeben, und diese neue
Freigabe ersetzt die vorherige Freigabe oder
Teile davon"

MELDEN SIE
„Geben Sie mir die folgende Information"

RUFEN SIE
„Stellen Sie Funkverbindung her mit . . ."

MONITOR
„Bleiben Sie hörbereit"

MEANING OF WORDS AND PHRASES

REQUEST
"I should like to know / I wish to obtain"

CLEARED
*"Authorized to proceed under the condi-
tions specified"*

RECLEARED
*"A change has been made to your last
clearance and this new clearance superse-
des your previous clearance or part thereof"*

REPORT
"Pass me the following information"

CONTACT
"Establish radio contact with . . ."

MONITOR
"Listen out on"

WIE VERSTEHEN SIE MICH „Wie ist die Verständlichkeit meiner Sendung"	*HOW DO YOU READ* *"What is the readability of my transmission"*
BESTÄTIGEN SIE „Teilen Sie mit, daß die Meldung empfangen und verstanden wurde"	*ACKNOWLEDGE* *"Let me know that you have received and understood this message"*
RICHTIG „Das ist richtig"	*CORRECT* *"That is correct"*
NEGATIV „Nein/Erlaubnis wird nicht erteilt/das ist nicht richtig"	*NEGATIVE* *"N" or "permission not granted" or "that is not correct"*
POSITIV "Ja"	*AFFIRM* *"Yes"*
GENEHMIGT „Erlaubnis für das beantragte Verfahren erteilt"	*APPROVED* *"Permission for proposed action granted"*
TRENNUNG „Ich zeige hiermit die Trennung zwischen Teilen dieser Meldung an"	*BREAK* *"I hereby indicate the separation between portions of this message"*
BERICHTIGUNG „Bei der Übermittlung ist ein Fehler unterlaufen, es muß richtig heißen . . ."	*CORRECTION* *"An error has been made in this transmission. The correct version is . . ."*
WARTEN „Warten Sie, und ich werde Sie rufen"	*STANDBY* *"Wait and I will call you"*
KOMMEN „Meine Übermittlung ist beendet, und ich erwarte Ihre Antwort/Setzen Sie Ihre Meldung ab"	*OVER* *"My transmission is ended and I expect a response from you"*
	GO AHEAD *"Proceed with your message"*
ENDE „Die Übermittlung der Meldung ist beendet. Ich erwarte keine Antwort"	*OUT* *"This exchange of transmission is ended and no response is expected"*
ÜBERPRÜFEN SIE „Überprüfen Sie und bestätigen Sie mit dem Aufgeber"	*VERIFY* *"Check and confirm with originator"*
WIEDERHOLEN SIE „Wiederholen Sie alles oder den folgenden Teil Ihrer Meldung"	*SAY AGAIN* *"Repeat all, or the specified part of your last transmission"*
ICH WIEDERHOLE „Ich wiederhole zur Klarstellung oder Betonung"	*I SAY AGAIN* *"I repeat for clarity or emphasis"*

56

WIEDERHOLEN SIE WÖRTLICH
„Wiederholen Sie alles oder den bezeichneten Teil dieser Meldung wörtlich"

VERSTANDEN
„Ich habe Ihre letzte Meldung vollständig erhalten"

WIRD AUSGEFÜHRT
„Ich verstehe Ihre letzte Meldung und werde entsprechend handeln"

SPRECHEN SIE LANGSAMER
„Vermindern Sie Ihre Sprechgeschwindigkeit"

READ BACK
"Repeat all, or the specified part of this message back to me exactly as received"

ROGER
"I have received all of your last transmission"

WILCO
"I understand your message and will comply with it"

SPEAK SLOWER
"Reduce your rate of speed"

CANCEL
"Cancel the previous transmitted clearance"

CHECK
"Examine a system or a procedure"

CONFIRM
"Have I correctly received the following/Did you correctly receive this message"

DISREGARD
"Consider that transmission as not sent"

Frequenzbereich für den Flugsprechfunk

117.975 MHz bis 136 MHz;
ab 1. 1. 1990 bis 137 MHz.

Frequency range for aviation radio telephony

117.975 MHz to 136 MHz;
1. 1. 1990 to 137 MHz.

Sprechfunkverfahren

Radio Communication Procedure

Buchstabier-Alphabet – Phonetic Alphabet

A – ALFA	(**Al**fa)	N – NOVEMBER	(No**wem**ber)
B – BRAVO	(**Br**awo)	O – OSCAR	(**Oss**kar)
C – CHARLIE	(**Tscha**lie)	P – PAPA	(**Pa**pa)
D – DELTA	(**Del**ta)	Q – QUEBEC	(Ke**bek**)
E – ECHO	(**Ec**ko)	R – ROMEO	(**Ro**meo)
F – FOXTROTT	(**Foks**trott)	S – SIERRA	(Si**er**ra)
G – GOLF	(**Golf**)	T – TANGO	(**Tän**go)
H – HOTEL	(Ho**tell**)	U – UNIFORM	(**Ju**niform)
I – INDIA	(**In**dia)	V – VICTOR	(**Wik**tor)
J – JULIETTE	(Dschul**jett**)	W – WHISKEY	(**Uis**ki)
K – KILO	(**Ki**lo)	X – X-RAY	(**Ecks**reh)
L – LIMA	(**Li**ma)	Y – YANKEE	(**Jän**ki)
M – MIKE	(**Maik**)	Z – ZULU	(**Su**lu)

Die halbfetten Silben sind zu betonen! *The big printed syllables are to be stressed!*

Zahlenübermittlung
Transmission of numbers

0 – ZERO	(**Si**ro)	6 – SIX	(**Ss**ix)
1 – ONE	(Uann)	7 – SEVEN	(**Ss**evn)
2 – TWO	(Tu)	8 – EIGHT	(E-it)
3 – TREE	(Trie)	9 – NINE	(**Nei**ner)
4 – FOUR	(Fohr)	1000 – ONE THOUSAND	(**Uann Tau**send)
5 – FIVE	(Feif)	Komma – DECIMAL	(**Des**siml)

Beispiele – Examples:

10 – ONE ZERO	(Uann **Si**ro)
55 – FIVE FIVE	(Feif Feif)
100 – ONE ZERO ZERO	(Uann **Si**ro **Si**ro)
425 – FOUR TWO FIVE	(Fohr Tu Feif)
7000 – SEVEN THOUSAND	(**Ss**evn **Tau**send)
9050 – NINE ZERO FIVE ZERO	(**Nei**ner Siro Feif **Si**ro)
25000 – TWO FIVE THOUSAND	(Tu Feif **Tau**send)
118,8 – ONE ONE EIGHT DECIMAL EIGHT	(Uann Uann Eit **Des**siml Eit)

Die halbfetten Silben sind zu betonen! *The big printed syllables are to be stressed!*

Vorrangfolge von Meldungen
Priority of messages

Luftnotmeldungen	*Distress messages*
Dringlichkeitsmeldungen	*Urgency messages*
Peilfunkmeldungen	*Messages relating to direction finding*
Flugsicherheitsmeldungen	*Flight safety messages*
Wettermeldungen	*Meteorological messages*
Flugbetriebsmeldungen	*Flight regularity messages*
Staatstelegramme	*State telegrams*

Uhrzeit

Koordinierte Weltzeit (UTC)
Minuten nach der vollen Stunde
Beispiele:
Zeit 1204 UTC; Sendung:
ZEIT NULL VIER, oder
ZEIT EINS ZWO NULL VIER ZULU
Zeit 1200 UTC; Sendung:
ZEIT ZUR VOLLEN STUNDE, oder
ZEIT EINS ZWO NULL NULL ZULU

Ruf

DÜSSELDORF TURM, DEKEB,
KOMMEN

Antwort

DEKEB, DÜSSELDORF
TURM, KOMMEN

Mehrfachanruf

DCASE, DILBA, DECAD, HAMBURG
TURM, QNH EINS NULL NULL SIEBEN,
KOMMEN

Allgemeiner Anruf

AN ALLE HIER HAMBURG TURM . . .

Wiederholung des Rufzeichens

STATION, DIE DEKEB RUFT WIEDER-
HOLEN SIE IHR RUFZEICHEN

Empfangsbestätigung
von Luftfunkstelle

D(EK)EB, LANDUNG FREI, oder
D(EK)EB WIRD AUSGEFÜHRT, oder
D(EK)EB.

Empfangsbestätigung von
Bodenfunkstellen

NÜRNBERG TURM, oder
D(EK)EB, VERSTANDEN

Berichtigung

HANNOVER TURM, DEKEB,
STANDORT 10 SEEMEILEN NORDOST
HANNOVER, BERICHTIGUNG NORD-
WEST HANNOVER . . .

Time

Universal Time coordinated (UTC)
minutes past the hour
Examples:
Time 1204 UTC; Transmission:
TIME ZERO FOUR, or
TIME ONE TWO ZERO FOUR ZULU
Time 1200 UTC; Transmission:
TIME ON THE HOUR, or
TIME ONE TWO ZERO ZERO ZULU

Call

DUESSELDORF TOWER,
DEKEB, OVER

Reply

DEKEB, DUESSELDORF
TOWER, GO AHEAD

Multiple call

DCASE, DILBA, DECAD,
HAMBURG TOWER, QNH ONE ZERO
ZERO SEVEN, OVER

General call

ALL STATIONS THIS IS HAMBURG
TOWER . . .

Repetition of callsign

STATION CALLING DEKEB SAY
AGAIN YOUR CALLSIGN

Acknowledgement of receipt
by aircraft station

D(EK)EB, CLEARED TO LAND, or
D(EK)EB, WILCO, or
D(EK)EB.

Acknowledgement of receipt
by aeronautical station

NUERNBERG TOWER, or
D(EK)EB, ROGER

Correction

HANNOVER TOWER, DEKEB,
POSITION 10 NAUTICAL MILES
NORTHEAST HANNOVER, CORREC-
TION NORTHWEST HANNOVER . . .

Wiederholung

HANNOVER TURM, DEKEB,
WIEDERHOLEN SIE...
WIEDERHOLEN SIE (ALLES NACH) QNH,
WIEDERHOLEN SIE STARTBAHN,
WIEDERHOLEN SIE WINDGESCHWIN-
DIGKEIT!

Unterbrechung der Sendung

HANNOVER TURM, DEKEB,
GESCHÄTZTE ANKUNFTSZEIT...?
WARTEN.

Überprüfung der Funkverbindung

DÜSSELDORF TURM, DEGNO,
FUNKPROBE AUF EINS EINS ACHT
KOMMA DREI, WIE HÖREN SIE MICH,
KOMMEN

Verständlichkeitsstufen

1 – Unverständlich
2 – Zeitweise verständlich
3 – Schwer verständlich
4 – Verständlich
5 – Sehr gut verständlich

Beispiel:
DEGNO, DÜSSELDORF TURM,
VERSTEHE SIE VIER, KOMMEN

höre Sie laut aber verstümmelt
Ihre Sendung schwindet
Ihre Sendung setzt aus
höre Sie schwach aber deutlich
Ihre Sendung ist verzerrt
starkes Hintergrundgeräusch
ziemlich schlechte Modulation
knisterndes Geräusch

Repetition

HANNOVER TOWER, DEKEB,
SAY AGAIN...
SAY AGAIN (ALL AFTER) QNH,
SAY AGAIN RUNWAY,
SAY AGAIN WIND SPEED

Interruption of transmission

HANNOVER TOWER, DEKEB,
ESTIMATED TIME OF ARRIVAL...?
STANDBY.

Radio communication check

DUESSELDORF TOWER,
DEGNO, RADIO CHECK ON ONE ONE
EIGHT DECIMAL THREE, HOW DO YOU
READ, OVER

Readabillty scale

1 – Unreadable
2 – Readable now and then
3 – Readable but with difficulty
4 – Readable
5 – Perfectly readable

Example:
DEGNO, DUESSELDORF
TOWER, READING YOU FOUR, OVER

reading you loud but garbled
your transmission is fading
your transmission is cutting in and out
reading you weak but clear
your transmission ist distorted
heavy background noise
rather poor modulation
crackling noise

Funkdisziplin	Radio discipline
Frequenz abhören	*to listen in on a frequency*
Hörbereitschaft	*listening watch*
senden	*to transmit*
empfangen	*to receive*
eine Meldung absetzen	*to deliver a message*
anderen Sprechfunkverkehr (Sendungen) stören	*to disturb other radio telephony communication (transmissions)*
vorgeschriebene Standard-Redewendungen	*prescribed standard phraseology*
sachgemäße Behandlung des Mikrophons	*proper handling of microphone*
Mikrophonknopf verklemmt	*mike button stuck*
Ausstrahlung einer Trägerwelle	*emission of a carrier wave*
eine Frequenz sperren	*to block a frequency*

Sprechtechnik	Voice technique
Verständlichkeit	*readability*
klare Aussprache	*clear pronounciation*
gleichbleibende Lautstärke	*constant strength*
während der Sendung Mikrophon nahe zum Mund halten	*during the transmission (while transmitting) hold microphone close to the mouth*
Mikrophontaste drücken	*to press mike-button, to key mike-button*
nach Beendigung einer Meldung	*after completion of a message*
Mikrophontaste (-knopf) loslassen	*release mike-button*

Unbeantworteter Anruf

Im Allgemeinen gelten für den Sprechfunk in englischer Sprache die gleichen Verfahren wie für den Sprechfunk in deutscher Sprache. Da dem Inhaber des BZF I aber mehr Sprechfunkfrequenzen zur Verfügung stehen, ergibt sich folgendes Verfahren:

Im Falle eines unbeantworteten Anrufs auf der Hauptfrequenz einer Bodenfunkstelle etwa 10 Sekunden nach dem ersten Anruf einen zweiten Anruf absetzen.

Bleibt auch der zweite Anruf unbeantwortet, ist das gleiche Verfahren auf der Nebenfrequenz der Bodenfunkstelle durchzuführen.

Falls auch auf der Nebenfrequenz keine Verbindung hergestellt werden kann, sind eventuell andere in der Nähe fliegende Luftfahrzeugfunkstellen mit der Weitergabe der Meldung an die Bodenfunkstelle zu betrauen, oder eine andere Bodenfunkstelle zu rufen, falls die Dringlichkeit der Meldung das obige Verfahren erfordert.

Ausfall des Funkgerätes
Vollkommener Funkgeräteausfall

Verfahren für Luftfahrzeuge ohne Funk gemäß Luftfahrthandbuch

Roll-, Start- und Landefreigabe durch Lichtsignale

Empfang dieser Freigaben durch Bewegen der Ruder (am Boden) oder durch Wackeln mit den Tragflächen (in der Luft) bestätigen

Keine Sonder-VFR-Freigabe bei vollkommenem Funkausfall oder Sender- bzw. Empfängerausfall (Ausnahmen)

Empfängerausfall

Bestätigung der Lichtsignal-Freigaben über Funk (Sender)

Präzise Angaben im Anflug über Standort, beabsichtigtem Flugweg, geschätzte Ankunftszeit, beabsichtigte Landebahn, usw.

Bezeichnung „Blindsendung"

Meldung einmal wiederholen

Zeitpunkt der nächsten Sendung anführen

Wechsel auf andere Frequenz bekanntgeben

Beispiel:
STUTTGART TURM, DEGNO, BLINDSENDUNG: ÜBER WHISKEY 1 IN DREITAUSEND FUSS CESSNA 172 AUF VFR-FLUG VON KARLSRUHE NACH STUTTGART, MELDE MICH WIEDER ÜBER WHISKEY 2–ICH WIEDERHOLE, STUTTGART TURM,
DEGNO, BLINDSENDUNG (WEGEN EMPFÄNGER-AUSFALL): ÜBER WHISKEY 1 . . .

Radio Failure
Complete radio failure

Procedures for aircraft without radio according to AIP

taxi, take-off and landing clearances by light signals

receipt of clearances is acknowledged by moving rudder (on the ground) or by rocking wings (in the air)

no special-VFR-clearance with complete radio failure or transmitter or receiver failure (exceptions).

Receiver failure

Acknowledgement of light signal clearances by radio (transmitter)

precise data during approach, such as position, intended route of flight, estimated time of arrival, intended runway, etc.

designation "transmitting blind"

repeat message once

specify time of next transmission

state change to different frequency

Example:
STUTTGART TOWER, DEGNO, TRANSMITTING BLIND: OVER WHISKEY ONE AT THREE THOUSAND FEET CESSNA 172 ON VFR FLIGHT FROM KARLSRUHE TO STUTTGART, NEXT REPORT OVER WHISKEY TWO – I SAY AGAIN, STUTTGART TOWER DEGNO TRANSMITTING BLIND (DUE TO RECEIVER FAILURE): OVER WHISKEY 1 . . .

Senderausfall

wenn in Platznähe identifiziert
Freigaben über Funk
Empfangsbestätigung durch Wackeln
(oder Bewegung der Ruder)

Notverkehr

MAYDAY, MAYDAY, MAYDAY,
NÜRNBERG TURM, DEZBF, ÖLVERLUST
UND RAUCH IN DER KABINE.
VERSUCHE FLUGPLATZ ZU ERREICHEN,
ERBITTE RADARHILFE.
STANDORT SECHS SEEMEILEN
SÜDLICH FLUGPLATZ, FLUGHÖHE DREI-
TAUSEND FUSS, STEUERKURS DREI
FÜNF NULL.

Gebietung der Funkstille:

(Rufzeichen der störenden Stelle)
HALTEN SIE FUNKSTILLE, MAYDAY

Beendigung des Notverkehrs:

MAYDAY AN ALLE,
NÜRNBERG TURM,
NOTVERKEHR BEENDET

Dringlichkeitsverkehr

PANPAN – PANPAN – PANPAN
– KÖLN TURM, DEHAL, HABE FLUG-
GAST MIT SCHWERER ATEMNOT AN
BORD, ERBITTE KRANKENWAGEN UND
ÄRZTLICHE HILFE BEI ANKUNFT
KÖLN. ZWO MEILEN ÖST-
LICH ECHO EINS IN EINS
ZWO NULL NULL FUSS,
STEUERKURS ZWO SIEBEN
NULL, KOMMEN.
oder:
PANPAN – PANPAN – PANPAN
– MÜNCHEN TURM, DECAD, BEOBACHTE
SCHWEREN VERKEHRSUNFALL AUF
AUTOBAHN RICHTUNG SALZBURG ETWA
EINS NULL SEEMEILEN SÜDLICH NEU-

Transmitter failure

after identified in the vicinity of aero-
drome clearances via radio

acknowledgement of receipt by rocking
wings (or moving rudder)

Distress traffic

MAYDAY MAYDAY MAYDAY-
NUERNBERG TOWER,
DEZBF, LOSING OIL, SMOKE IN THE
COCKPIT. TRY TO REACH AERO-
DROME, REQUEST RADAR
ASSISTANCE. POSITION SIX
NAUTICAL MILES SOUTH OF
AERODROME, ALTITUDE THREE
THOUSAND FEET, HEADING THREE
FIVE ZERO.

Imposition of silence:

(Callsign of interfering station)
STOP TRANSMITTING, MAYDAY

Termination of distress traffic:

MAYDAY ALL STATIONS,
NUERNBERG TOWER,
DISTRESS TRAFFIC ENDED

Urgency traffic

PANPAN – PANPAN – PANPAN
– KOELN TOWER, DEHAL, HAVE
PASSENGER ON BOARD WITH MAJOR
BREATH DIFFICULTIES, REQUEST
AMBULANCE AND MEDICAL
ASSISTANCE UPON ARRIVAL KOELN.
TWO MILES EAST OF ECHO ONE
AT ONE TWO ZERO ZERO
FEET, HEADING TWO SEVEN
ZERO, OVER!
or:
PANPAN – PANPAN – PANPAN
– MUENCHEN TOWER, DECAD, OBSER-
VING SEVERE TRAFFIC ACCIDENT ON
AUTOBAHN DIRECTION SALZBURG
ABOUT ONE ZERO NAUTICAL

BIBERG. ANSCHEINEND MEHRERE VERLETZTE; KEINE POLIZEI AN DER UNFALLSTELLE. KREISE ÜBER DER UNFALLSTELLE IN DREI-TAUSEND FUSS, KOMMEN.	MILES SOUTH OF NEUBIBERG. APPARENTLY SEVERAL INJURED PERSONS; NO POLICE AT THE SCENE. CIRCLING OVERHEAD ACCIDENT AREA AT THREE THOUSAND FEET, OVER.

Sprechgruppen für Flüge von und zu Flugplätzen mit Flugverkehrskontrollstelle sowie für Flüge nach Instrumentenflugregeln*)

Luftfahrzeug: **Bodenstelle:**

Anforderung der Erlaubnis zum Anlassen der Triebwerke

(Standort) ERBITTE ERLAUBNIS ZUM ANLASSEN DER TRIEBWERKE

(Standort) ERBITTE ERLAUBNIS ZUM ANLASSEN DER TRIEBWERKE, INFORMATION (ATIS-Kennbuchstabe) ERHALTEN

ANLASSEN ERLAUBT

ANLASSEN ERLAUBT UM (Zeit)

ERWARTEN SIE ERLAUBNIS ZUM ANLASSEN UM (Zeit)

LASSEN SIE AN NACH EIGENEM ERMESSEN

ERWARTEN SIE ABFLUG UM (Zeit), **LASSEN SIE AN NACH EIGENEM ERMESSEN**

Uhrzeit und Flugplatzdaten für abfliegende Luftfahrzeuge

ERBITTE UHRZEIT

ZEIT (vier Ziffern)

ERBITTE ABFLUGINFORMATION

STARTBAHN (Bezeichnung), WIND (Richtung, Geschwindigkeit), QNH (Ziffern), TEMPERATUR (Ziffern), GRAD, SICHT (Ziffern) METER/KILOMETER, LANDEBAHNSICHT (Ziffern) METER

---

*) Die seit 1985 gültigen neuen Sprechgruppen sind fett gedruckt.

Phrases for flights from and to Aerodromes
with Air Traffic Control Unit as well as for flights according to
Instrument flight rules

Aircraft: **Ground station:**

**To request
permission to
start engine**

*(position) REQUEST
START UP*

*(position) REQUEST
START UP,
INFORMATION
(ATIS code-letter)
RECEIVED*

START UP APPROVED

START UP APPROVED AT (time)

EXPECT START UP AT (time)

START UP AT OWN DISCRETION,

EXPECT DEPARTURE AT (time)
START UP AT OWN DISCRETION

**Time check and aerodrome
data for departing aircraft**

REQUEST TIME CHECK

TIME (four figures)

*REQUEST DEPARTURE
INFORMATION*

*RUNWAY (designator), WIND (direction, velocity), QNH
(figures), TEMPERATURE (figures) DEGREES, VISIBILITY
(figures) METERS/KILOMETERS, RVR (figures) METERS*

65

Luftfahrzeug:	Bodenstelle:

Anforderung der Erlaubnis zum Rollen bei Flügen mit Flugplan

(Standort) ERBITTE ROLLANWEISUNG

Anforderung der Erlaubnis zum Rollen bei Flügen ohne Flugplan

(Lfz.-Muster) **(Flugregeln) NACH (Bestimmungsflugplatz)** (Position) ERBITTE **ROLLANWEISUNG**

ROLLEN SIE ZUM HALTEPUNKT/ROLLHALTEORT (Bezeichnung) STARTBAHN (Bezeichnung) ÜBER (Rollstrecke)

ROLLEN SIE IN DIE ERSTE/ZWEITE EINMÜNDUNG LINKS/RECHTS

ROLLEN SIE ÜBER (Rollstrecke)

ROLLEN SIE ÜBER STARTBAHN (Bezeichnung)

ROLLEN SIE ZUM VORFELD/ABSTELLPLATZ FÜR ALLGEMEINE LUFTFAHRT/ABSTELLPLATZ (Bezeichnung)

Rollverfahren nach der Landung

ERBITTE ZURÜCKROLLEN AUF DER LANDEBAHN/STARTBAHN

ZURÜCKROLLEN GENEHMIGT

ROLLEN SIE AUF DER LANDEBAHN/STARTBAHN (Bezeichnung) ZURÜCK

(Standort) ERBITTE ROLL**ANWEISUNG** NACH (Zielpunkt am Flugplatz)

ROLLEN SIE GERADEAUS

ROLLEN SIE AN DER NÄCHSTEN EINMÜNDUNG/AM ENDE DER LANDEBAHN NACH RECHTS/LINKS

ROLLEN SIE VORSICHTIG

WEICHEN SIE (Beschreibung und Standort des anderen Luftfahrzeuges) AUS

Aircraft:	Ground station:

Taxi procedures for departing aircraft with flight plan

(position) REQUEST TAXI

Taxi procedures for departing aircraft without flight plan

(aircraft type) **(flight rules) TO (aerodrome of destination)** *(position)* **REQUEST TAXI**

TAXI TO HOLDING POINT/TAXI HOLDING POSITION *(designator) RUNWAY (designator) VIA (routing to be followed)*

TAKE FIRST/SECOND TURN LEFT/RIGHT

TAXI VIA (route to be followed)

TAXI VIA RUNWAY (designator)

TAXI TO TERMINAL/GENERAL AVIATION AREA/ STAND *(designator)*

Taxi procedures after landing

REQUEST
BACKTRACK

BACKTRACK APPROVED

BACKTRACK RUNWAY *(designator)*

(position) **REQUEST TAXI** *TO (destination on airport)*

TAXI STRAIGHT AHEAD

TAXI RIGHT/LEFT NEXT INTERSECTION/END OF RUNWAY

TAXI WITH CAUTION

GIVE WAY TO (description and position of other aircraft)

Luftfahrzeug:	Bodenstelle:
WEICHE (Verkehr) AUS	
VERKEHR (oder Luftfahrzeugmuster) IN SICHT	
	ROLLEN SIE IN DIE HALTEBUCHT
	FOLGEN SIE (Beschreibung des anderen Luftfahrzeuges oder Fahrzeuges)
	VERLASSEN SIE DIE LANDEBAHN
HABE LANDEBAHN VERLASSEN	
	BESCHLEUNIGEN SIE ROLLEN (Begründung)
BESCHLEUNIGE	
	VORSICHT ROLLEN SIE LANGSAMER
ROLLE LANGSAMER	
	HALTEN SIE POSITION
HALTE POSITION	
	HALTEN SIE (Richtung) VON (Position)/(Landebahn)
	HALTEN SIE (Entfernung) VON
HALTE (Position)	
ERBITTE ERLAUBNIS ZUM ÜBERQUEREN DER START-/ LANDEBAHN (Bezeichnung)	
	ÜBERQUEREN SIE START-/LANDEBAHN (Bezeichnung) MELDEN SIE DAS VERLASSEN
	BESCHLEUNIGEN SIE ÜBERQUEREN DER START-/ LANDEBAHN (Bezeichnung) VERKEHR (Lfz.-Muster) (Entfernung) MEILEN ENDANFLUG
START-/LANDEBAHN VERLASSEN	
Startvorbereitung	
	ABFLUG ÜBER (Bezeichnung) NICHT MÖGLICH (Begründung)
	MELDEN SIE STARTBEREIT
	SIND SIE STARTBEREIT?
STARTBEREIT	
	SIND SIE BEREIT ZUM SOFORTSTART?

Aircraft:	**Ground station:**
GIVING WAY TO (traffic)	
TRAFFIC (or type of aircraft)	
IN SIGHT	
	TAXI INTO HOLDING BAY
	FOLLOW (description of other aircraft or vehicle)
	***VACATE** RUNWAY*
*RUNWAY **VACATED***	
	EXPEDITE TAXI (reason)
EXPEDITING	
	CAUTION TAXI SLOWER
SLOWING DOWN	
	HOLD POSITION
HOLDING POSITION	
	HOLD (direction) OF (position) (runway)
	HOLD (distance) FROM
HOLDING (position)	
REQUEST TO CROSS	
RUNWAY (designator)	
	CROSS RUNWAY (designator)
	*REPORT **VACATED***
	EXPEDITE CROSSING RUNWAY (designator)
	TRAFFIC (aircraft type)
	(distance) MILES FINAL
*RUNWAY **VACATED***	

Preparation for take-off

	*UNABLE TO ISSUE (designator) **DEPARTURE** (reasons)*
	*REPORT WHEN READY FOR **DEPARTURE***
	*ARE YOU READY FOR **DEPARTURE***
READY	
	ARE YOU READY FOR IMMEDIATE **DEPARTURE?**

Luftfahrzeug:	Bodenstelle:

BEREIT ZUM SOFORTSTART

ROLLEN SIE ZUM STARTPUNKT

ROLLEN SIE ZUM STARTPUNKT STARTBAHN (Bezeichnung)

ROLLEN SIE ZUM STARTPUNKT UND ERWARTEN SIE SOFORTSTART

(Auflage) **ROLLEN SIE ZUM STARTPUNKT**

(Auflage) **ROLLE ZUM STARTPUNKT**

FREIGABE RICHTIG

Startfreigabe

START FREI

START FREI MELDEN SIE ABHEBEN

START FREI STARTBAHN (Bezeichnung)

STARTEN SIE SOFORT ODER VERLASSEN SIE DIE STARTBAHN

HALTEN SIE POSITION, **STARTFREIGABE AUFGEHOBEN** (Begründung)

HALTE POSITION

SOFORT ANHALTEN (Wiederholen des Rufzeichens der Luftfunkstelle) **SOFORT ANHALTEN**

HALTE AN

Nach dem Start

ERBITTE RECHTS-/LINKSKURVE NACH DEM START

RECHTS-/LINKSKURVE GENEHMIGT/NICHT GENEHMIGT

ANWEISUNG FÜR RECHTS-/LINKSKURVE ERFOLGT SPÄTER

STARTZEIT (Minuten)

NACH PASSIEREN VON (Höhe) (Standort) (Anweisungen)

FLIEGEN SIE STEUERKURS (Anweisungen)

FLIEGEN SIE KURS ÜBER GRUND (mißweisende Richtung) (Anweisungen)

STEIGEN SIE GERADEAUS (Anweisungen)

Aircraft:	Ground station:
READY FOR IMMEDIATE **DEPARTURE**	
	LINE UP
	LINE UP RUNWAY (designator)
	LINE UP AND BE READY FOR IMMEDIATE DEPARTURE
	(condition) **LINE UP**
(condition) **LINING UP**	
	CLEARANCE CORRECT
Take-off clearance	
	CLEARED FOR TAKE-OFF
	CLEARED FOR TAKE-OFF REPORT AIRBORNE
	CLEARED FOR TAKE-OFF RUNWAY (designator)
	TAKE OFF IMMEDIATELY OR **VACATE** *RUNWAY*
	HOLD POSITION, **CANCEL TAKE-OFF** (reason)
HOLDING	
	STOP IMMEDIATELY (repeat aircraft call sign) **STOP IMMEDIATELY**
STOPPING	
After take-off	
REQUEST RIGHT/LEFT TURN WHEN **AIRBORNE**	
	RIGHT/LEFT TURN APPROVED/NOT APPROVED
	WILL ADVISE LATER FOR RIGHT/ LEFT TURN
	AIRBORNE (time)
	AFTER PASSING (level) (position) (instructions)
	CONTINUE ON HEADING (instructions)
	TRACK (magnetic direction) (instructions)
	CLIMB STRAIGHT AHEAD (instructions)

Luftfahrzeug:	Bodenstelle:

Frequenzwechsel

ERBITTE VERLASSEN DER TURMFREQUENZ

ERBITTE FREIGABE ZUM VERLASSEN IHRER FREQUENZ FÜR (Ziffer) MINUTEN

FREI ZUM VERLASSEN DER TURMFREQUENZ

BLEIBEN SIE AUF DIESER FREQUENZ BIS (Standort) FÜR (Ziffer) MINUTEN

RUFEN SIE (Rufzeichen) AUF (Ziffern)

NACH DEM START **MONITOR** FREQUENZ (Ziffern) (Rufzeichen)

Einflug in die Platzrunde

(Lfz.-Muster) **VFR VON (Abflugort)** (Standortmeldung) ERBITTE LANDEANWEISUNG

FLIEGEN SIE IN DEN (Teil der Platzrunde) LANDEBAHN (Bezeichnung) WIND (Richtung, Geschwindigkeit) QNH/ QFE (Wert) VERKEHRSINFORMATION (Einzelheiten)

MACHEN SIE GERADEAUSANFLUG AUF LANDEBAHN (Bezeichnung) WIND (Richtung, Geschwindigkeit) QNH/ QFE (Wert) VERKEHRSINFORMATION (Einzelheiten)

ERBITTE RECHTE PLATZRUNDE

ERBITTE GERADEAUSANFLUG

ERBITTE DIREKTEN EINFLUG IN DEN QUERANFLUG/RECHTEN QUERANFLUG

MACHEN SIE GERADEAUSANFLUG

FLIEGEN SIE DIREKT IN DEN QUERANFLUG/RECHTEN QUERANFLUG

72

Aircraft:	Ground station:

Frequency change

REQUEST TO LEAVE TOWER FREQUENCY

REQUEST CLEARANCE TO LEAVE YOUR FREQUENCY FOR (figure) MINUTES

CLEARED TO LEAVE TOWER FREQUENCY

REMAIN ON THIS FREQUENCY UNTIL (position) FOR (figure) MINUTES

CONTACT (call sign) ON (figures)

MONITOR FREQUENCY (figures) (call sign) **WHEN AIRBORNE**

Entering an aerodrome traffic circuit

(aircraft type) **VFR FROM (point of departure)** *(position report)* **FOR LANDING**

JOIN (part of traffic circuit) *RUNWAY (designator) WIND (direction, velocity) QNH/QFE (value)*
TRAFFIC (details)

MAKE *STRAIGHT-IN APPROACH RUNWAY (designator) WIND (direction, velocity) QNH/QFE (value) TRAFFIC (details)*

REQUEST RIGHT TRAFFIC CIRCUIT

REQUEST STRAIGHT-IN-APPROACH

REQUEST DIRECT BASE/RIGHT BASE

MAKE STRAIGHT-IN APPROACH

JOIN DIRECT BASE/*RIGHT BASE*

73

Luftfahrzeug:	Bodenstelle:

**Anforderung von
Standortmeldungen**

MELDEN SIE (Einzelheiten)

MELDEN SIE (Teil der Platzrunde)

LANDENUMMER (Ziffer) FOLGEN SIE (Lfz.-Muster,
Standort)

MACHEN SIE KURZEN/LANGEN ANFLUG

MACHEN SIE LANGEN ANFLUG oder VERLÄNGERN SIE
DEN GEGENANFLUG

ANFLUG FORTSETZEN

Landung

LANDUNG FREI

LANDUNG FREI, MACHEN SIE KURZE/
LANGE LANDUNG

LANDUNG FREI LANDEBAHN (Bezeichnung)

FREI ZUM AUFSETZEN UND DURCHSTARTEN

MACHEN SIE ABSCHLUSSLANDUNG

ERBITTE FREIGABE ZUM
TIEFANFLUG (Begründung)

FREI ZUM TIEFANFLUG, LANDEBAHN (Bezeichnung)
(Höhenbeschränkung wenn nötig) (Verfahren nach dem
Tiefanflug)

ERBITTE **TIEFEN VORBEIFLUG**
(Begründung)

FREI **ZUM TIEFEN VORBEIFLUG,** LANDEBAHN
(Bezeichnung) (Höhenbeschränkung wenn nötig)
(Verfahren nach dem tiefen Vorbeiflug)

MELDEN SIE PLATZ-/LANDEBAHN-/
ANFLUGBEFEUERUNG IN SICHT

HALTEN SIE ÜBER (Standort) BIS (Minuten)

FLIEGEN SIE NOCH EINE PLATZRUNDE

KREISEN SIE RECHTS/LINKS AM GEGENWÄRTIGEN
STANDORT

MACHEN SIE VOLLKREIS RECHTS/LINKS

STARTEN SIE DURCH

STARTE DURCH

74

Aircraft:	**Ground station:**
Request for position reports	
	REPORT (details)
	REPORT (Position in traffic circuit)
	***NUMBER (figure)** FOLLOW (aircraft type, position)*
	MAKE SHORT APPROACH/LONG APPROACH
	MAKE LONG APPROACH or EXTEND DOWNWIND
	CONTINUE APPROACH
Landing	
	CLEARED TO LAND
	CLEARED TO LAND, MAKE SHORT/ LONG LANDING
	CLEARED TO LAND RUNWAY (designator)
	CLEARED TOUCH AND GO
	MAKE FULL STOP LANDING
REQUEST LOW APPROACH (reason)	
	CLEARED LOW APPROACH RUNWAY (designator) (altitude restrictions if required) (go around instructions)
*REQUEST **LOW PASS** (reason)*	
	*CLEARED **LOW PASS** RUNWAY (designator) (altitude restrictions if required) (go around instructions)*
	ADVISE WHEN FIELD/RUNWAY/APPROACH LIGHTS IN SIGHT
	HOLD OVER (position) UNTIL (minutes)
	MAKE ANOTHER TRAFFIC CIRCUIT
	***ORBIT** RIGHT/LEFT FROM PRESENT POSITION*
	*MAKE A **THREE SIXTY** RIGHT/LEFT*
	GO AROUND
GOING AROUND	

Luftfahrzeug:	Bodenstelle:

Störungen

HABE STÖRUNG AM
FAHRWERK

FAHRWERK SCHEINT AUSGEFAHREN

FAHRWERK SCHEINT NICHT AUSGEFAHREN

(Teil des Fahrwerks) IST EINGEFAHREN

(Teil des Fahrwerks) SCHEINT NICHT VOLL
AUSGEFAHREN

SIE SCHEINEN TREIBSTOFF/ÖL ZU VERLIEREN

IHR LUFTFAHRZEUG HAT EINE RAUCHFAHNE

IHR SCHLEPPSEIL/BANNER HAT SICH NICHT GELÖST

**Luftfahrzeug ohne
Sendefunkgerät**

BESTÄTIGEN SIE DURCH BEWEGEN DER
QUERRUDER/DES SEITENRUDERS

BESTÄTIGEN SIE DURCH WACKELN

BESTÄTIGEN SIE DURCH BLINKEN MIT
LANDESCHEINWERFER

Verkehrsinformationen

**SEGELFLUG/MODELLFLUG/
FALLSCHIRMABSPRÜNGE/KUNSTFLUG** (Ortsangabe)

(Lfz.-Muster) (Position in der Platzrunde) MACHT
ABSCHLUSSLANDUNG/DURCHSTARTÜBUNG/
TIEFANFLUG/ZIELLANDEÜBUNG

BANNERSCHLEPP/SEGELFLUGZEUGSCHLEPP
(Ortsangabe)

VERKEHRSINFORMATION (Einzelheiten)

KEIN GEMELDETER VERKEHR

Aircraft:	Ground station:

Troubles

HAVE LANDING GEAR TROUBLE

LANDING GEAR APPEARS TO BE DOWN AND IN PLACE

LANDING GEAR APPEARS NOT TC BE IN PLACE

(portion of landing gear) IS RETRACTED

(portion of landing gear) APPEARS NOT TO BE FULLY IN PLACE

IT SEEMS YOU ARE LOSING FUEL/OIL

YOUR AIRCRAFT IS TRAILING SMOKE

YOUR ROPE/BANNER DID NOT DETACH

Aircraft without radio transmitter

ACKNOWLEDGE BY MOVING AILERONS/ RUDDER

ACKNOWLEDGE BY ROCKING WINGS

ACKNOWLEDGE BY FLASHING LANDING LIGHTS

Traffic information

GLIDER FLYING/MODEL FLYING/PARACHUTE JUMPING/ACROBATICS *(position)*

(aircraft type) (position in traffic circuit) FOR FULL STOP LANDING/TOUCH-AND-GO-LANDING/LOW APPROACH/SPOT LANDING

BANNER TOWING/GLIDER TOWING

(position)

TRAFFIC (details)

NO REPORTED TRAFFIC

Luftfahrzeug:

HALTE AUSSCHAU

KEIN SICHTKONTAKT

Bodenstelle:

UNBEKANNTES FLUGZIEL (Richtung, Entfernung und andere Informationen)

FREI VON VERKEHR

(Lfz.-Muster/Fahrzeug/Personen) (Standort) KOMMT ENTGEGEN/KREUZT

(Lfz.-Muster) **STARTET/LANDET AUF STARTBAHN/ LANDEBAHN** (Bezeichnung)

(Lfz.-Muster) IM ANFLUG AUS/IM ABFLUG NACH (Richtung)

VORSICHT WIRBELSCHLEPPEN

VORSICHT ABGASSTRAHL

Flugplatzzustand

BAUARBEITEN BEIDERSEITS/LINKS/RECHTS VON (Teil der Bewegungsfläche)

(Teil der Bewegungsfläche) IST **FEUCHT**

(Teil der Bewegungsfläche) IST NASS

WASSERPFÜTZEN AUF (Teil der Bewegungsfläche)

(Teil der Bewegungsfläche) **IST ÜBERFLUTET**

(Teil der Bewegungsfläche) IST TROCKEN/ STELLENWEISE MIT SCHNEE/EIS BEDECKT/GLATT

(Teil der Bewegungsfläche) GERÄUMT/GESTREUT

SCHNEEWÄLLE/SCHNEEWEHEN (Teil der Bewegungsfläche)

BREMSWIRKUNG GUT/MITTEL/SCHLECHT

(Teil der Bewegungsfläche) GESPERRT/AUFGEWEICHT/ UNEBEN

(Teil der Befeuerung) **AUSGEFALLEN**

(Beschreibung der Sicht- oder anderer Anflughilfen) START-/LANDEBAHN (Bezeichnung) (Beschreibung der Mängel)

(Art) BELEUCHTUNG (Betriebszustand)

Aircraft:	Ground station:

Aircraft:

LOOKING OUT
NEGATIVE CONTACT

Ground station:

UNIDENTIFIED TARGET (direction, distance and other information)

NOW CLEAR OF TRAFFIC

(aircraft type/vehicle/persons) (position) ***APPROACHING HEAD ON****/CROSSING*

(aircraft type) ***DEPARTING/LANDING ON RUNWAY*** *(designator)*

(aircraft type) APPROACHING FROM/DEPARTING TO (direction)

CAUTION WAKE TURBULENCE

CAUTION JET BLAST

Aerodrome conditions

CONSTRUCTION WORK BOTH SIDES/LEFT/RIGHT OF (portion of movement area)

*(portion of movement area) IS **DAMP***

(portion of movement area) IS WET

***WATER PATCHES** ON (portion of movement area)*

*(portion of movement area) **IS FLOODED***

(portion of movement area) DRY/PARTLY COVERED WITH SNOW/ICE/SLIPPERY

(portion of movement area) SNOW/ICE REMOVED/ SANDED

SNOW WALLS/SNOW DRIFTS (portion of movement area)

BRAKING ACTION GOOD/MEDIUM/POOR

(portion of movement area) CLOSED/SOFT/ ROUGH

*(part of lighting system) **OUT OF SERVICE***

(specify visual or nonvisual aid) RUNWAY (designator) (description of deficiency)

(type) LIGHTING (status)

Luftfahrzeug:

Meteorologische Bedingungen

Bodenstelle:

WIND (Richtung) (Geschwindigkeit) KNOTEN
SICHT (Ziffern) METER/KILOMETER

QNH/QFE (Ziffern)

Peilinformation
ERBITTE QDM/QDR/QTE

SENDEN SIE FÜR PEILUNG

SENDE FÜR PEILUNG

QDM (Peilwert)
PEILER NICHT BETRIEBSBEREIT

Aufhebung des Flugplanes
ERBITTE AUFHEBUNG MEINES
FLUGPLANS

FLUGPLAN AUFGEHOBEN UM (Zeit)

Aircraft:	Ground station:

Meteorological conditions

WIND (direction) (velocity) KNOTS

VISIBILITY (figures) METERS/KILOMETERS

RVR RUNWAY (designator) **ALPHA (figures) BRAVO (figures) CHARLIE (figures)**

QNH/QFE (figures)

DF information

REQUEST QDM/QDR/QTE

TRANSMIT FOR DF

TRANSMITTING FOR DF

QDM (DF value)

DF OUT OF SERVICE

Closing the flight plan

REQUEST TO CLOSE MY FLIGHT PLAN

FLIGHT PLAN CLOSED AT (time)

81

Sprechgruppen für Flüge von und zu Flugplätzen
<u>ohne</u> Flugverkehrskontrollstelle

Luftfahrzeug: **Bodenstelle:**

Rollen

ROLLE VON (Standort) ZU
(Zielpunkt)

ÜBERQUERE LANDEBAHN
(Bezeichnung)

ÜBERQUERE LANDEBAHN
(Bezeichnung) NACH
LANDENDER/STARTENDER
(Lfz.-Muster)

(Rufzeichen, Lfz.-Muster) NACH
(Zielflugplatz) ERBITTE
ROLLINFORMATION

                 STARTBAHN (Bezeichnung) ÜBER (Rollstrecke) WIND
                 (Richtung, Geschwindigkeit) (Verkehrshinweise)

Start

                 MELDEN SIE STARTBEREIT

STARTBEREIT

ERBITTE RECHTSKURVE NACH
DEM START

                 RECHTSKURVE GENEHMIGT

ICH STARTE/ICH STARTE NACH
LANDENDER/STARTENDER
(Lfz.-Muster)

ERBITTE STARTZEIT

                 STARTZEIT (Zeit)

Anflug

(Rufzeichen, Lfz.-Muster) VON
(Abflugort) (Standortmeldung)
ERBITTE
LANDEINFORMATION

                 LANDEBAHN (Bezeichnung) WIND (Richtung,
                 Geschwindigkeit) (Verkehrshinweise)

Phrases for flights from and to aerodromes <u>without</u> air traffic control unit

Aircraft: **Ground station:**

Taxiing

TAXIING FROM (position) TO
(position)

WILL CROSS RUNWAY
(designator)

WILL CROSS RUNWAY
(designator) BEHIND LANDING/
DEPARTING (aircraft type)

(Call sign, aircraft type) TO
(aerodrome of destination)
REQUEST TAXI
INFORMATION

RUNWAY (designator) VIA (taxiroute), WIND (direction/
velocity) (traffic information)

Take-off

*REPORT READY FOR **DEPARTURE***

*READY FOR **DEPARTURE***

REQUEST RIGHT TURN AFTER
DEPARTURE

RIGHT TURN APPROVED

TAKING OFF/WILL TAKE OFF
BEHIND LANDING/DEPARTING
(aircraft type)

REQUEST TAKE-OFF TIME

TAKE-OFF TIME (time)

Approach

(call sign, aircraft type) FROM (point
of departure) (position report)
REQUEST LANDING
INFORMATION

RUNWAY (designator) WIND (direction/velocity) (traffic
information)

Luftfahrzeug:	Bodenstelle:
ERBITTE RECHTE PLATZRUNDE/ RECHTEN GEGENANFLUG/ RECHTEN QUERANFLUG	
	RECHTE PLATZRUNDE/RECHTER GEGENANFLUG/ RECHTER QUERANFLUG GENEHMIGT
ERBITTE LANDEZEIT	
	LANDEZEIT (Zeit)
ICH STARTE DURCH	
MACHE TIEFANFLUG	
MACHE KURZE/LANGE LANDUNG	
MACHE ZIELLANDEÜBUNG	
FLIEGE AN ZUR BANNERAUFNAHME	
FLIEGE AN ZUM BANNER-/ SEILABWURF	
FLIEGE PLATZRUNDE(N)	
MACHE AUFSETZ- UND DURCHSTARTÜBUNG(EN)	
VERLASSE IHRE FREQUENZ	

Luftfahrzeug ohne
Sendefunkgerät

BESTÄTIGEN SIE DURCH BEWEGEN DER
QUERRUDER/DES SEITENRUDERS

BESTÄTIGEN SIE DURCH WACKELN

Störungen
HABE STÖRUNG AM FAHRWERK

FAHRWERK SCHEINT AUSGEFAHREN

FAHRWERK SCHEINT NICHT AUSGEFAHREN

(Teil des Fahrwerks) IST EINGEFAHREN

(Teil des Fahrwerks) SCHEINT NICHT VOLL
AUSGEFAHREN

SIE SCHEINEN TREIBSTOFF/ÖL ZU VERLIEREN

IHR LUFTFAHRZEUG HAT EINE RAUCHFAHNE

IHR SCHLEPPSEIL/BANNER HAT SICH NICHT GELÖST

Aircraft:	**Ground station:**

*REQUEST RIGHT TRAFFIC
CIRCUIT/RIGHT DOWNWIND/
RIGHT BASE*

*RIGHT TRAFFIC CIRCUIT/RIGHT DOWNWIND/RIGHT
BASE APPROVED*

REQUEST LANDING TIME

LANDING TIME (time)

PULLING UP

MAKING LOW APPROACH

MAKING SHORT/LONG LANDING

MAKING SPOT LANDING

*APPROACHING FOR BANNER
PICK-UP*

*APPROACHING TO DROP
BANNER/ROPE*

FLYING TRAFFIC CIRCUIT(S)

*MAKING TOUCH-AND-GO
LANDING(S)*

LEAVING YOUR FREQUENCY

**Aircraft without radio
transmitter**

*ACKNOWLEDGE BY MOVING
AILERONS/RUDDER*

ACKNOWLEDGE BY ROCKING WINGS

Troubles

HAVE LANDING GEAR TROUBLE

LANDING GEAR APPEARS TO BE DOWN AND IN PLACE

LANDING GEAR APPEARS NOT TO BE IN PLACE

(portion of landing gear) IS RETRACTED

*(portion of landing gear) APPEARS NOT TO BE FULLY IN
PLACE*

IT SEEMS YOU ARE LOSING FUEL/OIL

YOUR AIRCRAFT IS TRAILING SMOKE

YOUR ROPE/BANNER DID NOT DETACH

Luftfahrzeug:	Bodenstelle:

Verkehrsinformationen

SEGELFLUG/MODELLFLUG/
FALLSCHIRMABSPRÜNGE/KUNSTFLUG (Ortsangabe)

(Lfz.-Muster) (Position in der Platzrunde) MACHT
ABSCHLUSSLANDUNG/DURCHSTARTÜBUNG/
TIEFANFLUG/ZIELLANDEÜBUNG

BANNER-/SEGELFLUGZEUGSCHLEPP (Ortsangabe)

(Lfz.-Muster/Fahrzeug/Personen) (Standort) KOMMT
ENTGEGEN/KREUZT

(Lfz.-Muster) STARTET/LANDET AUF STARTBAHN/
LANDEBAHN (Bezeichnung)

(Lfz.-Muster) IM ANFLUG AUS/IM ABFLUG NACH
(Richtung)

Flugplatzzustand

BAUARBEITEN BEIDERSEITS/LINKS/RECHTS
(Teil der Bewegungsfläche)

(Teil der Bewegungsfläche) **IST FEUCHT**

(Teil der Bewegungsfläche) IST NASS

WASSERPFÜTZEN AUF (Teil der Bewegungsfläche)

(Teil der Bewegungsfläche) **IST ÜBERFLUTET**

(Teil der Bewegungsfläche) IST TROCKEN/
STELLENWEISE MIT SCHNEE/EIS BEDECKT/GLATT

(Teil der Bewegungsfläche) GERÄUMT/
GESTREUT

SCHNEEWÄLLE/SCHNEEWEHEN (Teil der
Bewegungsfläche)

BREMSWIRKUNG GUT/MITTEL/SCHLECHT

(Teil der Bewegungsfläche) GESPERRT/AUFGEWEICHT/
UNEBEN

(Teil der Befeuerung) AUSGEFALLEN

**Meteorologische
Bedingungen**

WIND (Richtung, Geschwindigkeit) KNOTEN

QNH/QFE (Ziffern)

Aircraft:

Traffic information

Ground station:

GLIDER FLYING/MODEL FLYING/
PARACHUTE JUMPING/ACROBATICS (position)

(aircraft type) (position in traffic circuit) FOR FULL STOP
LANDING/TOUCH-AND-GO LANDING/LOW
APPROACH/SPOT LANDING

BANNER/GLIDER TOWING (position)

(aircraft type/vehicle/persons) (position) APPROACHING
HEAD ON/CROSSING

(aircraft type) DEPARTING/LANDING ON RUNWAY
(designator)

(aircraft type) APPROACHING FROM/DEPARTING TO
(direction)

Aerodrome conditions

CONSTRUCTION WORK BOTH SIDES/LEFT/RIGHT
(portion of movement area)

(portion of movement area) **IS DAMP**

(portion of movement area) IS WET

WATER PATCHES ON (portion of movement area)

(portion of movement area) **FLOODED**

(portion of movement area) DRY/PARTLY COVERED WITH
SNOW/ICE/SLIPPERY

(portion of movement area) SNOW/ICE REMOVED/
SANDED

SNOW WALLS/DRIFTS (portion of
movement area)

BRAKING ACTION GOOD/MEDIUM/POOR

(portion of movement area) CLOSED/SOFT/
ROUGH

(part of lighting system) OUT OF SERVICE

**Meteorological
conditions**

WIND (direction, velocity) KNOTS

QNH/QFE (figures)

Luftfahrzeug:	Bodenstelle:

Peilinformation

ERBITTE QDM

SENDEN SIE FÜR PEILUNG

SENDE FÜR PEILUNG

QDM (Peilwert)

PEILER NICHT BETRIEBSBEREIT

**Anweisungen der
Bodenfunkstelle zur Abwehr
anderweitig nicht
abwendbarer Gefahren**

HALTEN SIE POSITION (Begründung)

VERLASSEN SIE SOFORT STARTBAHN WEGEN (Begründung)

BESCHLEUNIGEN SIE START/ROLLEN WEGEN (Begründung)

START/LANDUNG NICHT ERLAUBT WEGEN (Begründung)

STARTEN SIE DURCH WEGEN (Begründung)

Aircraft:	Ground station:

DF information

REQUEST QDM

TRANSMIT FOR DF

TRANSMITTING FOR DF

QDM (DF value)
DF OUT OF SERVICE

**Instructions by the ground
radio station for protection
from dangers that cannot be
averted otherwise**

HOLD POSITION (reason)
VACATE *RUNWAY IMMEDIATELY
(reason)*
*EXPEDITE TAKE-OFF/TAXIING
(reason)*
*TAKE-OFF/LANDING NOT PERMITTED
(reason)*
GO AROUND (reason)

Kürzel zur Aufnahme von Freigaben auf VFR-Flügen

Symbols used for copying clearances on VFR flights

Nachstehend aufgeführte Kürzel, Zeichen und Abkürzungen sind lediglich Hinweise dafür, wie man sich die richtige und schnelle Aufnahme einer Flugverkehrskontrollfreigabe erleichtern kann. Die Kenntnis der Zeichen wird in der Prüfung zum Erwerb des englischen Sprechfunkzeugnisses nicht verlangt. Es bleibt daher jedem Luftfahrer selbst überlassen, ob und wie weit er diese Angaben benutzen will.

sobald als möglich	*as soon as practicable*	ASAP
auf Kurs	*on course*	OC
bevor Sie auf Kurs gehen	*before proceeding on course*	BPOC
halten, halt	*hold*	H
beibehalten	*maintain*	M
(weiter-)fliegen, fortfahren	*proceed*	⊋
Linkskurve	*left turn*	LT
Rechtskurve	*right turn*	RT
melden Sie Erreichen...	*report reaching*	RR
melden Sie Passieren, Überfliegen	*report passing*	RP
melden Sie Verlassen	*report leaving*	RL
Aufsetzen und Durchstarten	*touch-and-go landing*	TG
bis weitere Anweisung erfolgt	*until further advised*	UFA
querab	*abeam*	↦
über (Flugstrecke)	*via*	⩔
frei zum Überqueren; überqueren Sie	*cleared to cross; cross*	X
steigen Sie	*climb*	↑
sinken Sie	*descend*	↓
bis; zu	*until; to*	—
fliegen Sie in den Gegenanflug	*join downwind*	D
fliegen Sie in den Queranflug	*join direct base*	B
fliegen Sie in den rechten Gegenanflug	*join right downwind*	D
fliegen Sie in den rechten Queranflug	*join direct right base*	B

	kreisen Sie	*orbit*
⊙	kreisen Sie	*orbit*
⟁	Fliegen Sie ein in die Kontrollzone	*enter control zone*
⟁	Verlassen Sie die Kontrollzone	*depart control zone*
⟁	in der Kontrollzone	*within control zone*
HD 350	Steuerkurs 350	*heading 350*
350	Kurs über Grund 350	*track 350*
A 3	Flughöhe 3000 ft	*altitude 3000 ft*
50	Flugfläche 65	*flight level 65*
. . . +	. . . oder mehr; . . . oder darüber; . . . oder später	*. . . or more; . . . or above; . . . or later*
. . . −	. . . oder weniger; . . . oder darunter; . . . oder früher	*. . . or less; . . . or below; . . . or earlier*

Teile der Platzrunde
Components of Traffic Circuit

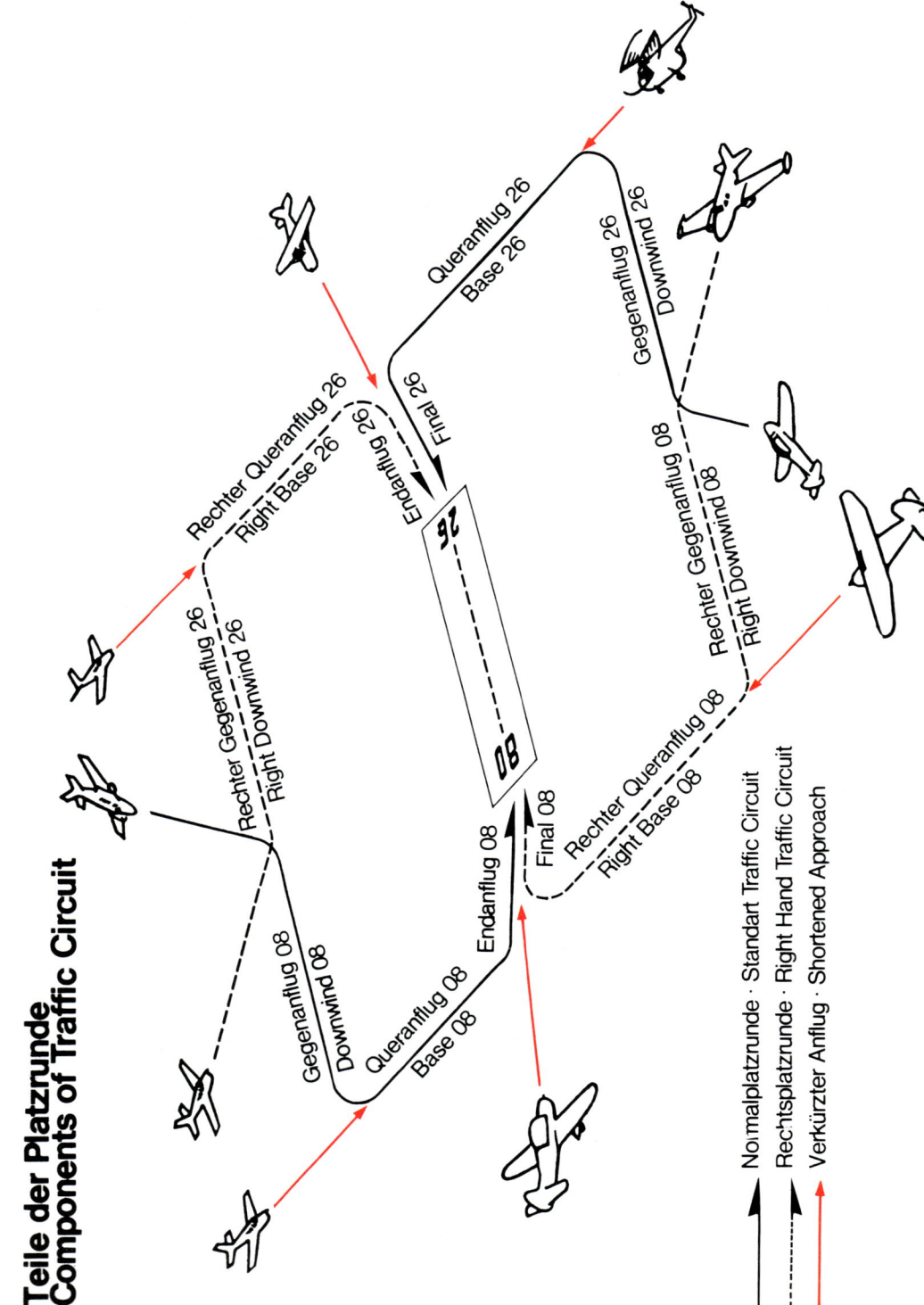

Queranflug 26
Base 26

Gegenanflug 26
Downwind 26

Rechter Queranflug 26
Right Base 26

Endanflug 26
Final 26

Rechter Gegenanflug 26
Right Downwind 26

Rechter Gegenanflug 08
Right Downwind 08

25

08

Gegenanflug 08
Downwind 08

Queranflug 08
Base 08

Endanflug 08
Final 08

Rechter Queranflug 08
Right Base 08

Normalplatzrunde · Standart Traffic Circuit

Rechtsplatzrunde · Right Hand Traffic Circuit

Verkürzter Anflug · Shortened Approach

Anflugarten in der Platzrunde

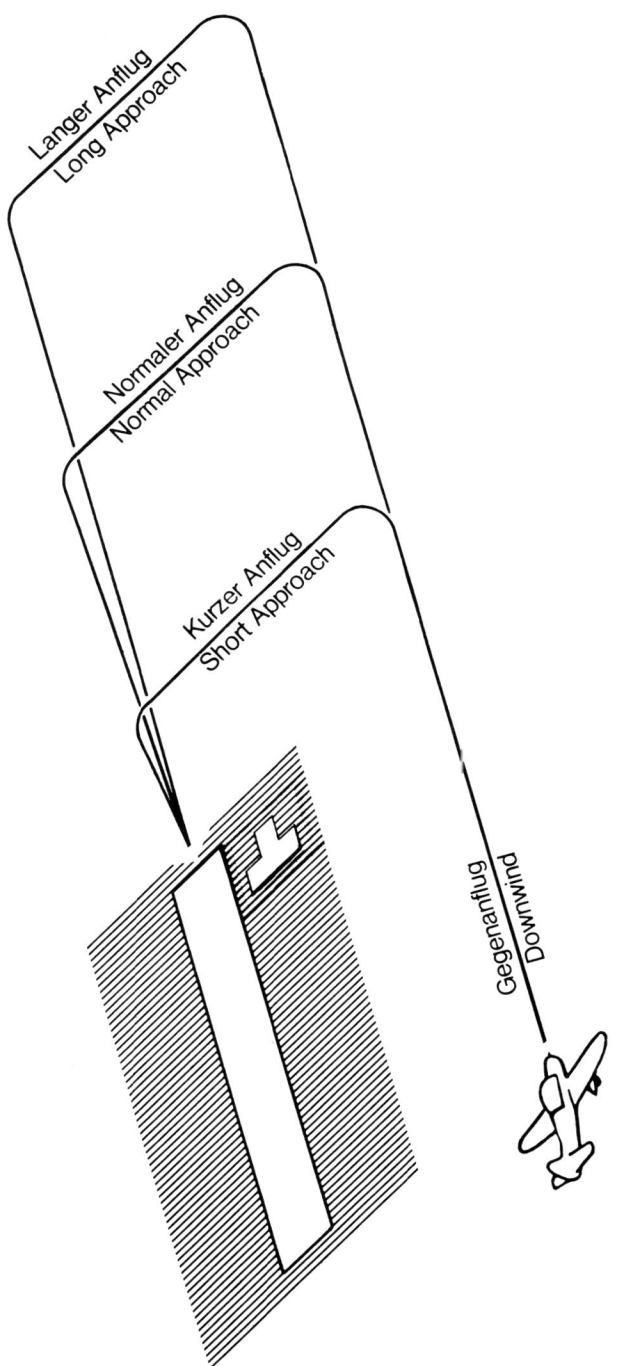

Langer Anflug
Long Approach

Normaler Anflug
Normal Approach

Kurzer Anflug
Short Approach

Gegenanflug
Downwind

SPRECHFUNKVERKEHR IN DER PRAXIS
— VFR-FLÜGE —

RADIO TELEPHONY COMMUNICATION IN
PRACTICE — VFR-FLIGHTS —

Sammlung von ca. 400 Beispielen für den VFR-Flugbetrieb (inkl. Sonder-VFR, CVFR und Radar), sowie von ca. 70 Beispielen für den Notverkehr.

Die umfassende Übersicht von Möglichkeiten im Sprechfunkverkehr enthält im wesentlichen keine Standardredewendungen. Die Sprechfunkbeispiele sind der täglichen Praxis der Flugsicherung und des Flugbetriebes entnommen.

Der Aufnahme des Sprechfunkverkehrs geht immer der Einleitungsanruf (Initial call) voraus.

	Beispiel:	**Example:**
LFZ:	MÜNCHEN ROLLKONTROLLE, DGACD, KOMMEN	*MUENCHEN GROUND, DGACD, OVER*
TWR:	DGACD, MÜNCHEN ROLLKONTROLLE, KOMMEN	*DGACD, MUENCHEN GROUND, GO AHEAD*

Nachdem die Sprechfunkverbindung hergestellt ist, *wird jeder Meldung das Funkrufzeichen oder das abgekürzte Rufzeichen des Luftfahrzeuges vorangestellt. Das abgekürzte Rufzeichen kann aber erst dann benutzt werden, wenn es von der Bodenfunkstelle (Tower) zuerst benutzt wurde (z. B. DCD).*

Die Zusammenstellung der Sprechfunkbeispiele entspricht in der Reihenfolge dem Ablauf eines Fluges. Den Redewendungen vom Luftfahrzeug ausgehend ist die Abkürzung „LFZ" vorangestellt. Die Antwort auf eine Anfrage oder Anweisung ist im darauf folgenden Abschnitt „TWR" bzw. „LFZ" enthalten.

Abfliegender Verkehr

a) Rollanweisungen

LFZ: Erbitte Roll**anweisung** von Halle 4 zum Vorfeld

Erbitte Roll**anweisung** vom Vorfeld zur Abstellfläche West zwecks Triebwerküberprüfung (Bremsenüberprüfung)

Erbitte Roll**anweisung** (zum VFR-Flug nach Hamburg), Ausflugpunkt „WHISKEY", Information ALPHA empfangen

Vor Halle 3, erbitte Roll**anweisung** für örtlichen Flug, Ausflugpunkt „OSCAR"

Departing Traffic

a) Taxi instructions

*Request **taxi** from hangar 4 to the apron*

*Request **taxi** from the **apron** to parking area west for engine check (brake check)*

*Request **taxi** (for VFR flight to Hamburg), exit point "WHISKEY", information ALPHA received*

*In front of hangar 3, request **taxi** for local flight, exit point "OSCAR"*

LFZ:	Erbitte Roll**anweisung** für (falls im Flug-plan nicht angegeben)	Request **taxi** for (if not stated in the flight plan)

– 30-Minuten-Testflug	– 30 minutes test flight
– Überprüfungsflug	– check flight
– (Stadt-)Rundflug	– sightseeing flight (over the city)
– Keuchhustenflug	– whooping cough flight
– Platzrundenflug	– traffic circuit flight
– Höhenflug	– high altitude flight
– Überlandflug nach . .	– crosscountry flight to . .
– Schulflug, Übungsflug	– training flight
– Kunstflug	– acrobatic flight
– Photoflug in der Gegend von . . .	– photo flight in the area of . . .
– Überführungsflug	– ferry flight
– Instrumentenübungsflug	– instrument training flight
– Bannerschleppflug	– banner towing flight
– Formationsflug	– formation flight

TWR: Rollen Sie zum Haltepunkt

Startbahn 25, Wind 360 12 Kt, QNH 1027*)	*Taxi to holding point* *runway 25, wind 360 12 Kt, QNH 1027*)*

Rollen Sie zum Rollhalteort

Grasstartbahn 27, Wind 210 18 Kt mit Böen bis 25 Kt, QNH 998; folgen Sie Bölkow 207 rechts voraus*)	*Taxi to taxi holding position* *grass runway 27, wind 210 18 Kt with gusts up to 25 Kt, QNH 998; follow Boelkow 207 to your right ahead*)*

Rollen Sie zum Haltepunkt

Startbahn 25 rechts über Rollbahn „D", Wind schwankt zwischen 240 und 270 8 Kt, QNH 1016; Bauarbeiten links von Rollbahn „D"*)	*Taxi to holding point* *runway 25 right via taxiway "D", wind variable 240 to 270 8 Kt, QNH 1016; construction work left side of taxiway "D"*)*
Kein Flugplan vorhanden, werden bei FB nachforschen. Warten Sie auf Roll**anweisung**	*No flight plan available, will inquire with AIS. Standby for **taxi***
Haben Sie einen Flugplan abgegeben? Im Turm liegt keiner vor	*Did you submit a flight plan? There is none available in tower*

Rollen Sie zum Rollhalteort

Betonstartbahn 09, Wind 100 7 Kt, QNH 1000. Halten Sie, bis nach Westen rollende DC 9 vorbei ist*)	*Taxi to taxi holding position* *concrete runway 09, wind 100 7 Kt, QNH 1000. Hold until DC 9 taxiing to the West has passed*)*
Wind 080 2 Kt, bevorzugen Sie Start-bahn 13 oder 30?	*Wind 080 2 Kt, do you prefer runway 13 or 30?*

Rollen Sie zum Haltepunkt

Startbahn nach Ihrer Wahl 12 oder 30, Wind still, QNH 1013	*Taxi to holding point* *runway of your discretion (at your convenience) 12 or 30, wind calm, QNH 1013*

*) Bei ATIS (z. B. Information ALPHA empfangen/received) entfallen Wind, QNH und Flugplatzin-formationen

TWR: Keine Verzögerung für Startbahn 25, erwarten Sie 5 Minuten Verzögerung für Startbahn 07

No delay for runway 25, expect 5 Minutes delay for runway 07

Wenn Sie auf Startbahn 27 bestehen, dann müssen Sie mit 15 Minuten Verzögerung rechnen

If you insist on runway 27 then you have to expect 15 minutes delay

Folgen Sie einer Boeing 737, die nach Osten rollt; Vorsicht mit Düsenwirbeln

Follow Boeing 737 taxiing to the east; caution with jet wash

Halten Sie, bis eine von Westen kommende Boeing 747 das Vorfeld erreicht hat

Hold until Boeing 747 coming in from the west has reached the ramp

Halten Sie, erwarten Sie Rollanweisung in Kürze

Hold position, expect taxi instructions shortly

Halten Sie auf der Nordwestecke des Vorfeldes, bis weitere Anweisung folgt

Hold on northwest corner of the ramp until further advised

Rollen Sie rechts der gelben Linie, Morane kommt Ihnen entgegen

Taxi right side of yellow line, Morane taxiing opposite direction (approaching head-on)

Rollen Sie langsamer und kommen Sie zum Stehen, 2 Feuerwehrfahrzeuge werden Sie links überholen

Slow down taxiing and come to a full stop, 2 fire trucks will overtake you left

Haben Sie irgendwelche Schwierigkeiten?

Do you have any difficulties?

Benötigen Sie irgendwelche Hilfe?

Do you require any assistance?

Vorsicht, entgegenkommende Piper hat kein Funk(gerät)

Caution, opposite direction Piper has no radio

Rollen Sie langsam an, folgen Sie Cherokee genau vor Ihnen

Start taxiing slowly, follow Cherokee exactly ahead of you

Vorsicht, Fahrzeuge und Fußgänger auf dem Vorfeld

Caution, vehicles and pedestrians on the apron

Halten Sie am westlichen Rand des Vorfeldes, bis hereinrollende BAC 111 geparkt ist

Hold on western edge of the apron until incoming BAC 111 is parked

Vorsicht, DC 8 rechts querab startet jetzt die Triebwerke

Caution, DC 8 to your right abeam is starting up engines

LFZ: Erbitte Startbahn 09 und QNH in Zoll

Bevorzuge Startbahn 14 wegen des Windes, ist dann mit Verzögerung zu rechnen?

Kann ich hier nach rechts wenden und diese Rollbahn benutzen?

Erbitte Rollhilfe wegen des starken Seitenwindes

Erbitte 5 mal Aufsetzen und Durchstarten vor dem Abflug nach . . .

Habe Flugplan vor etwa einer Stunde aufgegeben

Erbitte QFE zur Überprüfung meines Höhenmessers

Darf ich weiter rollen, oder muß ich einen neuen Flugplan aufgeben?

Erbitte Rollanweisung zurück zum Vorfeld (zur Halle)

– wegen technischer Störungen
– wegen Schwierigkeiten mit der Luftschraubenverstellung
– Kabinentür schließt nicht richtig
– wegen Motorschwierigkeiten
– wegen Hydraulikstörung
– wegen Ladedruckstörung
– linkes Fahrwerk platt
– Bremsschwierigkeiten
– wegen schwankender Drehzahlanzeige
– wegen fehlerhaft arbeitendem Generator

Kann nicht zum Vorfeld zurückrollen wegen . . .

Request runway 09 and QNH in inches

Prefer runway 14 due to the wind, is then any delay to be expected?

May I turn to the right here and use this taxiway?

Request taxi assistance due to heavy cross wind

Request 5 touch-and-go landings before departure to . . .

I have filed a flight plan about one hour ago

Request QFE to check my altimeter

May I continue taxiing or do I have to file a new flight plan?

Request taxi instruction back to the ramp (to the hangar)

– due to technical troubles
– due to difficulties with propeller pitch control
– cabin door does not lock properly
– due to engine difficulties
– due to hydraulic troubles
– due to manifold pressure troubles
– flat tire on left gear
– brake difficulties
– due to fluctuating RPM (revolutions per minute) indication
– due to malfunctioning generator

Unable to taxi back to the apron due to . . .

LFZ: Möchte zum Vorfeld zurückkehren,

- habe vergessen Landegebühr zu bezahlen
- habe Zollabfertigung versäumt
- neue voraussichtliche Startzeit ist . . .

- mein Flugplan behält Gültigkeit, voraussichtliche Abblockzeit ist . . .
- streichen Sie meinen Flugplan, werde später neuen Flugplan aufgeben

Would like to return to the apron,

- *forgot to pay landing fees*

- *forgot custom's clearance*
- *new (revised) proposed time of departure is . . .*
- *my flight plan remains valid, estimated off-block time is . . .*
- *cancel my flight plan, will file new flight plan later*

TWR: Flughafengesellschaft teilt mit, Sie hätten Landegebühr nicht bezahlt

Ihr Backbord-(Steuerbord-)Positionslicht scheint aus zu sein

Offensichtlich ist der Überzug von Ihrer Staudüse noch nicht entfernt

Ihr Motor (Nummer eins, zwei) zeigt starke Rauchentwicklung

Triebwerk hinterläßt Rauchfahne

An der Bugradstrebe ist noch eine kleine rote Fahne sichtbar

Halten Sie und drehen Sie um; Sie haben alle Ihre Papiere bei der Luftaufsicht vergessen

Achten Sie auf Bauarbeiten beiderseits der Rollbahn

Rollen Sie langsam auf der rechten Hälfte der Rollbahn, Feuerwehrfahrzeuge werden Sie links überholen

Achten Sie auf Tankfahrzeug rechts querab

Beschleunigen Sie Rollen, wenn möglich, es folgt Ihnen eine Boeing 727

Bremsen Sie auf Rollbahn „X" ab, und melden Sie, wenn startbereit

Rollen Sie langsamer, ein Hubschrauber schwebt vor Ihnen von links nach rechts über die Rollbahn

Airport company advises you did not pay landing fees

Your port (starboard) position light seems to be out

Obviously the cover of your pitot head has not been removed yet

Your engine (number one, two) shows heavy smoke development

Engine is trailing smoke

There is still a small red flag visible at your nose wheel strut

Hold and turn around, you have forgotten all your papers in Luftaufsicht office

Use caution construction work on both sides of taxiway

Taxi slowly on right half of taxiway, fire trucks will overtake you left side

Use caution with fuel truck to your right abeam

Expedite taxiing if practicable, Boeing 727 is following you (your are followed by Boeing 727)

Make your run-up on taxiway "X" and advise when ready

Slow down taxiing, a helicopter hovering ahead of you across the taxiway from left to right

TWR: Halten Sie, warten Sie auf Rollhilfe durch Feuerwehr

Hold position, standby for taxi assistance by fire guard

Vorsicht, Personengruppe vor der Halle

Caution, group of persons in front of hangar

Zwei Tankwagen überqueren Rollbahn vor Ihnen von links nach rechts

Two fuel trucks crossing the taxiway ahead of you from left to right

Zwei gelbe VW-Busse nahe der Rollbahn linke Seite

Two yellow VW-busses close to taxiway left side

Vorsicht mit einer DO 27, die von Osten anfliegt und rechts von Ihnen Banner abwerfen wird

Caution with DO 27 approaching from the east; will drop banner to your right

C 414, die in Gegenrichtung rollt, wird diese Rollbahn nächste Abzweigung nach rechts verlassen

C 414 taxiing opposite direction will leave this taxiway next intersection to the right

Überqueren Sie Betonstartbahn nach Süden, Boeing 737 hinter Ihnen ist startbereit

Cross concrete runway to the south, Boeing 737 behind you is ready

Überqueren Sie Startbahn beschleunigt, Debonair auf 2 sm Endanflug

Expedite crossing runway, Debonair on 2 NM final

Gehen Sie auf Leerlauf, PA-18 wird in Kürze hinter Ihnen vorbeirollen

Reduce to idling, PA-18 will pass behind you shortly

Rollbahn „C" wegen Bauarbeiten gesperrt, wenden Sie jetzt nach rechts und warten Sie auf Zurückrollen auf der Startbahn

Taxiway "C" closed due to construction work, turn right now and standby for backtracking on the runway

Kingair rechts voraus ist angewiesen, auf Leerlauf zu gehen

Kingair to your right ahead is instructed to idle the engines

Gehen Sie sofort auf Leerlauf, Sie gefährden Luftfahrzeuge hinter Ihnen

Reduce to idling immediately, you are endangering aircraft behind you

Sind Sie mit der Flugplatzanlage vertraut?

Are you familiar with the aerodrome layout?

Rollen Sie jetzt zurück auf der Startbahn, wenden Sie nächste Abzweigung nach links, beschleunigen Sie Rollen

Now backtrack on the runway turn left next intersection, expedite taxiing

Erbitte Höchstflugdauer

Request endurance

Werden Sie Ihren Zielflugplatz vor Sonnenuntergang erreichen?

Will you reach your destination aerodrome before sunset?

Wollen Sie Ihren Flugplan aufheben?

Do you want to cancel your flight plan?

TWR: Sind Sie mit den veröffentlichten Rollverfahren vertraut?

Are you familiar with published taxi procedures?

Landwirtschaftliche Fahrzeuge und Mähmaschinen auf dem östlichen Teil des Flugplatzes

Agricultural vehicles and mowers on the eastern part of aerodrome

Offener Kabelgraben rechts der Rollbahn

Open cable ditch right side of taxiway

Arbeiter und Bagger auf Rollbahn „A"

Workmen and excavator on taxiway "A"

Schweres Baugerät und Lastkraftwagen links neben der Rollbahn D

Heavy construction equipment and trucks left side of taxiway D

Schafherde in der Nähe der Schwelle 27

Flock of sheep in the vicinity of threshold 27

Wie lange wird es dauern, bis Sie startbereit sind?

How long will it take you until ready for departure?

Wie lange benötigen Sie zum Abbremsen?

What time will you need for run-up?

Erwarten Sie unbestimmte Verzögerung wegen bewegungsunfähigem Luftfahrzeug auf der Startbahn

Expect indefinite delay due to disabled aircraft on the runway

Rollen Sie näher zur Startbahn, halten Sie jedoch entsprechend Abstand

Taxi closer to the runway, however, hold clear of runway

Startbahn wird in etwa 10 Minuten wieder benutzbar sein

Runway will be usable again in about 10 minutes

Machen Sie Platz nach rechts für eine vorbeirollende Cessna, die vor Ihnen starten wird

Give way to the right for a Cessna which will pass and depart ahead of you

Sind Sie startbereit? Drei Flugzeuge warten hinter Ihnen

Are you ready for departure? Three aeroplanes waiting behind you

b) Startanweisungen

b) Take off instructions

LFZ: Startbereit

Ready

Startbereit, erbitte Ausflug aus Kontrollzone über „NOVEMBER"

Ready, request to leave control zone via "NOVEMBER"

Startbereit, erbitte Abflug direkt nach Westen

Ready, request departure directly to the west

Startbereit, benötige eine Minute für nochmaliges Abbremsen auf der Startbahn

Ready, will need one minute for another run-up on the runway

TWR: Start frei

Frei zum Sofortstart, verlassen Sie Kontrollzone über „WHISKEY 2" nicht über 3000 ft

Starten Sie sofort, oder verlassen Sie die Startbahn

Rollen Sie zum Startpunkt.

Rollen Sie auf Startbahn zurück, rollen Sie zum Startpunkt

Hinter landender Fellowship rollen Sie zum Startpunkt

Hinter startender Cessna rollen Sie zum Startpunkt

Hinter Aztec, jetzt im rechten Queranflug rollen Sie zum Startpunkt

Erwarten Sie Sofortstart

Vorsicht mit Luftwirbelschleppen

Vorsicht mit Düsenverwirbelungen

Vorsicht mit möglichen Randwirbeln von soeben gestarteter Hercules

Wind 210 10 Kt, Ausflug über „WHISKEY 2", Start frei, Rechtskurve genehmigt

Wind 300 4 Kt, Start frei, Anweisung zur Rechtskurve später

Wind 080 12 Kt, Caravelle auf 3-Meilen-Endanflug, Start frei

Machen Sie Rechtskurve (Linkskurve) sobald wie möglich, Start frei

Fliegen Sie geradeaus, bis weitere Anweisung folgt, Start frei

Vermeiden Sie den Überflug von Wohngebieten

Folgen Sie der Lärmverminderungsstrecke

Folgen Sie Abflugstrecke „NOVEMBER"

Cleared for take-off

Cleared for immediate take-off, leave control zone via "WHISKEY 2" not above 3000 ft

Take off immediately or vacate runway

Line up

Backtrack runway, line up

Behind landing Fellowship line up

Behind departing Cessna line up

Behind Aztec now on right base line up

Be ready for immediate departure

Caution with wake turbulence

Caution with jet wash (wake turbulence)

Caution with possible wing tip vortices of Hercules just airborne

Wind 210 10 Kt, exit via "WHISKEY 2", cleared for take-off, right turn approved

Wind 300 4 Kt, cleared for take-off, will advise later for right turn

Wind 080 12 Kt, Caravelle on 3 miles final, cleared for take-off

Make right turn (left turn) as soon as practicable, cleared for take-off

Fly straight ahead until further advised, cleared for take-off

Avoid overflying populated areas

Follow the noise abatement route

Follow departure route "NOVEMBER"

c) Abfluganweisungen und Verkehrshinweise

LFZ: Erbitte Startzeit und Rechtskurve

TWR: Startzeit 50, Rechtskurve genehmigt

Startzeit zur vollen Stunde, Rechtskurve, wenn 2 Meilen entfernt

Melden Sie Verlassen der Kontrollzone über „OSCAR"

Melden Sie querab . . .

Melden Sie über . . .

Melden Sie 4 (See-)Meilen entfernt

Was ist Ihre Steiggeschwindigkeit?

Erbitte wahre Eigengeschwindigkeit

Erbitte angezeigte Geschwindigkeit

Was ist Ihr beabsichtigter Flugweg?

Nennen Sie Ihre weiteren Absichten

In welchem Gebiet wollen Sie fliegen?

Folgen Sie zunächst dem Flußtal nach Westen

Fliegen Sie rechts entlang der Autobahn

Meiden Sie den östlichen Anflugsektor, ständige Instrumentenanflüge

Warten Sie auf Genehmigung

Wechseln Sie auf Frequenz 118,55, Mikrophontaste eines anderen Luftfahrzeuges offenbar verklemmt

Kann Sie nicht hören, ständiger Träger auf dieser Frequenz

Erbitte geschätzte Ankunftszeit (ETA) für Zielflugplatz

Ich nehme an, Sie drehen jetzt auf Kurs nach . . . , ist das richtig?

Was wird Ihre vorgesehene Reiseflughöhe sein?

Frei zum Verlassen der Turmfrequenz

Frei zum Verlassen der Frequenz, wenn außerhalb der Kontrollzone

c) Departure instruction and traffic information

Request airborne time and right turn

Airborne at 50, right turn approved

Airborne on the hour, right turn approved when 2 miles out

Report leaving control zone over "OSCAR"

Report abeam . . .

Report over (head) . . .

Report 4 (Nautical) miles out

What is your rate of climb?

Request true airspeed

Request indicated airspeed

What is your intended route of flight?

State your further intentions

In what area do you want to fly?

Initially follow the river valley to the west

Proceed right side along the autobahn

Avoid the eastern approach sector, continuous instrument approaches (in progress)

Standby for approval

Change to frequency 118,55, mike button of another aircraft obviously stuck

Unable to read you, continuous carrier on this frequency

Request estimated time of arrival (ETA) for destination aerodrome

I assume you are turning on course to . . . , is that correct?

What will be your intended cruising level?

Cleared to leave tower frequency

Cleared to leave frequency when outside of control zone

TWR: Bleiben Sie in Hörbereitschaft bis zum Verlassen der Kontrollzone

Maintain listening watch until leaving control zone

Verkehr:

Traffic:

- eine Seneca, rechts voraus, die in den Gegenanflug eindreht
- a Seneca to your right ahead turning on downwind
- 3 Banner schleppende Piper in Formation direkt vor Ihnen auf Südkurs
- 3 banner towing Pipers in formation directly ahead of you on southerly heading
- Hubschrauber links querab im Endanflug zur Landung auf Gras
- Helicopter to your left abeam on final for landing on grass
- ein Hubschrauber 2 sm westlich des Platzes; wird vor Ihnen im Tiefflug überqueren
- a helicopter 2 NM west of field; will cross ahead of you low level
- 3 Hubschrauber in der südlichen Platzrunde bei Aufsetzen und Durchstarten
- 3 helicopters in southern traffic circuit making touch-and-go landings
- 2 einmotorige Schulflugzeuge kreisen über Kirchdorf in 2800 ft
- 2 single-engine training airplanes orbiting Kirchdorf at 2800 ft

Verkehr ist eine Klemm 107 mit Segelflugzeug im Schlepp westlich des Platzes auf Ostkurs, Flughöhe 3000 ft

Traffic is a Klemm 107 towing glider west of field heading east, altitude 3000 ft.

Bemannter Freiballon zuletzt beobachtet vor 10 Minuten etwa 15 sm südlich des Platzes in 2600 ft, nach Ost treibend

Manned free balloon last observed 10 minutes ago about 15 NM south of field at 2600 ft, drifting to the east

LFZ: Werde 2 sm westlich des Platzes Rechtskurve beginnen

Will commence right turn 2 NM west of field

Werde melden, wenn ich Kontrollzone verlasse

Will report leaving control zone

Melde wenn querab . . .

Will report when abeam . . .

Beabsichtige auf direktem Kurs nach . . . zu fliegen

Intend to proceed directly on course to . . .

Werde in Flugfläche 65 fliegen, vorausgesetzt die Wolkenuntergrenze erlaubt es

Will fly at flight level 65, base of clouds permitting

Werde nach Überqueren der Grenze des CVFR-Gebietes von 3000 ft auf Flugfläche 75 steigen

After crossing boundary of CVFR area will climb from 3000 ft to flight level 75

Drehe auf Kurs nach Bielefeld und schalte ab

Turning on course to Bielefeld and switching off

Werde jetzigen Kurs beibehalten

Will continue present heading

Streckenverkehr

a) Fluginformation und Wetter

LFZ: 20 sm nordwestlich Nürnberg, Flugfläche 55, ETO Nürnberg VOR 06; auf VFR-Flug von Hannover nach München, erbitte München Wetter

Über Luburg VOR um 10, Flugfläche 85 VMC über den Wolken, VFR-Flug nach Donaueschingen, erbitte Frequenz von NDB Schaffhausen

15 sm nordwestlich des Platzes, 2500 ft, auf VFR-Flug von Karlsruhe nach Ulm, erbitte Freigabe zum Durchflug Ihrer Kontrollzone entlang der Autobahn

10 sm östlich des Platzes, 2500 ft, Cessna 182, VFR-Flug von Salzburg nach Egelsbach, werde Ihre Kontrollzone im Norden umfliegen, erbitte QNH

Erbitte Fluginformationsfrequenz Frankfurt

Erbitte Wetter von Konstanz

Erbitte Streckenwetter von Dinkelsbühl nach Egelsbach

Haben Sie Wettermeldungen von Luftfahrzeugführern im Gebiet des Schwarzwaldes?

Wie sind die Wolkenverhältnisse im Gebiet nördlich von Hamburg?

Erwarten Sie bald eine Besserung des Wetters?

Ist noch eine Verschlechterung der Wetterverhältnisse zu erwarten?

Erwarten Sie zunehmende oder zurückgehende Sicht?

Ist ein Anheben der Hauptwolkenuntergrenze zu erwarten?

Wann erwarten Sie das Ende des Niederschlages?

Enroute traffic

a) Flight information and weather

20 NM northwest Nuernberg, flight level 55, ETO Nuernberg VOR 06; on VFR flight from Hannover to Muenchen, request Muenchen weather

Over Luburg VOR at 10, flight level 85 VMC on top of clouds; VFR flight to Donaueschingen, request frequency of Schaffhausen NDB

15 NM northwest of field, 2500 ft, on VFR flight from Karlsruhe to Ulm, request clearance to fly through your control zone along the autobahn

10 NM east of field, 2500 ft, Cessna 182, VFR flight from Salzburg to Egelsbach, will circumfly (circumnavigate) your control zone in the north, request QNH

Request Frankfurt flight information frequency

Request Konstanz weather

Request enroute weather from Dinkelsbuehl to Egelsbach

Do you have any pilot reports on the weather in the area of Schwarzwald

What are the cloud conditions in the area north of Hamburg?

Are you expecting a weather improvement soon?

Is there a deterioration of meteorological (met) conditions to be expected?

Do you expect increasing or decreasing visibility?

Is the ceiling expected to go up (to rise)?

When do you expect the precipitation to cease?

LFZ: Wegen der schlechten Sicht ist es nicht möglich, den Flug fortzusetzen. Weiche nach Köln aus

Werde hier kreisen, bis das Gewitter gänzlich nach Nordosten abgezogen ist

Erbitte Sonnenuntergangszeit für . . .

Breche meinen Flug nach Kopenhagen wegen niedriger Wolken ab und kehre nach Hamburg zurück; Standort . . .

Kann Gewitter nicht umfliegen, werde nicht nach Bremen fliegen, sondern nach Hannover ausweichen, ETA Hannover 1246 z

Jetzt über Neuwied, kehre wegen Turbulenz um und fliege nach Bonn-Hangelar zurück, ETA 1540 z. Benachrichtigen Sie Zielflugplatz Stuttgart von meinem Flugplanwechsel

Möchte nach Michelstadt ausweichen; sind für diesen Flugplatz irgendwelche Beschränkungen veröffentlicht?

Due to bad (poor) visibility it is impossible to continue the flight. Diverting to Koeln

Will orbit here until the thunderstorm has entirely moved away toward northeast

Request sunset time for . . .

Will discontinue my flight to Copenhagen due to low clouds and return to Hamburg; position . . .

Unable to circumnavigate thunderstorm, will not fly to Bremen but divert to Hannover, ETA Hannover 1246 z

Now over Neuwied, reversing course due to turbulence. Will return to Bonn-Hangelar, ETA 1540 z. Notify destination aerodrome Stuttgart of my change in flight plan

Should like to divert to Michelstadt; are there any restrictions published for this field?

TWR: München Wetter 1250 z: Wind 280 5 Kt, Sicht 9 km, Wolken ⅜ 1900 ft, QNH 1019; Temperatur 16° Taupunkt 11 °C; melden Sie über Nürnberg VOR

Haben Sie die letzte Wettermeldung von Köln erhalten?

Frequenz Schaffhausen NDB 371 kHz; Verkehr: eine in Nordrichtung fliegende PA-30 war über Tango um 01, Flugfläche 80, − melden Sie über Tango

Frei zum Durchflug der Kontrollzone von Nordwest nach Südost entlang der Autobahn, bleiben Sie unter 3000 ft und melden Sie „SIERRA 2"

Halten Sie Hörbereitschaft, um eventuelle Verkehrsinformationen zu erhalten

Muenchen Met report 1250 z: wind 280 5 Kt, visibility 9 km, clouds ⅜ 1900 ft, QNH 1019, temperature 16° dew point 11 °C; report over Nuernberg VOR

Did you receive the latest met report Koeln?

Frequency of Schaffhausen NDB 371 kHz; traffic: northbound PA-30 was over Tango at 01, flight level 80, − report over Tango

Cleared to cross control zone from northwest to southeast along the autobahn, remain below 3000 ft and report "SIERRA 2"

Maintain listening watch for eventual traffic information

TWR: Warten, ich muß mit der Anflugkontrolle koordinieren

Zürich Wetter 1620 z: Wind 330 7 Kt, starker Regenschauer und Gewitter, Wolken: mehr als 7/8 cb geschätzt 2800 ft, 8/8 10 000 ft, Temperatur 28 °C Taupunkt 23 °C, QNH 1001

Höhenwind zwischen Hamburg und Hannover in 5000 ft ist 240 25 Kt

Bremen Wetter 0920 z: Wind 290 5 Kt, Sicht 3500 m, leichter Schneeschauer, Wolken: 2/8 in 1000 ft, 5/8 von Luftfahrzeug gemessen 2400 ft, Temperatur minus 1° Taupunkt minus 4 °C, QNH 1001, keine wesentlichen Veränderungen – NOSIG

Bodensicht und Hauptwolkenuntergrenze sind beträchtlich geringer geworden

Sichtverhältnisse werden schnell schlechter durch einen Schneeschauer, der vom Norden hereinkommt

Verkehr ist eine in Nordrichtung fliegende DC 9 5 sm östlich des Platzes, jetzt in Flugfläche 65 im Steigflug auf Flugfläche 160

Verkehr ist eine in Südrichtung fliegende Transall, über Neckar NDB um 20, Flugfläche 90

Verkehr ist eine Citation über Walda VOR um 26 im Sinkflug von Flugfläche 90 auf Flughöhe 5000 ft

Vekehr: KLM-Electra über Erding VOR um 11, 5000 ft noch VMC über Dunst, im ILS-Anflug auf Landebahn 25

Was ist Ihr Zielflugplatz (Startflugplatz)?

Was ist Ihre Flugsicht?

Standby, I have to coordinate with approach

Met report Zuerich 1620 z: wind 330 7 Kt, heavy rain shower and thunderstorm, clouds: more than 7/8 cb estimated 2800 ft, 8/8 10 000 ft, temperature 28 °C dew point 23 °C, QNH 1001

Upper wind between Hamburg and Hannover at 5000 ft is 240 25 Kt

Met report Bremen 0920 z: wind 290 5 Kt, visibility 3500 m, light snow shower, clouds: 2/8 at 1000 ft, 5/8 measured by aircraft 2400 ft, temperature minus 1° dew point minus 4 °C, QNH 1001, no significant change – NOSIG

Ground visibility and ceiling have decreased considerably

Visibility conditions are rapidly deteriorating due to snow shower moving in from the north

Traffic is a northbound DC 9 5 NM east of the aerodrome now at flight level 65 climbing to flight level 160

Traffic is a southbound Transall over Neckar NDB at 20 flight level 90

Traffic ist a Citation over Walda VOR at 26 descending from flight level 90 to altitude 5000 ft

Traffic: KLM-Electra over Erding VOR at 11, 5000 ft still VMC on top of haze, on ILS approach for runway 25

What is your destination aerodrome (aerodrome of departure)?

What is your flight visibility?

TWR: Können Sie uns einen Schätzwert über die Wolkenuntergrenze geben?

Can you give us an estimate on the base of clouds?

Überqueren Sie von Nord nach Süd Platzmitte, ständiger an- und abfliegender IFR-Verkehr.

Cross from north to south midfield, continuous arriving and departing IFR traffic

Empfehle zu einem anderen Ausweichflugplatz zu fliegen. Laut Meldung der Flugwetterwarte München liegt über dem gesamten Gebiet Ulm − Augsburg dicker Nebel

Recommend to proceed to a different alternate aerodrome. According to report from Muencher met office the entire area Ulm − Augsburg is heavily fogged in

Wetterwarnung, gültig von 1400 bis 1800:

Weather warning, valid from 1400 til 1800:

Weitverbreitete örtliche Gewitter werden im nördlichen Teil des Fluginformationsgebietes Frankfurt erwartet. Winde West bis Nordwest, Spitzenböen bis 35 Kt

Widespread local thunderstorms are expected in the northern part of Frankfurt flight information region (FIR). Winds west to northwest gusts up to 35 Kt

Beobachten Sie irgendwo Niederschlag?

Do you observe precipitation somewhere?

Können Sie bereits Cumulonimbus-Wolken beobachten?

Can you already observe cumulonimbus clouds?

Haben Sie schon Blitze gesehen?

Have you already seen lightnings?

Können Sie das Ende der Wolkenschicht wahrnehmen?

Can you perceive the end of the cloud layer?

b) Navigationswarnung:

b) Navigation warning:

TWR: 32 Segelflugzeuge auf Wettbewerbsflug zwischen Landau und Klippeneck, Maximale Flugfläche 80; bis Sonnenuntergang

32 gliders on competiton flight between Landau and Klippeneck, maximum flight level 80; until sunset

5 bemannte Freiballone, vor einer Stunde in Gersthofen gestartet; jetziger Standort und Flughöhe unbekannt

5 manned free balloons, have departed Gersthofen one hour ago; present position and altitude unknown

Beachten Sie 3 rot-weiße Fesselballone innerhalb des Messegeländes Hannover, Höhe über Grund 1000 ft

Use caution: 3 red and white captive ballons within the area Hannover Fair extending up to 1000 ft above ground

TWR: Zwischen 1300 und 1600 z Luftfahrtveranstaltung in Ziegenhain im Umkreis von 8 sm um den Platz, Maximalflughöhe 5000 ft. Kunstflugvorführungen von Düsen- und Propellerflugzeugen sowie Fallschirmabsprünge

In Malmsheim Fallschirmabsprünge aus Hubschraubern, Maximalhöhe 6000 ft

In der Gegend von Neuburg zwischen 1200 und 1400 z militärische Übungen von 30 Düsenflugzeugen, Muster F 4, bis auf 4000 ft NN

An alle, Nürnberg Turm, zur Zeit läßt eine Boeing 707, im Gebiet 10 sm nördlich des Flughafens in Flugfläche 80 Treibstoff ab. Meiden Sie das Gebiet im Umkreis von 5 sm um das Treibstoffabwurfgebiet

Beetween 1300 and 1600 z air show (air display) at Ziegenhain within 8 NM around the field, maximum altitude 5000 ft. Acrobatics (aerobatics) of jet and propeller aircraft and parachute descents

Parachute descents at Malmsheim out of helicopters, maximum altitude 6000 ft

Military exercises of 30 jet aeroplanes, type F 4, up to 4000 ft MSL in the area of Neuburg between 1200 and 1400 z

All stations, Nuernberg Tower, a Boeing 707 is dumping fuel in the area 10 NM north of the airport, at flight level 80. Avoid the area within a radius of 5 NM around the fuel dumping area

Anfliegender Verkehr
a) Landeanweisungen mit Verkehrs- und Wetterhinweisen

Approaching Traffic
a) Landing instructions with traffic and weather information

LFZ: 20 sm nordwestlich Hannover, 1000 ft, erbitte Landeanweisung

PA-34 VFR von Freiburg über „SIERRA" in 3000 ft, erbitte Landeanweisung

Debonair VFR von Nürnberg 5 sm westlich „NOVEMBER 1", 2700 ft, erbitte Landeanweisung

Partenavia, VFR von Karlsruhe, querab Pforzheim, in Flughöhe 3500 ft, erbitte Landeanweisung

20 NM northwest of Hannover, 1000 ft, for landing

PA-34 VFR from Freiburg over "SIERRA" at 3000 ft, for landing

Debonair VFR from Nürnberg 5 NM west of "NOVEMBER 1", 2700 ft, for landing

Partenavia, VFR from Karlsruhe, abeam Pforzheim, at altitude 3500 ft, for landing

LFZ: Cessna 182, 15 sm nördlich von Stuttgart, in 3000 ft, VFR von München nach Saarbrücken, kann Flug wegen Nieselregen und Dunst nicht fortsetzen und erbitte Landeanweisung

Cessna 182, 15 NM north of Stuttgart, at 3000 ft, VFR flight from Muenchen to Saarbruecken, unable to continue flight due to drizzle and mist, for landing

Was ist Ihre Hauptwolkenuntergrenze?

What is your ceiling?

Hat der Schneeschauer bereits Ihren Flugplatz erreicht?

Has the snow shower reached your field yet?

Erbitte Flugplatzhöhe und QNH

Request aerodrome elevation and QNH

Erbitte Zeitvergleich

Request time check

Erbitte kürzestmöglichen Anflug wegen beschränkter Sichtverhältnisse im Osten

Request shortest possible approach due to restricted visibility conditions in the east

Erbitte Geradeausanflug Landebahn 25

Request straight-in-approach runway 25

Erbitte direkten Queranflug

Request direct base

Werde weiten Anflug machen, um Höhe zu verlieren

Will make wide approach in order to lose altitude

TWR: Werden Sie in der Lage sein, Ihre Höhe rechtzeitig aufzugeben?

Will you be in a position to lose your altitude in due time?

Was ist Ihre Sinkgeschwindigkeit?

What is your rate of descent?

Laut Turmbeobachtung sind mehrere große Wolkenlöcher nördlich von Hannover

According to tower observation there are several large holes in the clouds north of Hannover

Ein Sinkflug in VMC müßte eigentlich in der Gegend von Heilbronn möglich sein

A VMC descent ought to be possible in the area of Heilbronn

Fliegen Sie augenblicklich nach terrestrischer Navigation?

Are you presently flying with terrestrial navigation?

Haben Sie Erdsicht?

Do you have visual ground contact?

LFZ: Sicht gegen die Sonne erscheint beträchtlich geringer

In niedrigeren Höhen Sicht durch Dunst beschränkt

Kaltfront mit mittlerer bis starker Turbulenz wird in einer halben Stunde über dem Platz erwartet

Laut Mitteilung der Radarkontrolle liegt das Schlechtwettergebiet mit starken Gewitterschauern 20 sm westlich des Flugplatzes

Visibility against the sun appears to be considerably less

At lower altitudes visibility is restricted due to haze

Cold front with moderate to severe turbulence is expected overhead the field in half an hour

According to report of radar control bad weather area with heavy thundershowers located 20 NM west of field

TWR: Niederschlagsgebiet mit Hagel und Regen nähert sich schnell vom Norden. Wegen der besseren Sicht im Südwesten erscheint ein Anflug aus dieser Richtung ratsamer

Vermeiden Sie den Überflug von Städten und Dörfern, und melden Sie über den Hügeln südlich des Platzes

Behalten Sie erhöhte Reisegeschwindigkeit bei, ich plane Sie als Landenummer 1 vor einer zweimotorigen Cessna, jetzt 20 sm entfernt

Melden Sie Anflugbefeuerung in Sicht

Teilen Sie mit, wenn Hochleistungsbefeuerung heruntergeschaltet werden soll

Precipitation area with hail and rain is rapidly moving in from the north. Due to better visibility in the southwest an approach from this direction appears more adviseable

Avoid overflying towns and villages and report over the hills south of field

Maintain increased cruising speed (keep up your speed), I plan you as number 1 ahead of a twin-engine Cessna now 20 NM out

Advise when approach lights in sight

Advise for switching down (dimming) high intensity lights

Verkehr:

Hubschrauber 2 sm nördlich Platz, wird Platzmitte 500 ft über Grund nach Süden überqueren

Travelair im Instrumenten-Übungsanflug über dem Voreinflugzeichen im Endanflug

Mehrere einmotorige Flugzeuge auf Rundflügen über der Stadt

2 Piper in der nördlichen Platzrunde Graslandebahn 26

Traffic:

Helicopter 2 NM north of field will cross midfield 500 ft (above) ground to the south

Travelair on simulated instrument approach over the outer marker inbound

Several single-engine aeroplanes on sightseeing flights over the city

Two pipers in northern traffic circuit for grass runway 26

TWR: Vorsicht, Vogelschwarm im Anflugsektor (auf der Landebahn)

Caution, flock of birds in the approach sector (on the runway)

b) Im Bereich des Flugplatzes

b) In the vicinity of the aerodrome

LFZ: Beabsichtige Ausweichlandung in Ulm

Intend diversion landing at Ulm

Abflugplatz war Kassel

Departure aerodrome was Kassel

Tatsächliche Startzeit in München war 1623 z

Actual time of departure at Muenchen was 1623 z

Meine Flughöhe 4300 ft

My altitude 4300 ft

Fliege in Gegenanflug ein

Entering downwind

Drehe auf Queranflug

Turning to base

Jetzt 4 sm Endanflug, Platz in Sicht

Now 4 NM final, field in sight

Über Einflugpunkt „NOVEMBER", kreise

Over entry point "NOVEMBER", orbiting

Mache Geradeausflug, kann meine Höhe ohne Schwierigkeiten aufgeben

Will make straight-in-approach, no difficulties to lose my altitude

Ich bin zu hoch, erbitte Vollkreis, um Höhe zu verlieren

I am too high, request a three-sixty to lose altitude

Bin noch zu hoch, starte durch

I am still too high, going around

Sinkgeschwindigkeit 700 ft pro Minute

Rate of descent 700 ft per minute

Werde Sinkflug durch ein Wolkenloch nordwestlich des Platzes machen

Will make descent through a hole in the cloud layer northwest of field

Fliege jetzt unter allen Wolken mit terrestrischer Navigation weiter, melde wenn Platz in Sicht

Now flying below all clouds continuing terrestrial navigation, will advise field in sight

Schalten Sie Hochleistungs-Anflugbefeuerung ein, Sicht ziemlich schlecht

Switch on high intensity approach lighting, visibility rather poor

Melde wenn Anflugbefeuerung in Sicht

Will advise approach lighting in sight

Flugplatz in Sicht, schalten Sie Anflugbefeuerung herunter

Field in sight, dim the approach lights

Erbitte Blitzfeuerkette anzuschalten

Request sequenced flashing lights to be switched on

Blitzleuchten in Sicht, Sie können wieder abschalten

Flashing lights in sight, you can switch them off again

Erbitte Aufsetzen und Durchstarten

Request touch-and-go landing

Erbitte Tiefanflug

Request low approach

Erbitte Abschlußlandung

Request full-stop landing

TWR: Schalten Sie Ihren Landescheinwerfer ein

Show your landing light

Anflugbefeuerung ausgefallen

Approach lighting unserviceable

Machen Sie Vollkreis rechts, Landenummer 2, folgen Sie Morane im rechten Queranflug

Make a three sixty to the right, number 2, follow Morane on right base

Machen Sie kurzen Anflug, Landenummer 1

Make short approach, number 1

Machen Sie kurzen Anflug, jedoch lange Landung, Landung frei

Make short approach however, long landing, cleared to land

Machen Sie langen Anflug, Landenummer 3, folgen Sie Cessna 404 im 4-sm-Endanflug

Make long approach number 3, follow Cessna 404 on 4 NM final

Machen Sie kurzen Anflug und kurze Landung, so daß Sie die Landebahn schnellstmöglich nach rechts verlassen können, Landung frei

Make short approach and short landing so as to vacate runway most expeditiously to the right, cleared to land

Behalten Sie Geschwindigkeit bei, Airbus nur 4 Meilen hinter Ihnen

Keep up your speed, Airbus only 4 miles behind you

Frei zum Zurücknehmen der Geschwindigkeit

Cleared to reduce speed

Boeing 727 hat Landebahn noch nicht verlassen, starten Sie durch

Boeing 727 has not left the runway yet, go round again

Frei zum Aufsetzen und Durchstarten, bleiben Sie danach in der Rechtsplatzrunde

Cleared touch-and-go, thereafter remain in right traffic circuit

Streichen Sie letzte Freigabe, Anflug fortsetzen

Disregard last clearance, continue approach

Frei zum Tiefanflug

Cleared low approach

Verkehr: Piper in nördlicher Platzrunde zur Ziellandung auf der Graslandebahn

Traffic: Piper in northern traffic circuit for precision point landing on grass runway

Verkehr: Cherokee startet auf Grasstartbahn 24 in Gegenrichtung

Traffic: Cherokee departing opposite direction on grass runway 24

TWR: Was ist Ihr Standort auf den Flugplatz bezogen?

What is your position in relation to the field?

Was ist Ihre Entfernung zum Flugplatz?

What is your distance to the field?

Senden Sie 5 Sekunden für Peilung

Transmit 5 seconds for DF

Auf welchen Flugplatz wollen Sie ausweichen?

What aerodrome do you wish to divert to?

Was war Ihr ursprünglicher Zielflugplatz?

What was your point of first intended landing?

Erbitte Ihre geschätzte Ankunftszeit (ETA) für . . .

Request your estimated time of arrival (ETA) for . . .

Erbitte Ihre tatsächliche Startzeit (ATD) in München

Request your actual time of departure (ATD) from München

Wiederholen Sie Ihr volles (Ihr Fünf-Buchstaben-)Rufzeichen

Say again your full (your five-letter-)callsign

Was ist Ihre Flughöhe (Flugfläche)?

What is your altitude (flight level)?

Kreisen Sie am jetzigen Standort, werde Sie in einer Minute rufen

Orbit present position, will call you in a minute

Haben Sie Frequenz 118,55?

Do you carry frequency 118,55?

Fliegen Sie ein in die Kontrollzone über Einflugpunkt „NOVEMBER 1", kreisen Sie nördlich des Kontrollturms und warten Sie auf endgültige Zuweisung der Landebahn

Enter control zone via entry point "NOVEMBER 1", orbit north of control tower and standby for final runway assignment

Fliegen Sie zum Einflugpunkt „SIERRA", melden Sie querab Feucht

Proceed to entry point "SIERRA", report abeam Feucht

Fliegen Sie in den rechten Gegenanflug, Landebahn 26, Wind 260 4 Kt, QNH 1018

Join right down wind, runway 26, wind 260 4 Kt, QNH 1018

Fliegen Sie zur südlichen Warteschleife, melden Sie, wenn Flugplatz in Sicht

Proceed to southern holding pattern, advise when field in sight

Fliegen Sie ein in die Kontrollzone über Einflugstrecke „WHISKEY" und fliegen Sie in den rechten Gegenanflug, Landebahn 26, Wind umlaufend 2 Kt, QNH 1023

Enter control zone via entry route "WHISKEY" and join right downwind, runway 26, winds variable 2 Kt, QNH 1023

113

TWR: Stuttgart Wetter 1025 z Sonderbeobachtung: Wind 280 5 Kt, Sicht 8 km, leichter Regen, Wolken: ⁸/₈ 1000 ft, Temperatur 12° Taupunkt 10° QNH 1010, Trend: Keine wesentliche Veränderung

Machen Sie Geradeausanflug Landebahn 25, Wind still, QNH 29,92 ins, melden Sie 4 Meilen entfernt im Endanflug

Fliegen Sie direkt in den Queranflug Landebahn 27 links, Wind 340 12 Kt, QNH 1017, melden Sie Flugplatz in Sicht

Verkehr: DC-9 links querab, auf Endanflug Landebahn 10 für Tiefanflug

Beech Baron auf Gegenanflug zur übungsmäßigen Einmotorenlandung auf Landebahn 34

Vor 10 Minuten auf der Graspiste gelandete Cessna meldete, letztes Drittel der Graspiste sei ziemlich weich

Die ersten 200 m der Landebahn nicht benutzbar; beachten Sie die versetzte Schwellenmarkierung

Vorsicht im Endanflug, Baugerät und Fahrzeuge 30 m nordöstlich der Landeschwelle 23

Vermessungsarbeiten rechts der Landebahn im letzten Drittel

Ein Elektriker am rechten Landebahnrand

Totes Tier (Vogel, Hase) auf der Landebahnmittellinie in der Nähe des Aufsetzpunktes

Stuttgart met report 1025 z special observation: wind 280 5 Kt, visibility 8 km, light rain, clouds: ⁸/₈ 1000 ft, temperature 12° dew point 10°, QNH 1010, Trend: No significant change

Make straight-in-approach runway 25, wind calm, QNH 29,92 ins, report 4 miles out on final

Join dircet base runway 27 left, wind 340 12 Kt, QNH 1917, advise field in sight

Traffic: DC-9 left abeam on final runway 10 for low approach

Beech Baron on downwind for simulated single engine landing on runway 34

Cessna which has landed on grass runway 10 minutes ago, reported last third of grass runway is rather soft

The first 200 m of the runway are unusable; watch out for displaced threshold marking

Caution on final, construction equipment and vehicles 30 m northeast of landing threshold 23

Surveying in progress right side of runway, last third

One electrician right edge of runway

Dead animal (bird, hare) on runway center line in proximity of touchdown point

c) Nach der Landung

TWR: Rollen Sie zur Halle (Rampe, zum Vorfeld), wenden Sie links nächste Rollbahn

Rollen Sie zum Abstellplatz, wenden Sie zweite Rollbahn nach rechts; beschleunigen Sie Verlassen der Landebahn, nachfolgender Verkehr auf 1 sm Endanflug

Halten Sie auf dieser Rollbahn, bis die nach Ihnen landende Caravelle vorbei ist

Rollen Sie zum Vorfeld, folgen Sie dem gelben Fahrzeug rechts voraus

Landezeit 55 (nur auf Anforderung), rollen Sie zur Halle, wenden Sie rechts am Ende der Landebahn

Drehen Sie zweite Abzweigung nach links, die erste ist für Ihre Gewichtsklasse nicht zugelassen

Folgen Sie jetzt den Anweisungen des Einwinkers

Haben Sie Einwinker in Sicht?

LFZ: Erbitte Betankung vor der Halle

Möchte Luftfahrzeug über Nacht in der Halle abstellen

Ist Abstellplatz in der Halle verfügbar?

Darf ich auf der Landebahn zurückrollen, möchte zur Luftfahrzeug-Wartungshalle

Liegt mein Flugplan für den Flug nach Zürich bereits vor?

Werde nur einen Passagier absetzen und nach etwa 10 Minuten wieder starten

c) After Landing

Taxi to the hangar (ramp, apron), turn left next taxiway

Taxi to the parking area, turn right second taxiway; expedite vacating runway, succeeding traffic on 1 NM final

Hold on this taxiway until Caravelle landing behind you has passed

Taxi to the apron, follow yellow vehicle to your right ahead

On the ground 55 (only on request) taxi to the hangar, turn right end of runway

Turn left second intersection, the first one is not authorized for your weight category

Now follow marshaller's instructions

Do you have marshaller in sight?

Request refuelling in front of hangar

Would like to park aircraft over night in the hangar

Is there parking space available in the hangar?

May I backtrack on the runway, would like to proceed to aircraft maintenance hangar

Is my flight plan already available for the flight to Zuerich?

Will only discharge (disembark) a passenger and will depart again after about 10 minutes

115

Notverkehr

LFZ: Habe Orientierung verloren, erbitte QDM

Erbitte QTE zur Standortbestimmung; Sicht durch Schneeschauer eingeschränkt

Leichte Vereisung auf der Windschutzscheibe; erbitte Radarunterstützung

Kann Höhe wegen Klareisansatz nicht halten

Leichter Rauheisansatz auf Flügelvorderkante, Manövrierfähigkeit des Luftfahrzeuges noch nicht beeinträchtigt

Windschutzscheibe durch Vogelschlag zerstört

Rauch in der Kabine

Motor arbeitet rauh, erbitte QDM; kehre direkt zum Flugplatz zurück

Luftschraubenverstellung arbeitet fehlerhaft; erbitte Geradeausanflug

Zündungsschwierigkeiten; kehre sofort zum Flugplatz zurück

Drehzahl sinkt rasch ab, erbitte Landevorrang

Öldruck fällt ab

Öltemperatur steigt, 2 sm nördlich Platz, erbitte sofortige Landefreigabe

Habe fehlerhafte Fahrtmesseranzeige, erbitte Landeanweisung für Graslandebahn

Generator ausgefallen, gehe auf Gegenkurs und fliege zurück nach . . .

Emergency Traffic

Have lost position, request QDM

Request QTE to determine position; visibility restricted due to snow shower

Light icing on windshield, request radar assistance

Unable to maintain altitude due to clear ice

Light rime ice on leading edge, operating efficiency of the aircraft not yet impaired

Windshield broken by bird strike

Smoke in the cockpit

Rough engine, request QDM; returning direct to the field

Propeller pitch control is malfunctioning; request straight-in-approach

Ignition difficulties; returning to the aerodrome immediately

RPM (revolutions per minute) dropping rapidly, request landing priority

Oil pressure decreasing

Oil temperature increasing, 2 NM north of field, request immediate landing clearance

Have incorrect speed indication, request landing instruction for grass runway

Generator out, reversing course and proceeding back to . . .

LFZ: Motor (Nummer 1, Nummer 2) ausgefallen, Luftschraube in Segelstellung, verliere schnell Höhe

Engine (number 1, number 2) out (failed), prop(-eller) feathered, losing altitude rapidly

Motor brennt

Engine one fire

Motorschwierigkeiten, sinke 200 ft pro Minute, versuche Flugplatz zu erreichen

Engine difficulties, descending 200 ft per minute, will try to reach the field

Triebwerk fiel wiederholt aus, kehre mit gedrosselter Leistung zum Flughafen zurück

Engine failed intermittently, returning to the airport on reduced power

Kehre mit verminderter Drehzahl zurück, vermute Vergaservereisung

Returning with reduced RPM (revolutions per minute), consider carburettor icing

Fliege zum Ausweichflugplatz, Motor arbeitet unzuverlässig

Proceeding to alternate (aerodrome), engine working unreliable

Kann Höhe nicht halten, versuche Landung in . . .

Unable to maintain altitude, will try landing at . . .

Streichen Sie letzte Meldung, alles arbeitet wieder normal

Disregard last message, everything is working normally again

Eis ist verschwunden, habe Luftfahrzeug wieder voll unter Kontrolle

Ice has disappeared, aircraft fully under control again

Habe Schwierigkeiten, Hauptfahrwerk auszufahren

Have difficulties to lower main (landing) gear

Erbitte Tiefanflug vor dem Kontrollturm, um Fahrwerk zu überprüfen

Request low approach in front of control tower to check landing gear

Kann Fahrwerk nicht ausfahren, werde Bauchlandung machen

Unable to extend landing gear, will make a wheels-up landing (belly landing)

Werde Landung mit eingezogenem Fahrwerk machen; erbitte 150 m langen Schaumteppich

Will land with (landing) gear retracted; request foam carpet 150 m long

Fahrwerksanzeige wahrscheinlich fehlerhaft, werde Fahrwerk mehrmals aus- und einfahren

Gear indication apparently malfunctioning, will extend and retract landing gear several times

Bugrad offensichtlich nicht ganz ausgefahren

Nose wheel obviously not fully extended

LFZ: Noch immer keine Fahrwerksanzeige

Fahrwerksanzeige jetzt normal, werde Landeanflug fortsetzen

Werde Landebahn nach Landung nicht mit eigener Kraft verlassen können

Werde versuchen, Landebahn über Schnellabrollbahn freizumachen

Werde Außenlandung mit ausgefahrenem Fahrwerk durchführen; große hindernisfreie Fläche unter mir

Rufe Sie sobald wie möglich nach der Landung über Telefon an

Außenlandung wird wahrscheinlich notwendig, halte Sie auf dem laufenden

Motor ausgefallen, mache Notlandung, Standort . . .

Ladedruck sinkt rasch ab, kann Flughöhe nicht halten, mache Notlandung in der Nähe von . . .

Muß wegen Kraftstoffmangel Notlandung durchführen

Habe nur noch für wenige Minuten Kraftstoff, bereite mich auf Außenlandung vor

Bruchlandung ist nicht auszuschließen, benachrichtigen Sie den Such- und Rettungsdienst, Standort . . .

Erbitte Feuerwehr und Krankenwagen bei der Landung bereitzustellen

Kann hier kein geeignetes Gelände finden

Bin sicher gelandet, rufe Sie in Kürze über Telefon

Still no (landing) gear indication

Gear indication now normal, will continue approach for landing

Will be unable to vacate runway after landing with own power

Will try to vacate runway via highspeed taxiway

Will make off-field landing with landing gear down; large area without obstructions below me

Will call you as soon as possible after landing on the telephone

Off-field landing will probably become necessary, will keep you advised

Engine out, making emergency landing, position . . .

Manifold pressure dropping rapidly, unable to maintain altitude, making emergency landing in the vicinity of . . .

Have to execute a forced landing due to shortage of fuel

Have fuel for only few more minutes, preparing for off-field landing

Crash landing cannot be excluded, notify search and rescue service, position . . .

Request fire brigade and ambulance on standby upon landing

Cannot find a suitable area here

Have landed safely, will call you shortly via telephone

TWR: QDM 180, erbitte Ihre Flughöhe, QNH 1014

Fliegen Sie weiter auf Steuerkurs 180, behalten Sie Boden in Sicht

Ihr QTE 030; könnten Sie versuchen, ein QTE von Nürnberg zu bekommen, Nürnberg Turmfrequenz 118,3?

Nach telefonischer Rücksprache mit Nürnberg ist Ihr Standort 22 sm nordöstlich Stuttgart

Fliegen Sie direkt in den Queranflug Landebahn 25, Wind 270 6 Kt, QNH 1030; Feuerwehr in Bereitschaft

Fliegen Sie in die Platzrunde

Frei zum tiefen Vorbeiflug vor dem Kontrollturm zur Überprüfung Ihres Fahrwerks

Ihr Hauptfahrwerk scheint ausgefahren und verriegelt, Bugrad pendelt

Rechtes Fahrwerk scheint ausgefahren und verriegelt, linkes Fahrwerk scheint nicht voll ausgefahren zu sein

Kreisen Sie südlich des Flugplatzes, warten Sie auf Schaumteppich

Es wird 20 Minuten dauern, bis Schaumteppich fertig gelegt ist

Wieviel Kraftstoff haben Sie noch?

Haben Sie genügend Kraftstoff, um Hannover zu erreichen?

Erklären Sie einen Notzustand?

QDM 180, request your altitude, QNH 1014

Continue on heading 180, maintain visual ground contact

Your QTE 030; could you try to get a QTE from Nuernberg, Nuernberg Tower frequency 118,3?

After telephone coordination with Nuernberg your position is 22 NM northeast of Stuttgart

Join direct base runway 25, wind 270 6 Kt, QNH 1030; fire crew on standby

Join the traffic circuit

Cleared for low pass in front of control tower to check your gear

Your main landing gear appears to be down and in place, nose wheel is swinging

Right landing gear appears to be down and in place, left landing gear does not appear to be fully extended

Orbit south of the field, standby for foam carpet

It will take 20 minutes until foam carpet is completed

How much fuel have you left?

Do you have sufficient fuel to reach Hannover?

Do you declare an emergency?

119

TWR: Wollen Sie eine Außenlandung versuchen, oder glauben Sie den Flugplatz noch sicher erreichen zu können

Will you try an off-field landing, or do you think you could still reach the field safely

Falls Notlandung erforderlich wird, informieren Sie uns sobald wie möglich

In case an emergency landing becomes necessary, inform us as soon as possible

Können Sie Ihren genauen Standort angeben?

Can you state your exact position?

Such- und Rettungsdienst ist benachrichtigt

Search and rescue service is notified

Hat Ihr Luftfahrzeug wieder die volle Manövrierfähigkeit erreicht?

Has your aircraft reached again full operating efficiency?

Feuerwehr und Krankenwagen stehen nahe der Landebahn

Fire brigade and ambulance car standing close to the runway

Landung frei, Wind 060 3 Kt, Landebahn nach Ihrer Wahl

Cleared to land, wind 060 3 Kt runway at your discretion

Feuerwehr wird Sie nach der Landung hereinschleppen

Fire brigade will tow you in after landing

Flughafengesellschaft wird dafür sorgen, daß Ihr Luftfahrzeug von der Landebahn zur Halle transportiert wird

Airport company will take care for transporting your aircraft from the runway to the hangar

Haben Sie verletzte Personen an Bord?

Do you have injured persons on board?

Besondere Verhältnisse auf Start- und Landebahnen

Special runway conditions

Landebahn frei und trocken

Landebahn unbenutzbar

Landebahn naß und rutschig

Landebahn bedeckt mit 3 cm (6 cm)

− trockenem Schnee

− nassem Schnee

− Schneematsch

− wehendem Schnee

Stellenweise Eis und Schnee auf der Landebahn; Bremswirkung mittelmäßig bis gut

Gefrierender Schneematsch auf dem Rollfeld, es wird zur Zeit gestreut; Bremswirkung mittelmäßig

Eis auf Startbahnen und Rollbahnen; Bremswirkung mittelmäßig bis schlecht

Gefrorene Spuren und Furchen auf der Piste; Bremswirkung schlecht. Es wird zur Zeit gesprüht

Landebahn mit Rauheis bedeckt, gesprüht; Bremswirkung gut

Landebahn ist mit einer 5 cm dicken Schneeschicht bedeckt. Schnee wird gerade geräumt. Ein 20 m breiter Mittelstreifen ist bereits frei

Schneebänke bis zu 40 cm hoch auf beiden Seiten der Landebahn

Schneeverwehungen besonders auf der linken Seite der Landebahn

Festgefahrener Schnee auf der Start- und Landebahn und den Rollbahnen; soeben gelandete Kingair meldet Bremswirkung gut

Landebahn bedeckt mit 10 cm frischem, nassem Schnee; 8 Schneepflüge und 3 Schneeschleudern auf der Landebahn. Normaler Verkehr wird wahrscheinlich in 20 Minuten wieder aufgenommen

Landebahn wegen Schneeräumung bis 1130 z geschlossen

Runway clear and dry

Runway unusable

Runway wet and slippery

Runway covered with 3 cm (6 cm)

− dry snow

− wet snow

− slush

− blowing snow

Patches of ice and snow on the runway; braking action medium to good

Freezing slush on the manoeuvring area, sanding in progress; braking action medium

Ice on runways and taxiways; braking action medium to poor

Frozen ruts and ridges on the runway; braking action poor. Spraying in progress

Runway covered with rime ice, sprayed; braking action good

Runway is covered with a 5 cm layer of snow. Snow removal in progress. A 20 m wide center strip is already clear.

Snow banks up to 40 cm high on both sides of the runway

Snow drifts especially on left part of runway

Compact snow on runway and taxiways; preceding landing Kingair reported braking action good

Runway covered with 10 cm fresh, wet snow; 8 snow ploughs and 3 snow blowers on the runway. Normal traffic will probably be resumed in 20 minutes

Runway closed for snow removal until 1130 z

<table>
<tr><td>

Sonder-VFR-Flüge

a) Abfluganweisungen

Machen Sie Rechtskurve nach dem Start, verlassen Sie Kontrollzone nach Sonder-VFR über Ausflugpunkt WHISKEY

</td><td>

Special VFR flights

a) Departure Instructions

Turn right after departure, leave control zone special VFR via exit point WHISKEY

</td></tr>
</table>

RT ⤢ SV ⟨A W

<table>
<tr><td>

Machen Sie Linkskurve sobald wie möglich nach dem Start, und verlassen Sie Kontrollzone nach Sonder-VFR über ECHO

</td><td>

Turn left as soon as practicable after departure and leave control zone special VFR via ECHO

</td></tr>
</table>

LT ASAP ⤢ SV ⟨A E

<table>
<tr><td>

Behalten Sie Startbahnkurs bei bis zum Überqueren der Autobahn, machen Sie dann Rechtskurve und verlassen Sie Kontrollzone Sonder-VFR über Ausflugpunkt CHARLIE

</td><td>

Maintain runway heading until crossing the autobahn, then turn right and leave control zone special VFR via exit point CHARLIE

</td></tr>
</table>

M RH / X autob. RT ⤢ C

<table>
<tr><td>

Sonder-VFR-Freigabe:
Fliegen Sie nach dem Start geradeaus bis eine Meile West, dann Linkskurve, verlassen Sie Kontrollzone über SIERRA 2 und SIERRA 1

</td><td>

Special VFR clearance:
After departure proceed straight-out until one mile west, then left turn, leave control zone via SIERRA 2 and SIERRA 1

</td></tr>
</table>

/DEP ⊦ S/1'W LT
 ⤢ ⟨A S2 S1

<table>
<tr><td>

Verlassen Sie Kontrollzone nach Sonder-VFR über veröffentlichte Abflugstrecke LIMA

</td><td>

Leave control zone special VFR via published departure route LIMA

</td></tr>
</table>

⤢ SV ⟨A DR L

<table>
<tr><td>

Sonder-VFR-Freigabe:
Verlassen Sie Kontrollzone direkt auf Kurs, jedoch nicht über Flughöhe 3000 ft

</td><td>

Special VFR clearance
Depart control zone directly on course however, not above altitude 3000 ft

</td></tr>
</table>

 ⤢ ⤐ OC $\overline{3000}$

b) Einfluganweisungen

Fliegen Sie zum Einflugpunkt NOVEMBER und kreisen Sie dort bis weitere Anweisung folgt, Kontrollzone IMC

Kreisen Sie über SIERRA 1 bis weitere Anweisung folgt, erwarten Sie Sonder-VFR-Einflugfreigabe in etwa 8 Minuten

Fliegen Sie in die Kontrollzone nach Sonder-VFR über Einflugstrecke WHISKEY und UNI-FORM

Fliegen Sie in die Kontrollzone nach Sonder-VFR. Fliegen Sie in die südliche Warteschleife und melden Sie Überflug ECHO 2

Fliegen Sie zum Einflugpunkt LIMA 2 über LIMA 1 nach Sonder-VFR. Kreisen Sie über LIMA 2, erwarten Sie weitere Freigabe in etwa 5 Minuten

Fliegen Sie in die Kontrollzone nach Sonder-VFR über Standardeinflugstrecke

b) Entry instructions

Proceed to entry point NOVEMBER and orbit there until further advised, control zone IMC

$$Ꝓ - EP\ N\ ↻\ UFA\ △\ IMC$$

Orbit SIERRA 1 until further advised, expect special VFR entry clearance in about 8 minutes

$$↻\ S1\ UFA\ △\ 8'$$

Enter control zone special VFR via entry route WHISKEY and UNIFORM

$$△\ SV\ ⋁A\ W+U$$

Enter control zone special VFR. Proceed to the southern holding pattern and report passing ECHO 2

$$△\ SV\ Ꝓ - S\ HP\ R\ E2$$

Proceed to entry point LIMA 2 via LIMA 1, special VFR. Orbit LIMA 2, expect further clearance in about 5 minutes

$$Ꝓ - EP\ L2\ ⋁A\ L1\ SV$$
$$↻\ L2\ C\ 5'$$

Enter control zone special VFR via standard inbound route

$$△\ SV\ ⋁A\ SIR$$

Beispiel für den Sprechfunkverkehr eines VFR-Fluges

Hinweis: Um mehrere verschiedene Möglichkeiten des Sprechfunkverkehrs aufzuzeigen, sind in nachstehenden Beispielen manche zusätzliche und durchaus nicht **immer** gebräuchliche Einzelheiten enthalten. Die seit 1985 gültigen neuen Redewendungen sind fett gedruckt.

a) Abflug

LFZ: Stuttgart Rollkontrolle, DEKOX, kommen.

TWR: DEKOX, Stuttgart Rollkontrolle, kommen.

LFZ: DEKOX, Cessna 182, **vor kleiner Flugzeughalle,** VFR nach Freiburg, Ausflugpunkt LIMA, erbitte **Rollanweisung.**

TWR: **DOX rollen Sie zum Haltepunkt** Startbahn 26 über Rollbahn DELTA, Wind 340 10 Kt, QNH 1014, kommen.

LFZ: DOX **rolle zum Haltepunkt** Startbahn 26 über DELTA, QNH 1014.

TWR: DOX beachten Sie Baugerät und Arbeiter rechts der Rollbahn DELTA.

LFZ: DOX.

TWR: DOX rollen Sie rechts der gelben Linie, Farbmarkierungsarbeiten auf der linken Seite etwa 100 m voraus.

LFZ: DOX, rolle rechts der gelben Linie, Farbmarkierungsarbeiten in Sicht.

TWR: DOX rufen Sie Stuttgart Turm auf 118.80 wenn startbereit, kommen.

LFZ: DOX, rufe Turm auf 118.80 wenn startbereit.

LFZ: Stuttgart Turm, DEKOX, startbereit, kommen.

TWR: DOX, hinter landender Cessna 421 **rollen Sie** zum Startpunkt.

LFZ: DOX, hinter landender Cessna 421 **rolle** zum Startpunkt.

TWR: DOX machen Sie Linkskurve sobald wie möglich nach dem Start, verlassen Sie Kontrollzone über LIMA.

LFZ: DOX, Linkskurve sobald wie möglich, verlasse Kontrollzone über LIMA.

TWR: DOX neues QNH 1015, Wind 320 12 Kt, Start frei.

LFZ: DOX QNH 1015, Start frei.

TWR: DOX starten Sie sofort oder verlassen Sie die Startbahn.

LFZ: DOX, starte sofort.

TWR: DOX melden Sie, wenn auf Kurs LIMA.

LFZ: DOX, wird ausgeführt.

TWR: DOX Verkehr: Piper Cherokee links voraus auf Gegenanflug Landebahn 26.

LFZ: DOX Verkehr in Sicht, beginne Linkskurve.

LFZ: DOX auf Kurs LIMA.

TWR: Stuttgart Turm.

TWR: DOX beachten Sie starken Segelflugbetrieb im Gebiet von POLTRINGEN bis Flugfläche 60.

LFZ: DOX.

LFZ: DOX über LIMA in 3000 ft.

TWR: DOX frei zum Verlassen der Turmfrequenz.

LFZ: DOX verlasse Turmfrequenz.

Example for radio telephony communication of a VFR flight

a) **Departure**

A/C: *Stuttgart Ground, DEKOX, over.*

TWR: *DEKOX, Stuttgart Ground, go ahead.*

A/C: *DEKOX, Cessna 182, **in front of small hangar,** VFR to Freiburg, exit point LIMA, request **taxi.***

TWR: *DOX **taxi to holding point** runway 26 via taxiway DELTA, wind 340 10 Kt, QNH 1014 , over.*

A/C: *DOX **taxi to holding point** runway 26 via DELTA, QNH 1014.*

TWR: *DOX use caution with construction equipment and laborers right side of taxiway DELTA.*

A/C: *DOX.*

TWR: *DOX taxi right side of yellow line, paint marking in progress on the left side about 100 m ahead.*

A/C: *DOX will taxi right side of yellow line, paint marking in sight.*

TWR: *DOX contact Stuttgart Tower on 118.80 when ready, over.*

A/C: *DOX will contact Tower on 118.80 when ready.*

A/C: *Stuttgart Tower, DEKOX, **ready,** over.*

TWR: *DOX behind landing Cessna 421, **line up.***

A/C: *DOX behind landing Cessna 421, **line up.***

TWR: *DOX turn left as soon as practicable after **departure,** leave control zone via LIMA.*

A/C: *DOX left turn as soon as possible, will leave control zone via LIMA.*

TWR: *DOX revised QNH 1015, wind 320 12 Kt, cleared for take-off.*

A/C: *DOX QNH 1015, cleared for take-off.*

TWR: *DOX take off immediately or **vacate** runway.*

A/C: *DOX taking off.*

TWR: *DOX report established on course LIMA.*

A/C: *DOX wilco.*

TWR: *DOX traffic: Piper Cherokee to your left ahead on downwind runway 26.*

A/C: *DOX traffic in sight, commencing left turn.*

A/C: *DOX on course to LIMA.*

TWR: *Stuttgart Tower.*

TWR: *DOX use caution, heavy glider traffic in the area of POLTRINGEN up to flight level 60.*

A/C: *DOX.*

A/C: *DOX over LIMA at 3000 ft.*

TWR: *DOX cleared to leave tower frequency.*

A/C: *DOX leaving tower frequency.*

b) Anflug

LFZ: Stuttgart Turm, DEGSK, kommen.

TWR: DEGSK, Stuttgart Turm, kommen.

LFZ: DEGSK, Morane, **VFR von Mengen,** 10 sm südlich SIERRA in 3000 ft, erbitte Landeanweisung.

TWR: DSK **fliegen Sie** in die Kontrollzone über SIERRA, QNH 1013, Landebahn 26.

LFZ: DSK **fliege** in die Kontrollzone über SIERRA, QNH 1013, Landebahn 26.

LFZ: DSK über SIERRA, Flughöhe 3000 ft, kommen.

TWR: DSK fliegen Sie in die südliche Warteschleife und melden Sie, wenn Flugplatz in Sicht.

LFZ: DSK fliege in südliche Warteschleife; werde Flugplatz in Sicht melden.

TWR: DSK Verkehr: DO 27 in der südlichen Warteschleife in 2500 ft.

LFZ: DSK.

LFZ: DSK Flugplatz in Sicht.

TWR: DSK **rufen** Sie sofort Stuttgart Turm 118.80, kommen.

LFZ: DSK sofort auf Stuttgart Turm 118.80.

LFZ: Stuttgart Turm, DEGSK, kommen.

TWR: DEGSK, Stuttgart Turm, streichen Sie südliche Warteschleife. **Fliegen Sie in den Gegenanflug** Landebahn 26, Wind 250 18 Kt mit Böen bis 30 Kt, QNH unverändert.

LFZ: DEGSK streiche Warteschleife. **Fliege in den Gegenanflug** Landebahn 26, QNH unverändert.

TWR: DSK richtig. Machen Sie langen Anflug, Landenummer 3, folgen Sie einer Lufthansa Boeing 727 über dem Voreinflugzeichen im Endanflug.

LFZ: DSK langer Anflug, Landenummer 3, folge Lufthansa Boeing 727 über Voreinflugzeichen.

TWR: DSK landen Sie so, daß Sie die Landebahn schnellstmöglich über DELTA verlassen können, Wind 240 22 Kt böig, Landung frei.

LFZ: DSK werde Landebahn schnellstmöglich über DELTA verlassen, Landung frei.

TWR: DSK **rollen Sie** zum Vorfeld, wenden Sie nach rechts bei der nächsten Abzweigung.

LFZ: DSK **rolle** zum Vorfeld, nächste Abzweigung nach rechts.

TWR: DSK halten Sie auf Rollbahn DELTA bis ein Learjet auf Rollbahn HOTEL nach Osten passiert hat.

LFZ: DSK halte auf DELTA bis Learjet auf HOTEL nach Osten passiert hat.

b) **Approach**

A/C: Stuttgart Tower, DEGSK, over.

TWR: DEGSK, Stuttgart Tower, go ahead.

A/C: DEGSK, Morane, **VFR from Mengen,** 10 NM south of SIERRA at 3000 ft, **for landing.**

TWR: DSK **enter** control zone via SIERRA, QNH 1013, runway-in-use 26.

A/C: DSK **enter** control zone via SIERRA, QNH 1013, runway 26.

A/C: DSK over SIERRA, altitude 3000 ft, over.

TWR: DSK enter the southern holding pattern and **advise** when field in sight.

A/C: DSK will enter southern holding pattern; will **advise** field in sight.

TWR: DSK traffic: DO 27 in the southern holding pattern at 2500 ft.

A/C: DSK.

A/C: DSK field in sight.

TWR: DSK **contact** immediately Stuttgart Tower 118.80, over

A/C: DSK immediately to Stuttgart Tower 118.80.

A/C: Stuttgart Tower, DEGSK, over.

TWR: DEGSK, Stuttgart Tower, disregard southern holding pattern. **Join downwind** runway 26, wind 250 18 Kt with gusts up to 30 Kt, QNH unchanged.

A/C: DSK will disregard holding pattern. **Will join downwind** runway 26, QNH unchanged.

TWR: DSK that is correct. Make long approach, number 3, follow Lufthansa Boeing 727 over the outer marker inbound.

A/C: DSK long approach, number 3, will follow Lufthansa Boeing 727 over the outer marker.

TWR: DSK land so as to **vacate** runway most expeditiously via DELTA, wind 240 22 Kt gusty, cleared to land.

A/C: DSK will **vacate** runway most expeditiously via DELTA, cleared to land.

TWR: DSK **taxi to the apron,** turn right next intersection.

A/C: DSK taxi to the apron, next intersection to the right.

TWR: DSK hold on taxiway DELTA until a Learjet on taxiway HOTEL has passed to the East.

A/C: DSK will hold on DELTA until Learjet on HOTEL has passed to the East.

Beispiel für den Sprechfunkverkehr eines Sonder-VFR-Fluges

a) Ausflug aus der Kontrollzone

LFZ: Hamburg Rollkontrolle, DIKAR, kommen.

TWR: DIKAR, Hamburg Rollkontrolle, kommen.

LFZ: DIKAR, Chayenne, VFR nach München, **auf Vorfeld,** erbitte Roll**anweisung,** Information „Golf" empfangen. *)

TWR: DAR rollen Sie zum **Haltepunkt 23** über Rollbahn GOLF, kommen.

LFZ: DAR rolle zum **Haltepunkt 23** über GOLF, QNH 1013.

TWR: DAR folgen Sie dem Leitfahrzeug links voraus.

LFZ: DAR folge dem Leitfahrzeug links voraus.

TWR: DAR rufen Sie Hamburg Turm auf 118.10 wenn startbereit.

LFZ: DAR Hamburg Turm 118.10 wenn startbereit.

LFZ: Hamburg Turm, DIKAR, startbereit.

TWR: DAR hinter Lufthansa Boeing 737 im kurzen Endanflug, **rollen Sie zum Startpunkt.**

LFZ: DAR hinter Lufthansa Boeing 737 im kurzen Endanflug, **rolle zum Startpunkt.**

TWR: DAR **verlassen** Sie Kontrollzone nach Sonder-VFR über Ausflugpunkt SIERRA, kommen.

LFZ: DAR **verlasse** Kontrollzone Sonder-VFR über SIERRA.

TWR: DAR neues QNH 1012, Wind 240 6 Kt, Start frei, kommen.

LFZ: DAR QNH 1012, Start frei.

TWR: DAR starten Sie sofort, oder verlassen Sie die Startbahn, Verkehrsflugzeug im 2-Meilen-Endanflug.

LFZ: DAR starte sofort.

TWR: DAR auf welche Flughöhe werden Sie steigen?

LFZ: DAR auf 1700 ft.

TWR: DAR melden Sie Erreichen von 1700 ft.

LFZ: DAR wird ausgeführt.

LFZ: DAR erreiche 1700 ft.

TWR: DAR Verkehr: Rettungshubschrauber 3 Meilen südlich von SIERRA in **Flughöhe** 1000 ft kreisend.

LFZ: DAR.

LFZ: DAR über SIERRA in 1700 ft. Hubschrauber in Sicht.

TWR: DAR frei zum Verlassen der Turmfrequenz.

LFZ: DAR verlasse Turmfrequenz.

*) Bei ATIS-Abhörung gibt TWR keinen Wind, kein QNH und keine Flugplatzinformationen

Example for radio telephony communication of a Special VFR flight

a) **Leaving control zone**

A/C: *Hamburg Ground, DIKAR, over.*

TWR: *DIKAR, Hamburg Ground, go ahead.*

A/C: *DIKAR, Chayenne, VFR to München,* **on the apron,** *request taxi, information "Golf" received *).*

TWR: *DAR* **taxi to holding position** *runway 23 via taxiway GOLF, over.*

A/C: *DAR* **holding position** *runway 23 via GOLF, QNH 1013.*

TWR: *DAR follow the Follow-me car to your left ahead.*

A/C: *DAR will follow follow-me car left ahead.*

TWR: *DAR contact Hamburg Tower on 118.10 when ready.*

A/C: *DAR Hamburg Tower 118.10 when ready.*

A/C: *Hamburg Tower, DIKAR, ready.*

TWR: *DAR behind Lufthansa Boeing 737 on short final,* **line up.**

A/C: *DAR behind Lufthansa Boeing 737 on short final,* **line up.**

TWR: *DAR* **leave** *control zone Special VFR via exit point SIERRA, over.*

A/C: *DAR* **will leave** *control zone Special VFR via SIERRA.*

TWR: *DAR revised QNH 1012, wind 240 6 Kt, cleared for take-off, over.*

A/C: *DAR QNH 1012, cleared for take-off.*

TWR: *DAR take off immediately or* **vacate** *runway.*
      Airliner on 2 miles final.

A/C: *DAR taking off.*

TWR: *DAR what altitude will you climb to?*

A/C: *DAR 1700 ft.*

TWR: *DAR report reaching 1700 ft.*

A/C: *DAR wilco.*

A/C: *DAR reaching 1700 ft.*

TWR: *DAR traffic is a rescue helicopter 3 miles south of SIERRA at altitude 1000 ft* **orbiting.**

A/C: *DAR.*

A/C: *DAR over SIERRA at 1700 ft, helicopter in sight.*

TWR: *DAR cleared to leave tower frequency.*

A/C: *DAR leaving tower frequency.*

*) When ATIS is received TWR will give no wind, no QNH and no aerodrome information

b) **Einflug in die Kontrollzone**

LFZ: München Turm, DEKAR, kommen.

TWR: DEKAR, München Turm, kommen.

LFZ: DEKAR, Archer II, **VFR** von Hamburg, 5 Minuten nördlich von NOVEMBER 1 in 3000 ft, erbitte Lande**anweisung.**

TWR: DAR kreisen Sie über NOVEMBER 1, erwarten Sie Einflugfreigabe in etwa 8 Minuten. Kontrollzone IMC.

LFZ: DAR werde über NOVEMBER 1 kreisen, Einflugfreigabe in 8 Minuten.

LFZ: DAR über NOVEMBER 1, 3000 ft, kreise.

TWR: DAR beachten Sie rot-weiße Cessna 210 jetzt über WHISKEY in 2800 ft, wird nach Osten abfliegen.

LFZ: DAR Verkehr in Sicht.

TWR: DAR verstanden. **Fliegen Sie** in die Kontrollzone über NOVEMBER 2 nach Sonder-VFR. **Fliegen Sie** in die nördliche Warteschleife und melden Sie, wenn Flugplatz in Sicht; QNH 1000.

LFZ: DAR **fliege** in Kontrollzone über NOVEMBER 2 nach Sonder-VFR. Werde in nördliche Warteschleife einfliegen und Flugplatz in Sicht melden; QNH 1000.

LFZ: DAR über NOVEMBER 2 in 2400 ft, kommen.

TWR: DAR verstanden.

LFZ: DAR Flugplatz in Sicht.

TWR: DAR rufen Sie bei Einflug in nördliche Warteschleife München Turm auf 118.70.

LFZ: DAR rufe München Turm auf 118.70 in nördlicher Warteschleife.

LFZ: München Turm, DEKAR, fliege in nördliche Warteschleife ein, Flughöhe 2400 ft.

TWR: DAR kreisen Sie weiter in der Warteschleife. Erwarten Sie 6 Minuten Verzögerung wegen landendem IFR-Verkehr.

LFZ: DAR kreise weiter in Warteschleife, 6 Minuten Verzögerung.

TWR: DAR **fliegen Sie jetzt in den rechten Gegenanflug** Landebahn 25, Wind 290 11 Kt mit Böen bis 23 Kt, QNH unverändert.

LFZ: DAR **fliege in den rechten Gegenanflug** Landebahn 25, QNH unverändert.

TWR: DAR behalten Sie Geschwindigkeit bei; Landenummer eins; B 737 startet noch vor Ihnen.

LFZ: DAR behalte Geschwindigkeit bei; Landenummer eins.

TWR: DAR Geschwindigkeit nach Ihrer Wahl. Vorsicht, Landebahn naß und schlüpfrig, Wind 280 15 Kt böig, Landung frei.

LFZ: DAR reduziere Geschwindigkeit, Landung frei.

TWR: DAR **rollen Sie** zum Abstellplatz. **Rollen Sie** an der nächsten Einmündung nach rechts.

LFZ: DAR rolle zum Abstellplatz. Nächste Einmündung nach rechts.

TWR: DAR halten Sie auf Rollbahn CHARLIE bis eine Falcon 10 auf Rollbahn ALPHA in Ostrichtung passiert hat.

LFZ: DAR halte auf CHARLIE bis Falcon 10 auf ALPHA nach Osten passiert hat.

b) Entering control zone

A/C: *München Tower, DEKAR, over.*

TWR: *DEKAR, München Tower, go ahead.*

A/C: *DEKAR, Archer II,* **VFR** *from Hamburg, 5 minutes north of NOVEMBER 1 at 3000 ft,* **for landing.**

TWR: *DAR* **orbit** *NOVEMBER 1, expect entry clearance in about 8 minutes, control zone IMC.*

A/C: *DAR will* **orbit** *NOVEMBER 1, expect entry clearance in 8 minutes.*

A/C: *DAR over NOVEMBER 1, 3000 ft,* **orbiting.**

TWR: *DAR look out for red and white Cessna 210 now over WHISKEY at 2800 ft; will proceed to the east.*

A/C: *DAR traffic in sight.*

TWR: *DAR roger.* **Enter** *control zone Special VFR via NOVEMBER 2.* **Enter** *northern holding pattern and* **advise** *when field in sight; QNH 1000.*

A/C: *DAR* **enter** *control zone Special VFR via NOVEMBER 2.* **Will enter** *northern holding pattern and* **advise** *when field in sight; QNH 1000.*

A/C: *DAR over NOVEMBER 2 at 2400 ft, over.*

TWR: *DAR roger.*

A/C: *DAR field in sight.*

TWR: *DAR* **contact** *München Tower on 118.70 when entering northern holding pattern.*

A/C: *DAR will* **contact** *München Tower on 118.70 when entering northern holding pattern.*

A/C: *München Tower, DEKAR, entering northern holding pattern, altitude 2400 ft.*

TWR: *DAR continue circling in the holding pattern. Expect 6 minutes delay due to landing IFR traffic.*

A/C: *DAR will continue circling in the holding pattern, 6 minutes delay.*

TWR: *DAR now* **join right downwind** *runway 25, wind 290 11 Kt with gusts up to 23 Kt, QNH unchanged.*

A/C: *DAR right downwind runway 25, QNH unchanged.*

TWR: *DAR keep up your speed; number one to land; B 737 taking off ahead of you.*

A/C: *DAR will keep up speed; number one to land.*

TWR: *DAR speed control at your convenience. Caution, runway wet and slippery. Wind 280 15 Kt gusty, cleared to land.*

A/C: *DAR reducing speed, cleared to land.*

TWR: *DAR* **taxi** *to parking area. Turn right next intersection.*

A/C: *DAR* **taxi** *to parking area. Right turn next intersection.*

TWR: *DAR hold on taxiway CHARLIE until a Falcon 10 on taxiway ALPHA has passed to the east.*

A/C: *DAR holding on CHARLIE until Falcon 10 on ALPHA has passed to the east.*

Beispiel für den Sprechfunkverkehr eines VFR-Anfluges mit Radarunterstützung

LFZ: Stuttgart Radar, DEGNO, kommen.

APP: DEGNO, Stuttgart Radar, kommen.

LFZ: DEGNO, habe Orientierung verloren; Commander 114 **VFR** von Hannover nach Stuttgart, erbitte Radarführung zum Flughafen, Sicht durch Nieselregen beschränkt, kommen.

APP: DNO erbitte Steuerkurs und Flughöhe, QNH 999.

LFZ: DNO Steuerkurs 190, Flughöhe 2900 ft, QNH 999.

APP: DNO bisher keine Radarverbindung, Sie sind offenbar noch nicht innerhalb des Radar-Erfassungsbereichs. Ihr QDM 200, drehen Sie auf Steuerkurs 200, kommen.

LFZ: DNO drehe auf Steuerkurs 200.

APP: DNO beobachte Ziel 19 Seemeilen Nordnordost, steuern Sie noch immer 200?

LFZ: DNO positiv.

APP: DNO zur Identifizierung drehen Sie nach links Steuerkurs 150 für 2 Minuten, kommen.

LFZ: DNO drehe links Steuerkurs 150 für 2 Minuten.

APP: DNO identifiziert 17 Seemeilen nordnordöstlich vom Flughafen Stuttgart. Drehen Sie wieder nach rechts Steuerkurs 205 zwecks Radarführung auf rechten Queranflug Landebahn 26, QNH jetzt 1000, kommen.

LFZ: DNO drehe rechts Steuerkurs 205, QNH 1000.

APP: DNO behalten Sie Erdsicht bei und achten Sie auf Bodenhindernisse, Sie haben 15 Meilen bis zum Aufsetzpunkt, kommen.

LFZ: DNO verstanden, fliege weiter mit Bodensicht.

APP: DNO zur Kursverbesserung drehen Sie 5 Grad nach rechts, Steuerkurs 210, kommen.

LFZ: DNO drehe nach rechts 210.

APP: DNO verliere Radarverbindung 9 Meilen nordnordöstlich vom Platz. Bleiben Sie auf Steuerkurs 210. Ich rufe Sie wieder, wenn Radarverbindung wiederhergestellt.

LFZ: DNO bleibe auf Steuerkurs 210.

APP: DNO haben Sie Transponder?

LFZ: DNO positiv.

APP: DNO **TRANSPOND** A 4702, kommen.

LFZ: DNO A 4702 ist eingeschaltet.

APP: DNO **TRANSPOND** IDENT, kommen.

LFZ: DNO IDENT ist gedrückt.

APP: DNO Radarverbindung wiederhergestellt. Standort 8 Meilen Nordnordost. Verkehr: unbekanntes Ziel 11 Uhr, Entfernung 3 Meilen, kreuzt von links nach rechts, (Luftfahrzeug-) Muster und Höhe unbekannt, kommen.

LFZ: DNO **kein Sichtkontakt.**

Example for radio telephony communication of a VFR-approach with Radar assistance

A/C: *Stuttgart Radar, DEGNO, over.*

APP: *DEGNO, Stuttgart Radar, over*

A/C: *DEGNO have lost position; Commander 114* **VFR** from Hannover to Stuttgart, request radar vectoring to the airport. Visibility restricted by drizzle, over.

APP: *DNO request heading and altitude, QNH 999.*

A/C: *DNO heading 190, altitude 2900 ft, QNH 999.*

APP: *DNO no radar contact until now, obviously you are not yet within radar coverage. Your QDM 200, turn to heading 200, over.*

A/C: *DNO turning to heading 200.*

APP: *DNO observing target 19 nautical miles northnortheast, are you still on heading 200?*

A/C: *DNO affirm.*

APP: *DNO for identification turn left heading 150 for 2 minutes, over.*

A/C: *DNO turning left heading 150 for 2 minutes.*

APP: *DNO identified 17 nautical miles northnortheast of Stuttgart airport. Turn right again heading 205 for radar vectoring to right base runway 26, revised QNH 1000, over.*

A/C: *DNO turning right heading 205, QNH 1000.*

APP: *DNO maintain visual ground contact and watch out for ground obstructions, you have 15 miles to touchdown, over.*

A/C: *DNO roger, will continue visual ground contact.*

APP: *DNO for course correction turn right 5 degrees, heading 210, over.*

A/C: *DNO turning right 210.*

APP: *DNO losing radar contact 9 miles northnortheast of field. Continue heading 210. Call you back when regaining radar contact.*

A/C: *DNO will maintain heading 210.*

APP: *DNO do you carry transponder?*

A/C: *DNO* **affirm.**

APP: *DNO SQUAWK A 4702, over.*

A/C: *DNO A 4702 is switched on.*

APP: *DNO SQUAWK IDENT, over.*

A/C: *DNO SQUAWKING IDENT.*

APP: *DNO regaining radar contact, position 8 miles northnortheast. Traffic: unknown (unidentified) target 11 o'clock, range 4 miles, crossing left to right, type and level unknown, over.*

A/C: *DNO* **negative contact.**

APP: DNO Verkehr jetzt 1 Uhr, Entfernung 2 Meilen, fliegt nach rechts ab.

LFZ: DNO.

APP: DNO um Anflug zu verkürzen, drehen Sie weiter nach rechts Steuerkurs 220, kommen.

LFZ: DNO drehe rechts 220.

APP: DNO 2 Meilen östlich querab Fernsehturm, 4 Meilen vom Aufsetzpunkt. Platz liegt 12 Uhr, Entfernung 3 Meilen; melden Sie Platz in Sicht.

LFZ: DNO Platz in Sicht, kommen.

APP: DNO fliegen Sie nach eigener Navigation, **TRANSPOND** STAND BY und rufen Sie Turm Frequenz 118.8 zwecks Landefreigabe, kommen.

LFZ: DNO wechsle auf 118.8.

APP: *DNO traffic now 1 o'clock, range 2 miles, clearing to the right.*

A/C: *DNO.*

APP: *DNO to shorten the approach turn further right heading 220, over.*

A/C: *DNO turning right 220.*

APP: *DNO 2 miles east abeam television tower, 4 miles from touchdown, field located 12 o'clock, range 3 miles; **advise when** field in sight, over.*

A/C: *DNO field in sight, over.*

APP: *DNO resume own navigation, SQUAWK STAND BY and contact tower frequency 118.8 for landing clearance, over.*

A/C: *DNO changing to 118.8.*

Sprechfunkverfahren für kontrollierte Sichtflüge (CVFR)

Sprechgruppen für kontrollierte Sichtflüge (CVFR)

Phrases for controlled VFR Flights (CVFR)

Betreffend Concerning	Deutsche Sprechgruppen German Phrases L = Luftfahrzeug B = Bodenstelle	Englische Sprechgruppen English Phrases A = Aircraft G = Ground Station
Anforderung einer Freigabe zum Durchflug durch ein CVFR-Gebiet *Clearance request* *to cross a CVFR area*	L: (Lfz.-Muster) (Standortmeldung) ERBITTE FREIGABE ZUM DURCHFLUG DURCH DAS CVFR-GEBIET (Bezeichnung) VIA (Strecke) IN (Flughöhe/Flugfläche)	A: *(type of aircraft)* *(position report) REQUEST* *CLEARANCE TO CROSS* *THE CVFR AREA* *(designation) VIA (route)* *AT (level)*
	B: FREI ZUM DURCHFLUG DURCH DAS CVFR-GEBIET (Bezeichnung) VIA (Strecke) IN (Flughöhe)	G: *CLEARED TO CROSS THE* *CVFR AREA (designator) VIA* *(route) AT (level)*
Beginn der CVFR- Kontrolle *Beginning of CVFR* *control*	B: SIE FLIEGEN IN DAS CVFR- GEBIET EIN	G: *ENTERING CVFR AREA*
Streckenanweisung *Route instruction*	B: FLIEGEN SIE AUF RADIAL (3 Zahlen) VON (Kennung der VOR) BIS (Ortsangabe)	G: *PROCEED ON RADIAL* *(3 digits) OF (identification of* *VOR) TO (location)*
Höhenanweisung *Level instruction*	B: HALTEN SIE FLUGHÖHE/ FLUGFLÄCHE (Ziffern)	G: *MAINTAIN ALTITUDE/* *FLIGHT LEVEL (figures)*
	B: ÜBERFLIEGEN SIE (Standort) IN (Flughöhe)	G: *CROSS (position) AT (level)*
	B: ÜBERFLIEGEN SIE (Standort) IN (Flughöhe) ODER HÖHER/NIEDRIGER	G: *CROSS (position) AT (level)* *OR ABOVE/BELOW*
	B: STEIGEN/SINKEN SIE AUF (Flughöhe)	G: *CLIMB/DESCEND TO (level)*
	B: STEIGEN/SINKEN SIE AUF (Flughöhe) NACH ÜBERFLIEGEN VON (Standort)	G: *CLIMB/DESCEND TO (level)* *AFTER PASSING (position)*

	B: MELDEN SIE DAS VERLASSEN/DURCH-FLIEGEN/ERREICHEN VON (Flughöhe)	G: REPORT LEAVING/ PASSING/REACHING (level)
Halteanweisung Holding instruction	B: **HALTEN SIE** ÜBER (Standort) ERWARTEN SIE FREIGABE UM (Zeit)/IN (Minuten)	HOLD OVER (position) EXPECT CLEARANCE AT (time)/IN (minutes)
Anforderung einer geänderten Freigabe (z. B. wegen des Wetters) Request for revised clearance (e. g. due to weather)	L: ERBITTE FLUGHÖHE/ FLUGFLÄCHE (Ziffern)/ STRECKE WEGEN (Begründung)	A: REQUEST ALTITUDE/ FLIGHT LEVEL (figures)/ ROUTE VIA DUE TO (reason)
Anweisungen zur Radaridentifizierung Instructions for radar identification	B: ZUR IDENTIFIZIERUNG DREHEN SIE LINKS/ RECHTS AUF STEUERKURS (3 Ziffern)	G: FOR IDENTIFICATION TURN LEFT/RIGHT TO HEADING (3 digits)
	B: SENDEN SIE FÜR PEILUNG	G: TRANSMIT FOR DF
	B: **TRANSPOND** (Mode, Code)	G: SQUAWK (mode, code)
	B: **TRANSPOND IDENT**	G: SQUAWK IDENT
	B: **TRANSPOND STANDBY**	G: SQUAWK STANDBY
	B: IDENTIFIZIERT (Standort)	G: IDENTIFIED (position)
Anweisung bei Radarführung zu Staffelungszwecken Instruction for radar vectoring to establish separation	B: DREHEN SIE LINKS/ RECHTS AUF STEUERKURS (3 Ziffern) ZUR RADARFÜHRUNG NACH (Ortsangabe)	G: TURN LEFT/RIGHT TO HEADING (3 digits) FOR RADAR VECTOR TO (position)
Beendigung der Radarführung Termination of radar vectoring	B: RADARFÜHRUNG BEENDET. NEHMEN SIE EIGENNAVIGATION AUF, IHR STANDORT (Ortsangabe)	G: RADAR CONTROL TERMINATED. RESUME OWN NAVIGATION, YOUR POSITION (position)
Verkehrs-information bei Radarkontrolle Traffic information during radar control	B: UNBEKANNTES LUFTFAHRZEUG (Richtung nach Uhrzeigerstellung, Entfernung, sonstige Angaben)	G: UNIDENTIFIED TARGET (bearing by clock reference, distance, other information)
	B: FREI VON VERKEHR	G: CLEAR OF TRAFFIC

Beendigung der CVFR-Kontrolle *Termination of CVFR control*	B: SIE VERLASSEN DAS CVFR-GEBIET	G: *LEAVING CVFR AREA*
Anweisung zum Verlassen des CVFR-Gebietes *Instruction to leave the CVFR area*	B: VERLASSEN SIE DAS CVFR-GEBIET (Richtung) (Begründung)	G: *LEAVE THE CVFR AREA (direction) (reason)*
Freigabe zum Verlassen der Frequenz *Clearance to leave frequency*	B: FREI ZUM VERLASSEN DER FREQUENZ	G: *CLEARED TO LEAVE FREQUENCY*
Anweisung zum Abschalten des Transponders *Instruction to switch off transponder*	B: **STOP TRANSPONDER**	G: ***STOP SQUAWK***

CVFR-Gebiet Stuttgart
CVFR Area Stuttgart

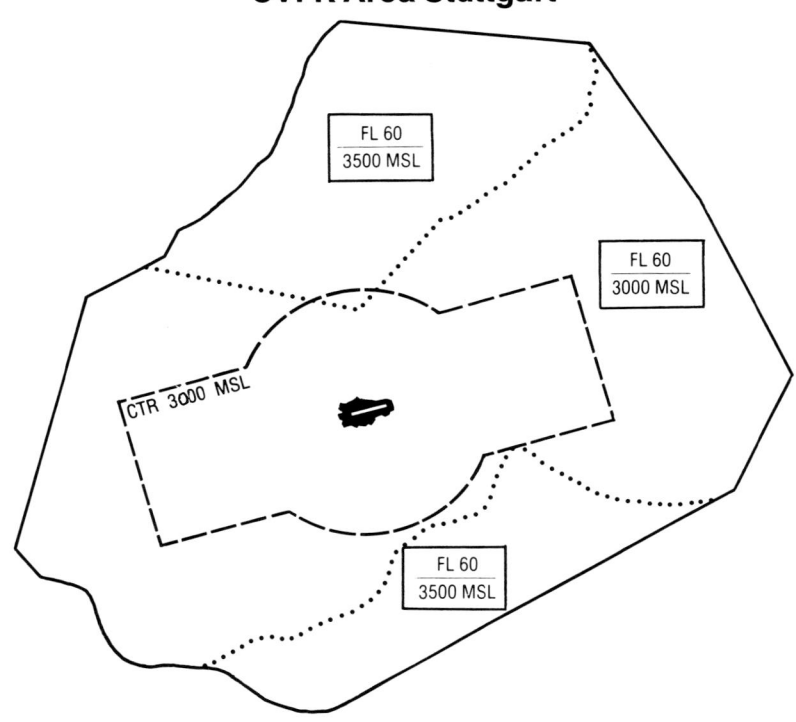

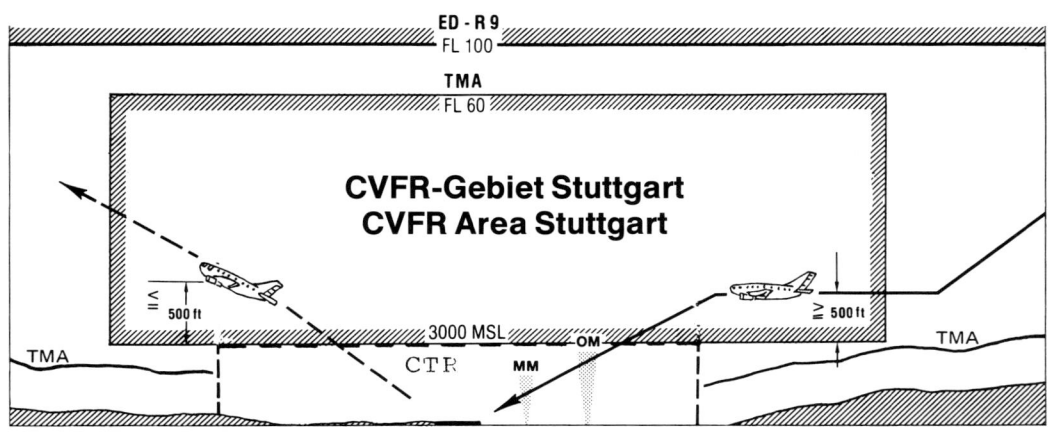

CVFR-Gebiet Stuttgart
CVFR Area Stuttgart

BEISPIEL FÜR DEN SPRECHFUNK-VERKEHR EINES CVFR-FLUGES

EXAMPLE FOR RADIO TELE-PHONY COMMUNICATION OF A CVFR FLIGHT

LFZ: STUTTGART RADAR DEABC, KOMMEN

STUTTGART RADAR DEABC, OVER.

APP: DEABC STUTTGART RADAR, KOMMEN.

DEABC STUTTGART RADAR, OVER.

LFZ: DEABC PA28, POSITION 10 SEEMEI-LEN NÖRDLICH VON BRAVO 4, IN FLUGHÖHE 4000 FT. ERBITTE FREI-GABE ZUM DURCHFLUG DURCH DAS CVFR-GEBIET STUTTGART ÜBER TANGO VOR UND BRAVO 2. HABE TRANSPONDER.

DEABC PA 28, POSITION 10 NAUTICAL MILES NORTH OF BRAVO 4, AT ALTITUDE 4000 FT. REQUEST CLEARANCE TO CROSS THE CVFR AREA STUTTGART VIA TANGO VOR AND BRAVO 2. HAVE TRANSPONDER.

APP: DBC HALTEN SIE ÜBER BRAVO 4, ERWARTEN SIE FREIGABE UM 35.

DBC HOLD OVER BRAVO 4, EXPECT CLEARANCE AT 35.

LFZ: DBC HALTE ÜBER BRAVO 4, ERWAR-TE FREIGABE UM 35.

DBC WILL HOLD OVER BRAVO 4, EXPECT CLEARANCE AT 35.

LFZ: DBC ÜBER BRAVO 4 UM 28, FLUGHÖ-HE 4000 FT, KREISE.

DBC OVER BRAVO 4, ALTITUDE 4000 FT, ORBITING.

APP: DBC VERSTANDEN, JETZT FREI ZUM DURCHFLUG DURCH DAS CVFR-GE-BIET STUTTGART ÜBER TANGO VOR UND BRAVO 2 IN FLUGHÖHE 4000 FT. TRANSPOND ALPHA 4720.

DBC ROGER, NOW CLEARED TO CROSS THE CVFR AREA STUTTGART VIA TANGO VOR AND BRAVO 2 AT ALTITUDE 4000 FT. SQUAWK ALPHA 4720.

LFZ: DBC FREI ZUM DURCHFLUG DURCH DAS CVFR-GEBIET STUTTGART ÜBER TANGO VOR UND BRAVO 2, FLUGHÖHE 4000 FT. TRANSPOND ALPHA 4720.

DBC CLEARED TO CROSS THE CVFR AREA STUTTGART VIA TANGO VOR AND BRAVO 2, ALTITUDE 4000 FT. SQUAWK ALPHA 4720.

APP: DBC IDENTIFIZIERT 1 SEEMEILE SÜDÖSTLICH VON BRAVO 4.

DBC IDENTIFIED 1 NAUTICAL MILE SOUTHEAST OF BRAVO 4.

LFZ: DBC

DBC

APP*): DBC SIE FLIEGEN JETZT IN DAS CVFR-GEBIET EIN. WAS IST IHRE FLUGSICHT UND IHR ABSTAND VON DEN WOLKEN?

DBC YOU ARE ENTERING CVFR AREA. WHAT IS YOUR FLIGHT VISIBILITY AND YOUR DISTANCE FROM CLOUDS?

LFZ*): DBC FLUGSICHT 10 KM, ETWA 100 FT UNTERHALB DER WOLKENUNTER-GRENZE!

DBC FLIGHT VISIBILITY 10 KM, ABOUT 100 FT BELOW BASE OF CLOUDS.

APP: DBC VERSTANDEN.

DBC ROGER.

*) Diese Angaben sind nur übungshalber angeführt!

(Fortsetzung Seite 145)

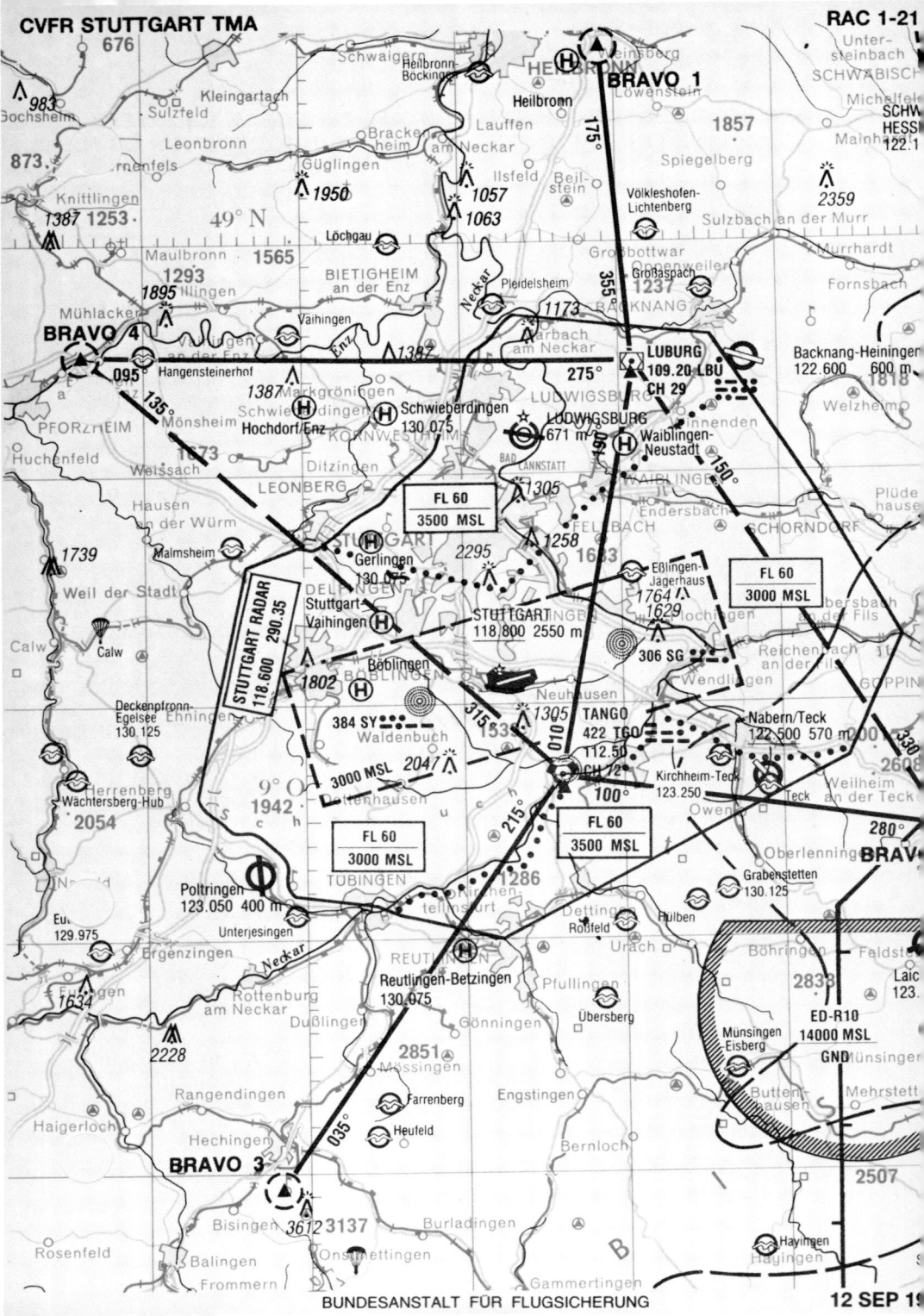

APP:	DBC UNBEKANNTES LFZ. 2 UHR, ENTFERNUNG 5 MEILEN, KREUZT VON RECHTS NACH LINKS, HÖHE UNBEKANNT.	*DBC UNIDENTIFIED TARGET 2 O'CLOCK RANGE 5 MILES, CROSSING FROM RIGHT TO LEFT, ALTITUDE UNKNOWN.*

APP: DBC UNBEKANNTES LFZ. 2 UHR, ENTFERNUNG 5 MEILEN, KREUZT VON RECHTS NACH LINKS, HÖHE UNBEKANNT.

DBC UNIDENTIFIED TARGET 2 O'CLOCK RANGE 5 MILES, CROSSING FROM RIGHT TO LEFT, ALTITUDE UNKNOWN.

LFZ: DBC KEIN SICHTKONTAKT.

DBC NEGATIVE CONTACT.

APP: DBC JETZT FREI VON VERKEHR.

DBC NOW CLEAR OF TRAFFIC.

LFZ: DBC.

DBC.

LFZ: DBC ERBITTE FREIGABE, UM DAS CVFR-GEBIET NACH ÜBERFLUG VON TANGO VOR WEGEN TIEFER WOLKEN IM SÜDOSTEN AUF SÜD-KURS ZU VERLASSEN.

DBC REQUEST CLEARANCE TO DEPART THE CVFR AREA VIA TANGO VOR AND THEN ON A SOUTHERLY HEADING DUE TO LOW CLOUDS IN THE AREA SOUTH-EAST.

APP: DBC DREHEN SIE NACH ÜBERFLUG VON TANGO VOR NACH RECHTS UND VERLASSEN SIE DAS CVFR-GE-BIET AUF STEUERKURS 180.

DBC AFTER PASSING TANGO VOR TURN RIGHT AND LEAVE THE CVFR AREA ON A HEADING OF 180.

LFZ: DBC NACH ÜBERFLUG VON TANGO RECHTSKURVE. WERDE CVFR-GE-BIET AUF STEUERKURS 180 VER-LASSEN.

DBC AFTER PASSING TANGO WILL TURN RIGHT AND LEAVE CVFR AREA ON A HEADING OF 180.

APP: DBC RICHTIG.

DBC THAT IS CORRECT.

LFZ: DBC ÜBER TANGO VOR UM 43, FLUG-HÖHE 4000 FT, AUF STEUERKURS 180.

DBC OVER TANGO VOR AT 43, ALTITUDE 4000 FT, ON HEADING 180.

APP: DBC, VERSTANDEN, FREI ZUM SINK-FLUG AUF FLUGHÖHE 3500 FT.

DBC, ROGER, CLEARED TO DESCEND TO ALTITUDE 3500 FT.

LFZ: DBC, SINKE AUF FLUGHÖHE 3500 FT.

DBC, DESCENDING TO ALTITUDE 3500 FT.

APP: DBC.

DBC.

APP*): DBC, SIE VERLASSEN JETZT DAS CVFR-GEBIET 6 SEEMEILEN SÜD-LICH VON TANGO VOR. WAS IST IHR SENKRECHTER ABSTAND VON DEN WOLKEN?

DBC, YOU ARE LEAVING THE CVFR AREA 6 NAUTICAL MILES SOUTH OF TANGO VOR. WHAT IS YOUR VERTICAL DISTAN-CE FROM CLOUDS?

LFZ*): DBC ETWA 1000 FT UNTER DEN WOLKEN.

DBC ABOUT 1000 FT BELOW CLOUDS.

APP: DBC NEHMEN SIE EIGENNAVIGA-TION AUF UND TRANSPOND STAND-BY. FREI ZUM VERLASSEN DER FRE-QUENZ.

DBC RESUME OWN NAVIGATION AND SQUAWK STAND-BY. CLEARED TO LEA-VE FREQUENCY.

LFZ: DBC NEHME EIGENNAVIGATION AUF UND TRANSPOND STAND-BY. FREI ZUM VERLASSEN DER FREQUENZ.

DBC RESUMING OWN NAVIGATION AND SQUAWKING STAND-BY. CLEARED TO LEAVE FREQUENCY.

---

*) Diese Angaben sind nur übungshalber angeführt!

145

Prüfungstext
(Sprechfunkprüfung)

Lesen und Übersetzen von Texten aus dem Fluginformationsdienst
(Teil der praktischen Prüfung)

In diesem Teil der Prüfung soll die Fähigkeit nachgewiesen werden, die in englischer Sprache veröffentlichten Texte aus dem Fluginformationsdienst flüssig lesen und anschließend mündlich übersetzen zu können.

Art und Umfang dieser Texte entsprechen etwa den unten angeführten drei Beispielen. Der Inhalt dieser NfL ist bezüglich seiner Gültigkeit ggfs. überholt.

Fesselballonaufstiege und Aufstiege freifliegender Sondenballone am Standort des Kernkraftwerkes Grohnde
(NfL I-212/75 vom 17. Juli 1975)

Der Deutsche Wetterdienst läßt bis einschließlich 31. März 1976 in unregelmäßigen Abständen Fesselballone und freifliegende Sondenballone am Standort des Kernkraftwerkes Grohnde (52 02N09 25E) für kleinaerologische Messungen auf.

Die Aufstiege erfolgen bei Tag und Nacht unter allen Wetterbedingungen.

Die Auflaßhöhe für Fesselballone beträgt maximal 1700 ft GND.

Die Aufstiege werden in Übereinstimmung mit den Vorschriften des § 16 LuftVO durchgeführt.

Die Luftfahrzeugführer werden gebeten, beim Überfliegen des o. a. Bezugspunktes besondere Vorsicht walten zu lassen.

Ascents of Captive Balloons and Free Flying Sondes at Atomic Power Plant Grohnde
(NfL I-212/75 of 17 July, 1975)

Until 31 March, 1976 inclusively the German Meteorological Service will conduct ascents of captive balloons and free flying sondes for small aerological measurements at the site of the atomic power plant Grohnde (52 02N09 25E) at irregular intervals.

The ascents will take place during day and night in all weather conditions.

The maximum height for captive balloons will be 1700 ft GND.

The ascents will be conducted in accordance with the regulations of § 16 LuftVO.

Pilots are requested to be very careful when crossing the abovequoted reference point.

Regelung des Flugplatzverkehrs
(NfL I-131/78)

1. Motorflugbetrieb

1.1 Flugzeuge, Hubschrauber und Motorsegler haben die in der Sichtflugkarte veröffentlichte Platzrunde zu benutzen.

1.2 Bei Anflügen ist mindestens 5 Minuten vor Erreichen des Platzes Sprechfunkverbindung mit Braunschweig INFO aufzunehmen.

1.3 Im Flugplatzverkehr ist ständige Hörbereitschaft aufrechtzuerhalten.

Regulation of Aerodrome Traffic
(NfL I-131/78)

1. Flight Operations of Powered Aircraft

1.1 Aeroplanes, helicopters and powered gliders shall use the traffic circuit depicted in the Visual Approach Chart.

1.2 On approaches, radio contact with Braunschweig INFO shall be established at least 5 minutes prior reaching the aerodrome.

1.3 During aerodrome traffic a constant listening watch shall be maintained.

1.4 Luftfahrzeuge ohne Funk dürfen den Flughafen nur nach vorheriger Genehmigung (PPR) anfliegen.

1.5 Prüf- und Werkstattflüge von Hubschraubern sind nur außerhalb der Platzrunde zulässig.

2. Anmerkung

Weitere Regelungen für Segelflug- und Fallschirmabsprungbetrieb sind in NfL I-131/78 veröffentlicht.

Beschränkung des Platzflugbetriebs auf dem Verkehrsflughafen Düsseldorf
(NfL I-7/78 vom 12. Januar 1978)

Zur Einschränkung der Lärmauswirkungen auf die Umgebung des Flughafens Düsseldorf wird der Platzflugbetrieb wie folgt beschränkt:

1. Platzrundenflüge sowie zu Übungszwecken unmittelbar aufeinanderfolgende, wiederholte An- und Abflüge desselben Luftfahrzeugs sind zwischen 2100 und 0500 nicht zulässig.

2. Von diesen Beschränkungen sind ausgenommen:

2.1 nach Zustimmung der Luftaufsicht Ausbildungs- und Übungsflüge, die nach luftverkehrsrechtlichen Vorschriften für den Erwerb, die Verlängerung oder Erneuerung einer Erlaubnis oder Berechtigung als Luftfahrer vorgeschrieben sind, bis 2200;

2.2 Vermessungs- und Kontrollflüge, soweit sie zur Aufrechterhaltung der Flugsicherheit erforderlich sind.

1.4 Aircraft without radio are only permitted to approach the airport after prior permission.

1.5 Test and maintenance flights of helicopters are permitted outside of the traffic circuit only.

2. Remark

Further regulations concerning glider flying and parachute jumping are published in NfL I-131/78.

Restriction of Local Flight Operations at Düsseldorf Airport
(NfL I-7/78 of 12 January, 1978)

For noise abatement in the surroundings of Düsseldorf Airport, local flight operations are restricted as follows:

1. Between 2100 and 0500 traffic circuit flights as well as approaches and departures, conducted repeatedly by one aircraft for training purposes in immediate succession, are not permitted.

2. Excepted from these restrictions are:

2.1 after consent by the Luftaufsicht, training flights prescribed by air traffic regulations for the obtainment, prolongation or renewal of licences or permits, until 2200;

2.2 flight checks and control flights as far as required to maintain flight safety.

Flugbetrieb

Flugplatzanlagen und -einrichtungen

Flugplatz
Verkehrsflughafen
Sonderflughafen
Verkehrslandeplatz
Sonderlandeplatz
Hubschrauberlandeplatz
Segelfluggelände
Flugplatzhalter
Flughafenverwaltung
Flughafengesellschaft

Bewegungsflächen

Rollfeld
Flugplatz-Begrenzung
Flugplatz-Bezugspunkt
Flugplatzhöhe (über NN)
Start- und Landebahn
Hartbelag-Start- und Landebahn
Beton-Start- und Landebahn
Gras-Start- und Landebahn
Instrumenten-Landebahn
Hauptstart- und Landebahn
Betriebsstart- und Landebahn
Schwelle (Anfang der Start- und Landebahn)
Ende der Start- und Landebahn
Start- und Landebahnrand
Start- und Landebahnmaße
Start- und Landebahnmittellinie
Tragfähigkeit der Start- und Landebahn
Lastklassifikationszahl des Luftfahrzeuges – ACN
Lastklassifikationszahl des Belages – PCN
Start- und Landebahnneigung
Start- und Landebahnoberfläche
Streifen (Sicherheits-)
Schutzstreifen
Hindernisfreiflächen
Rollbahn
Rollbahn-Abzweigung
Schnellabrollbahn

Aerodrome installations and facilities

aerodrome
airport
special airport
airfield (landing strip)
special airfield
helicopter landing area (heliport)
gliding site, glider flying area
aerodrome operator
airport administration
airport company

Movement areas

manoeuvring area
aerodrome boundary
aerodrome reference point
aerodrome elevation (above MSL)
runway
paved runway
concrete runway
grass runway
instrument runway
main runway
runway-in-use
threshold (beginning of runway)

end of runway
runway edge
runway dimensions
runway center line
strength of runway
Aircraft classification number – ACN

Pavement classification number – PCN
runway slope
runway surface
strip
safety strip
obstacle clearance surfaces
taxiway
taxiway intersection
high-speed taxiway

Abbremsfläche	*run-up area*
Überholfläche	*by-pass area*
Vorfeld oder Rampe	*ramp, apron*
Abstellplatz	*parking position*
befestigte Abstellfläche	*paved parking area (hardstand)*
abgesetzter Abstellplatz	*isolated parking position*
Signalfläche	*signal area*
Ankermast (für Luftschiffe)	*mooring mast (for airships)*
Betriebsstraße, Vorfeldstraße	*service road*

An- und Abflughilfen

Approach- and departures aids

a) Optische Hilfen

a) Visual aids

Startbahn-Randfeuer	*runway edge lights*
Start- und Landebahn-Mittellinienfeuer	*runway center line lights*
Schwellenfeuer	*threshold lights*
Start- und Landebahn-Endfeuer	*runway end lights*
Aufsetzzonenfeuer	*touch-down zone lights*
Anflugbefeuerung	*approach lights*
Querbarren (-balken)	*cross-bar*
Blitzfeuerkette	*sequenced flashing lights*
Gleitwinkelbefeuerung VASIS	*Visual approach slope indicator system VASIS*
Gleitwinkelbefeuerung PAPI	*Precision approach path indicator PAPI*
Niederleistungs-Befeuerung	*low-intensity lighting*
rundstrahlende Leuchten	*omnidirectional lights*
Hochleistungs-Befeuerung	*high-intensity lighting*
gerichtete Leuchten	*directional lights*
Helligkeitsstufen	*light intensity stages*
5 Stufen	*5 stages*
Befeuerung in Sicht	*lights in sight*
zu hell	*too bright*
verdunkeln, runterschalten	*dim (the lights)*
einschalten	*switch-on*
ausschalten	*switch-off*
Rollbahnbefeuerung	*taxiway lighting*
Überflurleuchten	*elevated lights*
Unterflurleuchten	*surface lights*
Hindernisbefeuerung	*obstruction lighting*
Dauerleuchten	*steady lights*
Gefahrenfeuer	*hazard lights*
Blinkleuchten	*flashing lights*
Flugplatzleuchtfeuer (Drehscheinwerfer)	*aerodrome (light) beacon*

154

Signalscheinwerfer (Turm)	*light gun (Tower)*
Vorfeldbeleuchtung (Flutlicht)	*flood lights*
Verkehrslicht (Ampel)	*traffic light*
Tageskennzeichnung	*day light markings*
Start- und Landebahnmarkierung	*runway marking*
Start- und Landebahnbezeichnung	*runway designation*
Aufsetzpunktmarkierung	*touch down point marking*
versetzte Schwelle	*displaced threshold*
ununterbrochene Linie	*uninterrupted line*
gelbe Linie (Rollbahn)	*yellow line (taxiway)*
Rollbahn-Mittellinienmarkierung	*taxiway centreline marking*

b) Funknavigationshilfen
(siehe auch S. 157–159)

b) Radio navigation aids
(see also p. 157–159)

UKW-Peilstelle	*VHF direction finding station*	*VDF*
Sichtpeilempfänger	*Direction finding receiver*	
Ungerichtetes Funkfeuer	*Non-directional radio beacon*	*NDB*
Anflugfunkfeuer	*Locator*	*L*
UKW-Drehfunkfeuer	*VHF omni-directional radio range*	*VOR*
Flugplatz-VOR	*Terminal VOR*	*TVOR*
Doppler VOR und TACAN	*Doppler VOR and TACAN*	*DVORTAC*
VOR und Entfernungsmeßgerät	*VOR and Distance Measuring Equipment*	
		VOR/DME
ILS (Instrumentenlandesystem)	*ILS (Instrument landing system)*	
Landekurs	*Localizer*	*LLZ*
Rückkurs	*backbeam*	
Gleitweg	*Glidepath*	*GP*
Gleitwinkel	*glideslope*	
Voreinflugzeichen	*Outer marker*	*OM*
Haupteinflugzeichen	*Middle marker*	*MM*
Flughafen-Rundsichtradar	*Airport surveillance radar*	*ASR*
Präzisions-Anflugradar	*Precision approach radar*	*PAR*
Rundsicht-Radargerät	*Surveillance radar equipment*	*SRE*
Rundsicht-Sekundärradar	*Secondary surveillance radar*	*SSR*
Rollfeldüberwachungs-Radaranlage	*Airport Surface Detection Equipment*	*ASDE*
Mikrowellenlandesystem	*Microwave landing system*	*MLS*

Flugplatzdienste und -gebäude
(außer Flugverkehrsdienste)

Aerodrome services and buildings
(except air traffic services)

Empfangsgebäude	*terminal building*
Fluggastabfertigungsgebäude	*passenger terminal*

155

Abfertigungsgebäude für die Allgemeine Luftfahrt	general aviation terminal	GAT
Warteraum	waiting room	
Flugvorbereitung	preflight action	
Flugwetterberatung	preflight weather briefing	(MET)
Navigationsvorbereitung	navigation preparation	
Flugberatung	aeronautical information	(AIS)
Gebührenordnung	tariffs, airport charges (fees)	
Landegebühr	landing charge (fee)	
Abstellgebühr	parking charge (fee)	
Abfertigungsentgelt	handling charge (fee)	
Unterstellentgelt (Halle)	hangar charge (fee)	
Befeuerungsentgelt	lighting charge (fee)	
Navigations (Flugsicherung-)gebühr	navigation (air traffic control-) charge (fee)	
Toiletten	toilets	
Telefon	telephone	
Sicherheitskontrolle	security check	
Geldwechsel	money exchange	
Abflug	departure	
Ankunft	arrival	
Gewerblicher Luftverkehr	commercial air traffic	
Luftverkehrsgesellschaft	airline company	
Flugscheinschalter	ticket counter	
Fluggastabfertigung	passenger handling	
Flugzeugabfertigung	aircraft handling; operations ramp service	
Abfertigungsdienst	passenger gate	
Flugsteig	gate	
Auskunft, Information	information	
Gepäckausgabe	baggage delivery	
Gepäckträger	porter	
Luftfrachtabfertigung	airfreight handling	
Luftfrachtgebäude	airfreight building	
Halle	hangar	
Werkstatt	maintenance shop	
Betriebsgebäude	operations building	
Kontrollturm	control tower	
Vorfeldkontrolle (-dienst)	ramp control (-service)	
Flugwetterdienststelle	aeronautical meteorological office (MET-office)	
Feuerwache	fire station	
Feuerwehr	fire guard	
Sanitätswache	medical station	
Flughafenalarmzentrale	airport emergency control center	

Tankstelle	*fuel dump, refueling station*
Zollamt	*customs office*
Zollabfertigung	*customs clearance*
zollfreier Laden	*duty free shop*
Grenzpolizei	*border police*
Paßkontrolle	*passport control*
Gaststätte, Hotel	*restaurant, hotel*
Friseur	*hairdresser*
Laden	*shop*

Fahrzeuge und Geräte — **Vehicles and Equipment**

Rollfeldfahrzeug	*Follow-me car*
Einwinker	*marshaller*
Fluggastbus	*passenger bus*
Besatzungsbus	*crew bus*
Anlaßgerät	*starter unit*
Tankfahrzeug	*fuel truck*
Wartungsfahrzeug	*maintenance truck*
Feuerlöschfahrzeug	*fire truck*
Sanitätsfahrzeug	*ambulance car*
Rettungsfahrzeug	*rescue vehicle*
Grasmähmaschine	*grass mower*
Lastkraftwagen	*truck*
Kran	*crane*
Baugerät	*construction equipment*
Schneeräumgerät	*snow removal equipment*
Schneeschleuder, -fräse	*snow blower*
Schneepflug	*snow plough*
Sprühgerät	*spraying equipment*
Enteisungsfahrzeug	*deicing vehicle*
Taxi	*taxi*
Mietwagen	*rent-a-car*

Luftfahrtpersonal

Luftfahrer (Mehrzahl)
    Berechtigung
    Musterberechtigung
    Schein, Erlaubnis
    Ausweis
    ärztliche Untersuchung
Fluglehrer
Prüfpilot
Flugschüler
Privatflugzeugführer
Berufsflugzeugführer
Luftfahrzeugeigner
Luftfahrzeughalter
Besatzung
Luftfahrzeugführer
Kapitän
Flugzeugführer
2. Flugzeugführer (1. Offizier)
Bordingenieur
Navigator (Navigationsoffizier)
Funker
Stewardeß
Stationsleiter
Flugdienstberater
Bodenstewardeß
Flugzeugmechaniker
Fluggast
Flughafendirektor
Flughafen-Verkehrsdienst
Einwinker
Leiter des Betriebsdienstes
    (bei der Flugsicherung)
Leitung
Leitender Flugverkehrslotse
Flugverkehrslotse der
  − Flugplatzkontrolle
  − Rollkontrolle
  − Anflugkontrolle
  − Bezirkskontrolle
Radar-Flugverkehrslotse
Verbindungslotse
Assistent
Überwachung

Aviation personnel

airmen
    rating
    type rating
    licence
    certificate
    medical examination
instructor pilot (flight instructor)
check pilot
student pilot
private pilot
commercial pilot
aircraft owner
aircraft operator
crew
pilot-in-command
captain
pilot
copilot (1st Officer)
flight engineer
navigator
radio operator
stewardess
station manager
flight dispatcher
groundhostess
aircraft mechanic
passenger
airport manager
airport ramp service
marshaller, signal man
chief controller

in charge
controller in charge

  − *aerodrome (tower) controller*
  − *ground movement controller*
  − *approach controller*
  − *area (center, airways) controller*
Radar controller
coordinator
assistent
supervision

Betrieb eines Luftfahrzeuges

Operation of aircraft

Vom Start bis zur Landung

From take-off until landing

anlassen	*to start-up, to crank up*
wiederanlassen	*to restart*
rollen	*to taxi*
abbremsen	*to run-up*
Vorabflug-Kontrolle	*preflight check*
Prüfliste	*checklist*
Start	*take-off*
Sofortstart	*immediate take-off*
Startrollstrecke	*take-off roll distance, take-off run*
Startstrecke (über 15 m)	*take-off distance*
verfügbare −	*available −*
erforderliche −	*required −*
Beschleunigung	*acceleration*
Startgeschwindigkeit	*take-off speed*
Abhebegeschwindigkeit	*unstick speed*
Gesamtgewicht	*all-up weight*
Startgewicht	*take-off weight*
zulässiges Höchstgewicht	*maximum permissible weight* **MPW**
Steigflug	*climb, ascent*
Steigleistung	*climbing performance*
Steiggeschwindigkeit	*rate of climb*
Geschwindigkeit während des Steigfluges	*climbing speed*
Fahrwerk einziehen	*to retract landing gear*
Klappen einfahren	*flaps up*
Geschwindigkeit aufnehmen	*to gain speed*
Reiseflughöhe erreichen	*to level off, to reach cruising level*
Kurs und Höhe halten	*to maintain straight and level flight*
Unterschallflug	*subsonic flight*
Überschallflug	*supersonic flight*
angezeigte Geschwindigkeit	*indicated airspeed* **IAS**
berichtigte Geschwindigkeit	*rectified airspeed* **RAS**
wahre (tatsächliche) Geschwindigkeit	*true airspeed* **TAS**
Geschwindigkeit über Grund	*ground speed* **GS**
Reisegeschwindigkeit	*cruising speed*
höchstmögliche Geschwindigkeit	*high cruise, maximum speed*
geringstmögliche Geschwindigkeit	*low cruise, minimum speed*
Kurve	*turn*
Kursverbesserung	*course correction*
Drehgeschwindigkeit	*rate of turn*

Höhenwechsel	*altitude change, level change*
Reiseflughöhe verlassen	*to leave cruising level*
Sinkflug	*descent*
auf hoher Geschwindigkeit bleiben	*to keep up speed*
auf Anfluggeschwindigkeit zurückgehen	*to reduce to approach speed*
Höchstgeschwindigkeit zum Setzen der Landeklappen	*maximum speed for flap setting*
Landeklappen ausgefahren	*flaps down*
Anfluggeschwindigkeit	*approach speed*
Endanfluggeschwindigkeit	*final approach speed*
Aufsetzgeschwindigkeit	*touch-down speed*
Fahrwerk ausfahren	*to extend (to lower) landing gear*
Fahrwerk ausgefahren	*gear down*
grüne Fahrwerks-Kontrollanzeige	*green landing gear indication*
Fluglage	*flight attitude*
nach vorn geneigte Fluglage	*nose-down attitude*
nach hinten geneigte Fluglage	*nose-up attitude*
Querwindkomponente	*crosswind component*
Seitenwindkomponente	
Gegenwind	*headwind*
Rückenwind	*tailwind*
Fallwind	*down draft, down currrent*
Durchsacken	*down drop*
aufsetzen	*to touch-down*
Landung	*landing*
Ziellandung	*precision point landing*
Abstellen (Lfz.)	*parking*
Triebwerk abstellen	*to cut the engine*

Triebwerk und Luftschrauben   Power unit and propeller

reiches Gemisch	*rich mixture*
armes Gemisch	*lean mixture*
Startleistung	*take-off power, full power*
Startschub	*take-off thrust*
Startleistung zurücknehmen	*to reduce take-off power*
Leistungseinstellung	*power setting*
Leerlauf	*idling*
Kraftstoffverbrauch	*fuel consumption*
Luftschrauben-(boden)freiheit	*propeller clearance*
Luftschraubensteigung	*pitch*
geringe Steigung	*low pitch*
hohe Steigung	*high pitch*
Luftschraubenumkehr	*prop reversal*

160

Schubumkehr (Strahltriebwerk)	thrust reversal
Propellerböen	prop-wash
Strahlböen	jet-wash

Verschiedene Flugbetriebs-Begriffe

Miscellaneous operational terms

Ausweichmaßnahmen	diversion measures
Treibstoffvorrat	fuel supply
Sicherheitsmindesthöhe	minimum safe height
Reiseflughöhe, Reiseflugfläche	cruising level
Lärmverminderung	noise abatement
Flugbedingungen	flight conditions
Sichtwetterbedingungen − VMC	visual met(eorological) conditions − VMC
Instrumentenwetterbedingungen − IMC	instrument met(eorological) conditions − IMC
Flugsicht	flight visibility
Bodensicht	ground visibility
Wolkenabstand	distance from clouds
Hauptwolkenuntergrenze	ceiling
Erdsicht	visual reference to terrain
frei von Wolken	clear of clouds
Landebahnsicht − RVR	runway visual range − RVR
Flug nach Sichtflugregeln, VFR-Flug	flight according to the Visual Flight Rules, VFR flight
Sonderflug nach Sichtflugregeln, Sonder-VFR-Flug	Special VFR flight
VFR-Flug bei Nacht	VFR flight at night
VFR-Flug über Wolkendecken	VFR flight above cloud layers
Instrumentenübungsflug	Instrument training flight
Flug nach Instrumentenflugregeln, IFR-Flug	flight according to the Instrument Flight Rules, IFR flight
Flug unter angenommenen Instrumentenflugbedingungen	flight under simulated instrument flight conditions
Platzrundenflug	traffic circuit flight
örtlicher Flug	local flight
Überlandflug	cross-country flight
Kunstflug	acrobatic flight
Formationsflug, Verbandsflug	formation flight
Überführungsflug	ferry flight
Übungsflug	training flight
gewerblicher Flug	commercial flight
nichtgewerblicher Flug	non-commercial flight
planmäßiger Flug	scheduled flight
nichtplanmäßiger Flug	non-scheduled flight

Flugeigenschaften	*flying characteristics*
steuern	*to pilot*
Kurvendrehgeschwindigkeit	*rate of turn*
Steilkurve	*steep turn*
hochziehen	*to pull up*
überziehen	*to stall*
Abreißgeschwindigkeit	*stalling speed*
trudeln	*to spin*
Längsneigung	*pitch*
Querlage	*bank*
schieben	*to skid*
gieren	*to yaw*
rollen	*to roll*
Sturzflug	*dive*
Wirbel	*vortex*
Flächenrandwirbel	*wing tip vortices*
Anstellwinkel	*angle of attack*
Widerstand	*drag*
Auftrieb	*lift*
Betriebshandbuch	*operation manual*
Reichweite eines Lfz.	*range of aircraft*
Nutzlast	*payload*
Flugschreiber	*flight recorder*
Sinkflug eines Hubschraubers ohne Motorkraft	*autorotation*
Schwebeflug eines Hubschraubers	*hovering*

Unregelmäßigkeiten und Notlagen

Flugablauf	*flight progress*
unregelmäßig	*irregular*
Störungen	*troubles*
ausgefallen	*inoperative; unserviceable*
Zwischenfall	*incident*
Luftfahrzeug-Unfall	*aircraft accident*
Absturz	*crash*
Absturzstelle	*scene of crash*
Luftfahrzeug in Notlage	*aircraft in emergency*
in Notlage geraten	*encountering emergency*
Notfall	*emergency case*
Notverfahren	*emergency procedure*
Notsinkflug	*emergency descent*
verliere rasch Höhe	*losing altitude rapidly*
Flughöhe kann nicht gehalten werden	*unable to maintain altitude*
Notsendung	*emergency broadcast*
Notsprechfunk	*emergency communication*
Dringlichkeitssprechfunk	*urgency communication*
Orientierungsverlust	*loss of position*
Fastzusammenstoß	*air miss (near miss)*
Zusammenstoßgefahr (z. B. mit Hindernis)	*collision hazard*
überfälliges Luftfahrzeug	*overdue aircraft*
Triebwerkschwierigkeiten	*engine troubles*
abfallender Öldruck	*dropping oil pressure*
steigende Öltemperatur	*rising oil temperature*
Generatorausfall	*generator outage*
Stromausfall	*power failure*
Motor läuft unregelmäßig	*engine running irregularly*
Luftschraube auf Segelstellung	*prop feathered*
in der Strömung drehende Luftschraube	*windmilling prop*
Triebwerk ausgefallen	*engine failure, engine out*
Triebwerk brennt	*engine on fire*
Fahrwerkschwierigkeiten	*gear trouble*
keine Anzeige	*no indication*
Hauptfahrwerk noch ausgefahren	*main gear still extended*
Bugrad eingefahren	*nose wheel retracted*
Reifenpanne	*flat (blown out) tire*
Fahrwerk teilweise ausgefahren	*gear half-way down*

Irregularities and Emergency Situations

Bremsen ausgefallen	*brakes inoperative*
Druckschwierigkeiten (z. B. Kabine)	*pressure trouble (e.g. cabin)*
keine Geschwindigkeitsanzeige	*no airspeed indication*
Landeklappen ausgefallen	*flaps inoperative*
steuerlos	*loss of control*
Außenlandung	*off-field landing*
Notlandung	*forced landing, emergency landing*
Bruchlandung	*crash landing*
Landung mit eingezogenem Fahrwerk	*wheels-up landing*
Bauchlandung	*belly landing*
Ausbrechen am Boden	*ground loop*
Überschlagen	*to nose over*
Notlandung auf dem Wasser	*ditching*
zu weit kommen (bei der Landung)	*overshooting*
zu kurz kommen (bei der Landung)	*undershooting*
bewegungsunfähiges Luftfahrzeug	*disabled aircraft*
Beschädigung	*damage*
wesentlicher Schaden	*substantial damage*
Hilfe, Unterstützung	*assistance*
Gefahr	*danger*
Feuerlöscher	*fire extinguisher*
Brandbekämpfung	*fire fighting*
Feuerwehrfahrzeug	*fire truck*
Feuerwehr	*fire crew (guard)*
Rettungsfahrzeug	*rescue vehicle*
Erste-Hilfe-Ausrüstung	*first aid kid*
Unfalluntersuchung	*accident investigation*

Internationaler Boden/Bord-Notkode

Hinweise für die Anwendung der Signale:

1. Signale sollen mindestens 8 ft (2,5 m) groß sein
2. Signale sind sorgfältig gemäß Muster anzulegen
3. Farbkontraste zwischen Signalen und Untergrund sollen so stark wie möglich sein
4. Es soll jeder Versuch unternommen werden, die Aufmerksamkeit durch andere Mittel, wie Funk, Leuchtkugeln, Rauch oder reflektiertes Licht zu erregen

International Ground/Air Emergency Code

Instructions for Use:

1. *Make signals not less than 8 ft (2.5 m)*
2. *Take care to lay out signals exactly as shown*
3. *Provide as much colour contrast as possible between signals and background*
4. *Make every effort to attract attention by other means such as radio, flares, smoke, reflected light*

Benötige Hilfe
Require assistance

Benötige ärztliche Hilfe
Require medical assistance

Nein (Verneinung)
No (Negative)

Ja (Bestätigung)
Yes (Affirmative)

Gehe in dieser Richtung
Proceeding in this direction

Hinweis auf Auslegesignale und Körpersignale:

Im Luftfahrthandbuch AIP SAR 2-1 und 2-2 sind außerdem 12 Auslegesignale aus Luftfahrzeug-Abdeckplanen und 11 Körpersignale aufgeführt.

Außenlandung und Wiederstart

Sicherheitsgründe
ausdrückliche Genehmigung
zuständige (Landes-)Behörde
Personenschäden, Verletzungen
Sachschäden
Gepäck
umfassende Flugvorbereitung
schriftliche Meldung innerhalb von 3 Tagen

Off-field landing and take-off thereafter

safety reasons
expressive (special) permission
competent authority
injuries
damages
baggage
detailed (comprehensive) preflight action
written report within 3 days

165

Luftfahrzeuge
— Arten —

Luftfahrzeuge schwerer als Luft
Flugzeug
Segelflugzeug
Hanggleiter
Ultraleichtflugzeug
Drehflügler
Hubschrauber
Drachen
Motorluftfahrzeug
Motorsegler
Luftfahrzeuge leichter als Luft
Luftschiff
    starres —
    halbstarres —
    unstarres —
Ballon
    Fesselballon
    Freiballon
    bemannter Freiballon
Landflugzeug
Leichtflugzeug
Wasserflugzeug
Amphibisches Flugzeug
Zivilluftfahrzeug
planmäßiges Luftfahrzeug
Charter- (Miet-)flugzeug
Verkehrsflugzeug, Linienflugzeug
Passagierflugzeug
Flugzeug im Regionalluftverkehr
Frachtflugzeug
Transportflugzeug
Sanitätsflugzeug
Rettungshubschrauber
Geschäftsflugzeug
Firmen-(Werk-)Flugzeug
Privatluftfahrzeug
Sportflugzeug
Kunstflug-Flugzeug
Schleppluftfahrzeug
Versuchsluftfahrzeug

Aircraft
— Different kinds —

heavier-than-air aircraft
aeroplane
glider, sailplane
hang glider
ultralight aeroplane
rotorcraft
helicopter
hang glider; kite
powered aircraft
powered glider
lighter-than-air aircraft
airship
    rigid —
    semi-rigid —
    non-rigid —
balloon
    captive (fixed) balloon
    free balloon
    manned free balloon
land aeroplane
light aeroplane
water aeroplane
amphibian aeroplane
civil aircraft
scheduled aircraft
charter aeroplane
airliner
passenger aeroplane
commuter aeroplane
cargo aeroplane
transport aeroplane
hospital aeroplane
rescue helicopter
executive (business) aeroplane
corporate aeroplane
private aircraft
sporting aeroplane
acrobatic aeroplane
towing aircraft
experimental aircraft

Militärluftfahrzeug	*military aircraft*
Verbindungsluftfahrzeug	*liaison aircraft*
Aufklärungsluftfahrzeug	*reconnaissance aircraft*
Bombenflugzeug	*bomber (aeroplane)*
Jagdbomber	*fighter bomber*
Jäger	*fighter*
Abfangjäger	*interceptor*
Transportflugzeug	*transport aeroplane*

Luftfahrzeug
— Bestandteile und Ausrüstung —

Aircraft
— Components and Equipment —

a) Flugzeug-Zelle

a) Airframe

Rumpf	*fuselage*
Rumpfnase	*nose*
Führerraum	*cockpit*
Kabine	*cabin*
Druckkabine	*pressurized cabin*
Kabinenhaube	*hood*
Kabinentür	*cabin door*
Passagierraum	*passenger compartment*
Flügel, Tragflügel, Tragfläche	*wing*
Pfeilflügel	*swept-back wing*
Deltaflügel	*delta wing*
Spaltflügel	*slotted wing*
Landeklappen	*(landing) flaps*
Spannweite	*span*
Flügelspannweite	*wing span*
Vorflügel	*slat*
Flügelvorderkante	*leading edge*
Flügelhinterkante	*trailing edge*
Flügelwurzel	*wing root*
Flügelspitze	*wing tip*
Verkleidung	*fairing*
Heckteil	*tail unit*

b) Leitwerk und Steuerungssystem

b) Control surfaces (empenage) and control system

Höhenflosse	*horizontal stabilizer*
Höhenruder	*elevator*
Seitenflosse	*vertical stabilizer*

Seitenruder	*rudder*
Querruder	*aileron*
Trimmklappe, Trimmruder	*trim tab*
Steuerorgane	*flight controls*
Pedale (Seitensteuer)	*pedals*
Steuerknüppel	*control stick, stick*
Steuersäule	*control column*
Trimmsteuerung	*trim controls*
Doppelsteuerung	*dual controls*

c) **Fahrwerk**	*c)* **Landing gear**
Hauptfahrwerk	*main landing gear*
festes, starres Fahrwerk	*fixed (non-retractable) landing gear*
einziehbares Fahrwerk	*retractable landing gear*
Bugradfahrwerk	*tricycle landing gear*
Bugrad	*nose wheel*
Sporn, Schleifsporn	*tail skid*
Spornrad	*tail wheel*
Fahrwerkschacht	*landing gear well*
Fahrwerkstrebe	*landing gear strut*
Fahrwerkklappe	*landing gear door*
Fahrwerkfederbein	*shock absorber leg, oleo leg*
Fahrwerkverriegelung	*landing gear lock*
Rad	*wheel*
Reifen	*tire*
Reifendruck	*tire pressure*
Radbremse	*wheel brake*
Öldruckbremse	*hydraulic brake*
Kufe	*skid*

d) **Triebwerk**	*d)* **Power plant**
Motor	*engine*
Motorgondel	*engine nacelle*
Kolbenmotor	*piston engine*
Sternmotor	*radial engine*
Reihenmotor	*in-line engine*
Boxermotor	*flat twin engine*
Zylinder	*cylinder*
Zylinderkopf	*cylinder head*
Zylinderblock	*cylinder block*
Kolben	*piston*
Kolbenring	*piston ring*
Kolbenstange	*piston rod*
Kurbelwelle	*crankshaft*

Nockenwelle	camshaft
Ventil	valve
Auslaßventil	exhaust valve
Einlaßventil	intake valve
Vergaser	carburettor
Vergaser-Vorwärmung	carburettor heat
Einspritzpumpe	injection pump
Kraftstoffpumpe	fuel pump
Zündung	ignition
Zündanlage	ignition system
Zündschalter	ignition switch
Generator	generator
Lader	supercharger
Ölkühler	oil cooler
Auspuff (-rohr)	exhaust (pipe)
Motorverkleidung	engine cowling
Kühlluftklappen	cowl flaps
Drehzahlregler	constant speed governor
Gemischregler	mixture control
Gashebel	throttle
Gashebelgestänge	throttle linkage
Treibstoffhahn, Brandhahn	fuel cock
Ladedruckregler	manifold pressure gauge
Turbinenstrahlmotor	turbojet engine
Lufteinlaß	air intake
Verdichter	compressor
Brennkammer	combustion chamber
Schubdüse	jet nozzle
Schubumkehr	thrust reversal
Anlasser	starter
Anlaßknopf	starter button

e) **Luftschraube, Propeller**

e) **Airscrew, propeller, prop**

Luftschraubenwelle	propeller shaft
Luftschraubenblatt	propeller blade
Luftschraubennabe	propeller hub
Luftschrauben-Nabenhaube	spinner
Einstelluftschraube	adjustable pitch propeller
verstellbare Luftschraube	variable pitch propeller

Luftschraube mit gleichbleibender Drehzahl	*constant speed propeller*
automatische Verstelluftschraube	*automatically controllable propeller*
Bremspropeller (Umkehr-)	*reversible pitch propeller*
Segelstellung	*feathered pitch*
Metallpropeller	*metal propeller*
Holzpropeller	*wood propeller*
Propellerenteisung	*prop (-eller) deicing*
Drehflügel	*rotor*
Drehflügelblatt	*rotor blade*
Schwanzrotor	*tail rotor*

f) **Ausrüstung**	*f)* **Equipment**
elektrische Anlage	*electric system*
Stromversorgung	*power supply*
Hauptschalter	*main switch*
(elektrische) Sicherung	*fuse*
Landescheinwerfer	*landing light*
Positionslicht, Navigationslicht	*position light, navigation light*
Backbordlicht	*port light*
Steuerbordlicht	*starboard light*
Hecklicht	*astern light, rear light*
Flügellicht	*wing light*
Warnblinker, Zusammenstoß-Warnlicht	*anti-collision light*
Blitzleuchten	*flashers*
Kabinenbeleuchtung	*cabin lighting*
Kabinenheizung	*cabin heating*
Kabel	*cable*
automatische Steuerung	*automatic pilot, auto pilot*
Kraftstoffbehälter, Treibstoff-	*fuel tank*
Flächenbehälter, Flächentank	*wing tank*
Flächenendbehälter	*wing tip tank*
Zusatzkraftstoffbehälter	*additional fuel tank*
Zusatzpumpe	*auxiliary pump*
Ölbehälter, Öltank	*oil tank*
Kraftstoffleitung	*fuel pipe*
Ölleitung	*oil pipe*
Enteisungsanlage	*deicing system*
Enteisungsflüssigkeit	*deicing fluid*
Druckluftenteisung	*pneumatic deicing*
Heißluftenteisung	*hot air deicing*
Hydrauliksystem	*hydraulic system*

170

Sauerstoffanlage	*oxygen system*
Staurohr	*pitot head*
Staurohrenteisung	*pitot head deicing*
Fallschirm	*parachute*
Notausrüstung	*emergency equipment*
Schlauchboot	*life raft*
Schwimmweste	*life jacket*
Sitz	*seat*
Anschnallgurt	*seat belt*
Feuerlöscher	*fire extinguisher*
Signalpistole, Leuchtpistole	*flare pistol*
tragbares Funkgerät	*portable radio*

g) **Funkausrüstung**

g) **Radio equipment**

Bordsender	*airborne transmitter*
Bordempfänger	*airborne receiver*
UKW-Sender	*VHF transmitter*
UKW-Empfänger	*VHF receiver*
Funksender und -empfänger	*radio transceiver*
Wechselsprechfunkgerät	*two-way-radio equipment*
Notstromversorgung	*emergency power supply*
selbsttätiger Notsender − Luftfahrzeug	*emergency location beacon − aircraft ELBA*
Ein- und Ausschalter	*on and off switch*
Frequenz- (Kanal-)wahlschalter	*frequency (channel) selector switch*
Lautsprecher	*loudspeaker*
Kopfhörer	*head-set*
Mikrophon	*microphone, mike*
Lautstärkeregelung	*volume control*
Bordverständigung	*intercom*
Radiokompaß, Funkkompaß	*radio compass (ADF)*
VOR-Empfänger	*VOR receiver*
ILS-Empfänger	*ILS receiver*
Kreuzzeigerinstrument	*crosspointer instrument*
Warnschauzeichen (ILS etc.)	*flag alarm signal*
Markierungsfunkfeuer-Empfänger	*marker beacon receiver*
Markierungsfunkfeuer-Anzeiger	*marker beacon indicator*
SSR-Antwortgerät	*SSR Transponder*
SSR-Modus	*SSR Mode*
SSR-Code	*SSR Code*
Entfernungsmeßgerät	*distance measuring equipment* *DME*
Flächennavigationsgerät	*area navigation equipment* *RNAV*

h) **Bordinstrumente**	h) **Aircraft instruments**
Flugüberwachungsinstrumente	flight instruments
Kompaß	compass
Magnetkompaß	magnetic compass
Kreiselhorizont, künstlicher Horizont	gyro horizon, artificial horizon
Kreiselkompaß, Kurskreisel	gyro compass, directional gyro
künstlicher Horizont	artificial horizon
Fahrtmesser, Geschwindigkeitsanzeiger	airspeed indicator
Höhenmesser	altimeter
barometrischer Höhenmesser	pressure altimeter
Funkhöhenmesser	radio altimeter
Wendezeiger	turn-and-bank indicator
Variometer	rate-of-climb and descent indicator, vertical speed indicator
Fahrwerkanzeige	landing gear indication
Fahrwerkkontrollicht	landing gear light
Landeklappenanzeige	flap indication
Triebwerküberwachungsinstrument	power plant instrument
Öldruckanzeigegerät	oil pressure gauge
Öltemperaturanzeigegerät	oil temperature indicator
Ladedruckmesser	manifold pressure gauge
Drehzahlmesser	RPM indicator
Treibstoffdruckmesser	fuel pressure gauge
Treibstoffvorratsanzeigegerät	fuel quantity indicator
Unterdruckanzeige	suction indication
Vergasertemperaturanzeige	carburettor heat indicator
Zylinderkopftemperaturanzeige	cylinder head temperature indicator
Instrumentenbrett	instrument panel
Instrumentenanzeige	instrument indication
Instrumentenfehler	instrument error
Nadel, Zeiger	needle, pointer, hand
Skala	scale
Warnlampe	warning light
i) **Zubehör**	i) **Acessories**
Bremsklotz	chock, block
Ruderfeststeller	gust locks
Verzurrausrüstung	tie-down equipment
Ersatzteile	spare parts
Werkzeug	tools

Navigation

a) **Allgemeine Begriffe**

Kurs über Grund	*track*
Steuerkurs	*heading*
beabsichtigter Kurs über Grund	*intended track; track to be made good*
geflogener Kurs über Grund	*track made good*
rechtweisend	*true*
mißweisend	*magnetic*
Grad	*degree(s)*
rechtweisender Kurs	*track true*
Luvwinkel	*drift correction angle*
rechtweisender Windkurs	*heading true*
Ortsmißweisung	*variation*
mißweisender Windkurs	*heading magnetic*
Kompaßabweichung, Deviation	*deviation*
Kompaßkurs	*heading compass; compass course*
wahre Eigengeschwindigkeit	*true airspeed*
Windrichtung und -geschwindigkeit	*wind direction and speed*
Grundgeschwindigkeit	*ground speed*
Entfernung	*distance; range*
errechnete Flugzeit	*estimated time enroute (ETE)*
Gegenwind	*head wind*
Rückenwind	*tail wind*
Querwind	*cross wind*
Abtrift	*drift*
Reichweite	*range*
Höchstflugdauer	*endurance*
Steiggeschwindigkeit	*rate of climb*
Sinkgeschwindigkeit	*rate of descent*
mittlere Meereshöhe	*mean sea level (MSL)*
Höhe über NN (z. B. eines Flugplatzes)	*elevation*
Flugplatzhöhe	*aerodrome elevation*
Höhe (über Grund)	*height*
Mindestsicherheitshöhe	*minimum safe height*
Bodenfreiheit	*ground clearance*
Reisegeschwindigkeit	*cruising speed*
Flugweg	*flight path, route of flight*
Abflugkurs	*outbound track*
in Nordrichtung fliegend	*northbound*
in Ostrichtung fliegend	*eastbound*
in Südrichtung fliegend	*southbound*
in Westrichtung fliegend	*westbound*
Meldepunkt	*reporting point*

veröffentlichte Abflugstrecke	*published departure route*
Ausflugpunkt	*exit point*
veröffentlichte Anflugstrecke	*published inbound route*
Einflugpunkt	*entry point*

b) Karten

b) Maps, charts

Luftfahrtkarte	*aeronautical chart, aeronautical map*
Anflugkarte	*approach chart*
Sichtanflugkarte	*visual approach chart*
Streckenkarte	*enroute chart*
Arbeitskarte	*plotting chart*
Kartenzeichen	*map symbol*
Maßstab	*scale*
Topographische Merkmale	*topographical features*
Koordinaten	*coordinates*
Längenkreise	*meridians of longitude*
Breitenkreise	*parallels of latitude*

c) Terrestrische Navigation

c) Terrestrial navigation

Gelände	*terrain*
flaches Gelände	*flat terrain*
Hügel	*hill*
hügeliges Gelände	*hilly terrain*
Berg	*mountain*
bergiges Gelände	*mountainous terrain*
Bergrücken	*mountain ridge*
Wald	*woods, forest*
bewaldetes Gebiet	*wooded area*
unbesiedeltes Gebiet, offenes —	*open area*
besiedeltes Gebiet	*populated area*
bebautes Gebiet	*built-up area*
Fluß	*river*
Flußtal	*river valley*
Kanal	*canal*
Teich, See	*lake*
Ozean, See	*ocean, sea*
Flug über See	*maritime flight*
Küste	*coast, shore*
markante Punkte im Gelände	*prominent land marks*
Burg, Schloß	*castle*
Kirche	*church*
Fabrik, Werk	*factory, plant*
Funkturm	*radio mast, radio tower*
Fernsehturm	*television tower, TV-tower*

Autobahn	*autobahn*
Autobahnkreuzung	*autobahn crossing, autobahn intersection*
Bundesstraße	*federal road*
Fernverkehrsstraße	*highway*
Straßenkreuzung	*road crossing, road intersection*
Eisenbahnlinie	*railroad line, railway line*
Eisenbahnverkehr	*railway traffic*
Bahnhof	*railroad station*
Randsiedlungen (einer Stadt)	*outskirts (of a city)*
Siedlung	*settlement*
große Stadt	*large city*
Dorf	*village*
Ortsname	*place name*
Grenzgebiet	*border region*

d) Funknavigation

d) Radio navigation

Kilohertz (kHz)	*kilohertz*	
Megahertz (MHz)	*megahertz*	
Langwelle (30−300 kHz)	*low frequency*	*LF*
Mittelwelle (300−3000 kHz)	*medium frequency*	*MF*
Ultrakurzwelle (30−300 MHz)	*very high frequency*	*VHF*
Kennung (NDB, VOR, ILS etc.)	*identification*	
Anzeige	*indication*	
Kursführung	*track guidance*	
Reichweite	*range*	
Funküberdeckung	*radio coverage*	
statische Störungen	*statics, static interference*	
Mikrophon	*microphone; mike*	
Mikrophontaste	*microphone button; mike button*	
Wechselsprechfunkgerät	*two-way radio telephony equipment*	
Funksender und -empfänger	*radio transceiver*	
Funknavigationsgerät	*radio navigation equipment*	
Funknavigationsanlage (Boden)	*radio navigation facility*	
Sendestation	*(transmitter-)station*	
Funknavigationshilfe	*radio navigation aid*	
Streckennavigationshilfe	*route navigation aid*	
Anflugnavigationshilfe	*approach navigation aid*	
Funknavigationsempfänger	*radio navigation receiver*	

Peilgerät

Direction finding equipment

Peilstelle	*direction finding station; D/F station*	
UKW-Peilstelle	*Very high frequency direction finding station*	*VDF*

rechtweisende Peilung von der Station (QTE)	true bearing from the station QTE
mißweisende Peilung von der Station (QDR)	magnetic bearing from station QDR
mißweisender Steuerkurs zur Peilstation bei Windstille (QDM)	magnetic heading to DF-station QDM in windcalm conditions
Kreuzpeilung	cross bearing

Beispiel:

LFZ: NÜRNBERG TURM, DEKIH, ERBITTE QDM (QTE), KOMMEN

TWR: DEKIH, NÜRNBERG TURM, SENDEN SIE FÜR PEILUNG.

LFZ: DEKIH, SENDE FÜR PEILUNG, ...DIH KOMMEN

TWR: DIH, SCHWANKENDE ANZEIGE, WAHRSCHEINLICH SIND SIE ZU WEIT ENTFERNT ODER ZU NIEDRIG. RUFEN SIE IN ZWO MINUTEN WIEDER, KOMMEN

LFZ: DIH WIRD AUSGEFÜHRT

LFZ: DIH, ERBITTE ERNEUT QDM, KOMMEN

TWR: DIH, QDM (QTE) NULL ACHT ZWO (082°), KOMMEN

LFZ: DIH, QDM (QTE), NULL ACHT ZWO, ENDE

Example:

A/C: NUERNBERG TOWER, DEKIH, REQUEST QDM (QTE), OVER

TWR: DEKIH, NUERNBERG TOWER, TRANSMIT FOR DF.

A/C: DEKIH, TRANSMITTING FOR DF, ...DIH OVER

TWR: DIH, SWINGING INDICATION, APPARENTLY YOU ARE TOO FAR AWAY OR TOO LOW. CALL AGAIN IN TWO MINUTES, OVER

A/C: DIH, WILCO

A/C: DIH, REQUEST AGAIN QDM, OVER

TWR: DIH, QDM (QTE) ZERO EIGHT TWO (082°), OVER

A/C: DIH, QDM (QTE) ZERO EIGHT TWO, OUT

Ungerichtetes Funkfeuer   NDB
(200–490 kHz; ab 1. 1. 83 bis 526,5 kHz)
Anflugfunkfeuer
Funkkompaß, Radiokompaß
Automatisches Peilgerät
Funkseitenpeilung
Standlinie

Non-directional beacon   NDB

locator   L
radio compass
automatic direction finding equipment   ADF
relative bearing
line of position

UKW-Drehfunkfeuer   VOR
(112–117.975)

VOR- und TACAN-Kombination	VORTAC
Flugplatz-UKW-Drehfunkfeuer	TVOR
VOR und Entfernungsmeßgerät	VOR/DME

VHF-omni-directional radio range   VOR

VOR and TACAN combination	VORTAC
terminal VOR	TVOR
VOR and Distance Measuring Equipment	VOR/DME

VOR Container-Anlage	*VOR container facility*	
VOR-Leitstrahl, Radiale	*VOR-radial*	
VOR-Empfänger	*VOR-receiver*	
einen VOR-Leitstrahl überfliegen	*to cross a VOR-radial*	
auf einen VOR-Leitstrahl eindrehen	*to intercept a VOR-radial*	
einem VOR-Leitstrahl folgen	*to follow a VOR-radial*	
Kurswähler	*Omni bearing selector*	*OBS*
Kursabweichungsanzeiger	*Course deviation indicator*	*CDI*
Zu/Von-Anzeige	*TO/FROM-Indication*	

Instrumentenlandesystem **ILS**	**Instrument Landing System**	**ILS**
(108–112 MHz)		
ILS-Landekurs	*ILS localizer*	*LLZ*
ILS-Gleitweg	*ILS glide path*	*GP*
ILS-Voreinflugzeichen	*ILS outer marker*	*OM*
ILS-Haupteinflugzeichen	*ILS middle marker*	*MM*
ILS-Anflug	*ILS approach*	
ILS-Rückkursanflug	*ILS backbeam approach*	
ILS-Kreuzzeigergerät	*ILS cross pointer*	
Nadel in der Mitte	*needle centered*	
Mikrowellenlandesystem	*microwave landing system*	*MLS*

Radargerät	**Radar equipment**	
Rundsicht-Radargerät	*surveillance radar equipment*	*SRE*
Flughafen-Rundsichtradar	*airport surveillance radar*	*ASR*
Präzisions-Anflugradar	*precision approach radar*	*PAR*
Rundsicht-Sekundärradar	*secondary surveillance radar*	*SSR*
Rollfeldüberwachungs-Radaranlage	*airport surface detection*	
	equipment	*ASDE*
Radarschirm	*radar scope*	
(Radar-) Ziel	*(radar) target*	
(Radar-) Echo	*(radar) echo*	
kein Ziel sichtbar	*no target visible*	
Radarverbindung	*radar contact*	
verliere Radarverbindung	*losing radar contact*	
erhalte wieder Radarverbindung	*regaining radar contact*	
Radar-Erfassungsbereich	*radar coverage*	
Radar-Identifizierung	*radar indentification*	
Identifizierungskurve	*identification turn*	
Radarführung	*radar vector; radar vectoring*	
Entfernung und Richtung	*range and azimuth*	
SRE-Anflug	*SRE approach, surveillance radar*	
	approach	

PAR-Anflug (GCA-Anflug)	*PAR approach (GCA approach)*
SSR-Antwortgerät	*SSR Transponder*
SSR-Modus	*SSR Mode*
SSR-Code	*SSR Code*
Ident	*Ident*

Sonstige

Others

Flächennavigation	*area navigation*	*RNAV*
Trägheitsnavigationssystem	*inertial navigation system*	*INS*
Langstreckennavigationssystem	*long range navigation system*	*LORAN*
		OMEGA
Längstwellennavigationssystem	*very low frequency navigation system*	*VLF*
Astronavigation	*celestial navigation*	

**Betriebszustand
von Funknavigationsanlagen**

Operational state of radio navigation facilities

On test
Für navigatorische Zwecke nicht verwendbar, auch bei Bordanzeige.

Not to be used for navigational purposes, even with airborne indication.

Commissioned
Nach Flugvermessung freigegeben und uneingeschränkt verwendbar.

Commissioned, after flight check and unrestricted usable.

Commissioned with following restrictions: unusable . . .
Nach Flugvermessung mit folgenden Beschränkungen freigegeben:

Commissioned after flight check with following restrictions:

Temporarily commissioned
Nach Flugvermessung freigegeben und uneingeschränkt verwendbar; Betrieb kann wieder eingestellt werden.

Commissioned after flight check and unrestricted usable; operation may be discontinued again.

Restrictions: unusable . . .
Im angegebenen Bereich oder während des angegebenen Zeitraumes nicht verwendbar.

Not usable within indicated range or during indicated time.

Ground checked only
Am Boden überprüft. Betrieb einwandfrei und ohne Unterbrechung. Noch keine Flugvermessung.

Ground checked. Operates perfectly and continuously. Not yet flight checked.

U/S (unserviceable)

Außer Betrieb. Bordanzeige nicht zu erwarten.

*Out of operation. Indication cannot be ex-
pected on board.*

Flight check overdue

Periodische Flugvermessung um 50% über-
schritten. Nur in VMC verwendbar.

*Periodical flight check is 50% overdue. Us-
able in VMC only.*

Als Nicht-Standardbegriffe werden außerdem z. B. verwendet:

Wieder betriebsbereit

Reoperative

Flugvermessen und in Ordnung befunden

Flight checked and found reliable

Instrumentenflugregeln – IFR

Flugverkehrsdienste und -dienststellen

Fluginformationsdienst — FIS
Flugalarmdienst
Flugverkehrsberatungsdienst
Flugverkehrskontrolldienst — FVK
    Bezirkskontrolldienst
    Anflugkontrolldienst
    Flugplatzkontrolldienst
Fluginformationszentrale — FIC
Fluginformationszentrale für den oberen Luftraum — UIC
Flugverkehrskontrollstellen — FVK-Stellen
    Bezirkskontrollstelle — ACC
    Regionalkontrollstelle
    Anflugkontrollstelle — APP
    Flugplatzkontrollstelle — TWR
    Bezirkskontrollstelle für den oberen Luftraum — UAC

Begriffsbestimmungen

Flugverkehrsberatungsdienst:

Ein Dienst innerhalb eines Flugverkehrsberatungsbezirks zur Sicherstellung der Staffelung zwischen IFR-Flügen, die der diesen Dienst durchführenden Dienststelle bekannt sind.

Flugverkehrskontrolldienst:

Ein Dienst, dessen Aufgabe es ist,
1. Zusammmenstöße zu verhindern,
    a) zwischen Luftfahrzeugen untereinander,
    b) auf dem Rollfeld zwischen Luftfahrzeugen und Hindernissen und
2. einen raschen und geordneten Ablauf des Flugverkehrs zu gewährleisten.

Flugverkehrskontrolle — FVK-Stelle:

Ein allgemeiner Begriff, der wechselweise Bezirkskontrollstelle, Anflugkontrollstelle oder Platzkontrollstelle bedeutet.

Bezirkskontrolldienst:

Flugverkehrskontrolldienst für kontrollierte Flüge in Kontrollbezirken.

Bezirkskontrollstelle — ACC:

Eine Dienststelle, die Flugverkehrskontrolldienst für kontrollierte Flüge in Kontrollbezirken durchführt, die ihrer Zuständigkeit unterliegen.

Anflugkontrolldienst:

Flugverkehrskontrolldienst für ankommende und abfliegende kontrollierte Flüge.

Anflugkontrollstelle — APP:

Eine Dienststelle, die Flugverkehrskontrolle für kontrollierte Flüge durchführt, die auf einem Flugplatz oder mehreren ankommen oder von dort abfliegen.

Air traffic services and units

Flight Information Service — FIS
Alerting Service
Air Traffic Advisory Service
Air Traffic Control Service — ATC
    Area Control Service
    Approach Control Service
    Aerodrome Control Service
Flight Information Centre — FIC
Upper Flight Information Centre — UIC

Air Traffic Control Units — ATC units
    Area Control Centre — ACC
    Regional Control Centre
    Approach Control Office — APP
    Aerodrome Control Tower — TWR
    Upper Area Control Centre — UAC

Definitions

Air Traffic Advisory Service:

A service within advisory areas to ensure separation between IFR flights known to the unit providing this service.

Air Traffic Control Service:

A service provided for the purpose of:
1. preventing collisions
    a) between aircraft, and
    b) on the manoeuvring area, between aircraft and obstructions, and
2. expediting and maintaining an orderly flow of air traffic.

Air Traffic Control Unit — ATC unit:

A generic term meaning variously, area control centre, approach control office or aerodrome control tower.

Area Control Service:

Air traffic control service for controlled flights in control areas.

Area Control Centre — ACC:

A unit established to provide air traffic control service to controlled flights in control areas under its jurisdiction.

Approach Control Service:

Air traffic control service for arriving and departing controlled flights.

Approach Control Office — APP:

A unit established to provide air traffic control service to controlled flights arriving at or departing from one or more aerodromes.

LUFTRAUM	AIRSPACE

LUFTRAUM / AIRSPACE

Unkrontrollierter Luftraum / Uncontrolled Airspace

Fluginformationsgebiet − FIR	*Flight Information Region − FIR*
Oberes Fluginformationsgebiet − UIR	*Upper Flight Information Region − UIR*
Flugverkehrsberatungsbezirk − ADA	*Advisory Area − ADA*
Flugverkehrsberatungsstrecke − ADR	*Advisory Route − ADR*
Oberer Flugverkehrsberatungsbezirk − UDA	*Upper Advisory Area − UDA*
Obere Flugverkehrsberatungsstrecke − UA	*Upper Advisory Route − UA*

Kontrollierter Luftraum / Controlled Airspace

Kontrollbezirk − CTA	*Control Area − CTA*
(Unterer Luftraum)	*(Lower Airspace)*
Flugverkehrsstrecke	*Air Traffic Services Route −*
	ATS Route
Nahverkehrsbereich − TMA	*Terminal Control Area − TMA*
Sektor A	*Sector A*
Sektor B	*Sector B*
Sektor C	*Sector C*
Oberer Kontrollbezirk − UTA	*Upper Control Area − UTA*
(Oberer Luftraum)	*(Upper Airspace)*
Obere Flugverkehrsstrecke	*Upper Air Traffic Services Route −*
	Upper ATS Route
Kontrollzone − CTR	*Control Zone − CTR*

Begriffsbestimmungen / Definitions

Fluginformationsgebiet − FIR:
Ein Luftraum von festgelegten Ausmaßen, in dem Fluginformationsdienst und Flugalarmdienst zur Verfügung stehen.

Flight Information Region − IFR:
An airspace of defined dimensions within which flight information service and alerting service are provided.

Kontrollierter Luftraum:
Ein Luftraum von festgelegten Ausmaßen, in dem Flugverkehrskontrolldienst für kontrollierte Flüge durchgeführt wird.

Controlled Airspace:
An airspace of defined dimensions within which air traffic control service is provided to controlled flights.

Andere Arten von Luftraum / Other kinds of airspace

Berlin-Korridore	*Berlin Corridors*
Flugplatzverkehrszone − ATZ	*Aerodrome Traffic Zone − ATZ*
CVFR-Gebiet	*CVFR Area*
Luftraumbeschränkungen	*Airspace Restrictions*
Gefahrengebiet	*Danger Area − (ED)-D. . .*
Gebiet mit Flugbeschränkung	*Restricted Area − (ED)-R. . .*
Flugsperrgebiet	*Prohibited Area − (ED)-P. . .*
Segelflugbeschränkungsgebiet	*Glider Restriction Area*
VFR-Beschränkungsgebiet	*VFR Restriction Area*
Flugüberwachungszone − FlugÜZ	*Air Defence Identification Zone − ADIZ*
Zeitweilig reservierter Luftraum − TRA	*Temporary Reserved Airspace − TRA*

FLUGSICHERUNGSAUSRÜSTUNG DER LUFTFAHRZEUGE FÜR FLÜGE NACH INSTRUMENTENFLUGREGELN	RADIO EQUIPMENT FOR AIRCRAFT ON FLIGHTS ACCORDING TO THE INSTRUMENT FLIGHT RULES
UKW-Sender und -Empfänger	**VHF transmitter and receiver**
beweglicher Flugfunkdienst	*aeronautical mobile service*
Kanalabstand 25 kHz	*channel spacing 25 kHz*
Sendeleistung	*transmitting power*
Feldstärke	*field strength*
VOR-Empfänger	**VOR receiver**
technische Forderungen	*technical requirements*
Frequenzbereich	*frequency range*
Empfängerempfindlichkeit	*receiver sensitivity*
Frequenz stabilisiert	*frequency stabilized*
Kanalabstand 50 kHz	*channel spacing 50 kHz*
zuverlässige Kursanzeige	*reliable course indication*
Anzeigeeinrichtung	*indicating device*
Kurswähler − OBS	*omni bearing selector − OBS*
Kursabweichungsanzeiger − CDI	*course deviation indicator − CDI*
TO/FROM-Anzeige	*TO/FROM indication*
Leitstrahl, Radial	*radial*
Kurssprünge	*scallopings*
Kurskrümmung	*bend*
Automatisches Funkpeilgerät, Funkkompaß − ADF	**Automatic direction finder − ADF**
Richtungsanzeige	*direction indication*
Abhörmöglichkeit	*audio monitoring*
Peilung	*bearing*
Funkseitenpeilung	*relative bearing*
Standlinie	*line of position − LOP*
Markierungsfunkfeuer-Empfänger	**Marker beacon receiver**
akustische Anzeige	*acoustic indication*
Lichtanzeige (Farbanzeige)	*light indication (colour indication)*
Sekundärradar-Antwortgerät	**Secondary surveillance radar**
(SSR-Antwortgerät)	**transponder** *(SSR transponder)*
Abfragemodus	*interrogation Mode*
automatische Höhenübermittlung	*automatic pressure altitude transmission*
Kode	*code*
„IDENT" (Identifizierung)	*"IDENT"*
„STAND-BY" (Ohne Abstrahlung)	*"STAND-BY"*

185

Entfernungsmeßgerät – DME

Schrägentfernung

ILS-Empfangsgerät

Landekurs-Empfänger
Gleitweg-Empfänger
ILS-Anzeigegerät
Kreuzzeigergerät
Landekursnadel
Gleitwegnadel

SICHERHEITSMINDESTHÖHE UND HÖHENMESSEREINSTELLUNG FÜR IFR-FLÜGE

Sicherheitsmindesthöhe für IFR-Flüge:
mindestens 1000 ft über der höchsten
Erhebung, von der sie weniger als 8 km
entfernt sind.
QNH-Einstellung
Standard-Höhenmessereinstellung
Halbkreisflughöhen
Reiseflughöhe
Höhe
Flughöhe
Flugfläche
Übergangshöhe
Übergangsschicht
(mindestens 1000 ft)
Übergangsfläche

Begriffsbestimmungen

Reiseflughöhe:
Eine Höhe, die während eines wesentlichen Teiles eines
Fluges beibehalten wird.

Höhe:
Der lotrechte Abstand einer Horizontalebene, eines
Punktes oder eines als Punkt angenommenen Gegen-
standes von einem bestimmten Bezugswert.

Flughöhe:
(Höhe über NN): Der lotrechte Abstand einer Horizontal-
ebene, eines Punktes oder eines als Punkt angenommenen
Gegenstandes vom mittleren Meeresspiegel.

Flugflächen:
Flächen konstanten Luftdrucks, die auf den Druckwert
1013,2 mb bezogen und durch bestimmte Druckabstände
voneinander getrennt sind.

Distance measuring equipment – DME

slant range

ILS receiver

localizer receiver
glide path receiver
ILS indicator
crosspointer
localizer needle
glide path needle

MINIMUM SAFE HEIGHT AND ALTIMETER SETTING FOR IFR FLIGHTS

Minimum safe height for IFR flights:
at least 1000 ft above the highest
obstacle located within 8 km of its
position.
QNH setting
standard altimeter setting
semi-circular cruising levels
cruising level
height
altitude
flight level
transition altitude
transition layer
(at least 1000 ft)
transition level

Definitions

Cruising Level:
*A level maintained during a significant portion of
a flight.*

Height:
*The vertical distance of a level, a point, or an
object considered as a point, measured from a
specified datum.*

Altitude:
*The vertical distance of a level, a point, or an object
considered as a point measured from mean sea level.*

Flight Levels:
*Surfaces of constant atmospheric pressure which
are related to a specific pressure datum 1013,2 mb,
and are separated by specific pressure intervals.*

Übergangshöhe:
Die Höhe über NN in der Umgebung eines Flugplatzes, in oder unterhalb der die Flughöhe eines Luftfahrzeuges nach Höhen über NN bestimmt wird.

Übergangsschicht:
Der Luftraum zwischen Übergangshöhe und Übergangsfläche.

Übergangsfläche:
Die niedrigste Flugfläche, die für die Benutzung oberhalb der Übergangshöhe verfügbar ist.

Mindestreiseflughöhe
Mindeststreckenflughöhe
vorgeschriebene Reiseflughöhe
gerade Höhen
ungerade Höhen

Transition Altitude:
The altitude in the vicinity of an aerodrome at or below which the vertical position of an aircraft is controlled by reference to altitudes.

Transition Layer:
The airspace between transition altitude and transition level.

Transition Level:
The lowest flight level available for use above the transition altitude.

Minimum cruising level
minimum en route altitude
prescribed cruising level
even levels
odd levels

FLUGVERKEHRSFREIGABE

Flüge mit Flugplan erfordern Flugverkehrsfreigabe
kontrollierte Flüge benötigen eine Flugverkehrskontrollfreigabe
Freigabe einholen
Gültigkeit der Freigabe
Freigabe läuft ab
bestätigte Freigabe
abgeänderte Freigabe
Freigabe mit Vorrang
keine Abweichung von der Freigabe
Freigabegrenze

AIR TRAFFIC CLEARANCE

Flights with flight plan require air traffic clearance
Controlled flights require an air traffic control clearance
to obtain clearance
validity of the clearance
clearance expires
acknowledged clearance
amended clearance
clearance with priority
no deviation from the clearance
clearance limit

Inhalt einer IFR-Freigabe		Contents of an IFR clearance	
1	Rufzeichen	1	*Call sign*
2	Freigabegrenze	2	*Clearance Limit*
3	Abflugverfahren	3	*Departure Procedure*
4	Flugstrecke	4	*Route of Flight*
5	Flughöhe(n)	5	*Level(s) of Flight*
6	Anflugverfahren	6	*Approach Procedures*
7	Andere Informationen	7	*Any other Information*

187

Begriffsbestimmungen

Flugverkehrsfreigabe:
Die für ein Luftfahrzeug erteilte Genehmigung, den Flug unter bestimmten Auflagen durchzuführen.

Flugverkehrskontrollfreigabe:
Die von einer Flugverkehrskontrollstelle erteilte Genehmigung, einen kontrollierten Flug unter bestimmten Auflagen durchzuführen.

Freigabegrenze:
Der Punkt, bis zu dem ein Luftfahrzeug eine Flugverkehrskontrollfreigabe erteilt wird.

Freigabegrenze kann sein:
   a) der Zielflugplatz
   b) das Anfangsanflugfix
   c) irgendein Funkstandort

STANDORTMELDUNG

Meldepunkt
festgelegter Meldepunkt
Pflichtmeldepunkt
Meldepunkt auf Anforderung
abgekürzte Standortmeldung
Standortmeldung unterlassen

Definitions

Air Traffic Clearance:
Authorization for an aircraft to proceed under specified conditions.

Air Traffic Control clearance:
Authorization by an air traffic control unit to perform a controlled flight under specified conditions.

Clearance Limit:
The point to which an aircraft is granted an air traffic control clearance.

Clearance limit can be:
   a) the destination aerodrome
   b) the initial approach fix
   c) any fix

POSITION REPORT

reporting point
designated reporting point
compulsory reporting point
on request reporting point
abbreviated position report
to omit position reporting

	Inhalt einer Standortmeldung		Contents of a position report
1	Rufzeichen des Luftfahrzeuges	1	*Aircraft Call sign*
2	Standort	2	*Position*
3	Zeit	3	*Time*

Beispiel einer Standortmeldung:

DELTA ALPHA HOTEL OVER WUERZBURG VOR AT TWO THREE OVER.
   oder:

DELTA ALPHA HOTEL OVER LUBURG AT ZERO TWO OVER.

Aufforderung Standortmeldungen zu unterlassen

DELTA ALPHA HOTEL OMIT POSITION REPORTING OVER . . .

Example of a position report:

Request to omit position reporting:

Begriffsbestimmung

Meldepunkt:
Ein festgelegter geographischer Ort, in bezug auf den der Standort eines Luftfahrzeuges gemeldet werden kann.

Definition

Reporting point:
A specified geographical location in relation to which the position of an aircraft can be reported.

ÜBERGANG VOM FLUG NACH INSTRUMENTENFLUGREGELN ZUM FLUG NACH SICHTFLUGREGELN

zuständige FVK-Stelle benachrichtigen
Flug als VFR-Flug fortsetzen
während eines längeren Zeitraumes den
  Flug als VFR-Flug fortsetzen
Flug nach Sichtflugregeln beenden

Flug im unkontrollierten Luftraum
  beenden

CHANGE FROM IFR FLIGHT TO VFR FLIGHT

notify the competent ATC unit
continue as a VFR flight
continue the flight for a reasonable
  period as a VFR flight
terminate flight according to the visual
  flight rules
terminate flight in uncontrolled airspace

Beispiel einer Aufhebung des IFR-Fluges:

Example of cancelling IFR flight:

DELTA SIERRA KILO REQUEST TO CANCEL IFR

Bestätigung der Aufhebung:

Confirmation of the cancellation:

DELTA SIERRA KILO IFR CANCELLED AT ONE FIVE ZERO EIGHT

Bestätigung durch den Lfz.-Führer:

Confirmation by the pilot:

DELTA SIERRA KILO CANCELLING IFR

Mindestwerte für den Übergang vom IFR-Flug zum VFR-Flug:

1. Bei Fortsetzung des Fluges im kontrollierten Luftraum:
   a) Flugsicht 8 km
   b) Abstand von Wolken
      senkrecht 1000 ft
      waagerecht 1,5 km
2. Falls der Flug nach dem Übergang vom IFR- zum VFR-Flug im unkontrollierten Luftraum fortgesetzt wird, gelten folgende niedrigere Mindestwerte:
   a) Flugsicht 3 km
   b) Wolken dürfen nicht berührt werden

   Zusätzliche Voraussetzungen:
   a) Der Übergang vom IFR-Flug zum VFR-Flug erfolgt in der festgelegten Mindestflughöhe für IFR-Flüge
   b) Der kontrollierte Luftraum wird nach dem Übergang zum VFR-Flug unverzüglich verlassen

Minimum values for the change from IFR flight to VFR flight:

1. *Continuation of the flight within controlled airspace:*
   a) Flight visibility 8 km
   b) distance from clouds
      vertical 1000 ft
      horizontal 1,5 km
2. *If the flight, after changing from IFR to VFR, will be continued in uncontrolled airspace, the following lower minimum values are established:*
   a) Flight visibility 3 km
   b) Clear of clouds

   Additional conditions:
   a) The change from IFR flight to VFR flight takes place at the established minimum altitude for IFR flights
   b) The controlled airspace is left immediately after having changed to VFR flight.

Beispiel einer Aufhebung des Flugplanes:

DELTA SIERRA KILO ERBITTE AUF-
HEBUNG MEINES FLUGPLANES

Bestätigung der Aufhebung:

DELTA SIERRA KILO FLUGPLAN
AUFGEHOBEN UM EINS ZWO DREI
NEUN

Example of closing a flight plan:

*DELTA SIERRA KILO REQUEST TO
CLOSE MY FLIGHT PLAN*

Confirmation of flight plan closure:

*DELTA SIERRA KILO FLIGHT PLAN
CLOSED AT ONE TWO THREE NINER*

WARTEVERFAHREN

Wartepunkt
Warteseite
abfliegend
anfliegend
Abflugkurs
Abflugsteuerkurs
Anflugkurs
angewiesener Anflugkurs
in der Abflugkurve
in der Anflugkurve
veröffentlichtes Warteverfahren
festgelegtes Warteverfahren
Standardwarteschleife
    alle Kurven nach rechts
    1 Minute Abflug
    (über Flugfläche 140 1½ Min.)
Kurven in der Warteschleife
    Drehgeschwindigkeit 3° pro Sekunde
    (Standardkurve)
    Querneigungswinkel max. 25°
Höchstgeschwindigkeit in Warteschleife
angzeigte Eigengeschwindigkeit − IAS
Propeller-Luftfahrzeug
Strahl-(Düsen-)Luftfahrzeug
Ankunft über dem Wartepunkt
Einflug in Warteschleife
Zeitmessung beim Abflug
Überfliegen des Wartepunktes
querab vom Wartepunkt
Anpassung an Windverhältnisse
Windeinfluß
Einflugsektor
Verlassen des Wartepunktes

HOLDING PROCEDURES

holding point, holding fix
holding side
outbound
inbound
outbound track
outbound heading
inbound track
specified inbound track
in the outbound turn
in the inbound turn
published holding procedure
established holding procedure
standard holding pattern
    all turns to the right
    one minute outbound
    (above flight level 140 1½ min)
turns in the holding pattern
    rate of turn 3° per second
    (standard rate-one turn)
    max. bank angle 25°
maximum speed in holding pattern
indicated air speed − IAS
propeller aircraft
jet aircraft
arrival over the holding fix
entry into holding pattern
outbound timing
overflying holding fix
abeam holding fix
adaptation of winds
wind influence
entry sector
leaving the holding fix

Begriffsbestimmungen

Mindestwartehöhe:
Die veöffentlichte Mindestwartehöhe liegt mindestens 1000 ft, über den Alpen mindestens 2000 ft, über dem höchsten Hindernis innerhalb der seitlichen Begrenzung des Warteraumes.

Wartepunkt:
Ein festgelegter Ort der optisch erkennbar oder mit anderen Hilfen feststellbar ist und in dessen Nähe sich ein Luftfahrzeug im Fluge gemäß Flugverkehrsfreigabe aufhalten kann.

Warteverfahren:
Ein vorbestimmtes Verfahren, durch das ein Luftfahrzeug in einem festgelegten Luftraum gehalten wird, während es auf weitere Freigabe wartet.

Definitions

Minimum holding altitude:
The published minimum holding altitude is at least 1000 ft, above the Alps at least 2000 ft, above the highest obstacle within the lateral limits of the holding area.

Holding Point:
A specified location identified by visual or other means, in the vicinity of which the position of an aircraft in flight is maintained in accordance with air traffic control clearances.

Holding Procedure:
A predetermined manoeuvre which keeps an aircraft within a specified airspace while awaiting further clearance.

INSTRUMENTENANFLUGVERFAHREN

INSTRUMENT APPROACH PROCEDURES

„Standard-Instrumentenanflugstrecken"	*"Standard Instrument Arrival Routes"* *— STAR*
„An- und Abflugstrecken Start- und Landebahn . . ."	*"Arrival and Departure Routes runway . . ."*
„Instrumentenanflugkarte — ICAO"	*"Instrument Approach Chart — ICAO"*
„Flugplatzhinderniskarte — ICAO"	*"Aerodrome Obstruction Chart — ICAO"*
„Bodenprofilkarte"	*"Terrain Profile Chart"*
„Flugplatzkarte — ICAO"	*"Aerodrome Chart — ICAO"*
Maßstab	*scale*
Standardinstrumentenanflugverfahren	*standard instrument approach procedure*
Anfangsanflugfix	*initial approach fix — IAF*
Anflughilfe	*approach aid*
Sektorenmindesthöhe	*minimum sector altitude*
— MSL	*— MSA*
Flugplatzhöhe	*aerodrome elevation — ELEV*
Abflugkurs	*outbound track*
Endanflugkurs	*final approach track*
Kurskreuzung	*intersection*
DME-Standort	*DME position*
Platzrundenanflug	*circling approach*
Anfangsanflugsegment	*initial approach segment*
Zwischenanflugsegment	*intermediate approach segment*
Endanflugsegment	*final approach segment*
Fehlanflugsegment	*missed approach segment*
Fehlanflugverfahren	*missed approach procedure*
Anfangsanflugpunkt, -fix	*initial approach fix — IAF*
Zwischenanflugpunkt, -fix	*intermediate approach fix — IF*
Endanflugpunkt, -fix	*final approach fix — FAF*

Fehlanflugpunkt, -fix	missed approach point — MAPt
Hindernisfreihöhe über NN	obstacle clearance altitude — OCA
Hindernisfreihöhe über Grund	obstacle clearance height — OCH
Entscheidungshöhe über Grund — DH	decision height — DH
Entscheidungshöhe über NN — DA	decision altitude — DA
Mindestsinkflughöhe	minimum descent altitude — MDA
Höhe über Bezugspunkt	reference datum height — RDH
Geradeausanflug	straight-in approach
Verfahrenskurve	procedure turn
Wendekurve	base turn
Instrumentenanflug mit Verfahrenskurve	instrument approach with procedure turn
Doppeleinspeisungssystem	double feed-in system
Präzisionsanflug	precision approach
Kursführung	course guidance
Gleitwegführung	glide path guidance
ILS-Anflug	ILS approach
Landekurs	localizer — LLZ
Gleitweg	glide path — GP
ILS Kategorie I	ILS Category I (vis. 800 m, base 60 m)
ILS Kategorie II	ILS Category II (vis. 400 m, base 30 m)
ILS Kategorie III	ILS Category III (vis. 200 m, base 0 m etc.)
über dem Voreinflugzeichen abfliegend	outer marker outbound
auf Wendekurve	on base turn
über dem Voreinflugzeichen im Endanflug	outer marker inbound
sich dem Landekurs nähern	closing the localizer
sich dem Gleitweg nähern	approaching glide path
auf den Landekurs einfliegen	intercepting localizer
in den Gleitweg einfliegen	intercepting glide path
PAR-Anflug (GCA)	PAR approach (GCA)
Rundsichtradar	surveillance radar
Präzisionsanflugradar	precision approach radar
radargeführtes Anflugverfahren	radar directed approach procedure
Radarführung zum . . . Anflug	radar vectoring for a . . . approach
Anflug durch PAR überwacht	approach monitored by PAR
Radarüberwachung	radar monitoring
Sinkflug beginnen	commence descent
auf Anfluggrundlinie	on centre line
sich der Anfluggrundlinie nähern	approaching (closing) centre line
Sinkgeschwindigkeit anpassen	adjust rate of descent
Geschwindigkeit verringern	reduce speed
Geschwindigkeit erhöhen	increase speed
auf Anfluggeschwindigkeit zurückgehen	reduce to approach speed
normale Geschwindigkeit aufnehmen	resume normal speed
eigene Navigation aufnehmen	resume own navigation
Nichtpräzisionsanflugverfahren	non-precision approach procedures

SRE-Anflug	*SRE approach, surveillance radar approach*
Rundsichtradargerät – SRE	*surveillance radar equipment – SRE*
Rundsichtradaranflug	*surveillance radar approach*
. . . Meilen vom Aufsetzpunkt	*. . . miles from touchdown*
Steuerkurs ist gut	*heading is good*
Flughöhe müßte sein . . .	*altitude should be . . .*
überprüfen Sie, ob Fahrwerk ausgefahren und verriegelt	*check wheels down and locked*
sich der OCA nähern	*approaching OCA*
kann nicht nach Sicht weiterfliegen	*unable to proceed visually*
ILS-Landekursanflug	*ILS localizer approach*
ILS-Rückkursanflug	*ILS back course approach*
Anflug ohne ILS-GP	*ILS-GP inop(erative) approach*
VOR-Anflug	*VOR approach*
VOR/DME-Anflug	*VOR/DME approach*
NDB-Anflug	*NDB approach*
NDB/DME-Anflug	*NDB/DME approach*
Ungerichtetes Funkfeuer – NDB	*non-directional radio beacon – NDB*
Platzfunkfeuer, Anflugfunkfeuer	*locator – L*
im Anflug auf das NDB	*inbound to the NDB*
über dem Funkfeuer abfliegend	*beacon outbound*
Verfahrenskurve beginnen	*starting procedure turn*
Verfahrenskurve beenden	*completing procedure turn*
über dem Funkfeuer im Endanflug	*beacon inbound*
Sichtanflug	*visual approach*
Erdsicht	*visual reference to the ground*
Landung mit Bodensicht	*visual landing*
VMC-Anflug	*VMC approach*
nur während des Tages	*during day only*
Anflugfolge ist festgelegt	*approach sequence is established*

Begriffsbestimmungen

Anfangsanflugsegment:
Der Teil eines Instrumentenanflugverfahrens, der zwischen Anfangsanflugfix und dem Zwischenanflugfix oder, wo zutreffend, dem Endanflugfix oder -punkt liegt.

Zwischenanflugsegment:
Der Teil eines Instrumentenanflugverfahrens, der, wie festgelegt, entweder zwischen dem Zwischenanflugfix und dem Endanflugfix bzw. Endanflugpunkt, oder zwischen dem Ende eines Umkehr-, „Rennbahn"- bzw. Koppelnavigationskurs-Verfahrens und dem Endanflugfix bzw. -punkt liegt.

Endanflugsegment:
Der Teil eines Instrumentenanflugverfahrens, in dem das Ausrichten und der Sinkflug für die Landung durchgeführt wird.

Definitions

Initial approach segment:
That segment of an instrument approach procedure between the initial approach fix and the intermediate approach fix or, where applicable, the final approach fix or point.

Intermediate approach segment:
That segment of an instrument approach procedure between either the intermediate approach fix and the final approach fix or point, or between the end of a reversal, race track or dead reckoning track procedure and the final approach fix or point, as appropriate.

Final approach segment:
That segment of an instrument approach procedure in which alignment and descent for landing are accomplished.

193

Fehlanflugverfahren:
Das anzuwendende Verfahren, wenn der Anflug nicht fortgesetzt werden kann.

Verfahrenskurve:
Eine Bewegung, bei der eine Kurve geflogen wird, die von einem festgelegten Kurs über Grund wegführt und auf die eine Kurve in entgegengesetzter Richtung folgt, wobei beide Kurven so ausgeführt werden, daß das Luftfahrzeug auf den Gegenkurs eindrehen und diesem folgen kann.

Wendekurs:
Eine Kurve, die vom Luftfahrzeug zwischen dem Ende des Abflugkurses über Grund und dem Anfang des Endanflugkurses über Grund während des Zwischenanflugs durchgeführt wird. Diese Kurse über Grund sind nicht reziprok.

Hindernisfreihöhe über NN:
Die niedrigste Höhe über NN, die in Übereinstimmung mit den vorgeschriebenen Hindernisfreiheitskriterien festgelegt wird.

Entscheidungshöhe über NN/über Grund:
Eine festgelegte Höhe bei einem Präzisionsanflug, in der ein Fehlanflug eingeleitet werden muß, falls die zur Fortsetzung des Landeanfluges erforderliche Erdsicht nicht gegeben ist.

Bei einem Nicht-Präzisionsanflug:
Mindestsinkflughöhe über NN/über Grund

Missed approach procedure:
The procedure to be followed if the approach cannot be continued.

Procedure turn:
A manoeuvre in which a turn is made away from a designated track followed by a turn in the opposite direction, both turns being executed so as to permit the aircraft to intercept and proceed along the reciprocal of the designated track.

Base turn:
A turn executed by the aircraft during the intermediate approach between the end of the outbound track and the beginning of the final approach. These tracks are not reciprocal.

Obstacle clearance altitude (OCA):
The lowest altitude (OCA) used in establishing compliance with appropriate obstacle clearance criteria.

Decision altitude/height − (DA/DH):
A specific altitude or height (A/H) in the precision approach at which a missed approach must be initiated if the required visual reference to continue the approach has not been established.

On Non-precision approach:
Minimum descent altitude/height (MDA/MDH)

FUNKVERKEHR

Flugfunkdienst
Sprechfunkverkehr
dauernde Hörbereitschaft
Sprechfunkverfahren

festgelegte Frequenzen
zugewiesene Frequenz
Sektorfrequenz
Streckenfrequenz
regionale Streckenfrequenzen
VHF-Frequenzen
UHF-Frequenzen
Hauptfrequenz
Nebenfrequenz
Funkverbindung aufnehmen
Frequenz überwachen
Frequenzwechsel

RADIO COMMUNICATION

aeronautical radio service
radio telephone communication
constant listening watch
radio telephony communication
procedures

designated frequencies
assigned frequency
sector frequency
route frequency
regional route frequencies
VHF frequencies
UHF frequencies
primary frequency
secondary frequency
to establish radio contact
to monitor frequency
frequency change

194

VERFAHREN BEI AUSFALL DER FUNKVERBINDUNG

Ausfall der Funkverbindung widerfahren

Ausfall der Funkverbindung erfahren

Pflichtmeldung
Blindsendung
Flug nach VFR fortsetzen

nächstgelegener, geeigneter Flugplatz
festgelegte Ein- und Anflugverfahren

flugbetriebliche Gründe
Anflug, der auf Funknavigation beruht
zuständige FVK-Stelle benachrichtigen
Beendigung des Fluges
aufgegebener Flugplan
geltender Flugplan
Beginn des Sinkfluges
so genau wie möglich
voraussichtliche Anflugzeit − EAT
zuletzt empfangen und bestätigt
voraussichtliche Ankunftszeit − ETA
zugewiesene Reiseflughöhe
maßgebende Reiseflughöhe

RADIO COMMUNICATION FAILURE PROCEDURE

to encounter radio communication failure

to experience radio communication failure

compulsory report
blind transmission
to continue flight in accordance with VFR

nearest suitable aerodrome
established inbound and approach procedures

operational reasons
approach based on radio navigation
to notify competent ATC unit
termination of the flight
filed flight plan
current flight plan
commencement of descent
as closely as possible
expected approach time − EAT
last received and acknowledged
estimated time of arrival − ETA
assigned cruising level
appropriate cruising level

Begriffsbestimmungen

Aufgegebener Flugplan:
Der ursprüngliche Flugplan, ohne nachträgliche Änderungen, wie er vom Luftfahrzeugführer oder von einem benannten Vertreter aufgegeben wurde.

Geltender Flugplan:
Der vom Flugberatungsdienst oder vom Flugverkehrskontrolldienst angenommene Flugplan, der etwaige, durch nachträgliche Freigaben bewirkte Änderungen einschließt.

Die **voraussichtliche Ankunftszeit − ETA** ist bei Flügen nach Instrumentenflugregeln die Zeit, zu der das Luftfahrzeug voraussichtlich über dem bezeichneten und durch Bezug auf Navigationshilfen definierten Punkt ankommen wird, von dem aus ein Instrumentenanflugverfahren begonnen werden soll, oder, wenn dem Flugplatz keine Navigationshilfe zugeordnet ist, die Zeit, zu der das Luftfahrzeug über dem Flugplatz ankommen wird.

Voraussichtliche Anflugzeit − EAT:
Der Zeitpunkt, zu dem die Flugverkehrskontrolle erwartet, daß ein ankommendes Luftfahrzeug nach einer Verzögerung den Wartepunkt verläßt, um seinen Anflug für eine Landung zu vollenden.

Definitions

Filed flight plan:
The initial flight plan, without subsequent changes, as filed by the pilot or his designated representative.

Current flight plan:
The flight plan accepted by Aeronautical Information Service or Air Traffic Control Service including changes, if any, brought about by subsequent clearances.

For IFR flights the estimated time of arrival − ETA ist the time at which it is estimated that the aircraft will arrive over that designated point defined by reference to navigation aids from which it is intended that an instrument approach procedure will be commenced or, if no navigation aid is associated with the aerodrome, the time at which the aircraft will arrive over the aerodrome.

Expected approach time − EAT:
The time at which ATC expects that an arriving aircraft, following a delay, will leave the holding point to complete its approach for a landing.

195

IFR-STAFFELUNG

Mindeststaffelung
Staffelung anwenden
konventionelle Staffelung
Radarstaffelung
Luftfahrzeuge unter Radarkontrolle
andere kontrollierte Flüge
identifizierte Luftfahrzeuge
positive Radarkontrolle
Mindestwerte für Radarstaffelung
Eigenstaffelung beibehalten
herabgesetzte Start- und Landebahn-
   staffelung
Verkehr in gleicher Richtung
gleiche Höhe
gleiche Strecke
überholender Verkehr
Verkehr auf Gegenkurs
Verkehr auf kreuzenden Kursen

steigende Luftfahrzeuge
sinkende Luftfahrzeuge
häufige Überprüfung des Standortes
   und der Geschwindigkeit
Höhenstaffelung
Horizontalstaffelung
   Längsstaffelung
   Zeitstaffelung
   DME-Staffelung
   Seitenstaffelung
   Radarstaffelung
   geographische Staffelung

Begriffsbestimmungen

Höhenstaffelung:
Die in lotrechtem Abstand ausgedrückte Staffelung von Luftfahrzeugen.

Horizontalstaffelung:
Die Staffelung zwischen Luftfahrzeugen nach Zeit, Entfernung oder Kursunterschied.

IFR SEPARATION

minimum separation
to apply separation
conventional separation
radar separation
aircraft under radar control
other controlled flights
identified aircraft
positive radar control
minimum radar separation
to maintain own separation
reduced runway separation

same direction traffic
same level
same route
overtaking traffic
opposite direction traffic
traffic on crossing courses,
   converging traffic
climbing aircraft
descending aircraft
frequent determination of position
   and speed
vertical separation
horizontal separation
   longitudinal separation
   time separation
   DME separation
   lateral separation, track separation
   radar separation
   geographical separation

Definitions

Vertical separation:
Separation between aircraft expressed in units of vertical distance.

Horizontal separation:
Horizontal separation between aircraft expressed in terms of time, distance or angular displacement between tracks.

Sprechgruppen für Flüge nach Instrumenten-Flugregeln — IFR*)
Phrases for Flights According to the Instrument Flight Rules — IFR

(Siehe auch „SPRECHGRUPPEN", Seite 64—81)

Erteilung von IFR-Freigaben
Issuance of IFR clearances

Ground Station:

CLEARED TO
RECLEARED (amended clearance details)
RECLEARED (amended route portion) TO
(significant point of original route)
ENTER CONTROL AREA/ZONE VIA (significant point) AT (level) AT (time)
LEAVE CONTROL AREA/ZONE AT (level)

Angabe der Strecke und
Freigabegrenze
Indication of route and
clearance limit

JOIN (route) AT (significant point) AT (level)
At (time)
FROM (place) TO (place)
To (place) followed as necessary by:
— VIA (route and/or reporting points)
— DIRECT
— VIA FLIGHT PLANNED ROUTE
— VIA (distance) ARC (direction) OF (name of DME station) DME
(level or route) NOT AVAILABLE DUE TO (reason) ALTERNATIVE(S)/ARE (levels or routes) ADVISE YOUR INTENTIONS

Einhaltung angegebener
Höhen
Maintenance of specified levels

MAINTAIN (level) TO (significant point)
MAINTAIN (level) UNTIL PASSING (significant point)
MAINTAIN (level) UNTIL (time)
MAINTAIN (level) UNTIL ADVISED BY (name of unit)
MAINTAIN (level) UNTIL FURTHER ADVISED
Note: the term "MAINTAIN" is not to be used in lieu of "DESCEND" or "CLIMB" when instructing an aircraft to change level.

---

*) Die seit 1985 gültigen neuen Standardsprechgruppen sind fett gedruckt.

Höhenänderungen,
Meldungen und
Geschwindigkeiten
*Level changes, reports and
rates*

Ground station:

FLIGHT LEVEL (figure)
(figure) FEET
CLIMB/DESCEND followed as necessary by:
- *TO (level)*
- *TO REACH (level) AT (time or significant point)*
- *Report passing ODD/EVEN LEVELS*
- *AT (figure) FEET PER MINUTE MINIMUM/MAXIMUM*
  Note: for SST aircraft only
- *REPORT STARTING ACCELERATION/ DECELERATION*

REQUEST LEVEL CHANGE FROM (name of unit) AT (time or significant point)
STOP CLIMB/DESCENT AT *(level)*
CONTINUE CLIMB/DESCENT TO (level)
EXPEDITE CLIMB/DESCENT UNTIL PASSING (level)
WHEN READY CLIMB/DESCEND TO *(level)*
EXPECT CLIMB/DESCENT AT (time or significant point)

Aircraft:

REQUEST CLIMB/DESCENT AT (time or significant point)

Ground station:

IMMEDIATELY
AFTER PASSING (significant point)
MAINTAIN OWN SEPARATION AND VMC
(limitation)
IF NOT POSSIBLE (alternative instructions)
AND ADVISE

Aircraft:
UNABLE TO COMPLY

Specification of *cruising levels*	**Ground station:** CROSS (significant point) AT/ABOVE/BE- LOW (level) CROSS (significant point) AT (time) OR LATER/BEFORE AT (level) CROSS (distance) (name od DME station) DME AT/ABOVE/BELOW (level)
Emergency descent	**Aircraft:** EMERGENCY DESCENT (intentions)
	Ground station: EMMERGENCY DESCENT AT (significant point or location) ALL AIRCRAFT BELOW (level) WITHIN (distance) OF (significant point of navigation aid) LEAVE IMMEDIATE- LY (followed as necessary by specific in- structions as to direction, heading or track etc.)
If clearance cannot *be issued immediately* *upon request*	EXPECT CLEARANCE AT (time)
Enroute absorption *of terminal delay*	AT (time or position) DESCEND TO (level) FOR ENROUTE DELAY OF (figure) MI- NUTES
Separation instructions	ARRANGE FLIGHT SO AS TO CROSS (position) AT (time) OR LATER CROSS (significant point) AT (time) ADVISE IF ABLE TO CROSS (significant point) AT (time) MAINTAIN MACH (number) MAINTAIN INDICATED/TRUE AIRSPEED (figures) KNOTS
Departure instructions	AFTER **DEPARTURE** TURN RIGHT/LEFT HEADING (three digits) TURN RIGHT/LEFT HEADING (three digits) TRACK (three digits) TO/FROM (significant point) UNTIL (time) REACHING (fix or sig- nificant point or level) **BEFORE SETTING** HEADING

Ground station:

SET HEADING *TO/DIRECT (significant point) AT (time or significant point)*
AFTER REACHING/PASSING (level or significant point) ***SET HEADING*** *TO/DIRECT (significant point)*
CLEARANCE EXPIRES AT (time)

Ground station:

Approach instructions

CLEARED TO (clearance limit) VIA (designation)
CLEARED VIA (details of route to be followed)
CLEARED (type of approach) RUNWAY (designator)
COMMENCE ***APPROACH*** *AT (time)*

Aircraft:

REQUEST STRAIGHT-IN APPROACH

Ground station:

CLEARED STRAIGHT-IN APPROACH RUNWAY (designator) REPORT RUNWAY/ LIGHTS IN SIGHT

Aircraft:

REQUEST VISUAL APPROACH

Ground station:

CLEARED VISUAL APPROACH RUNWAY (designator) REPORT (significant point) OUTBOUND/INBOUND

Aircraft:

REQUEST VMC DESCENT

Ground station:

MAINTAIN OWN SEPARATION
MAINTAIN VMC
ARE YOU FAMILIAR WITH (type of approach procedure)

Holding instructions visual

HOLD VISUAL OVER (position)/BETWEEN (two prominent landmarks)

200

Published holding procedure over a facility or fix	**Ground station:** HOLD AT (significant point or name of facility or fix) (level) EXPECT APPROACH/ FURTHER CLEARANCE AT (time)
When pilot requires an oral description of holding procedure based on a facility (VOR or NDB)	**Aircraft:** REQUEST HOLDING INSTRUCTIONS
	Ground station: HOLD AT (name of facility) (identification and frequency, if necessary) (level) IN-BOUND TRACK (3 digits) RIGHT/LEFT HAND PATTERN OUTBOUND TIME (figure) MINUTE(S) (additional instructions, if necessary) HOLD ON THE (3 digits) RADIAL OF THE (name) VOR (identification and frequency, if necessary) AT (distance) DME/BETWEEN (distance) AND (distance) DME (level) IN-BOUND TRACK (3 digits) RIGHT/LEFT HAND PATTERN (additional instructions, if necessary)
Expected approach time	NO DELAY EXPECTED EXPECTED APPROACH TIME (time)
	Ground station: REVISED EXPECTED APPROACH TIME (time) DELAY NOT DETERMINED (reason)
Transfer of control and/or frequency change	CONTACT (call sign) ON (frequency) AT/ OVER (time or place) CONTACT (call sign) ON (frequency) IF NO CONTACT (instructions) STANDBY ON (frequency) FOR (call sign)
	Aircraft: REQUEST CHANGE TO (frequency)
	Ground station: FREQUENCY CHANGE APPROVED MONITOR (call sign) ON (frequency) REMAIN ON THIS FREQUENCY

Aircraft:

MONITORING (frequency)

Radar

*Identification
of aircraft*

Ground station:

*REPORT HEADING/FLIGHT LEVEL/AL-
TITUDE
FOR IDENTIFICATION TURN LEFT/RIGHT
HEADING (3 digits)
TRANSMIT FOR IDENTIFICATION AND
REPORT HEADING
IDENTIFIED (position)
NOT IDENTIFIED RESUME/CONTINUE
OWN NAVIGATION*

*Position reporting —
To omit position reports
when under radar control*

*OMIT POSITION REPORTS (specify the
duration)
NEXT REPORT AT (significant point)
REPORT(S) REQUIRED ONLY AT (loca-
tion[s])
RESUME POSITION REPORTING*

Provision of service

*RADAR CONTROL TERMINATED DUE TO
(reason)
RADAR SERVICE TERMINATED (instructions)
RESUME OWN NAVIGATION (position of
aircraft) (specific instructions)
(manoeuvre) OBSERVED IDENTIFIED
POSITION (position of aircraft) (instructions)
WILL SHORTLY LOSE IDENTIFICATION
(appropriate instructions or information)
IDENTIFICATION LOST (reasons and if
necessary instructions)*

Communications

*IF RADIO CONTACT LOST (instructions)
IF NO TRANSMISSION RECEIVED FOR
(figure) MINUTES/SECONDS (instructions)*

Ground station:

*If loss of communication
suspected*

*REPLY NOT RECEIVED (instructions)
IF YOU READ (instructions)
(manoeuvre) OBSERVED POSITION (posi-
tion of aircraft) WILL CONTINUE TO PASS
INSTRUCTIONS
LEAVE (significant point) HEADING (3 di-
gits) AT (time)
CONTINUE HEADING (3 digits)*

202

Ground station:

CONTINUE PRESENT HEADING
FLY HEADING (3 digits)
TURN LEFT/RIGHT (figures) DEGREES/
HEADING (3 digits)
*MAKE A **THREESIXTY LEFT/RIGHT***
(reason)
***ORBIT LEFT/RIGHT** (reason)*

For avoiding action

TURN LEFT/RIGHT IMMEDIATELY (figure)
DEGREES/HEADING (3 digits) TO AVOID
UNIDENTIFIED TRAFFIC (bearing by
clock-reference and distance)

In case of unreliable
directional instruments
on board of aircraft

STOP TURN HEADING (3 digits)
MAKE ALL TURNS RATE ONE/RATE HALF/
(figures) DEGREES PER SECOND EX-
ECUTE INSTRUCTIONS IMMEDIATELY
UPON RECEIPT
TURN LEFT/RIGHT NOW
STOP TURN NOW
Note: when it is necessary to specify a
reason for the above manoeuvres, the
following phraseology should be used:
– FOR TRAFFIC
– FOR SPACING
– FOR DELAYING ACTION
– FOR DOWNWIND/BASE/FINAL

Position

POSITION (distance) (direction) OF (sig-
nificant point)
OVER/ABEAM (significant point)

Speed

Aircraft:

SPEED (figures) KNOTS

Ground station:

REPORT INDICATED/TRUE AIRSPEED/
MACH NUMBER
MAINTAIN (figures) KNOTS UNTIL (loca-
tion)
MAINTAIN PRESENT SPEED
INCREASE/REDUCE SPEED TO (figures)
KNOTS
INCREASE/REDUCE SPEED BY (figures)
KNOTS
RESUME NORMAL SPEED

	Ground station:
	REDUCE TO MINIMUM APPROACH SPEED
	NO SPEED RESTRICTIONS
Traffic information	TRAFFIC (figure) O'CLOCK (distance) (Direction of flight) (any other pertinent information)
	- UNKNOWN
	- SLOW MOVING
	- FAST MOVING
	- CLOSING
	- OPPOSITE/SAME DIRECTION
	- OVERTAKING
	- CROSSING LEFT TO RIGHT/RIGHT TO LEFT
	- TYPE
	- LEVEL ⎫ if known
	- CLIMBING/DESCENDING ⎭

Aircraft:

To request avoiding action

REQUEST VECTORS

Ground station:

When passing unknown traffic

CLEAR OF TRAFFIC (appropriate instructions)

Secondary radar phraseologies
To request the capability of the
SSR equipment

ADVISE TYPE OF TRANSPONDER

Aircraft:

TRANSPONDER TWO/FOUR/CHARLIE
(as shown in flight plan)
NEGATIVE TRANSPONDER

Ground station:

To instruct setting
of transponder

FOR DEPARTURE SQUAWK (code)
SQUAWK (code)

To request the
pilot to reselect
his assigned mode and code

RECYCLE (mode, code)

Aircraft:

RECYCLING (mode, code)

204

	Ground station:
	CONFIRM SQUAWK
	Aircraft:
	SQUAWKING (mode, code)
	Ground station:
To request the	SQUAWK IDENT
operation of the SPI feature	SQUAWK LOW
	SQUAWK NORMAL
To request temporary	SQUAWK STANDBY
suspension of	
transponder operation	
To request	**SQUAWK MAYDAY**
emergency code	
To request termination	**STOP SQUAWK**
of transponder operation	
To request transmission	SQUAWK CHARLIE
of pressure altitude	
To request pressure	CHECK ALTIMETER SETTING AND CON-
setting check and	FIRM LEVEL
confirmation of level	
To request termination	**STOP SQUAWK** CHARLIE WRONG INDI-
of pressure altitude	CATION
transmission because	
of faulty operation	
To request	VERIFY (level)
altitude check	

Ground station:

Phraseologies for
use with surveillance
radar

VECTORING FOR **SURVEILLANCE
RADAR APPROACH** RUNWAY (desig-
nator)
VECTORING FOR (type of pilot-interpreted
aid) APPROACH RUNWAY (designator)
VECTORING FOR (positioning in the circuit)
VECTORING FOR VISUAL APPROACH
RUNWAY (designator)
(type) **APPROACH NOT AVAILABLE DUE
TO** (reason) (alternate instructions)
APPROACH INSTRUCTIONS WILL BE
TERMINATED AT (distance) FROM
TOUCHDOWN

Ground station:

*THIS WILL BE A **SURVEILLANCE RADAR APPROACH** RUNWAY (designator) **TERMINATING AT MISSED APPROACH POINT** (location) OBSTACLE CLEARANCE ALTITUDE/HEIGHT (figure) FEET*
CHECK YOUR MINIMA
*PASSING **MISSED APPROACH POINT***
IN CASE OF GO AROUND (instructions)

Instructions
and information

YOU WILL INTERCEPT (radio aid or track) (distance) FROM (significant point)
TOUCHDOWN
REPORT ESTABLISHED ON ILS/ LOCALIZER/GLIDE PATH
CLOSING FROM LEFT/RIGHT
REPORT ESTABLISHED
INTERCEPT (radio aid)
TURN LEFT/RIGHT HEADING (3 digits) TO
                                    INTERCEPT
EXPECT VECTOR ACROSS (localizer course or aid) (reason)
THIS TURN WILL TAKE YOU THROUGH (aid) (reason)
TAKING YOU THROUGH (aid) (reason)
HEADING IS GOOD

In case of SRE
approach
Elevation

(figure) MILES FROM TOUCHDOWN COMMENCE DESCENT NOW
*COMMENCE DESCENT NOW TO **MAINTAIN A (figure) DEGREE GLIDE PATH***
(distance) FROM TOUCHDOWN ALTITUDE SHOULD BE (figures)

Position

REPORT ESTABLISHED ON GLIDE PATH (distance) FROM TOUCHDOWN
CHECK GEAR
CHECK OCA/OCH
OVER THRESHOLD
REPORT VISUAL

Completion of approach

REPORT RUNWAY LIGHTS/FIELD IN SIGHT
APPROACH COMPLETED CONTACT (call sign)

Missed approach procedure

Ground station:

CONTINUE VISUALLY OR **GO AROUND**
(missed approach instructions)
GO AROUND *IMMEDIATELY (missed approach instructions) (reason)*
ARE YOU **GOING AROUND?**
IF **GOING AROUND** *(appropriate instructions)*

Aircraft:
GOING AROUND

Wechsel der Flugregeln
von IFR nach VFR
Anmerkung: Hiermit wird
der IFR-Teil des Flugplanes
aufgehoben,
der Flugplan besteht
weiterhin, Landemeldung
erforderlich.

Aircraft:
REQUEST TO CANCEL IFR

Ground station:
IFR CANCELLED AT *(time)*

Aircraft:
CANCELLING IFR

207

KÜRZEL ZUR NIEDERSCHRIFT VON FREIGABEN UND ANWEISUNGEN
SYMBOLS TO COPY CLEARANCES AND INSTRUCTIONS

C	cleared, clearance	⇐	reserve course
A	Airport		
V	VOR	↑	climb
B	NDB	↓	descend
—	to	↑240	climb so as to make good a track of 240; or
V̶A	via		climb on heading 240
M	maintain		
X	cross	⊙	climb in the holding pattern
P̶	proceed		
/	until; after	⊙	descend in the holding pattern
⊢—	abeam		
D̶►	direct		
OC	on course	800+	800 feet per minute or more
BPOC	before proceeding on course	500−	500 feet per minute or less
DR	departure route	60−	flight level 60 or below
A	altitude	A 5+	altitude 5000 ft or above
CE	clearance expires at . . .		
LT	left turn		
RT	right turn		
LT ASAP	left turn as soon as possible		
RT ASAP	right turn as soon as possible		
RLCE	request level change enroute		
ELCE	expect level change enroute		
UFA	until further advised		
RL	report leaving		
RP	report passing		
RR	report reaching		
H	hold		
H/ 1450	hold, expect approach at 1450; or hold, expect further clearance at 1450; or hold, expect further clearance not later than 1450		
H UFA	hold until further advised		
F/R	flight planned route		

IFR-STRECKENFREIGABEN   IFR ENROUTE CLEARANCES

Anmerkung: In den nachstehenden Beispielen ist nach jeder konventione len, sehr umfangreichen Freigabe jeweils die gegenwärtig verwendete abgekürzte Freigabe aufgeführt. Die vom Luftfahrzeugführer zu beachtenden Einzelheiten sind den „Standard Ir strument Departure Routes" im AIP, Band II zu entnehmen.

Frankfurt—Köln-Bonn
CLEARED TO KOELN-BONN AIRPORT VIA DEPARTURE ROUTE DELTA FOXTROT ONE MAINTAIN FLIGHT LEVEL EIGHT ZERO. CLEARANCE EXPIRES AT ZERO EIGHT ONE FIVE. AFTER TAKE-OFF CONTACT RADAR ON FREQUENCY ONE TWO ZERO DECIMAL ONE FIVE AND SQUAWK ALPHA FIVE ZERO.

C — EDDK \A DR DF 1 M 80 CE 0815 R 120,15 A 50

Gekürzte Freigabe:
CLEARED TO KOELN-BONN AIRPORT VIA DEPARTURE ROUTE DELTA FOXTROT ONE. CLEARANCE EXPIRES AT ZERO EIGHT ONE FIVE.

C — EDDK \A DR DF 1 CE 0815

Düsseldorf—München
CLEARED TO MUENCHEN AIRPORT VIA DEPARTURE ROUTE DELTA LIMA FOUR FLIGHT PLANNED ROUTE MAINTAIN FLIGHT LEVEL ONE THREE ZERO EXPECT LEVEL CHANGE ENROUTE. WHEN AIRBORNE CONTACT RADAR ONE TWO SIX DECIMAL ONE FIVE AND SQUAWK ALPHA SIX FIVE.

C — EDDM \A DR DL 4 F/R M 130 ELCE R 126,15 A 65

Gekürzte Freigabe:
CLEARED TO MUENCHEN AIRPORT VIA DEPARTURE ROUTE DELTA LIMA FOUR.

C — EDDM \A DR DL 4

Stuttgart—Hamburg
CLEARED TO HAMBURG AIRPORT VIA DEPARTURE ROUTE DELTA SIERRA 24 DINKELS-BUEHL GREEN FIVE MAINTAIN FLIGHT LEVEL ONE SIX ZERO CROSS LUBURG VOR AT FLIGHT LEVEL EIGHT ZERO OR BELOW. AFTER TAKE-OFF MONITOR RADAR ON ONE TWO FIVE DECIMAL ZERO FIVE AND SQUAWK ALPHA SIX FIVE ZERO TWO.

C — EDDH \A DR DS 24 DKB G5 M 160 X LBU 80— R 125,05 A 6502

Gekürzte Freigabe:
CLEARED TO HAMBURG AIRPORT VIA DEPARTURE ROUTE DELTA SIERRA TWO FOUR.

C — EDDH \A DR DS 24

Frankfurt—Stuttgart

CLEARED TO LUBURG VOR VIA DEPARTURE ROUTE DELTA FOXTROT TWO EIGHT NECKAR DIRECT LUBURG MAINTAIN FLIGHT LEVEL SEVEN ZERO REQUEST LEVEL CHANGE ENROUTE, CLEARANCE EXPIRES AT TWO ONE THREE EIGHT. AFTER TAKE-OFF CONTACT RADAR ON ONE TWO ZERO DECIMAL EIGHT AND SQUAWK ALPHA FIVE ZERO ZERO ONE.

C — LBU \A DR DF 28 NKR Đ→ LBU M 70 RLCE CE 2138 R 120, 15 A 5001

Gekürzte Freigabe:
CLEARED TO LUBURG VOR VIA DEPARTURE ROUTE DELTA FOXTROT TWO EIGHT.

C — LBU \A DR DF 28

Nürnberg—Stuttgart

CLEARED TO LUBURG VOR VIA DEPARTURE ROUTE DELTA NOVEMBER TWO FOUR DINKELSBUEHL DIRECT LUBURG MAINTAIN FLIGHT LEVEL SEVEN ZERO. CLIMB WITH ONE THOUSAND FEET PER MINUTE OR MORE TO ALTITUDE FOUR THOUSAND FEET. AFTER TAKE-OFF CONTACT NUERNBERG RADAR ON FREQUENCY ONE TWO FOUR DECIMAL SEVEN SEVEN FIVE.

C — LBU \A DR DN 24 DKB Đ→LBU M 70 ↑ 1000+ −A4 124.775

Gekürzte Freigabe:
CLEARED TO LUBURG VOR VIA DEPARTURE ROUTE DELTA NOVEMBER TWO FOUR.

C — LBU \A DR DN 24

München—Düsseldorf (Freigabegrenze nicht Zielflugplatz, sondern eine Funknavigationsanlage auf der Strecke)
CLEARED TO ALLERSBERG VOR VIA DEPARTURE ROUTE DELTA MIKE TWO MAINTAIN FLIGHT LEVEL EIGHT ZERO. HOLD OVER ALLERSBERG EXPECT FURTHER CLEARANCE NOT LATER THAN ONE SIX ONE FIVE. AFTER TAKE-OFF CONTACT MUENCHEN RADAR ON ONE TWO FOUR DECIMAL EIGHT TWO FIVE AND SQUAWK ALPHA SIX ZERO.

C — ALB \A DR DM 2 M 80 H/1615 R 124,825 A 60

Gekürzte Freigabe:
CLEARED TO ALLERSBERG VOR VIA DEPARTURE ROUTE DELTA MIKE TWO. HOLD OVER ALLERSBERG, EXPECT FURTHER CLEARANCE AT ONE SIX ONE FIVE.

C — ALB \A DR DM 2 H/1615

FREIGABEN WÄHREND EINES IFR-FLUGES

CLEARANCES DURING AN IFR FLIGHT

RECLARED TO MAINTAIN FLIGHT LEVEL ONE ZERO ZERO, REPORT PASSING FLIGHT LEVEL EIGHT ZERO AND NINE ZERO.

RC M 100 RP 80 90

AFTER PASSING TWO ZERO DME FROM FRANKFURT VORTAC CLIMB TO FLIGHT LEVEL ONE FOUR ZERO.

/20 DME FFM ↑ −140

AFTER CROSSING DINKELSBUEHL RADIAL TWO FOUR ZERO DESCEND TO ALTITUDE FIVE THOUSAND FEET, QNH ONE ZERO ZERO SIX

/ X DKB R 240↓−A5 1006

CLEARED TO TANGO VORTAC VIA ROTTWEIL INTERSECTION, MAINTAIN FLIGHT LEVEL ONE ZERO ZERO. HOLD OVER TANGO EXPECT FURTHER CLEARANCE AT ONE NINE THREE THREE.

C − TGO \A RWL M 100 H/1933

RECLEARED TO WARBURG VOR MAINTAIN FLIGHT LEVEL ONE FOUR ZERO. EXPECT FURTHER CLEARANCE NOT LATER THAN ONE FIVE TWO TWO.

RC − WRB M 140 H/1522

CLEARED TO ERDING VORTAC MAINTAIN FLIGHT LEVEL EIGHT ZERO. AFTER REACHING ERDING DESCEND IN THE HOLDING PATTERN TO FLIGHT LEVEL SIX ZERO. HOLD EXPECT APPROACH AT ZERO EIGHT FOUR FIVE.

C − ERD M 80   /ERD ◯ −60   H/0845
          ↓

CLEARED TO SIERRA GOLF LOCATOR VIA AALEN AND TEKSI INTERSECTION. MAINTAIN FLIGHT LEVEL SEVEN ZERO. AFTER PASSING TEKSI DESCEND TO ALTITUDE FIVE THOUSAND FEET, QNH ONE ZERO ONE FOUR

C − SG L \A AALEN TEKSI M 70/ TEKSI ↓−A5 1014

HOLD BETWEEN TWO ZERO AND TWO EIGHT MILES DME ARC OF TANGO VORTAC, INBOUND MAGNETIC TRACK TWO SEVEN FIVE ALL TURNS TO THE RIGHT. EXPECT FURTHER CLEARANCE AT ONE SIX ZERO FIVE.

H 20−28 TGO INB 275 RT / 1605

CLEARED TO DESCEND TO ALTITUDE FOUR THOUSAND FEET, REPORT PASSING FLIGHT LEVEL SEVEN ZERO AND SIX ZERO.

C ↓ −A4 RP 70 60

DESCEND IMMEDIATELY TO FLIGHT LEVEL EIGHT ZERO. DESCEND WITH ONE THOUSAND FEET PER MINUTE OR MORE.

↓ −80 1000+

MAINTAIN VMC UNTIL FURTHER ADVISED, EXPECT IFR CLEARANCE IN ABOUT SIX MINUTES.

M VMC UFA IFR C 6'

ARRANGE YOUR HOLDING PATTERN SO AS TO DEPART LUBURG VOR FOR AN ILS APPROACH TO RUNWAY TWO SIX AT ONE ZERO ZERO SEVEN. MAINTAIN FLIGHT LEVEL SIX ZERO UNTIL FURTHER ADVISED.

DEP LBU ILS 26 1007 M 60 UFA

CLEARED ILS APPROACH RUNWAY TWO FOUR WIND TWO EIGHT ZERO SIX KNOTS. REPORT ESTABLISHED ON LOCALIZER AND GLIDE PATH.

C ILS 24 (280 6) R LLZ + GP

CLEARED NDB APPROACH RUNWAY TWO SEVEN WINDS VARIABLE THREE KNOTS. REPORT PASSING BEACON INBOUND.

C NDB 27 (VAR 5) RP B INB

CLEARED ILS APPROACH RUNWAY TWO SIX. AFTER HAVING FIELD IN SIGHT TURN TO THE LEFT FOR CIRCLING APPROACH RUNWAY ZERO EIGHT. WIND ZERO SIX ZERO NINE KNOTS.

C ILS 26   /FiS TL CIRCL 08 (060 9)

CLEARED ILS BACK COURSE APPROACH RUNWAY ZERO NINE, WIND ONE THREE ZERO ONE THREE KNOTS GUSTY.

C ILS B 09 (130 13 G)

CLEARED CATEGORY TWO ILS APPROACH RUNWAY TWO SEVEN RIGHT WIND TWO TWO ZERO TWO KNOTS. REPORT PASSING OUTER MARKER INBOUND.

C CAT II ILS 27R (220 2) RP OM

CLEARED STRAIGHT-IN ILS APPROACH RUNWAY TWO FIVE. TOWER CLEARS YOU TO LAND, WIND CALM. AFTER LANDING CONTACT GROUND ON FREQUENCY ONE TWO ONE DECIMAL NINE.

C ILS S 25 L (C) /L GND 121,9

ANWEISUNGEN UND INFORMATIONEN FÜR IFR-FLÜGE UNTER RADAR-KONTROLLE

INSTRUCTIONS AND INFORMATION FOR IFR FLIGHTS UNDER RADAR CONTROL

Identified on take-off, report passing altitude four thousand feet.

No radar contact, recycle ALPHA six five zero two and squawk altimeter.

In radar contact, for separation turn right heading three six zero and climb on this heading to flight level seven zero before proceeding on course.

For identification turn left (right) heading zero two zero.

Transmit for D/F (direction finding)

Squawk IDENT

Identified. Expedite climb until passing flight level seven zero. Opposite direction traffic at flight level six zero, two four miles ahead.

Isolated thunderstorms and cb clouds all over the area. Will give you radar vectors to avoid cbs.

Turn left again heading zero nine zero. Will bring you back to centre line of Blue six.

You are coming back to centre line of Blue six one three miles east of TANGO. Resume own navigation.

Stop climb at flight level six zero. Expect higher level when clear of opposite direction VFR traffic at flight level six five, one four miles ahead.

Unidentified traffic ten o-clock, crossing left to right, level unknown, high speed.

To avoid traffic turn right immediately heading one three zero.

Clear of traffic. Turn left again heading zero six zero, vectoring back to centre line of Amber nine.

Identified one five miles east of LUBURG VOR. Turn left heading one eight zero. Radar vectoring for an SRE approach to runway two six, OCA one eight six zero feet.

Identified. Depart ERDING on heading one five zero for radar vectoring for an ILS approach runway two five. Number four in sequence.

Reduce to one eight zero knots or less and descend to altitude five thousand feet, QNH one zero two zero, two four miles from touchdown.

Maintain high cruise in order to stay in sequence.

Maintain one five zero knots or more until intercepting localizer.

Continue reducing, expect descent shortly.

Reduce to approach speed (final approach speed).

Turn right heading three six zero, expect further descent after five miles.

For course correction turn left five degrees, new heading zero four five.

Two five miles from touchdown; maintain flight level eight zero; prepare for steep descent (fast descent) after three miles.

Continue on heading zero six zero; maintain altitude five thousand feet. This will be radar vectoring for SRE approach runway two seven, OCA one one two zero feet.

Depart ALPHA VOR on heading two five zero for radar vectoring to the ILS back course runway zero nine. Expect descent after passing ALPHA.

Turn left heading three two zero to shorten the approach, one six miles from touchdown.

Turn further left heading three zero zero to intercept localizer. Cleared ILS approach runway two seven, wind two eight zero four knots.

Continue in your left turn, roll out on heading two five zero to intercept final. Cleared NDB approach runway two three, wind calm.

You are crossing the localizer one eight miles from touchdown. Continue in your right turn and roll out on heading two nine zero to intercept the localizer from the south.

For delaying action make a three sixty to your right and roll out on heading two one zero.

Will take you through the centre line for later turn-on from the north, number six in sequence.

This vector will close with centre line (localizer) nine miles from touchdown.

You are closing the localizer (centre line) from the left (right), one two miles from touchdown. Continue on ILS approach (NDB approach) runway two six and contact tower on frequency . . .

You are coming to the localizer back beam one one miles from touchdown. Report established.

For smooth interception turn further right heading two five zero.

Slowly coming to the centre line from the left. Squawk stand-by and contact tower on . . .

Keep up your speed, jet airliner six miles behind you. Will advise for reducing.

Reduce to approach speed now. Preceding helicopter with eight zero knots five miles ahead.

Speed control at your convenience. Six miles to fly.

Beispiel für den Sprechfunkverkehr eines IFR-Fluges von Frankfurt nach Stuttgart*)

Example for radio communication of an IFR flight from Frankfurt to Stuttgart

– Auszug aus AIP, Band II, mit der hier verwendeten „Standard Instrument Departure Route" –

STANDARD DEPARTURE ROUTES – INSTRUMENT **FRANKFURT (MAIN)**
(SID) **RWY 18**

| DESIG-NATOR | ROUTE | AFTER TAKE-OFF | | REMARKS |
		CLIMB TO ALT/FL	CONTACT	
1	2	3	4	5
DF 48	ON R 356 RID to RID (▲), on R 168 RID to NKR (▲).	4000	Frankfurt Radar **120.150**	

Contact Frankfurt Radar immediately after take-off!

A = Aircraft
G = Ground station

A: Frankfurt Ground DIGSK, over.

G: DIGSK Frankfurt Ground, go ahead.

A: DIGSK IFR to Stuttgart, **request taxi,** information HOTEL received.

G: DSK **taxi to holding point** runway 18 via taxiway ALPHA, wind 280 3 Kt.

A: DSK **taxi to holding point** runway 18 via ALPHA.

G: DSK taxi slowly and follow Kingair overtaking left abeam.

A: DSK taxi slowly and follow Kingair overtaking left abeam.

G: DSK your ATC clearance, are you ready to copy, over?

---

*) Die seit 1985 gültigen neuen Redewendungen sind fett gedruckt.

A: *DSK affirm, go ahead.*

G: *DSK cleared to Luburg VOR via departure route DELTA FOXTROT 48, clearance expires at 1005. **For departure** squawk ALPHA 4451, over.*

A: *DSK cleared to Luburg VOR via departure route DELTA FOXTROT 48, clearance expires at 1005. Squawk ALPHA 4451 **for departure.***

G: *DSK clearance correct. Contact now tower 119,90, over.*

A: *DSK will contact tower 119,90.*

A: *Frankfurt Tower DIGSK, ready.*

G: *DSK Frankfurt Tower, roger. Behind Swissair DC 9 on short final for runway 07 Left, **line up** runway 18.*

A: *DSK behind Swissair, short final runway 07 Left, **line up** runway 18.*

G: *DSK revised QNH 1015, wind 260 2 Kt, cleared for take-off, over.*

A: *DSK QNH 1015, cleared for take-off.*

G: *DSK take off immediately or **vacate** runway.*

A: *DSK taking off.*

A: *Frankfurt Departure DIGSK, passing 600 ft for altitude 4000 ft, over.*

G: *DIGSK Frankfurt Departure, no radar contact, recycle ALPHA 4451.*

A: ***DIGSK** recycling ALPHA 4451.*

G: *DSK identified. Report passing altitude 3000 ft.*

A: *DSK wilco.*

A: *DSK passing altitude 3000 ft.*

G: *DSK continue climb with 500 ft per minute or less. After passing 5 miles DME to RIED VOR climb to flight level 70, report leaving altitude 4000 ft, over.*

A: *DSK will continue climb with 500 ft per minute or less. After passing 5 miles DME to RIED VOR will climb to flight level 70, wilco.*

G: *DSK correct.*

A: *DSK leaving altitude 4000 ft, over.*

G: *DSK roger. Continue normal rate of climb and contact Frankfurt Radar 127,50.*

A: *DSK normal rate of climb. Will contact Frankfurt Radar 127,50.*

A: *Frankfurt Radar DIGSK altitude 4800 ft climbing to **flight level** 70, over.*

G: *DSK Frankfurt Radar, roger.*

A: *DSK over RIED at 04.*

G: *DSK roger. **Stop climb** at flight level 60. Continue climb to flight level 70 after passing 6 miles DME from RIED, over.*

A: *DSK will **stop climb** at flight level 60 and will continue climb to flight level 70 after passing 6 miles DME from RIED.*

G: *DSK correct.*

G: *DSK unidentified traffic 11 o'clock range 6 miles, crossing left to right, level unknown.*

A: *DSK **negative contact.***

G: DSK clear of traffic.

A: DSK.

G: DSK what are your flight conditions?

A: DSK just below clouds at flight level 70.

G: DSK roger. SIGMET information valid until 2200z: widespread thunderstorms in the area of Stuttgart and south thereof. Tops of CBs up to flight level 120, danger of icing. Moderate to severe turbulence.

A: DSK roger. Request lower level if possible. Now flying in the base of clouds, light turbulence, over.

G: DSK maintain flight level 70. Expect lower level after passing NECKAR.

A: DSK maintain flight level 70. Expect lower level after NECKAR.

G: DSK after passing NECKAR NDB descend immediately to flight level 60, over.

A: DSK after passing NECKAR NDB descend immediately to flight level 60.

G: DSK correct. You have 3 miles to NECKAR, contact Stuttgart Radar 125,05, over.

A: DSK 3 miles to NECKAR, contact Stuttgart Radar 125,05.

A: Stuttgart Radar DIGSK over NECKAR at 27, leaving **flight level** 70 for **flight level** 60, information ZULU received.

G: DSK Stuttgart Radar; cleared to LUBURG VOR, maintain flight level 60, hold expect approach at 1805.

A: DSK cleared to LUBURG VOR, maintain flight level 60, expected approach time 1805.

G: DSK correct. Stuttgart Radar is shut down for maintenance until 1830. **Stop squawk** and prepare for ILS approach 26 on own navigation.

A: DSK **stop squawk.** Will prepare for ILS 26 on own navigation.

G: DSK after passing 8 miles DME to LUBURG descend to **altitude** 5000 ft, QNH 1014. No delay expected. Report leaving flight level 60.

A: DSK after passing 8 miles DME to LUBURG descend to **altitude** 5000 ft, QNH 1014. No delay expected. Will report leaving flight level 60.

A: DSK do you have any information how far the CB clouds are extending to the north?

G: DSK according to tower observation the northern edge of CB cloud formation is just slightly north of the airport. The thunderstorm is rapidly moving toward southeast. The eastern approach sector is already clear.

A: DSK roger. Leaving flight level 60.

G: DSK roger. Contact Stuttgart **Arrival** 119,85, over.

A: DSK will contact Stuttgart **Arrival** 119,85.

A: Stuttgart **Arrival** DIGSK, at **altitude** 5400 ft descending to altitude 5000 ft.

G: DIGSK Stuttgart **Arrival.** Cleared ILS approach runway 26, wind 310 14 Kt gusty, over.

A: DIGSK cleared ILS approach runway 26.

G: DSK report reaching **altitude** 5000 ft.

A: DSK just reaching **altitude** 5000 ft. Passing LUBURG at 51.

G: *DSK roger. Report turning right at the intersection.*

A: *DSK wilco.*

A: *DSK turning right at the intersection.*

G: *DSK roger. Report leaving **altitude** 4500 ft on glide path.*

A: *DSK wilco.*

A: *DSK leaving **altitude** 4500 ft on glide path.*

G: *DSK contact tower 118,80, over.*

A: *DSK contact tower 118,8.*

A: *Stuttgart Tower DIGSK passing outer marker inbound.*

G: *DSK Stuttgart Tower advise when field in sight.*

A: *DSK wilco.*

A: *DSK field in sight.*

G: *DSK continue approach, number one, jet airliner **departing.***

A: *DSK number one; departing airliner in sight.*

G: *DSK wind 300 8 Kt, runway wet and slippery; cleared to land.*

A: *DSK cleared to land.*

G: *DSK **taxi to the apron**, turn right next taxiway, expedite **vacating** runway, over.*

A: *DSK **taxi to the apron**, right turn next taxiway; will expedite **vacating** runway.*

G: *DSK hold on taxiway DELTA until Lufthansa Boeing 727 on taxiway HOTEL has passed to the east.*

A: *DSK will hold on DELTA until clear of Lufthansa Boeing 727, taxiing to the east on HOTEL.*

Beispiel für den Sprechfunkverkehr eines IFR-Fluges von München nach Stuttgart*)

Example for radio communication of an IFR flight from München to Stuttgart

– Auszug aus AIP, Band II, mit der hier verwendeten „Standard Instrument Departure Route" –

STANDARD DEPARTURE ROUTES – INSTRUMENT (SID) **MÜNCHEN RWY 25**

DESIG-NATOR	ROUTE	AFTER TAKE-OFF		REMARKS
		CLIMB TO ALT/FL	CONTACT	
1	2	3	4	5
DM 11	Immediate RT (not later than MM); on Hdg 010° to intercept R 312 MUN to WLD (▲). Cross R 280 MUN at **4000** or above.	FL 70	München Radar **129.350**	

> **Contact München Radar immediately after take-off!**

A = Aircraft
G = Ground station

A: *München Ground DIGSK, over.*

G: *DIGSK München Ground, go ahead.*

A: *DIGSK IFR to Stuttgart, **request taxi,** information JULIETT received, over.*

G: *DSK **taxi to taxi holding position** runway 25, wind 220 3 Kt, follow Learjet to your left ahead, caution jet wash, over.*

A: DSK *taxi to taxi holding position* runway 25, will follow Learjet left ahead.

G: DSK your IFR clearance, over.

A: DSK go ahead.

G: DSK cleared to Stuttgart Airport, Departure Route DELTA MIKE 11, over.

A: DSK cleared to Stuttgart Airport, Departure Route DELTA MIKE 11.

G: DSK clearance correct, contact Tower 118,70 when ready.

A: DSK will contact Tower 118,70 when ready.

A: München Tower DIGSK ready, over.

G: DSK München Tower, hold position and stand by.

A: DSK holding position.

G: DSK behind Bundeswehr Transall on short final for low approach **line up** and **be ready for immediate departure.**

A: DSK behind Transall on short final for low approach **line up; ready for immediate departure.**

G: DSK wind 230 4 Kt, cleared for immediate take-off, succeeding traffic 2 miles final.

A: DSK cleared for immediate take-off.

A: München Departure DIGSK, just airborne, passing **altitude** 2000 ft climbing to **flight level** 70.

G: DIGSK München Departure squawk ALPHA 4201.

A: DIGSK squawking ALPHA 4201.

G: DSK identified, report passing altitude 5000 ft, over.

A: DSK wilco.

G: DSK unidentified target 12 o'clock 9 miles, approaching head-on, slow, level unknown.

A: DSK in VMC, **negative contact.**

G: DSK traffic is now in a right turn, clear of traffic.

A: DSK roger. Passing **altitude** 5000 ft, intercepting radial 312 of München VORTAC.

G: DSK roger. Continue climb to flight level 80. Expect higher level after WALDA.

A: DSK will continue climb to **flight level** 80; higher level after WALDA.

G: DSK contact München Control 134,95 and squawk standby. Radar service terminating. Your position 21 miles to WALDA.

A: DSK will contact München Control 134,95 and squawking standby.

A: München Control DIGSK passing **flight level** 76 for **flight level** 80.

G: DIGSK München Control roger. Recleared to WALDA VOR, maintain flight level 80 hold expect further clearance at 1645, over.

A: DIGSK recleared to WALDA VOR, maintain **flight level** 80, hold expect further clearance at 1645.

G: DSK correct.

A: DSK over WALDA at 38, entering holding pattern, over.

G: München Control.

G: DSK what is your position in the holding pattern?

A: DSK on the inbound leg.

G: DSK cleared to depart WALDA Blue 6 to Stuttgart.

A: DSK cleared to depart WALDA Blue 6 to Stuttgart.

A: DSK departing WALDA at 43.

G: DSK roger. Climb immediately to flight level 100. Report passing flight level 90 and reaching 100.

A: DSK climbing to flight level 100; will report passing 90, reaching 100.

A: DSK passing flight level 90.

G: DSK roger.

A: DSK reaching flight level 100.

G: DSK what is your DME to TANGO VORTAC?

A: DSK 39 DME to TANGO.

G: DSK roger. Contact Stuttgart Radar 119,20 when passing AALEN intersection, over.

A: DSK contact Stuttgart Radar 119,20 when passing AALEN.

A: Stuttgart Radar DIGSK over AALEN at 58, flight level 100, information HOTEL received.

G: DIGSK Stuttgart Radar roger. Squawk ALPHA 6061, over.

A: DIGSK ALPHA 6061 is on.

G: DSK identified. Turn right heading 295. This will be vectoring for ILS approach runway 26. Descend immediately to flight level 70, over.

A: DSK turning right heading 295, vectoring for ILS approach runway 26. Leaving flight level 100 for flight level 70.

G: DSK expedite descent, report approaching flight level 70 for possible further descent.

A: DSK will expedite descent, wilco.

A: DSK approaching flight level 70.

G: DSK continue descent to flight level 60. For course correction turn right heading 300; 25 miles from touchdown. Contact Stuttgart **Arrival** 119,85, over.

A: DSK will continue descent to flight level 60, now heading 300. Will contact Stuttgart **Arrival** 119,85.

G: DSK correct.

A: Stuttgart **Arrival** DIGSK, passing flight level 63 for flight level 60, over.

G DSK Stuttgart **Arrival,** in Radar contact; squawk ALPHA 4710.

A: DSK squawking ALPHA 4710.

G: DSK unidentified target 2 o'clock 5 miles crossing right to left, type and level unknown.

A: DSK in hazy conditions, request **vectors.**

G: DSK to avoid traffic turn right immediately heading 340.

A: DSK in right turn heading 340.

G: DSK clear of traffic. Turn left heading 290 and descend to **altitude 5000 ft,** QNH 1015.

A: DSK left turn heading 290, leaving **flight level 60** for **altitude 5000 ft,** QNH 1015.

G: DSK turn further left heading 280 to intercept localizer. Cleared ILS approach runway 26, wind 320 2 Kt.

A: DSK turning left heading 280. Cleared ILS approach runway 26.

G: DSK closing localizer from the left, 14 miles from touchdown. Maintain present speed, will advise for reducing. Lufthansa Airbus 9 miles behind.

A: DSK will maintain present speed, established on localizer.

G: DSK approaching glide path, **no speed restrictions.**

A: DSK reducing speed.

G: DSK RVR runway 26 ALPHA 900, BRAVO 900, CHARLIE 800 m. Preceding landing airliner reported „lights in sight" on 3 miles final.

A: DSK.

G: DSK in case of missed approach follow published missed approach procedure to TANGO, maintain **altitude** 5000 ft, hold expect approach at 1734, over.

A: DSK in case of missed approach will follow published missed approach procedure to TANGO, maintain **altitude** 5000 ft, hold expect approach at 1734.

G: DSK correct. 4 miles from touchdown. Contact Tower 118.80. **Stop squawk,** over.

A: DSK will contact Tower 118,80; **stop squawk.**

A: Stuttgart Tower DIGSK, outer marker inbound.

G: DIGSK Stuttgart Tower cleared to land, wind 300 4 Kt. Report approach lights in sight.

A: DIGSK cleared to land; wilco.

A: DSK approach lights in sight.

G: DSK **taxi to the General Aviation area,** turn right next intersection. Report **vacating** runway.

A: DSK **taxi to General Aviation area,** right turn next intersection; wilco.

A: DSK runway **vacated.**

G: DSK roger.

Beispiel eines Anfluges mit Rundsichtradar (SRE)
Example of a Surveollance Radar Approach (SRE)

A = *Aircraft*
G = *Ground station*

A: *Stuttgart Radar DELTA INDIA ALPHA LIMA ECHO, over.*

G: *DELTA INDIA ALPHA ECHO Stuttgart Radar, go ahead.*

A: *DELTA **INDIA ALPHA** LIMA ECHO over AALEN intersection at one four, flight level eight zero, request descent and surveillance radar approach if possible.*

G: *DELTA LIMA ECHO squawk ALPHA six five zero one; descend to flight level seven zero, check information ECHO.*

A: *DELTA LIMA ECHO squawking ALPHA six five zero one, leaving flight level eight zero for flight level seven zero, information ECHO received.*

G: *DELTA LIMA ECHO identified, cleared to TANGO VOR. Expect vectoring for **surveillance approach** to runway two six shortly.*

A: *DELTA LIMA ECHO cleared to TANGO.*

G: *DELTA LIMA ECHO contact now Stuttgart **Arrival** one one nine decimal eight five, over.*

A: *DELTA LIMA ECHO will contact Stuttgart **Arrival** one one nine decimal eight five.*

A: *Stuttgart **Arrival** DELTA INDIA ALPHA LIMA ECHO flight level seven zero, over.*

G: *DELTA INDIA ALPHA LIMA ECHO Stuttgart **Arrival,** identified one five miles east of TANGO. Turn right heading three six zero, vectoring for **surveillance radar approach** runway two six, OCA one eight six zero feet.*

A: *DELTA **INDIA ALPHA** LIMA ECHO right turn heading three six zero, vectoring for **surveillance radar approach** runway two six, OCA one eight six zero.*

G: *DELTA LIMA ECHO descend to **altitude** five thousand **feet,** QNH one zero one zero; expedite descent. Report approaching **altitude** five thousand **feet** for possible further descent.*

A: *DELTA LIMA ECHO leaving flight level seven zero for altitude five thousand feet, QNH one zero one zero; will expedite descent. Will report approaching altitude five thousand feet.*

A: *DELTA LIMA ECHO approaching five thousand feet.*

G: *DELTA LIMA ECHO roger. Continue descent to altitude four five zero zero feet, one six miles from touchdown. Turn left heading two nine zero dog leg.*

A: *DELTA LIMA ECHO continue descent to altitude four five zero zero feet, turning left heading two nine zero.*

G: *DELTA LIMA ECHO turn left heading two six zero final; continue descent to altitude three thousand feet, one one miles from touchdown.*

A: *DELTA LIMA ECHO left turn heading two six zero, passing four five zero zero feet descending to altitude three thousand feet.*

G: *DELTA LIMA ECHO your heading is good. Eight miles from touchdown, remember OCA one eight six zero feet. Expect final descent in two miles. **Stop squawk.***

A: *DELTA LIMA ECHO OCA one eight six zero, final descent in two miles; just reaching three thousand feet;* **stop squawk.**

G: *DELTA LIMA ECHO six miles from touchdown, commence descent now to maintain a* **three degrees glide path.**

A: *DELTA LIMA ECHO commencing descent now.*

G: *DELTA LIMA ECHO five miles from touchdown, your altitude should be two seven zero zero feet.*

A: *DELTA LIMA ECHO.*

G: *DELTA LIMA ECHO slightly left of center line, turn right heading two six three. Four miles from touchdown, altitude should be two four zero zero feet. Check gear down and locked;* **advise** *when approach lights in sight.*

A: *DELTA LIMA ECHO right turn two six three. Will advise when approach lights in sight.*

G: *DELTA LIMA ECHO Tower clears you to land. Wind two eight zero five knots. After landing contact Stuttgart Ground one two one decimal nine zero.*

A: *DELTA LIMA ECHO cleared to land, will contact Ground one two one decimal nine after landing.*

G: *DELTA LIMA ECHO three miles from touchdown, altitude should be two one zero zero feet. Turn right heading two six eight.*

A: *DELTA LIMA ECHO right turn heading two six eight.*

A: *DELTA LIMA ECHO approach lights in sight.*

G: *DELTA LIMA ECHO roger.*

A: *Stuttgart Ground DELTA INDIA ALPHA LIMA ECHO, on the ground.*

G: *DELTA LIMA ECHO Stuttgart Ground,* **taxi to terminal,** *turn right next intersection. Report runway* **vacated.**

A: *DELTA LIMA ECHO* **taxi to terminal,** *right turn next intersection. Will report runway* **vacated.**

A: *DELTA LIMA ECHO runway* **vacated.**

G: *DELTA LIMA ECHO roger.*

Alphabetisches Wörterverzeichnis

1. Deutsch – Englisch

Hinweis: Das Verzeichnis enthält eine umfangreiche Sammlung von Wörtern aus der Luftfahrtpraxis. Die Wiedergabe der Wörter entspricht der üblichen Anwendung und Bedeutung in der Luftfahrt-Fachsprache. Dabei können sich Unterschiede zu sonstigen Wörterbüchern ergeben. Insbesondere wurden Wörter mit mehrfacher Bedeutung weitgehend weggelassen.

1. Deutsch – Englisch

A

ab	off; down; away from
ab und zu; dann und wann	now and then
abändern	to alter, to change
Abbau, Beseitigung	removal
abbiegen	to turn off
abbrechen (Anflug)	to discontinue (approach)
abbrechen (Start)	to interrupt, to abort (take-off)
abbremsen (Motor)	to run up (engine)
Abbremsplatz	run-up area
abdrehen	to turn away
abends, am Abend	in the evening, at night
aber	but
abermals	again, once more
abfangen, ausschweben	to flare out
Abfertigung	ground handling
Abfertigungsbereich	service area
Abfertigungsdienst, Vorfelddienst	ramp service
Abfertigungsgebäude für Fluggäste	passenger terminal
Abfertigungsgebäude für die Allgemeine Luftfahrt	general aviation terminal – GAT
Abfertigungsentgelt	handling charge (fee)
abfliegen	to depart
abfliegend, wegfliegend	outbound
Abflug	departure
Abfluganweisungen	departure instructions
Abflugkurs	outbound track
Abflugort	point of departure
Abflugsektor	departure sector
Abflugstrecke	departure route
Abflugzeit	time of departure
Abfragegerät (SSR)	interrogator
Abgangsflugplatz	aerodrome of departure
abgehoben, gestartet	airborne
abgekommen vom Kurs	off course

abgekürzt	*abridged*
abgesetzter Luftfahrzeugabstellplatz	*isolated aircraft parking position*
abgestellter Motor	*stopped engine*
abhängen von	*to depend on*
abhanden kommen	*to get lost*
Abhang, Böschung, Hang, Gefälle	*slope*
Abhebegeschwindigkeit	*unstick speed*
abheben	*to be airborne*
Abhilfsmaßnahmen	*remedial measures*
abholen	*to fetch, to pick up*
abhören (Frequenz)	*to listen in (on frequency)*
abkürzen (Flugweg)	*to shorten (flight path)*
Abkürzungsweg	*short-cut*
Abkürzung (eines Wortes)	*abbreviation (of a word)*
abladen, ausladen	*to unload*
ablaufen, ungültig werden (Freigabe)	*to expire (clearance)*
ableiten	*to derive*
Ablenkung (Kompaß)	*deviation*
ablesen (Instrument)	*to read off*
Abnahmeflug	*acceptance flight*
abnehmend	*decreasing*
abnutzen	*to wear out*
Abnutzung	*wear and tear*
abraten	*to warn*
Abreißgeschwindigkeit	*stalling speed*
Abrollbahn	*exit taxiway*
Absatz (Schriftstück)	*para*
abschalten	*to switch off*
Abschirmung, Abdeckung	*screening*
abschließen, beenden	*to finish, to terminate*
abschließen (einen Flugplan)	*to close (a flight plan)*
Abschlußlandung	*full-stop landing*
Abschnitt (Zeit)	*phase*
absetzen (eine Meldung)	*to deliver (a message)*
absetzen (Ladung, Passagier)	*to discharge, to disembark*
Absicht, Vorhaben	*intention*
Absprache	*coordination*
abspringen, aussteigen (Fallschirm)	*to bail out, to jump (parachute)*
Abstand	*distance, spacing*
abstellen (Luftfahrzeug)	*to park (aircraft)*
abstellen (Motor)	*to cut (engine)*
Abstellgebühren	*parking charges (fees)*
Abstellfläche	*parking area, tie down area*

Abstellplatz	*parking position*
Abstrahlungs(öffnungs)winkel	*beam (spread) angle*
Absturz, Bruch	*crash*
Absturzstelle	*scene of crash*
abstürzen	*to crash*
absuchen	*to search*
abtauen	*to thaw off*
abtreiben, treiben	*to drift off*
Abtrift	*drift*
Abtriftwinkel	*drift angle*
Abwehr	*defence*
abweichen	*to deviate*
Abweichung	*deviation, discrepancy*
abwerfen	*to drop*
abwesend	*absent*
Abwesenheit	*absence*
abwickeln	*to settle*
abwickeln (Verkehr)	*to handle (traffic)*
Abwicklung	*settlement*
Abwind	*downdraft*
Abzweigung, Kreuzung	*intersection*
achtgeben	*to use caution*
Achtung, Aufmerksamkeit	*attention*
Adresse, Anschrift	*address*
ändern (Flugplan)	*to change (flight plan)*
ändern (Freigabe)	*to amend (clearance)*
Änderung	*amendment, change*
aerologisch	*aerological*
äußerst	*extreme, utmost*
Aktivität	*activity*
aktuell (Wetter)	*actual (weather)*
akustisch	*aural*
alarmieren	*to alert*
Alarmsignal	*alarm signal*
Alarmstufe	*emergency phase*
alle	*all*
allein	*alone*
Alleinflug	*solo flight*
allgemein	*general*
allgemein, gewöhnlich	*common*
Allgemeine Luftfahrt	*General Aviation*
„Allgemeines" (AIP)	*„General" GEN*
allmählich, stufenweise	*gradual, gradually – GRADU*
als	*when; than*

alt	*old*
Alternative	*alternative*
alto-cumulus	*alto-cumulus*
alto-stratus	*alto-stratus*
Aluminium	*aluminium*
Amphibienflugzeug	*amphibian (aeroplane)*
amphibisch	*amphibious*
Amt, Büro	*office*
amtlich, offiziell	*official*
anbieten	*to offer*
andauern	*to continue, to last*
andernfalls	*otherwise*
Anfang, Beginn	*beginning, commencement*
anfangen, beginnen	*to begin, to commence, to start*
Anfangsanflug	*initial approach*
Anfangsanflughöhe	*initial approach altitude*
Anfangsanflugpunkt (-fix)	*initial approach fix − IAF*
Anfangsanflugsegment	*initial approach segment*
Anfangssteigflug	*initial climb*
anfliegen, sich nähern	*to approach*
anfliegend, ankommend	*inbound*
Anflug	*approach*
Anfluganweisungen	*approach instructions*
Anflugbefeuerung	*approach lighting*
Anflugblitzbefeuerung	*approach flashlighting (system)-AFLS*
Anflugfeuer	*approach lights*
Anflugfolge	*approach sequence*
Anflugfreigabe	*approach clearance*
Anflugfunkfeuer − L	*locator − L*
Anflugfunkfeuer am Haupteinflugzeichen − LM	*locator at middle marker − LM*
Anflugfunkfeuer am Voreinflugzeichen − LO	*locator at outer marker − LO*
Anfluggeschwindigkeit	*approach speed*
Anflugkarte	*approach chart*
Anflugkontrolle − APP	*approach control − APP*
Anflugkontrollstelle − APP	*approach control office − APP*
Anflugkurs über Grund	*inbound track*
Anfluglotse	*approach controller (. . . APPROACH)*
Anfluglotse mit SRE	*. . . RADAR*
Anfluglotse für Anflüge mit SRE	*. . . ARRIVAL*
Anfluglotse für Abflüge mit SRE	*. . . DEPARTURE*
Anfluglotse für Endanflug mit PAR	*. . . PRECISION*
Anflugnavigationshilfe	*approach (navigation) aid*
Anflugsektor	*approach sector*
Anflugverfahren	*approach procedure*

Anflugwinkel, Gleitwinkel	*approach slope, approach angle*
Anflugzeitpunkt	*approach time*
anfordern	*to request*
Anforderung	*request*
Angabe, Darlegung	*statement*
Angaben	*data*
angeben, feststellen	*to state; to specify*
angeblich	*alleged*
angeforderte Strecke	*requested route*
Angelegenheit, Sache	*matter*
angemessen	*reasonable; adequate*
angenommener Instrumentenflug	*simulated instrument flight*
angezeigte Fluggeschwindigkeit	*indicated airspeed − IAS*
anheften, beilegen	*to attach*
Anhöhe	*hill*
Ankermast (Luftschiff)	*mooring mast (airship)*
ankommen	*to arrive*
ankommend, anfliegend	*inbound*
ankündigen, verkünden	*to announce*
Ankunft	*arrival*
Anlage, Einrichtung	*facility*
Anlage, Gesamtanordnung (Flugplatz)	*layout (aerodrome)*
Anlaß-Aggregat	*starter unit*
anlassen	*to start-up*
Anlaßfreigabe	*start-up clearance*
Anlaßknopf	*starter button*
Anlasser	*starter*
Anlegen, Andocken (von Luftfahrzeugen)	*docking (of aircraft)*
Anmerkung	*note*
Annahme, Voraussetzung	*supposition*
annähernd	*approximately*
annehmbar	*acceptable*
annehmen	*to adopt*
annehmen, akzeptieren	*to accept*
annehmen, vermuten	*to suppose*
Anordnung, Verfügung	*disposal*
anraten	*to advise*
Anruf, Ruf	*call*
anrufen, rufen	*to call*
anscheinend	*apparently*
anschließend	*subsequent*
Anschnallgurt	*seat belt*
ansehen	*to look at*
Ansicht, Meinung	*opinion*
anstatt	*instead of*

ansteigen (Gelände)	to ascend (terrain)
Anstellwinkel	angle of attack
Ansteuern (eines Luftfahrzeuges)	interception (of an aircraft)
Anstieg	ascent
Anstrengungen	efforts
Antenne	aerial, antenna
Antennenmast	aerial mast, antenna mast
Antrieb	drive
Antwort	reply, response
antworten, beantworten	to reply, to respond
Antwortgerät (SSR)	transponder
Antwortsenderbake	responder beacon
anweisen, unterrichten	to instruct
anweisen, zuteilen	to allocate
Anweisung	instruction
anwendbar, zutreffend	applicable
anwenden	to apply
Anwendung	application
anwerfen (den Motor)	to crank (the engine)
Anzahl, Zahl	number
Anzeige (Instrument)	indication (instrument)
Anzeigegerät	indicator
Anzeigelampe	indicator lamp
anzeigen	to indicate
April	April
Arbeit	work
arbeiten	to work
Arbeiter	laborer, worker
Arbeitsbelastung	work load
Arbeitskarte	plotting chart
arm, schlecht	poor
Armaturenbrett	instrument panel, -board
arrangieren, einrichten, vereinbaren	to arrange
Art, Gattung	kind
Art, Muster	type
Art, Wesen	nature
Arzt	doctor, physician
ärztlich	medical
ärztliche Hilfe	medical assistance
ärztliche Untersuchung	medical examination
Asphalt	asphalt
Assistent	assistant
Astronavigation	celestial navigation
Atemnot	breath difficulties
Atomforschung	nuclear research

Atomkraftwerk	*nuclear power plant*
Automatische Lande- und Startinformation − ATIS	*Automatic Terminal Information Service − ATIS*
Atmosphäre	*atmosphere*
atmosphärische Störungen	*atmospherics, statics*
auch	*also; too*
auf	*on*
auf, bei	*upon*
auf Anforderung	*on request*
auf Gegenkurs gehen	*to reverse course*
auf Grund	*owing to*
auf Kurs	*on course*
auf Kurs drehen	*to turn on course*
auf Kurs gehen	*to proceed on course*
auf Kurs sinken	*to descend on course*
auf Kurs steigen	*to climb on course*
auf Strecke	*en route*
Aufbau	*structure*
aufeinanderfolgend	*successive*
auffangen (eine Meldung)	*to intercept (a message)*
Auffassung; Besorgnis	*apprehension*
auffordern, erbitten, ersuchen	*to ask, to request*
Aufforderung	*request*
Aufgabe (einer Meldung)	*delivery (of a message)*
Aufgang der Sonne	*sunrise − SR*
aufgeben (einen Flugplan)	*to file, to submit, to hand in (a flight plan)*
aufgeben, abbrechen (Start)	*to abandon (take-off)*
aufgerissene Bewölkung, bewölkt, wolkig	*broken clouds*
aufgeweicht (Boden)	*soft, muddy (ground)*
aufheben (einen Flugplan)	*to cancel*
aufheben (einen VFR-Flugplan)	*to close (a VFR-flight plan)*
Aufhebung des Flugplanes	*closing of flight plan*
aufhören	*to stop, to cease*
aufklären, sich (Wetter)	*to clear up (weather)*
Aufmerksamkeit, Achtung	*attention*
Aufmerksamkeit lenken auf	*to draw attention to*
Aufmerksamkeit walten lassen	*to pay attention*
Auflage	*provision*
Aufnahmegerät, Tonbandgerät	*recorder, tape recorder, voice recorder*
aufpassen	*to look out for, to watch out for*
Aufprall, Aufschlag	*impact*
aufschreiben	*to write down*
Aufschlagbrand	*crash fire*

aufsetzen	to touch down
Aufsetzen und Durchstarten	touch-and-go landing
Aufsetzgeschwindigkeit	touch down speed
Aufsetzpunkt	touch down point
Aufsetzzone	touch down zone — TDZ
aufsteigen, sich erheben	to lift (off)
Auftanken	refuelling
Auftrag	mission, order
Auftrieb	lift
aufwenden	to spend
Aufwind	updraft
Aufzeichnungen	records
Augenblick	moment
augenblicklich	instantaneous, momentary
August	August
aus	out of, from
Ausbildung	training
Ausbildungsprogramm	training program
ausbrechen, abkommen	run-off, to
Ausbrechen, „Ringelpietz"	ground loop
ausdehnen	to extend
ausdrücken, sich	to express oneself
Ausdruck	expression
ausdrücklich	expressive; explicit
ausfahren (Fahrwerk)	to extend, to lower (landing gear)
Ausfall (Motor, Funk)	failure; outage (engine, radio)
ausfallen	to fail
ausfindig machen, entdecken	to discover
ausfindig machen (Standort von einer Sache)	to locate
Ausflugpunkt	exit point
ausführbar	practicable
ausführen, durchführen	to execute, to perform
Ausführung, Durchführung	execution
ausführlich	in detail
Ausgabe	issue; edition
Ausgang	exit
Ausgangspunkt	starting point
ausgefahrenes Fahrwerk	extended landing gear
ausgenommen, außer	except
ausgerüstet mit	equipped with
ausgezeichnet	excellent
ausgleichend	corrective
Auskunft	information

ausladen, abladen	to unload
Auslaßventil	exhaust valve
auslösen, veranlassen, einleiten	to initiate
Ausmaß	extent
Ausnahme	exception
Ausnahmegenehmigung	special permission
Ausnutzung, Verwendung	utilization
Auspuff(rohr)	exhaust (pipe)
ausreichend, genügend	sufficient
ausrichten (Luftfahrz. auf Startbahn)	to align (aircraft on runway)
ausrollen	to roll out
Ausrüstung (− Ausrüstung)	equipment (-kit)
Erste-Hilfe-Ausrüstung	first-aid kit
aussagen	to predicate
ausschalten	to switch off
Ausschau halten nach	to look out for, to watch out for
ausschließen, eliminieren	to exclude, to eliminate
ausschließlich	exclusive(ly)
ausschweben	to flare out
aussehen	to look
aussetzen, suspendieren	to suspend
aussetzend, unterbrochen	intermittent
Aussetzung, Einstellung	suspension
außen, außerhalb	outside
Außenlandung	off-field landing
Außenlufttemperatur	outside air temperature
außer, ausgenommen	except
außer Betrieb, unbrauchbar	unserviceable
außerdem	furthermore
außergewöhnlich	exceptional
außerstande sein	to be unable
Aussicht, Blick	view
Aussprache	discussion
Aussprache (eines Wortes)	pronounciation (of a word)
aussprechen	to pronounce
aussteigen (mit dem Fallschirm)	to bail out, to jump (with a parachute)
aussteigen, von Bord gehen	to disembark
ausstellen	to exhibit
Aussteller	exhibitor
Ausstellung, Schau	exhibition, show
Ausstrahlung	emission
austrimmen	to trim
auswählen	to select
auswechseln	to exchange, to change

Ausweichanweisung	alternate instructions
ausweichen (einem Hindernis)	to give way
ausweichen (zu einem anderen Platz)	to divert (to another aerodrome)
Ausweichflugplatz	alternate aerodrome − ALTN
Ausweichfrequenz	alternate frequency
Ausweichkurve	avoiding turn
Ausweichlandung	diversion landing
Ausweichmanöver	avoiding manoeuver
Ausweichmeldung	diversion message
Ausweichregeln	right-of-way rules
Ausweis, Berechtigung	identification card, certificate, licence
Auszug	excerpt
Autobahnabzweigung, -kreuzung	autobahn intersection, − crossing
automatische Steuerung	auto(matic) pilot
automatisches Peilgerät	automatic direction finder − ADF
automatische Verstelluftschraube	automatically-controllable propeller
Autopilot	auto-pilot
Autorotationslandung (Hubschrauber)	autorotation landing (helicopter)
Azimut	azimuth
Azimutführungshilfe für Bugeinwärts-aufstellung	azimuth guidance for nose-in stands − AGNIS

B

Backbordlicht	port light
Bahnhof	railway station
Bahnlinie	railroad line, railway line
bald	soon
baldmöglichst	as soon as possible, − practicable
Ballon	balloon
Ballonaufstieg	balloon ascent
Ballonfahrt	balloon flight
Ballonhülle	balloon cover
Band (A/P); Lautstärke	volume
Bannerabwurf	banner drop
Banneraufnahme	banner pick-up
barometrischer Höhenmesser	pressure altimeter
Barzahlung	cash
Bauarbeiten	construction work
Bauarbeiter	construction laborer
Bauchlandung	wheels-up landing, belly landing
Baugerät	construction equipment
Baum	tree
Baustelle	construction area, construction site
beabsichtigen, vorhaben	to intend

236

beabsichtigte Strecke	*intended route*
beabsichtigter Kurs über Grund	*intended track*
beabsichtigter Flugweg	*intended route*
beachten	*to watch for*
beachten (Regeln, Anweisungen)	*to comply with, to observe*
zu beachtender Platzverkehr	*essential aerodrome traffic*
zu beachtender örtl. Verkehr	*essential local traffic*
zu beachtender Verkehr	*essential traffic*
Beachtung	*observance*
beanstanden, sich beschweren	*to complain*
Beanstandung, Beschwerde	*complaint*
beantragen	*to apply for*
beantworten, antworten	*to answer, to reply*
beauftragen	*to commission*
bebautes Gebiet	*built-up area*
bedauern	*to regret*
Bedarf	*need*
bedecken	*to cover*
bedeckt (durch Wolken)	*overcast (clouds)*
bedenken, in Betracht ziehen	*to consider, to take into consideration*
bedeuten	*to mean, to stand for, to imply*
bedeutsam, bezeichnend	*significant*
Bedeutung	*meaning*
bedienen (ein Gerät)	*to operate (equipment)*
Bedienungsfeld	*control panel*
Bedienungsgerät	*control instrument*
Bedingung	*condition*
bedrohlich	*critical, serious*
beenden, abschließen, vollenden	*to finish, to complete, to terminate*
Beendigung	*completion, termination*
beeinflussen, gewährleisten	*to affect*
beeinträchtigt	*impaired*
befähigt, qualifiziert	*qualified*
Befähigung, Qualifikation	*qualification*
befestigter Abstellplatz	*hardstand*
befestigte Start- und Landebahn	*paved runway*
Befeuerung	*lighting*
Befeuerungseinrichtungen	*lighting facilities*
Befeuerungsentgelt	*lighting charge*
befinden, sich; sein	*to be*
befördern (eine Nachricht)	*to handle (a message)*
befolgen, einhalten	*to adhere to, to comply with, to follow*
Befolgung	*adherence, compliance*
befriedigend, zufriedenstellend	*satisfactory*
befürchten; begreifen	*to apprehend*

begegnen	to meet
Beginn, Anfang	beginning, commencement
beginnen, anfangen	to begin, to commence, to start
begleiten (ein Luftfahrzeug)	to escort (an aircraft)
begreifen; befürchten	to apprehend
begrenzen	to limit
begrenzt, beschränkt	limited, restricted
begrenztes Maß	limited extent
Begriffsbestimmung	definition
begründet	motivated
Begründung, Grund	reason
behalten, im Auge	to keep an eye on
Behälter	container
behindern	to hamper, to hinder
Behörde	authority
bei	at, by; near; upon
beibehalten (Höhe)	to maintain
beide	both
beiderseits	on both sides
beinahe, fast, nahezu	almost
Beispiel	example, sample
zum Beispiel	for example, for instance − e.g.
beifügen, anheften	to attach
beitragen	to contribute
beizeiten	in (due) time
bejahend, positiv	affirmative
bekannt	known
bekanntgeben, veröffentlichen	to publish; to promulgate
Bekanntmachung, Vorschrift	regulation
bekommen, erhalten	to get, to receive
beladen, laden	to load
Beladungsbeschränkungen	load limitations
Belag (der Start- und Landebahn)	pavement
Belang, Wichtigkeit	importance
beleuchtet	lighted
Beleuchtung	lighting
Belieben, Gutdünken	descretion
bemannter Freiballon	manned free balloon
bemerken	to notice
Bemerkung	remark
bemühen, sich	to endeavor
benachbart	adjacent
benachrichtigen, informieren	to inform, to notify
Benachrichtigung	information, notification
benötigen	to need, to want

benutzen	to use, to make use of, to utilize
Benutzer	user
benutzbar	usable, serviceable
Benutzbarkeit	usability
Benutzung	use
Benzin	gasoline
beobachten	to observe
Beobachter	observer
Beobachtung	observation
bequem	convenient
Bequemlichkeit	convenience
Beratung, Flugberatung	briefing
Berechnung	calculation
Berechtigung zum Flug nach Instrumentenflugregeln	IFR rating
Bereich	range, area
bereit	ready
Bereitschaftsstufe	Alert Phase — ALERFA
Bereitstellung, Vorsorge	provision
Berg	hill, mountain
bergig	hilly, mountainous
Bergrücken	hill ridge, mountain ridge
Bergspitze	mountain peak
Bericht, Meldung	report
berichten	to report
berichtigen, korrigieren	to correct
berichtigend	corrective
berichtigte Eigengeschwindigkeit	rectified airspeed — RAS
Berichtigung, Änderung	amendment
Berichtigung, Verbesserung	correction
Berufsflugzeugführer	commercial pilot
Berufsflugzeugführerschein	commercial pilot licence — CPL
Besatzung	crew
Besatzungsmitglied	crew member
Besatzungsraum	crew compartment
beschädigen	to damage
Beschädigung	damage
beschäftigt sein	to be busy
bescheinigen	to certify
bescheinigen, mit Zeugnis versehen	to certificate
beschleunigen	to expedite
beschleunigt	expeditious
Beschleunigung	acceleration
beschränkt, begrenzt	limited, restricted

Beschränkung	restiction, limitation
beschreiben	to describe
Beschreibung	description
Beschwerde, Beanstandung	complaint
beschweren, sich; beanstanden	to complain
beseitigen (Hindernis)	to remove (obstruction)
Beseitigung, Abbau	removal
besetzt, belegt	occupied
besetzt (Telefon)	busy (telefon)
Besichtigung, Kontrolle	inspection
besiedeltes Gebiet	populated area
besonders, spezifisch	specific
besondere Anforderungen	special requirements
besondere Verfahren	special procedures
besonders	especially, particular(ly)
Besorgnis; Auffassung	apprehension
Bespannung, Beplankung	skin
besprechen	to discuss
besser	better
bessern, sich (Wetter)	to improve (weather)
Besserung	improvement
bestätigen (Empfang)	to acknowledge (reception)
bestätigen, bekräftigen	to confirm
Bestätigung (Empfang)	acknowledgement
Bestätigung, Bekräftigung	confirmation
bestehen, vorhanden sein	to exist
bestehen auf	to insist on
bestimmen, Standort; − feststellen	to determine (position)
Bestimmungsflugplatz	destination aerodrome
bestrafen	to punish
Bestrafung	penalty
besuchen	to visit
Besucher	visitor
beteiligt	involved
Beton-Start- und -Landebahn	concrete runway
Betracht	consideration
in Betracht ziehen, bedenken	to take into consideration, to consider
betrachten	to regard
beträchtlich	considerable
betreffen	to concern
betreffend	applicable, regarding
Betrieb, Tätigkeit	operation
betrieblich, Betriebs	operational
Betriebsbedingungen	operational conditions

betriebsfähig	serviceable, operative
nicht betriebsfähig	inoperative
wieder betriebsfähig	reoperative
Betriebsfähigkeit	serviceability
Betriebsfläche	operational area
Betriebsgebäude	operations building
Betriebshandbuch	operations manual
betriebsklar, betriebsbereit	ready for operation, functioning
Betriebs-Start- und Landebahn	runway in use
Betriebsstunden	operating hours, hours of operation
Betriebsverfahren	operating procedure
Betriebszeit	working hours, time of operation
beurteilen	to judge
Beurteilung	judgement
bevollmächtigt, freigegeben	commissioned
bevor	before
bevorzugen, vorziehen	to prefer, to be in favour of
bewachen	to guard, to watch
bewaffneter Sicherheitsbegleiter	armed escort
bewahren, retten	to save
bewaldetes Gebiet	wooded area
bewegen	to move
beweglich	mobile; movable
Bewegung	movement; motion
in Bewegung	in motion
Bewegungsfläche	movement ara
bewegungsunfähig	disabled
bewilligen	to grant, to allow
bewirken, erwirken	to effect
bewohntes Gebiet	populated area
bewölken, sich	to become cloudy
bewölkt, wolkig	broken clouds, cloudy
Bewölkungsverhältnisse	cloud conditions
bewußt sein	to be aware of
bezahlen	to pay
Bezahlung	payment
bezeichnen	to mark, to designate
bezeichnend, markant	significant, prominent
Bezeichnung	designation
beziehen, sich − auf	to refer to
Bezirkskontrolle	area control
Bezirkskontrolldienst	area control service
Bezirkskontrollstelle	area control center − ACC
Bezirkskontrollstelle für den oberen Luftraum	upper area control center − UAC

Bezug nehmen auf, mit Bezug auf	to refer to, with reference to
Bezugspunkt	reference point
bezweifeln, zweifeln	to doubt
Bildschirm (Radar)	scope (Radar)
binnen (einer kurzen Zeit)	within (a short time)
bis	until, up to
bisher	till now, up to now
bißchen; klein	little
Bitte	request
bitten um	to ask for, to request
blau	blue
Blech	sheet metal
bleiben	to remain, to stay
Blick	look, glance
Blick, Aussicht	view
blicken	to look
Blindsendung	blind transmission
blinken	to flash
blinkendes Licht, Blinkfeuer	flashing light
Blitz (Wetter)	lightning
blitzend, blinkend	flashing
Blitzfeuer, Blitzleuchtfeuer	flashing light, flashing beacon
Blitzfeuerkette, Blitzfolgefeuer	sequenced flashing lights
Blockzeit	block-to-block time
Bö	gust
Böenwalze	line squall
böige Winde	gusty winds
Böigkeit im wolkenfreien Raum	clear air turbulence − CAT
Boden, Grund − GND	ground − GND
Boden − Bord	ground-to-air
Bodenabfertigung	ground handling
Bodenabstand, Bodenfreiheit	ground clearance, terrain clearance
Bodenfreiheit der Luftschraube	prop(eller) clearance
Bodenhilfe (Navigation)	ground aid
Bodenhindernis	ground obstruction
Bodennavigation	terrestrial navigation
Bodennebel	ground fog
Bodennebelschwaden	patches of ground fog
Bodensicht	ground visibility
Bodensignale	ground signal
Bodenstation	ground station
Bodenwind	surface wind
Bogen	arc
Bord − Boden	air-to-ground
Bordbuch	log book, flight log

Bordempfänger	*airborne receiver*
Bordingenieur	*flight engineer*
Bordinstrument	*aircraft instrument*
Bordradar	*airborne radar*
Bordsender	*airborne transmitter*
Bordverständigung	*intercom*
Böschung, Abhang	*slope*
Brand	*fire*
Brandhahn, Treibstoffhahn	*fuel cock*
Brandschott	*fire wall*
brauchen, gebrauchen	*to use, to utilize*
braun	*brown*
brechen	*to break*
breit	*wide*
Breite	*width*
Breite (geographische)	*latitude*
Breitengrad	*degree of latitude*
Bremse	*brake*
bremsen	*to brake, to apply brakes*
Bremsenüberprüfung	*brake check*
Bremsklappe	*speed brake*
Bremsklötze	*chocks*
Bremskoeffizient	*braking coefficient*
Bremspropeller	*reversible pitch propeller*
Bremsschub	*reverse thrust*
Bremssteigung (Propeller)	*reverse pitch*
Bremswirkung	*braking action*
brennen, verbrennen	*to burn*
Brennkammer	*combustion chamber*
Brennstoff	*fuel*
Brennstoffbedarf	*fuel requirement*
Brennstoffpumpe	*fuel pump*
Brennstoffverbrauch	*fuel consumption*
Brett	*board*
Brief; Buchstabe	*letter*
bringen	*to bring, to take*
Bruch, Absturz	*crash*
Bruch (einer Leitung)	*rupture*
bruchlanden	*to crash-land*
Bruchlandung	*crash landing*
Brücke	*bridge*
Buch	*book*
Buchstabe; Brief	*letter*
Buchstabieralphabet	*spelling alphabet*
buchstabieren	*to spell*

Büro, Amt	*office*
Bug	*nose*
bugeinwärts	*nose-in*
Bugrad	*nose wheel*
Bugradfahrwerk	*tricycle landing gear*
Bugradstrebe	*nose wheel strut*
Bundesrepublik	*Federal Republic*
Bundesstraße	*federal road*
Bundeswehr	*Federal Armed Forces*
Burg	*castle*

C

carnet	*carnet*
Charterflug	*charter flight*
chartern	*to charter*
Celsiusgrade	*degrees Celsius, degrees centigrade*
cirrus, Federwolke	*cirrus*
cirro-stratus	*cirro-stratus*
cumulus, Haufenwolke	*cumulus*
cumulo-nimbus	*cumulo-nimbus*
CVFR-Flug	*CVFR flight*
CVFR-Gebiet	*CVFR area*
CVFR-Strecke	*CVFR route*

D

da, dort	*there*
dabei (örtlich), nahe bei	*near by*
dabeibleiben	*to persist*
Dach	*roof*
dadurch	*thereby*
Dämmerung	*twilight*
Dämpfungsflosse (Leitwerk)	*fin*
Dämpfungsfläche (Leitwerk)	*stabilizer*
Dafürhalten, Gutdünken	*discretion*
dagegen	*against*
daher, deshalb, deswegen	*therefore*
dahinter	*behind it*
damals	*at that time*
danach	*thereafter; subsequently*
daneben	*next to it*
dann	*then*
dann und wann, ab und zu	*now and then*
darlegen	*to explain, to expose*
Darlegung, Angabe	*statement*

244

darstellen	to depict; to constitute
Darstellung (Radar)	display
darüber (über einer Höhe)	above it
darüber (über einem Ort)	over, overhead it
darüber (über eine Sache)	about it
darüber hinaus	beyond it
darüber hinausgehen	to exceed
darunter	under it, below
Datum	date
Dauer	duration
Dauerflugplan	repetetive flight plan
Dauerlicht	steady light
dauern, bleiben	to last
dauernd, ständig	permanent, steady
dauernde Hörbereitschaft	constant listening watch
davor	before (zeitl.); in front of it (örtl.)
Deckel; Überzug	cover
definieren	to define
Deltaflügel	delta wing
demgemäß	accordingly
demnächst	shortly
denn	for
dennoch, trotzdem	nevertheless
derart	in such a manner
deswegen, deshalb	therefore
Deviation, Ablenkung (Kompaß)	deviation
Dezimeterwelle	ultra high frequency – UHF
diagonal	diagonal
Diagramm	diagram
dicht	dense
dichtbesiedeltes Gebiet	congested area
Dichte	density
Diebstahl	theft
Dienst	service
Dienstgipfelhöhe	service ceiling
Dienststelle, Einheit	unit
Dienststunden, Betriebsstunden	hours of service
direkt	direct
Direktanflug	direct approach
Direktflug	non-stop flight
Distanz, Entfernung	distance
DME-Abfragegerät	DME interrogator
DME-Entfernung (Bogen)	DME distance (arc)
DME-Staffelung	DME separation
Dolmetscher, Übersetzer	interpreter

doppelt, zweifach	*double*
doppelt, Doppel −	*dual*
Doppeldecker	*biplane*
Doppelleitwerkträger	*twin tail boom*
Doppelradfahrgestell	*dual wheel undercarriage*
Doppelseitensteuer	*twin rudder*
Doppelsteuer	*dual controls*
Doppler VOR und TACAN	*Doppler VOR and TACAN − DVORTAC*
Dorf	*village*
dort, da	*there*
Drachen, Hanggleiter	*kite*
drängeln	*to push*
draußen	*outside*
drehen, wenden	*to turn*
Drehfeuer (z. B. Zusatzwarnlicht)	*rotating beacon (e.g. anti-collision light)*
Drehflügel	*rotor*
Drehflügelblatt	*rotor blade*
Drehflügelkopf	*rotor head*
Drehflügler	*rotorcraft*
Drehgeschwindigkeit (im Kurvenflug)	*rate of turn*
Drehzahl, Drehgeschwindigkeit (Motor)	*rotational speed (engine)*
Drehzahlmesser	*RPM indicator (RPM-revolutions per minute)*
Drehzahlregler	*constant speed governor*
Drehzahlschwankung	*RPM fluctuations*
Dreiblattluftschraube	*three blade propeller*
Dreieckflügel	*delta wing*
dreifaches Seitenleitwerk	*triple rudder*
Dreiradfahrwerk	*tricycle landing gear*
dringend geraten	*strongly advised*
dringlich	*urgent*
Dringlichkeitsmeldung	*urgency message*
Dringlichkeitsruf	*urgency call*
Dringlichkeitsverkehr	*urgency traffic*
Drossel (Gashebel)	*throttle*
drosseln	*to throttle back, -down*
Druck	*pressure*
Druckabfall	*pressure drop*
Druckanzug	*pressure suit, G-suit*
Druckauftankung	*pressure refuelling*
Druckausgleich	*pressure balance*
Druckkabine	*pressure cabin, pressurized cabin*
Druckluft	*compressed air*
druckluftbetätigt	*pneumatic*

246

Druckluftenteisung	pneumatic deicing
Druck-Luftschraube	pusher propeller
Druckverlust	decompression
Druckwelle	pressure wave
drücken	to press
drücken (Flugzeug im Flug)	to nose down
dünn	thin
dürfen	to be allowed, to be permitted
Düse, Strahl	jet
Düsenluftfahrzeug	jet aircraft
Düsenmotor	jet engine
Düsenstrahl	(jet) blast
Düsenverwirbelungen	jet wash
Düsenverkehr	jet traffic
düster, verhangen, undeutlich	obscured
dunkel	dark
Dunkelheit	darkness
Dunst	haze; mist
dunstig	hazy; misty
Dunstobergrenze	tops of haze
durch	through
durchbrechen (Wolken)	to penetrate, to break through
durchdringen (Schlechtwetter)	to get through, to penetrate
durchfliegen	to fly through, to cross, to traverse
Durchflug	penetration
durchführbar	practicable, feasable
durchführen, ausführen	to execute, to perform, to conduct
Durchführung, Ausführung	execution, performance, conduct
durchgezogene Linie	continuous line, uninterrupted line
durchkommen	to come through, to get through
Durchmesser	diameter
durchqueren (Kontrollzone)	to cross, to traverse (control zone)
Durchsacken	down drop
Durchschnitt	average
durchschnittlich	at the average
durchstarten	to overshoot, to go around
Durchstartfläche	balked landing surface
Durchstoßverfahren	cloud breaking procedure
Durchsuchung	physical search
Durchsuchung von Luftfahrzeugen	aircraft search − SEC
Durchsuchung von Personen	body search

E

eben, gerade (zeitlich)	*just*
Ebene, Fläche	*level, plain*
ebenes Gelände	*flat terrain*
Echo	*echo*
Echoanzeige (Radar)	*target, blip*
Ecke	*corner*
ehemals	*formerly*
eichen, vermessen	*to calibrate*
Eichung, Vermessung	*calibration*
eigen	*own*
Eigengeschwindigkeit	*airspeed*
eigenmächtig, willkürlich	*arbitrarily*
Eigentum	*property*
Eigentümer	*owner*
eignen, sich	*to be suitable*
Einbahnverkehr	*one way traffic*
einbiegen auf (VOR-Radiale, ILS)	*to intercept*
Eindecker	*monoplane*
Eindrehen	*interception*
eindrehen auf, einbiegen auf	*to turn on, to intercept*
Eindruck	*impression*
einfach	*simple*
einfahrbares Fahrwerk	*retractable landing gear*
einfahren (Fahrwerk)	*to retract (landing gear)*
einfliegen	*to enter*
einfliegen (in eine Flugverkehrsstrecke)	*to join (an air traffic route)*
einfliegen (in ILS-Landekurs, VOR-Radiale)	*to intercept (ILS-localizer, VOR-radial)*
Einflug	*entry*
Einflugfreigabe (in Kontrollzone)	*entry clearance (into control zone)*
Einflugpunkt	*entry point*
Einflugstrecke	*entry route, inbound route*
Einflugverfahren	*entry procedure*
eingestehen, zugeben	*to admit*
einfügen	*to insert*
einführen	*to introduce; to implement*
Einführung	*introduction; implementation*
einhalten, beachten (eine Freigabe)	*to comply with (a clearance)*
einhalten (eine Höhe)	*to maintain (a level)*
einhalten (einen Kurs)	*to follow (a course)*
Einheit, Dienststelle	*unit*
einholen (Freigabe)	*to obtain, to request (a clearance)*
einige	*several, some*

Einlaßventil	intake valve
einleiten (Kurve); veranlassen, auslösen	to initiate (a turn)
Einleitung	initiation
einmal	once
noch einmal	once more
einmotoriges Luftfahrzeug	single-engine aircraft
Einmündung	junction
Einnahme	revenue
einrichten, aufnehmen	to establish
einrichten, arrangieren, regeln, verein- baren	to arrange
Einrichtung, Anlage	facility
einschalten	to switch on
einschließlich	including, inclusive
einschränkend	restrictive
einspritzen	to inject
Einspritzpumpe	injection pump
einstellen, aufhören	to discontinue
einstellen, justieren	to adjust
einstellen, stellen (Uhr)	to set (watch)
Einstellpropeller	adjustable pitch propeller
Einstellskala (Höhenmesser)	sub-scale (altimeter)
Einstellung, Justieren	adjustment
Einstellung	setting
Einstellung (des Verkehrs)	suspension (of traffic)
Einstellwinkel	angle of incidence
Einstrahlfeuer	uni-directional light
einstufen	to classify
Eintragungszeichen	registration marks
einteilen, teilen	to divide
einverstanden sein	to agree
Einwand	objection
Einwanderung	immigration
einwandfrei, vollkommen	perfect
Einweisungsflug	familiarization flight
Einwinker	marshaller, signalman
Einwinkzeichen	marshalling signal
Einzelfälle	individual cases
Einzelheiten	details, particulars
einzeln	single; individual
Einzelradbelastung	single isolated wheel load – SIWL
Einziehanlage (Fahrwerk)	retracting system
einziehbares Fahrwerk	retractable landing gear
Eisenbahngleis	railroad track

Eisenbahnlinie	railroad line, railway line
Eisenbahnverkehr	railway traffic
eisfrei	clear of ice
eisig	icy
Eisbildung	ice forming
Eisflecken	patches of ice
Eiskristall	ice crystal
elektrische Anlage	electric system
elektrische Handlampe	electric torch
elektronische Anlage	electronic system
eliminieren, ausschließen	to eliminate, to exclude
Empfänger	receiver
Empfängerausfall	receiver failure
Empfang, Erhalt	reception, receipt
empfangen	to receive
Empfangsbereitschaft, Hörbereitschaft	listening watch
Empfangsbestätigung	acknowledgement of receipt
Empfangsfrequenz	receiving frequency
Empfangsgebäude	terminal building
empfehlen	to recommend, to suggest
empfehlenswert, ratsam	adviseable
Empfehlung	recommendation, suggestion
Empfehlungen (ICAO)	recommended practices (ICAO)
empfindlich	sensitive
Empfindlichkeit	sensitivity
Endanflug	final (approach)
Endanfluggeschwindigkeit	final approach speed
Endanflugkontrolle	final check
Endanflugpunkt (-fix)	final approach fix − FAF
Endanflugsegment	final approach segment
Endanflugsektor	final approach area
Ende	end
endlich, schließlich	finally
eng, schmal	narrow
englische Meile, Landmeile (1609 m) − MI	statute mile − MI
entbinden	to dispense
entdecken	to discover, to find out
Enteisung	deicing
Enteisungsanlage	deicing system
Enteisungsflüssigkeit	deicing fluid
Enteisungsgerät	deicing unit
Entfernung	distance, range
Entfernungsmarkierungsfeuer	distance marking light
Entfernungsmeßgerät − DME	distance measuring equipment − DME
Entführung eines Luftfahrzeuges	abduction of an aircraft, hijacking

entgegenfliegend	*flying opposite direction*
entgegengesetzt	*opposite; contrary*
entgegenkommender Verkehr	*opposite direction traffic*
enthalten	*to contain*
entladen	*to unload*
entlang, längs	*along*
entscheiden	*to decide*
Entscheidung	*decision*
Entscheidungshöhe über NN/Grund	*decision altitude/height − DA/DH*
entschlüsseln	*to decode*
entsprechen	*correspond, to*
entsprechend	*according, appropriate, corresponding*
entwickeln	*elaborate, to*
entwickeln, sich	*to develop*
Entwicklung	*development*
entzünden, sich	*to catch fire*
erachten	*to deem*
erbitten, ersuchen, auffordern	*to ask for, to request*
Erde	*earth, ground*
Erdoberfläche	*surface of the earth*
Erdsicht	*visual reference to the ground, visual ground contact*
Erdsicht aufnehmen	*to establish ground contact*
ereignen, sich; vorkommen	*to happen*
Ereignis, Vorfall	*event, incident*
erfahren sein	*to be experienced*
Erfahrung	*experience*
Erfassung (Radar)	*detection*
Erfassung eines Radarzieles	*radar pick-up*
Erfassungsbereich	*coverage*
Erfolg	*success*
erfolgreich	*successful*
Erfolg versprechend	*promising*
erforderlich, notwendig	*necessary*
erforderlich machen	*to necessitate*
erfordern	*to require, to demand*
Erfordernis	*requirement*
Erfüllung	*fulfillment*
ergänzen	*to supplement*
ergänzend	*supplementary*
Ergänzung	*supplement*
Ergebnis	*result*
Erhalt, Empfang	*receipt*
erhalten, bekommen	*to get, to receive*
erheben, sich; aufsteigen	*to lift off*

251

erheblich	*considerable*
Erhebung (Gelände)	*elevation*
Erholungsgebiet	*recreation area*
erinnern (jemanden)	*to remind (somebody)*
erinnern, sich	*to remember*
erkennen	*to identify, to recognize*
erklären	*to explain*
Erklärung	*explanation*
erkundigen, sich	*to inquire*
Erkundigung	*inquiry*
Erlangung	*obtainment*
erlauben	*to allow, to permit*
Erlaubnis	*permission*
Erlaubnisschein	*licence*
„Erleichterungen für den internationalen Luftverkehr" (AIP)	*"Facilitation of international air transport" — FAL*
ermitteln, feststellen	*to ascertain*
ermöglichen	*to enable*
Erneuerung	*renewal*
erneut aufgeben (Flugplan)	*to refile (flight plan)*
ernstlich, bedrohlich	*critical, serious*
Erprobung	*test*
in Erprobung	*on test*
Erprobungsflug	*test flight*
Ersatz	*replacement*
Ersatzteile	*spare parts*
ersetzen	*to replace, to substitute*
erscheinen	*to appear*
Erste-Hilfe-Ausrüstung	*first-aid kit*
erster Anruf	*initial call*
erster Zielflugplatz	*aerodrome of first intended landing*
ersuchen, erbitten, auffordern	*to ask for, to request*
erteilen (Freigabe)	*to issue (clearance)*
erwarten	*to expect*
erweisen, sich als notwendig	*to prove necessary*
erwidern	*to answer, to reply*
erwirken, bewirken	*to effect*
etwa, ungefähr	*about, approximately*
etwas	*something*
eventuell	*eventual*

F

Fabrik, Werk	*factory, plant*
Fachausdruck, Begriff	*term*
Fackel	*flare*
Fächermarkierungsfunkfeuer	*fan marker beacon — FM*
fähig, tüchtig	*able; capable*
Fähigkeit, Tüchtigkeit	*ability; capability*
fahren	*to drive*
Fahrgestell	*landing gear, undercarriage*
Fahrplan, Flugplan	*schedule*
Fahrtmesser, Geschwindigkeitsmesser	*airspeed indicator*
Fahrwerk	*landing gear, undercarriage, gear*
Fahrwerkanzeige	*landing gear indication*
Fahrwerkbein	*landing gear leg*
Fahrwerk ausfahren	*to extend landing gear*
Fahrwerk ausgefahren	*gear down*
Fahrwerk ausgefahren und verriegelt	*gear down and locked*
Fahrwerk einfahren	*to retract landing gear*
Fahrwerk, festes	*fixed —, non retractable landing gear*
Fahrwerkfederbein	*shock absorber leg*
Fahrwerkhebel	*landing gear lever*
Fahrwerkklappe	*landing gear door*
Fahrwerkkontrollicht	*landing gear light*
Fahrwerkschacht	*gear well*
Fahrwerkstrebe	*landing gear strut*
Fahrwerkverriegelung	*landing gear lock*
Fahrzeug	*vehicle*
Fahrzeugverkehr	*vehicular traffic*
Fall	*case*
falls, im Falle von	*if, in case of*
Fallschirm	*parachute*
Fallschirmabsprung	*parachute descent, — jump*
Fallschirmabsprungübung	*parachute jumping exercise — PJE*
Fallschirmgurt	*harness*
Fallschirmspringer	*parachutist*
Fallwind	*down current, down draft*
falsch	*false, wrong*
falsche Auffassung	*misconception*
Fassung	*version*
Fassungsvermögen	*capacity*
fast, beinahe	*almost*
Fastzusammenstoß	*near miss, airmiss*
Federwolke, Cirrus	*cirrus*

Fehlanflug	missed approach
Fehlanflugverfahren	missed approach procedure
Fehlanflugpunkt	missed approach point − MAPt
Fehlanflugsegment	missed approach segment
fehlen	to miss
Fehler	error, mistake
fehlerhaft	faulty
fehlerhaft arbeiten (Motor)	to malfunction (engine)
Fehlzündung, Rückschlag	backfire, backflash
Felsen	rock
felsig	rocky
Fenster	window
fern	distant
Fernanzeige	remote indication
ferngesteuert	remote controlled
„Fernmeldedienst" (AIP)	"Telecommunication Service" − COM
Fernschreibmeldung	teletype message
Fernsehturm	television tower, TV-tower
Fernsprecher	telephone
Fernsteuerung, Fernbedienung	remote control
Fernstraße, Landstraße	highway
fertig	ready
Fertigkeit	skill
Fesselballon	fixed balloon, captive balloon
festes Fahrwerk	fixed landing gear
festgelegter Standort (Navigation)	fix (navigation)
Festigkeit	strength
festlegen	to stipulate
Festpropeller	fixed pitch propeller
feststellen, angeben	to state
feststellen (Kreiselkompaß)	to cage (gyro)
feststellen (Ruder)	to clamp, to lock
feststellen, Standort bestimmen	to fix a position
Festzeichenlöscher (Radar)	moving target indicator − MTI
feucht, naß	wet
feuchter Dunst	mist
Feuchtigkeit	humidity
Feuer	fire
Feuer (Befeuerung)	light (lighting)
Feuerausfall, Lichtausfall	light failure
Feuerbekämpfung	fire fighting
Feuereinheit (Befeuerung)	light unit
Feuerlöscher	fire extinguisher
feuersicher	fireproof

Feuerwache	fire guard
Feuerwarnung	fire warning
Feuerwehr (Gebäude), Feuerwache	fire station
Feuerwehr (Mannschaft)	fire crew
Feuerwehrwagen	fire truck
Feuerwerks-Leuchtraketen	pyrotechnics, pyrotechnical lights
finden	to find
finster	dark
Finsternis	darkness
Fischereihafen	fishing harbour
flach, seicht	flat
flache Kurve	flat turn
flacher Nebel	shallow fog
Fläche, Ebene	level, plain
Fläche, Flügel	wing
Flächenbelastung	wing loading
Flächenholm	wing spar
Flächenendbehälter	wing tip tank
Flächentank	wing tank
Flachtrudeln	flat spin
Flamme	flame
flattern/Flattern	to flutter/buffeting
Flettnerruder	servo tab
fliegen	to fly
fliegende Besatzung	flight crew
Fliegerhorst, Militärflugplatz	air base
Floß	raft
Flosse	fin
Flüge über See	maritime flights
Flügel (Tragfläche)	wing, airfoil
Flügel gepfeilt	swept-back wing
Flügelhinterkante	trailing edge
Flügellicht	wing light
Flügelspannweite	wing span
Flügelspitze	wing tip
Flügelvorderkante	leading edge
Flügelwurzel, -ansatz	wing root
Flug	flight
Flugalarmdienst	alerting service
Flugbedingungen	flight conditions
Flugberatung, Beratung	preflight information, briefing
Flugberatungsdienst − FB	Aeronautical Information Service − AIS
Flugbesatzung	flight crew
Flugbesatzungsmitglied	flight crew member
Flugbeschränkungen	flight restrictions

Flugbeschränkungsgebiet	restricted area
Flugbetrieb	flight operations
flugbetriebliche Gründe	flight operational reasons
Flugbetriebsmeldung	flight regularity message
Flugboot	flying boat
Flugeigenschaften	flying characteristics
Flugerprobung	flight test
Flugfernmeldedienst − FF	Aeronautical Telecommunication Service − COM
Flugfläche	flight level
Flugflächensystem	flight level system
Fluggast, Passagier	passenger
Fluggastabfertigungsgebäude	passenger terminal
Fluggastbus	passenger bus
Fluggastkabine, Passagierraum	passenger compartment
Fluggeschwindigkeit, Eigengeschwindigkeit	airspeed
Flughafen	airport
Flughafenabfertigungsgebäude	terminal building
Flughafenalarmzentrale	airport emergency control centre
Flughafengesellschaft	airport company
Flughafenhinderniskarte	airport obstruction chart
Flughafenrundsichtradar	airport surveillance radar − ASR
Flughafenunternehmer	airport operator
Flughandbuch	flight manual
Flughöhe, Höhe über Meer	altitude
Fluginformationsdienst	flight information service − FIS
Fluginformationsgebiet	flight information region − FIR
Fluginformationszentrale	flight information center − FIC
flugklar (lufttüchtig)	airworthy
Flugkörper	flying object
Flugkonfiguration	flight configuration
Fluglage	flight attitude
Fluglehrer	flight instructor, instructor pilot
Flugleistung	flight performance
Flugnavigation	air navigation
Flugplan	flight plan
Flugplan abgeben, − aufgeben	to file a flight plan, to submit a −
Flugplanformblatt	flight plan form
Flugplanung	flight planning
Flugplatz	aerodrome
Flugplatz mit Flugverkehrskontrolle, kontrollierter Flugplatz	controlled aerodrome

„Flugplätze, Flugstrecken und Bodenhilfen" (AIP)	"Aerodromes, Air Routes and Ground Aids" — AGA
Flugplatzanlage	aerodrome layout
Flugplatzbefeuerungssystem	aerodrome lighting system
Flugplatzbegrenzung	aerodrome boundary
Flugplatzbetriebsstraße	aerodrome service road
Flugplatzbezugspunkt — FBP	aerodrome reference point — ARP
Flugplatzhinderniskarte	aerodrome obstruction chart
Flugplatzhöhe	aerodrome elevation
Flugplatzinformationsdienst	aerodrome flight information service — AFIS
Flugplatzkontrollfahrzeug	aerodrome control vehicle
Flugplatzleuchtfeuer	aerodrome beacon — ABN
Flugplatznähe	vicinity of an aerodrome
Flugplatzrollplan	aerodrome taxi circuit
Flugplatzsicherheit	aerodrome security
Flugplatz-UKW-Drehfunkfeuer	terminal VOR — TVOR
Flugplatzunternehmer	aerodrome operator
Flugplatzverkehr	aerodrome traffic
Flugplatzverkehrszone	aerodrome traffic zone — ATZ
Flugplatzwetter	aerodrome weather
Flugplatzwettervorhersage	aerodrome weather forecast — TAF
Flugregeln	flight rules
Flugschreiber	flight recorder
Flugschüler	student pilot
Flugsicherheit	flight safety
Flugsicherungsdienst	Air Traffic Service
Flugsicht	flight visibility
Flugsimulator	flight simulator
Flugsteig	gate, passenger gate
Flugstrecke, Flugroute	route of flight
Flugtätigkeit	air activity
Flugüberwachungsgerät	flight instrument
Flugüberwachungszone — FlugÜZ	Air Defence Identification Zone — ADIZ
Flugunfall	flight accident
Flugveranstaltung	air display
Flugverkehr	air traffic
Flugverkehrsanweisung	air traffic control instruction
Flugverkehrsberatungsdienst	Air Traffic Advisory Service
Flugverkehrsberatungsstrecke	air traffic advisory route — ADR
Flugverkehrsfreigabe	air traffic clearance
Flugverkehrskontrolldienst — FVK	Air Traffic Control Service — ATC
Flugverkehrskontrolle — FVK	air traffic control — ATC
Flugverkehrskontrollfreigabe	air traffic control clearance
Flugverkehrskontrollstelle	air traffic control unit
Flugverkehrslotse	air traffic controller

Flugverkehrsstrecke	*air traffic services route, ATS route*
Flugvermessung, Überprüfung im Flug	*in flight calibration, flight check*
Flugvorbereitung	*preflight action, flight preparation*
Flugvorführung	*flight demonstration*
Flugwarnung	*navigation warning*
Flugweg	*flight path*
Flugwettbewerb	*flight competition*
Flugwetterbedingungen	*flight conditions*
Flugwetterberatung	*preflight weather briefing, met briefing*
Flugzeit	*flight time*
Flugzeug	*aeroplane, plane*
Flugzeugabfertigung	*aircraft handling, operations*
Flugzeugführer	*pilot*
Flugzeughalle	*hangar*
Flugzeuglängsachse	*longitudinal axis of an aircraft*
Flugzeugrumpf	*fuselage*
Flugzeugschlepp	*aeroplane towing*
Flugzeugwartung	*aeroplane maintenance*
flüssig	*fluent*
Fluß	*river*
Flußtal	*river valley*
Flutlicht	*floodlight*
Folge	*sequence, succession*
folgen	*to follow*
„Folgen-Sie-mir"-Fahrzeug, Leitfahrzeug	*"Follow-me" car*
Form, Gestalt	*shape*
Formation	*formation*
Formationsflug, Verbandsflug	*formation flight*
forschen, nachforschen	*to inquire*
Forschung	*research*
fortfahren	*to go ahead, to proceed*
fortlaufend, ununterbrochen	*continuous*
fortschreiten	*to progress*
Fortschritt	*progress*
fortschrittlich	*progressive*
fortsetzen	*to continue*
Fracht	*freight, cargo*
Frachtflugzeug	*cargo aeroplane*
frei	*free, clear*
frei von Wolken	*clear of clouds*
Freiballon	*free balloon*
Freifläche	*clearway*
freifliegende Sonde	*free flying sonde*

258

Freigabe	clearance
Freigabeablauf (zeitlich)	clearance void time
Freigabebalkenfeuer	clearance bar light
Freigabegrenze	clearance limit
Freigabe läuft ab um . . .	clearance expires at . . .
freigeben	to clear
freigeben, freilassen	to release
freihalten	to keep clear
Freileitung, Kabel	landline
freimachen (Landebahn)	to clear (runway)
freimachen, verlassen (eine Höhe)	to vacate (a level)
freitragend	cantilever
freiwillig	volontary
fremd	strange
Fremder	stranger, foreigner, guest
Frequenz	frequency
Frequenzband	frequency band
Frequenzbereich	frequency range
Frequenzkanal	frequency channel
Frequenzwahlschalter	frequency selector switch
Front (Wetter)	front (weather)
frontseitiger Leitstrahl (ILS)	front beam
Frostgraupel	soft hail
früh	early
früher, vorhergehend	previous
führen	to lead
führen (ein Luftfahrzeug)	to pilot (an aircraft)
führen, leiten (mit Radar)	to guide, to vector
Führeraum, Führersitz	cockpit
Führung (Radar)	guidance, vectoring
Funk	radio
Funkdisziplin	radio discipline
Funkeinrichtung	radio facility
Funkempfangsgerät	radio receiver
Funkfeuer	radio beacon
Funkfeuerkennung	radio beacon identification
Funkhilfe	radio aid
Funkhöhenmesser	radio altimeter
Funkkompaß	radio compass
Funknavigation	radio navigation
Funknavigationsausrüstung	radio navigation equipment
Funknavigationseinrichtung, -anlage	radio navigation facility
Funknavigationsgerät	radio navigation equipment
Funknavigationshilfe	radio navigation aid

Funknavigationskarte	radio navigation chart
Funkpeilgerät	radio direction finder
Funkpeilung	radio bearing
Funkrufzeichen	radio call sign
Funkseitenpeilung	relative bearing
Funksendegerät	radio transmitter
Funksender und -empfänger	radio transceiver
Funkstelle	radio station
Funkstille	radio silence
Funkturm	radio tower
Funkverbindung, Funkverkehr	radio communication
Funkverbindung aufnehmen	to establish radio contact
Funkverbindungsausfall	communication failure, loss of communication
funktionieren	to function, to operate
Funküberdeckung	radio coverage
Funkwart	radio maintenance mechanic
Funkwelle	radio wave
FVK-Stelle	ATC unit
Fuß − ft	foot, feet − ft
Fußboden	floor
Fußgänger	pedestrian

G

Gallone (ca. 4,5 Liter)	gallon (Imp.)
ganz besonders	notably
Gashebel	throttle
Gashebelgestänge	throttle linkage
Gaststätte	restaurant
Gattung, Art	kind
GCA (bodengelenkter Anflug)	ground controlled approach
GCA-Anflug	GCA approach
GCA-Anflugsystem	GCA approach system
GCA-überwachter ILS-Anflug	GCA monitored ILS approach
geänderte Freigabe	amended clearance
Gebäude	building
geben	to give
Gebiet	area
Gebiet mit Flugbeschränkungen	restricted area
gebieten	to impose
Gebietung	imposition
Gebläse	blower
Gebotszeichen	mandatory instruction sign
gebrauchen, brauchen	to use, to utilize

gebrauchtes Luftfahrzeug	*secondhand aircraft*
Gebühren	*charges, fees*
gebührend	*proper*
gebührend berücksichtigen	*to take due account*
Gebührenordnung	*tariffs, airport charges*
gedrückte Fluglage	*nose-down attitude*
geeignet	*fit, suitable*
Gefahr	*danger*
gefährden	*to endanger*
gefährlich	*dangerous*
gefährliche Begegnung	*near miss*
gefährliche Flugbedingungen	*hazardous flight conditions*
gefährliche Wetterbedingungen	*hazardous weather conditions*
Gefälle	*slope*
Gefahrenfeuer	*hazard beacon*
Gefahrengebiet	*danger area*
gefahrlos	*without risk, safe*
geflogener Kurs über Grund	*track made good*
gefrierend	*freezing*
Gefühl	*feeling*
gegen	*against*
Gegenanflug, -teil	*down wind, -leg*
Gegend	*region, district, area*
Gegenkurs	*reciprocal track, opposite direction*
Gegenrichtung	*opposite direction*
Gegenstand	*object*
Gegenstand von	*subject to*
gegenwärtig	*present; at present*
gegenwärtiger Wind	*present wind*
Gegenwart	*presence*
Gegenwind	*head wind*
gehen	*to go*
gehorchen (Steuerausschläge)	*to react, to respond*
Geknister	*crackling*
Gelände	*terrain*
gelb	*yellow, amber*
gelbe Linie	*yellow line*
Geldbuße	*fine*
gelegen (örtlich)	*situated, located*
Gelegenheit	*occasion, opportunity*
gelegentlich	*intermittend, occasional*
Gelenk	*hinge, joint*
gelingen; nachfolgen	*to succeed*
geltender Flugplan	*current flight plan*
gemäß	*according to*

gemeinsam	*jointly; common*
gemeldeter Verkehr	*reported traffic, known traffic*
gemessen	*measured*
Gemisch	*mixture*
Gemischregler	*mixture control*
genau	*exact, accurate, precise*
genau, strikt	*strict(ly)*
genaue Angaben	*precise data*
Genauigkeit	*accuracy, exactness*
genehmigen	*to approve, to grant*
Genehmigung	*approval, authorization*
Generator	*generator*
genügend, ausreichend	*sufficient*
geodätisch	*geodetic*
geographische Breite	*latitude*
geographische Länge	*longitude*
geographische Staffelung	*geographical separation*
Gepäck	*luggage, baggage*
Gepäckausgabe	*baggage delivery*
Gepäckraum	*luggage compartment*
gerade	*straight*
gerade jetzt, soeben	*just now*
gerade Zahlen	*even numbers*
geradeaus	*straight ahead*
Geradeausanflug	*straight-in approach*
Gerät, Geräte	*equipment, device*
Gerät in Probebetrieb	*equipment on test*
Geräusch	*noise*
Geräuschdämpfung	*noise suppression, noise reduction*
Geräuschpegel	*noise level*
gerichtet (Lampen)	*directional (lights)*
gering	*little*
geringfügiger Unfall	*minor accident*
Geruch	*smell*
Gesamtfluggewicht	*all-up weight − AUW*
Geschäftsflugzeug	*executive aeroplane*
geschätzte Abflugzeit − ETD	*estimated time of departure − ETD*
geschätzte Ankunftszeit − ETA	*estimated time of arrival − ETA*
geschätzte Zeit über . . . − ETO	*estimated time over . . . − ETO*
geschehen	*to happen*
Geschwindigkeit, Fluggeschwindigkeit	*speed, velocity; airspeed*
Geschwindigkeitsmesser, Fahrtmesser	*airspeed indicator*
Geschwindigkeit über Grund	*ground speed − GS*
Gesellschaft	*company*

gesperrt	*closed*
Gespräch, Unterhaltung	*conversation*
Gestalt, Form	*shape*
Gestaltung	*configuration*
gestatten, lassen	*to let*
gestern	*yesterday*
Gesuch	*application, request*
Gesundheitszeugnis	*medical certificate, − document*
getrieben werden, vom Fahrtwind (Prop)	*to windmill*
gewährleisten	*to assure*
gewerblich	*commercial*
gewerblicher Flug	*commercial flight*
gewerblicher Luftverkehr	*commercial aviation*
gewerbliche Personenbeförderung	*commercial transport of passengers*
Gewicht	*weight*
Gewichtsklasse	*weight category*
gewiß, sicher	*certain*
gewissenhaft	*conscientious*
Gewitter	*thunderstorm*
gewöhnlich	*usual*
gezogene Fluglage	*nose-up attitude*
gieren	*to yaw*
glatt, schlüpfrig, rutschig	*slippery*
glauben	*to believe*
gleich	*equal*
gleich, identisch	*identical*
gleichförmig	*uniform*
gleichzeitig	*simultaneous*
Gleis (Schiene)	*track*
Gleitflugzeug, Segelflugzeug	*glider, sailplane*
Gleitweg (ILS)	*glide path − GP*
Gleitwegsender	*glide path transmitter*
Gleitwinkel	*glide angle*
Gleitwinkelbefeuerung − VASIS	*visual approach slope indicator system − VASIS*
Gleitwinkelbefeuerung − PAPI	*precision approach path indicator − PAPI*
Gondel (Motor)	*(engine) nacelle*
Graben	*ditch*
graben	*to dig*
Grad	*degree*
Grad Celsius	*degree (s) centigrade*
Grasmähen	*grass cutting*
Gras-Start- und Landebahn	*grass runway, sod runway, (grass strip)*
grau	*grey*

Graupel, Hagel	*hail*
Grenze	*border, boundary; limit; frontier*
Grenzgebiet	*border region*
Grenzpolizei	*border police*
Griesel	*granular snow*
größerer Schaden	*major damage*
groß	*big, great, large*
Großkreis	*great circle*
Großkreisbeschickung	*conversion angle*
Großkreisnavigation	*great circle navigation*
Großraumradar	*long range radar*
Großstadt	*large city*
grün	*green*
gründlich	*solid, thorough*
Gründlichkeit	*thoroughness*
Grund, Begründung	*reason*
Grund, Boden	*ground − GND*
Grundgeschwindigkeit	*ground speed − GS*
Grundverfahren	*basic procedure*
Gruppe	*group*
gültig	*valid*
Gültigkeit	*validity*
günstig	*favourable*
Gurt; Sitzgurt	*belt; seat belt*
gut	*good*
Gutdünken, Dafürhalten	*discretion*

H

haben	*to have*
häufig, oft	*frequently, often*
haftbar	*liable*
Haftung	*liability*
Hagel, Graupel	*hail*
Hagelschauer	*hail shower*
Haken	*hook*
halb	*half*
Halbkreishöhen	*semi-circular levels*
Halbkreisregel	*semi-circular rule*
halbstündlich	*half-hourly*
halbstündliche (Wetter-) Beobachtung	*half-hourly observation*
Halle	*hangar*
halt!	*hold position! stop!*
halten	*to hold, to stop*
Haltepunkt, Rollhalteort	*holding point, taxi holding position*

Halter	operator
Halteseil	mooring rope
haltmachen	to come to a full stop
Hand	hand
von Hand	manually
Handbuch	manual
handeln	to act
Handgepäck	hand baggage
Handlung	action
Hand(feuer)waffen	small arms
Hang, Abhang, Böschung, Gefälle	slope
Hanggleiter	hang glider
Hantelzeichen	dumb-bell signal
hart	hard
harte Landung	rough landing, heavy landing
Hase	hare
Haube	canopy
Haupt −	main
Haupteinflugzeichen − MM	middle marker − MM
Hauptfahrwerk	main landing gear
Hauptfrequenz	primary frequency
hauptsächlich	mainly, principal(ly)
Hauptschalter	main switch, master switch
Hauptstadt	capital
Haupt-Start- und Landebahn	main runway
Hauptstation	master station
Hauptverkehrsstunden	peak traffic hours
Hauptverkehrszeit	peak traffic period
Hauptwolkenuntergrenze	ceiling
Hauptwolkenuntergrenze und Sicht OK	ceiling and visibility OK
Hebel	lever
Heck	tail
Heckleuchte, Hecklicht	astern light, tail light
Heckteil	tail unit
heftig, schwer	severe
heiß	hot
Heißluftenteisung	hot air deicing
heiter, wolkenlos	sky clear
Hektopascal (hPa)	Hectopascal (hPa)
helfen	to help
Helikopter, Hubschrauber	helicopter
hell	light, bright
Helligkeit	brightness
herausgeben (NOTAM)	to issue (NOTAM)

Herkunft	origin
herum, um	around
heruntergehen (zur Landung)	to let down (for landing)
herunterschalten (Befeuerung)	to dim (lights), to turn down (lights)
heruntersprechen (PAR)	to talk down
hervorbringen	to originate
hervorragend	outstanding
Heu	hay
heute	today
heute Abend	tonight
hier	here
Hilfe, Unterstützung	help, assistance, aid
Hilfe leisten	to render assistance
Hilfsruder	tab
Himmel	sky
hindern	to prevent, to hinder, to impede
Hindernis	obstruction, obstacle
Hindernisbefeuerung	obstruction lighting
Hindernisbegrenzungsfläche	obstacle limitation surface
Hindernisfreihöhe über NN	obstacle clearance altitude – OCA
Hindernisfreihöhe über Grund	obstacle clearance height – OCH
Hindernisfreiheit	obstruction (obstacle) clearance
Hinderniswarnlicht	obstruction warning light
hindeuten	to point at
hindurch	through, across
Hin- und Rückflug	round trip
hinlänglich	sufficient
hinten	in the rear
hinter	behind
Hintergrund	background
Hinweis, Ratschlag	advice
hinweisen	to advise, to point out
es wird hingewiesen auf	attention is drawn to
Hinweiszeichen, Informationstafel	information sign
hoch	high
Hochachse	vertical axis
Hochdecker	high-wing monoplane
Hochdruckgebiet, Antizyklone	high (pressure area)
Hochleistungsluftfahrzeug	high performance aircraft
Hochleistungsbefeuerung	high intensity lighting
hochreißen	to zoom (aircraft)
Hochspannungsleitung	high tension line, power line
hochziehen	to pull up
Höchstflugdauer	endurance

Höchstgeschwindigkeit	*maximum speed*
Höchstgewicht	*maximum all-up weight*
Höhe, waagerechte Ebene	*level*
Höhe über Grund	*height*
Höhe über Meer, Flughöhe	*altitude*
Höhe beibehalten (nach Steig- oder Sinkflug)	*to level off (after climb or descent)*
Höhe eines Ortes über Meer	*elevation*
Höhenabstand, Höhenfreiheit	*vertical distance, vertical clearance*
Höhenänderung	*level change*
Höhenflosse	*horizontal stabilizer*
Höhenflug	*high level flight*
Höhenlader	*booster, supercharger, turbocharger*
Höhenleitwerk	*elevator unit (assembly)*
Höhenlinie	*contour line*
Höhenmesser	*altimeter*
Höhenmessereinstellung	*altimeter setting*
Höhenmesserkontrollort	*altimeter check location*
Höhenruder	*elevator*
Höhenrudertrimmklappe	*elevator trim tab*
Höhenstaffelung	*vertical separation*
Höhenwechsel	*level change*
Höhenwinde	*winds aloft, upper winds*
Höhenzuweisung	*level assignment*
Hörbereitschaft	*listening watch*
Hoheits- und Eintragungszeichen	*nationality and registration marks*
Holzpropeller	*wood propeller*
horchen, hören	*to listen*
Horizont	*horizon*
horizontal, waagerecht	*horizontal*
Horizontalflug	*level flight*
Horizontalgeschwindigkeit	*horizontal speed*
Horizontalsicht	*horizontal visibility*
Horizontalstaffelung	*horizontal separation*
Hotel	*hotel*
Hubschrauber, Helikopter	*helicopter*
Hubschrauberflughafen	*heliport*
Hubschrauberlandefläche	*helicopter landing area*
Hügel	*hill*
hügeliges Gelände	*hilly terrain*
Hund	*dog*
Hydraulikschwierigkeiten	*hydraulic difficulties*
Hydrauliksystem	*hydraulic system*

I

ICAO-Rat	*ICAO council*
ICAO-Standard-Atmosphäre	*ICAO-standard-atmosphere*
identifizieren	*to identify*
Identifizierung	*identification*
Identifizierungskurve	*identification turn*
Identifizierungs-Sonderimpuls	*special position identification pulse − SPI*
identisch, gleich	*identical*
IFR-Anflug	*IFR approach*
IFR-Berechtigung	*IFR licence, IFR rating*
IFR-Flug	*IFR flight*
IFR-Flugplan	*IFR flight plan*
IFR-Freigabe	*IFR clearance*
IFR-Verkehr	*IFR traffic*
ILS-Anflug	*ILS approach*
ILS-Anflugfreigabe	*ILS approach clearance*
ILS-Empfänger	*ILS receiver*
ILS-Geradeausanflug	*ILS straight-in approach*
ILS-Gleitweg	*ILS glide path − GP*
ILS-Haupteinflugzeichen	*ILS middle marker − MM*
ILS-Kreuzzeigerinstrument	*ILS cross pointer*
ILS-Landekurs	*ILS localizer − LLZ*
ILS-Rückkurs	*ILS back course*
ILS-Voreinflugzeichen	*ILS outer marker − OM*
im Hinblick auf	*in view of*
immer	*always*
imstande sein, können	*to be able*
in	*in, at*
in der Lage sein, können	*to be in a position, to be able*
in Kraft	*in force*
Inbetriebnahme	*implementation*
individuell	*individual*
infolge	*due to*
Information	*information*
informieren, benachrichtigen	*to inform, to notify*
Inhalt	*contents*
Initiative	*initiative*
Inlandfluglinie	*domestic air service*
innerhalb	*within; inside*
inoffiziell	*unofficial*
Insasse	*occupant*
insbesondere	*especially, in particular*
in Segelstellung bringen (Prop)	*to feather*

in Sicht	*in sight*
in Sichtweite eines Flugplatzes	*in visual range of an aerodrome*
Insel	*island*
insofern als	*in so far as*
installieren, einbauen	*to install*
Instandsetzung, Reparatur	*repairs*
Instrument	*instrument*
Instrumentenanflug	*instrument approach*
Instrumentenanflugkarte	*instrument approach chart*
Instrumentenanflugverfahren	*instrument approach procedure*
Instrumentenanzeige	*instrument indication*
Instrumentenbrett	*instrument panel*
Instrumentenfehler	*instrument error*
Instrumentenflug	*instrument flight*
Instrumentenflugregeln — IFR	*instrument flight rules — IFR*
Instrumentenflugkurve (3°/Sek.)	*rate-one turn*
Instrumenten-Landesystem — ILS	*instrument landing system — ILS*
Instrumenten-Start- und Landebahn	*instrument runway*
Instrumenten-Wetterbedingungen	*instrument meteorological*
— IMC	*conditions — IMC*
intensiv	*intensive*
interessant	*interesting*
Interesse	*interest*
Interferenz	*interference*
international	*international*
Internationale Zivilluftfahrt-Organisation	*International Civil Aviation*
— ICAO	*Organization — ICAO*
internationaler Flughafen	*international airport*
Internationaler Luftverkehrsverband	*International Air Transport*
— IATA	*Association — IATA*
Intervall	*interval*
Inversion, Umkehrschicht	*inversion*
inzwischen	*meanwhile*
irgendein	*any*
irgendwo	*somewhere*
irren, sich	*to err, to be mistaken*
irritieren	*to irritate*
Irrtum, Fehler	*error, mistake*
irrtümlich	*erroneous*

J

ja	*yes*
Jäger	*interceptor*
Jagdflugzeug	*fighter aeroplane*

Jahr	*year*
Jahreszeit	*season*
jährlich	*annual*
jederzeit	*at any time*
jedoch	*however*
jemand	*somebody, someone*
jetzt	*now*
jeweilig	*respective(ly)*
jung	*young*

K

Kabel	*cable*
Kabine	*cabin*
Kabinenbeleuchtung	*cabin lighting*
Kabinendruck	*cabin pressure*
Kabinenhaube	*cabin hood*
Kabinenheizung	*cabin heating*
Kabinentür	*cabin door*
Kälte	*cold*
kalt	*cold*
Kaltfront	*coldfront*
Kanal	*channel; canal*
Kanal (Frequenz)	*channel (frequency)*
Kanalwahlschalter	*channel selector switch*
Kante (Start- und Landebahn), Rand	*edge (runway)*
Kapazität	*capacity*
Kapitän	*captain*
Karte, Landkarte	*chart, map*
Kartenzeichen	*map symbol*
Katastrophe	*disaster*
Katastropheneinsatz	*disaster mission*
kaum	*hardly*
kegelförmig	*conical*
Kegelprojektion	*conical projection*
Kehlkopfmikrophon	*throat mike*
Kehr-Blas-Gerät	*airblast sweeper*
kein; nein	*no*
keiner, -e, -es	*no one, none*
keine wesentliche Veränderung	*no significant change − NOSIG*
− NOSIG	
kennen, wissen	*to know, to be acquainted with*
Kenntnis, Wissen	*knowledge*
Kennung	*identification*
Kennzeichen	*identification*

270

Kerosin	kerosene
Keuchhustenflug	whooping-cough flight
Kilogramm − kg	kilogram − kg
Kiloherz − kHz	kilohertz − kHz
Kilometer − km	kilometer − km
Kirche	church
Kirchturm	church steeple
Klappe	flap
Klappen ausfahren	to extend flaps
Klappen einfahren	to retract flaps
klären	to clarify
Klärung	clarification
Klareis	clear ice
Klasse	class
klein	little, small
kleines Ausmaß	small scale
knapp (an Kraftstoff)	short (on fuel), low (on fuel)
knistern	to crackle
Knoten − KT	knot(s) − Kt
Knüppel (Steuer)	control stick
Kode (SSR)	code (SSR)
können, in der Lage sein	to be able, to be in a position
Kolben	piston
Kolbenmotor	piston engine
Kolbenring	piston ring
Kolbenstange	piston rod
kollidieren, zusammenstoßen	to collide
Kollision, Zusammenstoß	collision
Kollisionskurs	collision course
Komma	decimal
Kommandant eines Luftfahrzeuges, verantwortlicher Luftfahrzeugführer	pilot in command
kommen	to come
kommen, zu kurz	to undershoot
kommen, zu weit	to overshoot
Kommentar, Stellungnahme	comment
Kompaß	compass
Kompaßabweichung	compass deviation
Kompaßkurs	compass course
Kompaßnadel	compass needle
Kompaßrose	compass rose
kompliziert	complicated
Kondensstreifen	vapor trail (contrail)
Kontrollbezirk − CTA	control area − CTA
Kontrolle	control, inspection

kontrollierte Flüge	controlled flights
kontrollierter Flugplatz	controlled aerodrome
kontrollierter Luftraum	controlled airspace
kontrollierter VFR-Flug – CVFR	controlled VFR flight – CVFR
Kontrollturm – TWR	control tower – TWR
Kontrollzone – CTR	control zone – CTR
Koordinaten	coordinates
koordinieren	to coordinate
Koordinierte Weltzeit (UTC)	Universal time coordinated (UTC)
Koordinierung	coordination
Kopfhörer	head-set, earphone
kopflastig	nose heavy
Kopie	copy
Koppelnavigation	dead reckoning navigation
Koppelstandort	dead reckoning position
korrekt, richtig	correct
Korrektur, Verbesserung	correction
korrigieren, berichtigen	to correct
Kosten	expenses, charges
Kostendeckung, Kostendeckungspunkt	break-even point
kräftig	strong, powerful
Kraft	strength, force, power
in Kraft	in force
Kraftstoff	fuel
Kraftstoffanzeiger	fuel level gauge
Kraftstoffbehälter	fuel tank
Kraftstoffdruck	fuel pressure
Kraftstoffassungsvermögen	fuel capacity
Kraftstoffleitung	fuel pipe
Kraftstofförderung	fuel feed
Kraftstoffpumpe	fuel pump, booster pump
Kraftstoffschnellablaß	fuel dumping, fuel jettisoning
Kraftstoffschnellablaßgebiet	fuel dumping area
Kraftstofftankverschluß	fuel tank cover, fuel tank cap
Kraftstoffverbrauch	fuel consumption
Kraftstoffvorratsanzeiger	fuel quantity indicator
Kraftverstärkersteuerung	servomotor (booster)
Kran	crane
krank	sick
Krankenwagen	ambulance
Kreis, Vollkreis	circle
Kreisbogen	arc of a circle
kreischen, schreien (bei SSR Modus und Kode: transpond)	to squawk (transmitting SSR Mode and Code)

272

Kreiselgerät	gyroscopic instrument
Kreiselhorizont	gyro horizon, artificial horizon
Kreiselkompaß	gyro compass
kreisen	to circle, to orbit
kreisrund	circular
kreuzen, überqueren	to cross
kreuzende Kurse	crossing courses, converging courses
Kreuzpeilung	cross bearing
Kreuzung, Abzweigung	crossing, intersection
Kreuzzeigerinstrument	crosspointer instrument
kritisch, bedrohlich, ernstlich	critical
kritischer Motor	critical engine
kühl	cool
Kühlklappen	cooling flaps
Kühlluftklappen	cooling flaps, cowl gills
künftig, von nun an	henceforth
künstlich	artificial
künstlicher Horizont	artificial horizon, gyro horizon
Kürzel	symbol
kürzen, abkürzen (Flugweg)	to shorten (flight path)
kürzlich, unlängst	recently, lately
Küste, Ufer	shore, coast, bank
Küstenlinie	shore line
Kufe	skid
Kunstflug	acrobatic flight, acrobatics
Kunstflugzeug	acrobatic aeroplane
Kurbelwelle	crankshaft
Kurgebiet	resort area
Kurs	course
Kurs über Grund	track
Kursabweichung	course deviation
Kursablageanzeiger	course deviation indicator
Kursberichtigung, Kursverbesserung	course correction
Kursführung	course guidance
Kursgleiche, Loxodrome	rhumb line
Kurskreisel	directional gyro
Kurskrümmung	course bent (ILS, VOR)
Kursschwingung, Kurssprung	course scalloping (VOR, ILS)
Kurswähler (VOR)	omni bearing selector – OBS
Kurve	turn; curve
Kurvendrehgeschwindigkeit	rate of turn
kurz	short
kurze Landung	short landing
kurzfristig	short-term
kurzer Anflug	short approach

Kurzstart und Kurzlandung – STOL	short take-off and landing – STOL
Kurzstrecke	short range
Kurzwelle – KW	short wave; high frequency – HF

L

Ladedruck	manifold pressure
Ladedruckmesser	manifold pressure gauge
laden	to load
Lader	supercharger
Ladedruck	boost pressure, manifold pressure
Ladedruckmesser	manifold pressure gauge
Ladung	load, cargo
Länge	length
Länge der Start- und Landebahn	runway length
Längengrad	degree of longitude
Längenkreis	meridian
längs, entlang	along
Längsachse	longitudinal axis
Längsneigung	pitch
Längsstaffelung	longitudinal separation
Lärm	noise
Lärmminderungsgründe	noise abatement reasons
Lärmverminderungsstrecke	noise abatement route
Lärmverminderungsverfahren	noise abatement procedure
Lage	situation, position
Lage des Luftfahrzeuges	aircraft attitude
Lampe	lamp, light
Land	land, country
Landeabstand	landing interval
Landeanflug	approach for landing
Landebahn	runway
Landebahn schlüpfrig	runway slippery
Landebahnsicht	runway visual range – RVR
Landebereich	landing area
Landefolge	landing sequence
Landefreigabe	landing clearance
Landegebühren	landing fees, landing charges
Landegeschwindigkeit	landing speed
Landegewicht	landing mass
Landekarte	landing chart
Landeklappen	flaps
Landeklappenanzeige	flap indication
Landeklappen ausgefahren	flaps down
Landeklappen eingefahren	flaps up

Landekurs (ILS)	localizer — LLZ
Landemasse	landing mass
Landemeldung	arrival message, report of arrival
landen	to land
Landeplatz	airfield
Landerichtung	landing direction
Landerichtungsanzeiger	landing direction indicator
Landescheinwerfer	landing light
Landeschwelle	landing threshold
Landestreifen	landing path, landing strip
Lande — T	landing „T"
Lande — Tetraeder	landing tetrahedron
Landevorrang	landing priority
Landezeit	landing time, time on the ground
Landflugplatz	land aerodrome
Landkarte, Karte	chart, map
Landschaftsmerkmal	land mark
Landseite; allgemein zugänglicher Bereich (eines Flughafens)	land side (of an airport)
Landung	landing
Landung zum Auftanken	refuelling stop
lang	long
lange Landung	long landing
langer Anflug	long approach
langsam	slow(ly)
Langsamflug	low-speed flight
Langstrecke	long range
Langstreckenflug	long-distance flight, long range flight
Langwelle — LW	long wave — LW, low frequency — LF
lassen	to let, to leave
Last	load
Lastklassifikationszahl des Belages — PCN	Pavement classification number — PCN
Lastklassifikationszahl des Luftfahrzeuges — ACN	Aircraft classification number — ACN
Lastkraftwagen	truck
laufend	current
laufend, planmäßig	routine
laut	loud
Lautsprecher	loudspeaker
Lautstärke; Band (AIP)	volume
Lautstärkeregelung	volume control
leben	to live
lebend(ig)	alive
Lebensrettungsausrüstung	life-saving equipment, survival equipment
lecken, leck sein	to leak
leer	empty

Leergewicht	net weight
Leerlauf	idling
legal	legal
legen	to lay, to place, to put
Lehrer	instructor, teacher
Lehrgang	course
leicht	light
leicht (nicht schwierig)	easy
Leichtflugzeug	light aeroplane
leid, es tut mir —	I am sorry
leider	unfortunately
Leistung (Flugmotor)	power, performance, ouput
Leistung, Stärke (Licht)	intensity
Leistungsabfall	decrease of power, loss of power
Leistungsdaten	performance criteria
Leistungseinstellung	power setting
Leistungsfähig, wirksam	efficient
Leitfahrzeug	follow-me car
Leitfeuer	lead-in-lights
Leitstrahl, Richtstrahl, Strahl	beam
rückseitiger Leitstrahl (ILS)	back beam
Leitstrahlkrümmung	bend
Leitwerk	control surface, tail unit
lenkbar	manoeuvrable
lernen	to learn, to study
lesbar, verständlich	readable
lesen, verstehen	to read
letzter, der —, die—, das —	the last
Leuchte, Licht	light
Leuchtfeuer	beacon
Leuchtpistole, Signalpistole	flare pistol
Lichtsignal	light signal
Lichtstärkeregelung	light intensity control
Lichtstrahl	light beam
liegen	to lie, to be situated
liegenlassen	to leave
Linie, Strich	line
Linienluftfahrzeug	airliner
Linienluftverkehr	airline traffic
Linktrainer	linktrainer
links	left
Linkskurve	left turn
Liste	list
Lizenz	licence
lösen	to solve

lösen (losmachen)	to detach
Lösung	solution
Looping, Überschlag	looping
lose	loose
loslassen, freilassen	to release
loswerden	to get rid of
Loxodrome, Kursgleiche	rhumb line
Lücke	gap
Luft	air
Luftansaugstutzen (Lufteinlaß)	air intake
Luftarbeit, Flugprogramm abwickeln	air work
Luftballon	balloon
Luftbildaufnahmen	aerial photography
Luft − Boden	air-to ground
luftdicht	airtight
luftdicht verschlossen	airtight sealed
Luftdichte	air density
Luftdichtenhöhe	density altitude
Luftdruck	air pressure, atmospheric pressure
Luftdruckhöhenmesser	barometric altimeter, pressure altimeter
Lufteinlaß	air intake
Luftfahrer	airman
Luftfahrt	aeronautics, aviation, air navigation
Luftfahrtbehörde	aeronautical authority
Luftfahrtbenzin	aviation gasoline
Luftfahrthandbuch − AIP	Aeronautical Information Publication − AIP
Luftfahrtkarte	aeronautical chart
„Luftfahrtkarten" (AIP)	"Aeronautical Maps and Charts" − MAP
Luftfahrtveranstaltung	air display
Luftfahrzeug	aircraft
Luftfahrzeugabstellplatz	aircraft parking position
Luftfahrzeug herkömmlicher Bauart	conventional aircraft
Luftfahrzeug leichter als Luft	lighter-than air aircraft
Luftfahrzeug schwerer als Luft	heavier-than air aircraft
Luftfahrzeugbewegungen	aircraft movements
Luftfahrzeugeigentümer	aircraft owner
Luftfahrzeugentführung	hijacking of aircraft
Luftfahrzeugerkennung (Radar)	identification of aircraft
Luftfahrzeugführer	pilot
Luftfahrzeughalter	aircraft operator, aircraft operating agency

Luftfahrzeug-Kennung	aircraft identification
Luftfahrzeugmechaniker	aircraft mechanic
Luftfahrzeug mit Strahlantrieb	jet aircraft
Luftfahrzeug mit Turbostrahlantrieb	turbo-jet aircraft
Luftfahrzeugmuster	type of aircraft
Luftfahrzeugmuster-Kennzeichnung	aircraft type designator
Luftfahrzeugrufzeichen	aircraft call sign
Luftfahrzeugunfall	aircraft accident
Luftfahrzeugwartung	aircraft maintenance
Luftfracht	air freight
Luftfrachtabfertigung	air freight handling
Luftkissenfahrzeug	hovercraft
luftkrank	air-sick
Luftnotfall	distress case
Luftpiraterie	air piracy
Luftpost	air mail
Luftraum	airspace
Luftraumbenutzer	airspace user
Luftraumbeschränkungen	airspace restrictions
Luftraum mit Verkehrszusammenballung	congested airspace
Luftschiff	airship
Luftschraube	air-screw, propeller
Luftschraube auf Segelstellung bringen	to feather
Luftschraube einstellbar	propeller pitch is adjustable
Luftschraube mit gleichbleibender Drehzahl	constant speed propeller
Luftschraube nicht verstellbar	fixed pitch propeller
Luftschraubenblatt	propeller blade
Luftschraubenenteisung	prop(peller) deicing
Luftschraubennabe	propeller hub
Luftschraubennabenhaube	spinner
Luftschraubenregelung	prop pitch control
Luftschraubenstrahl	slip stream
Luftschraubenumkehr	prop reversal
Luftschraubenwelle	propeller shaft
Luftsperrgebiet	prohibited area
Lufttransport	air transport
lufttüchtig	airworthy
Lufttüchtigkeit	airworthiness
Luftübung	air exercise
Luftverkehr	air traffic
Luftverkehrsdichte	air traffic density
„Luftverkehrsregeln und Flugverkehrs- dienste" (AIP)	"Rules of the Air and Air Traffic Services" — RAC
Luftverkehrsgesellschaft	airline company

Luftwaffe	*air force*
Luftwirbel	*wake*
Luftwirbelschleppe	*turbulent wake, wake turbulence*
Luftwirbelschleppenkategorie	*wake turbulence category*
Luftwirbelturbulenz	*wake turbulence*
Luke	*hatch*
Luvwinkel	*drift correction angle*

M

machen, durchführen	*to make*
Mach-Zahl	*Mach number*
mächtig	*powerful*
mähen	*to mow*
Mähmaschine	*mower*
mäßig	*moderate*
magnetisch, mißweisend	*magnetic − Mag*
Magnetkompaß	*magnetic compass*
Mann	*man*
Mannschaft	*crew, team*
manövrierfähig	*under control, manoeuvrable*
manövrierunfähig(es Luftfahrzeug)	*disabled (aircraft)*
Marine	*navy*
markanter Punkt im Gelände	*prominent land mark*
Markierung, Marke (Flächenzeichen)	*marking*
Marker (Gegenstand)	*marker*
Markierungsfunkfeuer	*marker (radio) beacon*
Markierungsfunkfeuerempfänger	*marker beacon receiver*
Markierungsfunkfeueranzeiger	*marker beacon indicator*
Maßeinheit	*dimensional unit, unit of measurement*
Maßnahme	*measure*
Maßstab	*scale*
Mast	*mast*
Material	*material*
Matsch	*mud*
Matsch, Schneematsch	*slush*
Mauer	*wall*
Mechaniker	*mechanic*
mechanisch	*mechanical*
Mechanismus	*mechanism*
Meer	*sea, ocean*
Meeresspiegel	*sea level*
Megahertz − MHz	*megahertz − MHz*
mehr	*more*

mehr als	more than
mehrere	several
mehrfach, vielfach	manifold
Mehrfachanruf	multiple call
mehrmalig, wiederholt	repeated
mehrmals	several times
mehrmotorig	multi-engined
Mehrradfahrwerk	multiple wheel landing gear
meiden, vermeiden	to avoid
Meile (See- oder Landmeile)	mile (nautical or statute mile)
Meilenlänge	mileage
meinen	to mean, to think
Meinung, Ansicht	opinion
meist	most
Meisterschaft	championship
melden	to report, to advise
Meldepunkt	reporting point
Meldung, Bericht, Nachricht	report; message
kurze Meldung	brief report
Menge, Quantität	quantity
Menschenansammlung	human assembly, open air assembly
menschliches Leben	human life
Merkatorprojektion	cylindrical projection
Meridian, Längengrad	meridian
Messe	fair
messen	to measure
Metall	metal
Metallpropeller	metal propeller
Meter — m	meter, metre — m
Meteorologe	meteorologist
Meteorologie	meteorology
Methode	method
militärisch	military
militärische Aktionen	military actions
militärische Übung	military exercise
mindern	to diminish
Mindest-, Mindestwert	minimum
Mindestabstand	minimum distance, minimum clearance
mindestens	at least
Mindestsinkflughöhe über NN/über Grund	minimum descent altitude/height — MDA/MDH
Mikrophon	microphone, mike
Mikrophontaste	microphone button, mike button
Mindestreisehöhe über Meer (NN)	minimum en-route altitude
Mindestsicherheitshöhe (GND)	minimum safe height
minus	minus

Minute	minute
Mischung, Gemisch	mixture
mißachten	to disregard
mißdeuten	to misinterpret
missen, verfehlen	to miss
mißlich	awkward
Mißverständnis	misunderstanding
mißverstehen	to misunderstand
mißweisend, magnetisch	magnetic − Mag
mißweisende Peilung	magnetic bearing
mißweisender Kurs über Grund	magnetic track
mißweisender Steuerkurs	magnetic heading
mißw. Funkkompaß-Anzeigegerät	radio magnetic indicator − RMI
mit	with
Mitarbeit, Zusammenarbeit	cooperation
miteinander, zusammen	together
mitführen	to carry along
Mitglied	member
mithören	to listen, to monitor
mitschreiben	to copy
mittags, am Mittag	at noon
mitteilen	to inform, to let somebody know
Mitteilung	information
Mitte	middle, center
Mitteldecker	midwing monoplane
Mitteleuropäische Zeit − MEZ	Central European Time
Mittellinie	center line
Mittellinienbefeuerung	center line lighting
Mittellinienfeuer	center line light
mittelmäßig	medium
Mittelpunkt	center
Mittelwelle − MW	medium frequency − MF
Mitternacht	midnight
Mittlere Meereshöhe − NN (Normal Null)	Mean Sea Level − MSL
mittlere Reichweite	medium range
mittleres Ausmaß	medium scale
Modulation	modulation
Modulationsgrad	depth of modulation
Modus (SSR)	Mode (SSR)
möglich	possible, practicable, feasable
möglicherweise	possibly
Möglichkeit	possibility
Mörser	mortar

Monat	month
Morgendämmerung	morning twilight
morgens, am Morgen	in the morning
Morsetaste	morse key
Motor	engine
Motor abstellen	to cut the engine
Motorausfall	engine failure
Motor ausgefallen	engine inoperative, engine out
Motordrehzahl	RPM (revolutions per minute)
Motorgondel	engine nacelle
Motorhaube (Verkleidung)	engine hood, cowling
Motorleistung	engine power
Motorluftfahrzeug	powered aircraft
Motorsegler	powered glider
Motorstörung	engine trouble
Motorüberwachungsgerät	engine control instrument
Motorverkleidung	engine cowling
mündlich	oral, verbal
mündliche Wetterberatung	weather briefing
müssen	to have to
Mü-Meter	Mu-meter
Muster	specimen
Musterberechtigung	type rating
mutmaßen	to suppose, to guess

N

nach (zeitl.), nachdem	after; upon
nach (örtl.)	to
nach (der LuftVO)	pursuant to (LuftVO)
nachahmen	to imitate
Nachbildung	mock-up
Nachbrenner	afterburner
nachdem	after
nachdrücklich	strongly
nachdrücklich betonen	to emphasize
nacheinander	successively, one after the other
(nach)folgen	to succeed
nachfolgender Verkehr	succeeding traffic
nachforschen, untersuchen	to investigate, to inquire
Nachforschung	investigation, inquiry
nachgeahmter Instrumentenflug	simulated instrument flight
nachher	afterwards

nachlässig	negligent
Nachlässigkeit	negligence
nachlassen, schwächer werden	to weaken
nachmittags, am Nachmittag	in the afternoon
nachprüfen	to check, to test
Nachricht	news, notice
Nachricht geben	to give notice
Nachrichten für Luftfahrer − NfL	notice to airmen − NOTAM
nachstellen (Kurskreisel)	to reset (gyro)
Nacht	night
Nachteil	disadvantage
Nachtflug	night flight
Nachtflugbetrieb	night operations
Nachtrag	supplement
nachträglich	supplementary
nachts, bei Nacht, abends	at night
nachweislich	provably
nächster	next
nächster geeigneter	nearest suitable
Nadel, Zeiger	needle
nahe, nahe bei	close to, near
Nähe	proximity
näher	closer
nähere Umgebung	vicinity
nahezu, beinahe	almost, nearly
Nahverkehrsbereich − TMA	terminal control area − TMA
Nahverkehrsbereichsradar − TAR	terminal area surveillance radar − TAR
Name	name
Nase	nose
naß, feucht	wet
nationale Wachfrequenz	national guard frequency
Nationalität	nationality
natürlich	naturely, of course
Navigation	navigation
Navigationsanlage	navigational facility
Navigationsausrüstung	navigational equipment
Navigationsgebühr, Flugsicherungsgebühr	navigation charge (fee), air traffic control charge (fee)
Navigationshilfe	navigation aid, nav aid
Navigationsinstrument	navigation instrument
Navigationsleuchte, Navigationslicht	navigation light
(Navigations-)rechner	(navigation) computer
Navigationssystem	navigation system
Navigator	navigator

navigatorische Unterstützung	navigational assistance
Nebel	fog
Nebelbank	fog bank
Nebelbildung	fog development
Nebelschwaden	fog patches
neben	beside, close to
Nebenfrequenz	secondary frequency
neblig	foggy
nehmen	to take
Neigung	incline, slope, pitch
nein	no
Nenn-, Soll-	nominal
nennen	to name
Nennwert, Sollwert	nominal value
neu	new
neu freigeben	to reclear
neues QNH, geändertes QNH	revised QNH
nicht	not
nicht aktiviert	inactive
Nichtbeachtung	non-compliance
nichtig, ungültig	void, invalid
nicht-planmäßiger Verkehr	non-scheduled traffic
nichts	nothing
nie, niemals	never
Niederleistungsbefeuerung	low-intensity lighting
Niederschlag	precipitation
Niederschlagsgebiet	precipitation area
Niederschlagsstörflecke (Radar)	precipitation clutter
niedrig	low
niemand	nobody, no one
Nieseln, Nieselregen, Sprühregen	drizzle
nimbo-stratus	nimbo-stratus
nirgends	nowhere
noch	yet
noch ein	another
Nockenwelle	camshaft
Nord, Norden − N	north − N
nördlich	northern
nördliche Breite − N	northern latitude − N
nördlich von	north of
in Nordrichtung fliegend	northbound
normal	normal
Normalatmosphäre	standard atmosphere
Normalnull − NN	mean sea level − MSL

Normalstaffelung	standard separation
Not, Notstand	emergency
NOTAM-Schlüssel	NOTAM code
Notausgang	emergency exit
Notausrüstung	emergency equipment
Notfall, Notlage	distress case, distress incident
Notfrequenz	emergency frequency
Notlandung	emergency landing, forced landing
Notlandung auf Wasser	ditching
Notmeldung	distress message
Notruf	distress call
Notrutsche	escape slide
Notsignal	distress signal
Notstrom	emergency power
Notstromversorgung	emergency power supply
Notstufe	distress phase − DETRESFA
Notverfahren	emergency procedure
Notverkehr	distress traffic
notwendig, nötig	necessary
Notwendigkeit	necessity
nützlich	useful
Nutzlast	service load
Nutzlast, zahlende	pay-load
Nullgrad-Grenze	freezing level
Nullmeridian	zero meridian
Nullstellung (Ruder, Trimmung)	neutral position
Nummer	number
nur	only
Nutzladefaktor	load factor
Nutzlast	pay load

O

ob	whether, if
oben	on top
oben angeführt	above quoted
Obere Flugverkehrsstrecke	Upper Air Traffic Services Route
Oberer Flugverkehrsberatungsbezirk	Upper Advisory Area − UDA
Oberer Kontrollbezirk − UTA	Upper Control Area − UTA
oberer Luftraum	upper airspace
Oberes Fluginformationsgebiet − UIR	Upper Flight Information Region − UIR
Oberfläche	surface
Oberflächenmarkierung	surface marking
Obergrenze	upper limit
Obergrenze der Wolken	tops of clouds

oberhalb	*above*
obgleich, obwohl	*although, though*
obligatorisch	*obligatory*
öffentlich	*public*
öffnen	*to open*
Öl	*oil*
Ölbehälter	*oil tank*
Öldruck	*oil pressure*
Öldruckanzeige	*oil pressure indication*
Öldruckanzeigegerät	*oil pressure gauge*
Öldruckbremse	*hydraulic brake*
Öldruckfederung	*oil shock absorption*
Ölfederbein	*hydraulic strut*
Ölkühler	*oil cooler*
Ölpumpe	*oil pump*
Öltank	*oil tank*
Öltemperatur	*oil temperature*
Öltemperaturanzeige	*oil temperature indication*
örtlich	*local*
örtlicher Flug	*local flight*
offen	*open*
offenes Meer	*open sea*
offene Sprache	*plain language*
offensichtlich	*obvious*
offiziell, amtlich	*official*
oft, oftmals	*often, frequent(ly)*
ohne	*without*
Oktan	*octane*
Oktanzahl	*fuel grade*
Omnibus	*bus*
optisch	*optical*
optisches Alarmzeichen	*visual alarm signal*
optische Anflughilfe	*visual approach aid*
optische Führung	*visual guidance*
ordentlich	*orderly, regular*
Organisation	*organization*
organisieren	*to organize*
orientieren, sich	*to orientate*
Orientierung verlieren, sich verfliegen	*to lose orientation, to be lost*
Orkan-Warnung	*storm warning*
Ort	*place, spot, location*
Ortshöhe über Meer	*elevation*
Ortsmißweisung	*variation*
Ortsname	*place name*

Ortsnamenabkürzung (Flugplatz)	place name abbreviation
Ortsnamenkennung, Ortskennung	location indicator
Ortszeit	local time
Ost, Osten − E	east − E
östlich	eastern
östliche Länge − E	eastern longitude − E
östlich von	east of
in Ostrichtung fliegend	eastbound
Ozean	ocean

P

Packung	package
Panik	panic
Papier	paper
PAR-Anflug	PAR approach
PAR-überwachter ILS-Anflug	PAR monitored ILS approach
Paragraph	paragraph
parallel	parallel
Parkplatz	parking area, parking lot
Passagier	passenger
Passagierabfertigungsgebäude	terminal building
Passagierraum	passenger compartment
passieren	to pass
Paßkontrolle	passport control
Pedale (Seitensteuer)	pedals (rudder)
Peilanlage	direction-finding facility
Peilgerät	direction finder, homer
Peilstelle	D/F-Station
Peilung	bearing
pendeln	to shuttle
Pendelverkehr	shuttle service
Periode	period
periodisch	periodical
persönlich	personal
Person	person
Personal	personnel
Personalausweis	identity card
pfeifen, quietschen	to squeal
Pfeil	arrow
Pfeilflügel	swept-back wing
Pferdestärke (PS)	horsepower (hp)
Pflicht	duty, obligation

Pflichtmeldepunkt	compulsory reporting point
Pflichtmeldung	compulsory report
Phase	phase
Photoflug	photo flight
Pilot	pilot
Pilotenmeldung	pilot report
Plan	plan
planen	to plan
planmäßiger Verkehr	scheduled traffic
Platzbelegung	reservation
Platzleuchtfeuer	aerodrome light beacon
Platzmitte	mid-field
Platzrunde	traffic circuit
Platzrundenanflug	aerodrome circling approach
Platzrundenhöhe	traffic circuit altitude
Platzrundenverfahren	aerodrome circling procedure
Platzrunde rechts	right traffic circuit
Platz-UKW-Drehfunkfeuer − TVOR	Terminal VOR − TVOR
Platzverkehr	aerodrome traffic
Platzverkehrskontrolle	aerodrome control
Platzverkehrskontrollstelle	aerodrome control tower
Platzverkehrslotse	aerodrome controller
Platzzustand	aerodrome conditions
plus	plus
polar	polar
Polizei	police
Positionslampe, Positionsleuchte	position light
Post	mail
Postamt	post office
präzis, genau	precise, accurate, exact
Präzision	precision
Präzisionsanflugradar − PAR	precision approach radar − PAR
prinzipiell, hauptsächlich	principal(ly)
privat	private
Privatflugzeugführer	private pilot
Privatflugzeugführerschein	private pilot licence − PPL
Probe	test
auf Probe	on test
Probeflug	test flight
Probelauf	test run
Programm	program
Propeller	propeller, air screw
Propeller mit konstanter Drehzahl	constant speed propeller
Propellerblatt	propeller blade
Propellerböen	prop wash

288

Propellerdrehzahl	*propeller speed*
Propellerenteisung	*prop de-icing*
Propellernabenhaube	*spinner*
Propellersteigung	*propeller pitch*
Propellerstrahl	*slip stream*
Propellerturbine	*turboprop*
Propellerwelle	*propeller shaft*
prüfen, nachprüfen	*to check, to test*
Prüfliste	*check list*
Pumpe	*pump*
pumpen	*to pump*
Punkt	*point, spot, dot*
Punkte (des Flugplanes)	*items (of flight plan)*
punktierte Linie	*dotted line*
pünktlich	*punctual, on time*

Q

QDM Mißweisender Kurs zur Station	*magnetic heading to the station*
QDR Mißweisende Peilung von der Station	*magnetic bearing from station*
QTE Rechtweis. Peilung von der Station	*true bearing from station*
QFE Luftdruck in Platzhöhe	*air pressure at aerodrome elevation*
QNH Luftdruck eines bestimmten Ortes auf NN reduziert	*air pressure of a specified location reduced to MSL*
Quadrat	*square*
Quadrant, Viertelkreis	*quadrant*
Qualifikation, Befähigung	*qualification*
qualifizieren, sich	*to qualify*
qualifiziert, befähigt	*qualified*
Qualität	*quality*
Qualm, Rauch	*smoke*
Quantität, Menge	*quantity*
Quarantäne	*quarantine*
Quarz	*crystal*
Quelle	*source*
querab	*abeam*
Querachse	*lateral axis*
Querbalken	*cross bar*
Queranflug	*base*
Quergefälle	*transverse slope*
Querlage, Querneigung	*bank*
querlastig	*wing-heavy*
Querneigungswinkel	*angel of bank*
Querruder	*aileron*
Querrudertrimmklappe	*aileron trim tab*

Quer- und Längsneigungsmesser	*bank-and-pitch indicator*
Querwind, Seitenwind	*cross wind*
Querwindkomponente	*cross wind component*
quietschen, pfeifen	*to squeal*

R

Rad	*wheel*
Radar	*radar (radio detecting and ranging)*
Radaranflug	*radar approach*
Radarbildschirm	*radar scope*
Radarecho	*radar echo*
Radarerfassung	*radar contact*
Radarerfassungsbereich	*radar coverage*
Radar führen, mit	*to vector*
Radarführung	*radar vector, radar vectoring*
Radarführungmindesthöhe	*minimum radar vectoring altitude − MRVA*
Radar-Flugverkehrslotse	*radar controller*
Radarhaube	*radome*
Radaridentifizierung	*radar identification*
Radarnavigation	*radar navigation*
Radarschirm	*radar scope*
Radarstaffelung	*radar separation*
Radarstörflecke	*radar clutter*
Radarunterstützung, -hilfe	*radar assistance*
Radarüberwachung	*radar monitoring*
Radarverbindung	*radar contact*
Radarziel	*radar target*
Radbremse	*wheel brake*
Radiokompaß	*radio compass*
Radius	*radius*
Radlast	*wheel load*
Radstand	*wheel base*
räumen, verlassen (Landebahn)	*to clear, to leave (runway)*
räumen (Schnee)	*to remove (snow)*
Rahmenantenne	*loop antenna*
Rakete	*rocket*
Rand, Kante	*edge*
Randsiedlung (einer Stadt)	*outskirts*
Randwirbel	*wing tip vortex (turbulence)*
Rang, Zustand	*status*
Ratschläge, Hinweise	*advice*
ratsam, empfehlenswert	*adviseable*
Rauch, Qualm	*smoke*
Rauchentwicklung	*smoke development*
Rauch nachziehend	*trailing smoke*

rauh, roh	rough
rauher Motor(-lauf)	rough engine
Rauheis	rime ice
Raum	room
Raum, Weltraum	space
reagieren	to react
Reaktion	reaction
rechnen	to calculate
Rechner	computer
rechtfertigen	to justify
rechts	right
Rechtsdrall	right-hand twist
Rechtskurve	right turn
Rechtsverkehr	right-hand traffic
rechtweisend	true
rechtweisende Peilung	true bearing
rechtweisender Kurs über Grund	true track, track true
rechtweisender Steuerkurs	true heading, heading true
rechtzeitig	in time, in due time
reden, sprechen	to speak, to talk
Redewendungen	phraseology
reduzieren, verringern (Geschwindigkeit)	to reduce
Regel, Vorschrift	rule, regulation
regelbar	adjustable, controllable
regelmäßig	regular
regeln, arrangieren, einrichten, vereinbaren	to arrange, to settle
regeln (Bordeinrichtung)	to control, to govern
Regelung, Richtlinie	regulation
Regelung, Vereinbarung	arrangement, settlement
regelwidrig	against rules
Regen	rain
Regenschauer	rain shower
Region	region
regional	regional
regionale Wachfrequenz	regional guard frequency
Regionalflughafen	Regional airport
Regionalkontrollstelle	Regional control center
Regionalluftverkehrsgesellschaft	commuter airline
regnen	to rain
Reibungskoefficient	friction coefficient
reiches (fettes) Gemisch	rich mixture
Reichweite	range
Reifen	tire
Reifendruck	tire pressure

Reifenpanne	*flat tire, blowout*
Reihe	*row, line*
Reihenfolge	*order, sequence*
Reihenmotor	*in-line engine*
Reisefluggeschwindigkeit	*cruising speed*
Reisehöhe über Meer, Reiseflughöhe	*cruising altitude*
Reisepaß	*passport*
Relation	*relation*
relativ	*relative*
„Rennbahn"-Warterunde	*race-track holding pattern*
Rennen	*race*
Reparatur	*repair*
reparieren	*to repair*
Repräsentant, Vertreter	*representative*
retten	*to rescue*
retten, bewahren	*to save*
Rettung	*rescue*
Rettungsboot	*life boat*
Rettungsdienst	*rescue service*
Rettungseinsatz	*rescue operation*
Rettungsfahrzeug	*rescue vehicle*
Rettungsfloß	*life raft*
Rettungsgerät	*rescue equipment*
Rettungsgürtel, Rettungsring	*safety belt*
Rettungshubschrauber	*rescue helicopter*
Rettungsmannschaft	*crash crew*
richtig, korrekt	*correct*
Richtigkeit	*correctness*
Richtlinien (ICAO)	*standards (ICAO)*
Richtung	*direction, azimuth*
Risiko	*risk*
riskant	*risky*
roh, rauh	*rough*
Rollanweisungen	*taxi instructions*
Rollbahn	*taxiway*
Rollbahnbefeuerung	*taxiway lighting*
Rollbahnleuchten	*taxiway lights*
Rollbahnmarkierung	*taxiway marking*
Rollhaltzeichen, Rollhaltetafel	*holding position sign*
Rollkontrolle	*ground control*
. . . ROLLKONTROLLE	*. . . GROUND*
Rollkontrollfrequenz	*ground control frequency*
rollen	*to taxi*
Rollfeld	*manoeuvring area*

Rollfeldüberwachungsradar − ASDE	airport surface detection equipment − ASDE
Rollfreigabe	taxi clearance
Rollhaltepunkt, -halteort	holding position
Rollhilfe	taxi assistance
Rolleitsystem	taxiing guidance system
Rolleitlinie	taxiing guide line
Rollverfahren	taxi procedures
Rollverkehr	taxiing traffic
rot	red
rotes Quadrat mit gelben Diagonalen	red square with yellow diagonals
rotieren	to rotate
Rotor	rotor
Rotorblatt	rotor blade
Rotorkopf	rotor head
Ruder	control surface
Ruderfeststeller	gust locks
Rückenflug	inverted flight
Rückenwind	tail wind
Rückenwindlandung	tail wind landing, down wind landing
Rückflug	return trip, return flight
Rückseite	reverse side, back
rückseitiger Leitstrahl (ILS)	back beam (ILS)
Rücksicht	regard
rücksichtsloses Fliegen	reckless flying
rückstufen, zurückstufen	to downgrade
rückwärts	backward
Ruf, Anruf	call
rufen, anrufen	to call
Rufzeichen	call sign
ruhig, still	quiet, silent
ruhige Luft	still air
Rumpf	fuselage
Rumpfholm	longeron
Rumpfnase	nose
Rundflug	sight seeing flight
Rundfunk	broadcast
Rundfunksender	broadcasting station
Rundschreiben	circular, circular letter
Rundsendung	broadcast
Rundsichtradargerät	surveillance radar equipment − SRE
Rundsicht-Sekundärradar	secondary surveillance radar − SSR
Rundstrahlfeuer	omni-directional light
rutschen	to skid

S

Sache, Angelegenheit	*matter, thing*
sachgemäß	*relevant, pertinent*
sachlich	*relevant, objective*
Sachschaden	*material damage*
Sachverständiger	*expert*
sämtlich	*all (together)*
sättigen	*to saturate*
Sättigung	*saturation*
sagen	*to say*
sammeln	*to collect*
Sand streuen	*to sand*
Sandstreuen im Gange	*sanding in progress*
Sandsturm	*sand storm*
sanft, weich	*soft, smooth*
Sanitätsausrüstung	*medical kit*
Sanitätsluftfahrzeug	*hospital aircraft*
sauber	*clean*
Sauerstoff	*oxygen*
Sauerstoffbehälter	*oxygen bottle*
Sauerstoffanlage	*oxygen system*
Sauerstoffvorrat	*oxygen supply*
Sauerstoffmaske	*oxygen mask*
Schaden	*damage*
schädlich	*noxius*
Schäfer	*shepherd*
Schafherde	*flock of sheep*
schätzen	*to estimate*
Schätzung	*estimate*
Schall, Ton	*sound*
Schalldämpfer	*muffler*
schalldicht	*soundproof*
Schallmauer	*sound barrier*
schaltbar	*switchable*
schalten	*to switch*
Schalter	*switch*
Schalter (Flugscheinschalter)	*counter (ticket counter)*
scharf	*sharp*
schauen	*to see, to observe, to look*
Schauer	*shower*
Schaum	*foam*
Schaumteppich (-decke)	*foam carpet (blanket)*
scheinen, erscheinen	*to appear*
Schein, Erlaubnis	*licence, permission*

scheinbar	apparent
scheinen, erscheinen	to seem, to appear
Scheinwerfer	searchlight
Schema	scheme
Schicht	layer
Schiebelandung	drift landing
schieben	to slip, to skid
schief	slanting, oblique
Schiene, Gleis	track
Schienenstrang	railroad line
schießen	to shoot; to fire
Schießen	firing
Schießplatz	firing range
Schiff	ship
Schiffsverkehr	shipping traffic
Schirmbild (Radar)	scope
Schlamm	mud
schlammig	muddy
Schlauchboot	life raft, rubber boat, dinghy
schlecht	bad; poor
schlechte Sicht	poor visibility, bad visibility
schleppen	to tow
Schleppflug	tow flight, aero-tow
Schleppluftfahrzeug	towing aircraft
Schleudersitz	ejection seat
schließen, verschließen	to close, to lock, to shut
schließlich, endlich	finally
Schließung	closure
Schloß (Bauwerk)	castle
Schloß, Verschluß	lock
schlüpfrig, glatt	slippery
Schlüssel	code, key
schmal, eng	narrow
schmelzen (Schnee)	to melt
schmieren	to lubricate, to grease
Schmierung	lubrication
Schnee	snow
Schneefräse	snow blower
Schneefall	snowfall
Schneematsch	slush
Schneemauern, Schneewälle	snow walls
Schneepflug	snow plough
Schneeräumgerät	snow removal equipment
Schneeräumung	snow removal

Schneeregen	sleet
Schneeschleuder	rotary snow plough
Schneetreiben	blowing snow, drifting snow
Schneewehen	snow drifts
schneiden	to cut
schneien	to snow
schnell	fast, quick
Schnellablaß (Kraftstoff)	jettisoning, dumping (fuel)
Schnellabrollbahn	high speed taxiway
Schnittpunkt, Kreuzung	junction
schön	beautiful, nice
Schornstein	chimney
Schrägentfernung	slant range
Schräglage	bank(ing)
Schrägsicht	slant visibility
Schraube	screw
schreiben	to write
schreien, kreischen (bei SSR Modus und Kode: transpond)	to squawk (transmitting SSR Mode and Code)
schriftlich	in writing
Schritt	step
Schritte unternehmen	to take action
Schub	thrust
Schubdüse	jet nozzle
Schubleistung	thrust horse-power
Schubumkehr	thrust reversal
schützen	to protect
Schütteln (Leitwerk)	buffeting
Schuld	fault
schuldig	guilty
Schulungsflug, Schulflug	training flight, instruction flight
Schulterdecker	high-wing monoplane
Schummerung (Karten)	shading
Schutz	protection
Schutzstreifen	safety strip
schwach	weak
Schwäche	weakness
Schwanz-Rotor, Heckrotor	tail rotor
schwanken	to fluctuate
schwankend, unruhig	unsteady
Schwankung	fluctuation
schwanzlastig	tail heavy
schwarz	black
schweben	to hover

Schwebeflug (eines Hubschraubers)	*hovering flight (of a helicopter)*
Schweigekegel (Funkfeuer)	*cone of silence (radio navaid)*
Schwelle	*threshold*
Schwellenbefeuerung	*threshold lighting*
Schwellenfeuer, seitlich	*wing threshold lights*
Schwellenmarkierung	*threshold marking*
schwer (Gewicht)	*heavy (weight)*
schwer, heftig	*severe*
schwer, schwierig	*difficult*
schwerer Unfall	*major accident*
Schwerkraft	*gravity*
Schwerpunkt	*center of gravity (CG)*
Schwierigkeit	*difficulty*
Schwimmweste	*life jacket*
schwingen	*to vibrate*
Schwingung	*vibration*
Schwund (Sprechfunk)	*fading*
See (die)	*sea*
See (der), Teich	*lake*
Seemeile − sm	*nautical mile − NM*
Seeschiffe	*sea going vessels*
Segelflieger	*glider pilot*
Segelflug	*glider flight*
Segelflugbetrieb	*glider flying*
Segelfluggelände	*gliding site*
Segelflugplatz	*glider aerodrome*
Segelflug-Rückholbetrieb	*glider recovery service*
Segelflugtätigkeit	*glider activity*
Segelflugwettbewerb	*glider competition*
Segelflugzeug	*glider, sailplane*
Segelflugzeugplatzrunde	*glider traffic circuit*
segeln, schweben	*to soar*
Segelstellung (Luftschraube)	*feathered pitch (prop)*
sehen	*to look, to see*
sehr	*very*
seicht, flach	*shallow*
sein	*to be*
seit	*since*
Seite	*side*
Seite (Buch)	*page*
Seitenbestimmung, Richtungs- bestimmung	*sensing*
Seitenflosse	*vertical stabilizer, rudder fin*
Seitengleitflug	*sideslip, slip*

Seitenpeilung	relative bearing
Seitenreihenfeuer	side row light
Seitenruder	rudder
Seitenrudersteuerung	rudder control
Seitenstaffelung	lateral separation
Seitenwind, Querwind	cross wind
Seitenwindkomponente	cross-wind component
seitlich	lateral
seitliche Begrenzung	lateral limits
seitwärts	sideward
Sektor	sector
Sektorenmindesthöhe (über NN) − MSA	minimum sector altitude − MSA
Sekundär-Rundsichtradar − SSR	secondary surveilance radar − SSR
Sekunde; Zweiter	second
Selbststeuergerät	automatic pilot
selbständig	independant
selbständiger Notsender	emergency location beacon aircraft − ELBA
selbstverständlich	of course
Selektivrufsystem	Selective Calling System − SELCAL
selten	rare, seldom
seltsam	odd, strange
Sendeart	type of emission
Sendefrequenz	transmitting frequency
Sendegerät	transmitting equipment
Sender	transmitter
Sender und Empfänger	transceiver
Senderausfall	transmitter failure
Sendestelle	transmitting station
Sendung	transmission
senkrecht, vertikal	vertical
Senkrechtsicht	vertical visibility
Senkrechtstart und -landung − VTOL	vertical take-off and landing − VTOL
Senkrechtstarter	VTOL aircraft
Servoruder	servo-tab, flap
setzen	to set, to put
sicher	safe
sicher, gewiß	certain
Sicherheit	safety, security
Sicherheitsabstand	safe distance
Sicherheitsgründe	safety reasons
Sicherheitskontrolle	security check
sicherheitskontrollierter Bereich (eines Abfertigungsgebäudes)	sterile area (of a terminal)
Sicherheitsmaßnahmen	safety measures

Sicherheitsmindesthöhe	*minimum safe height*
Sicherheitsmindesthöhe über NN	*minimum safe altitude*
sicherstellen	*to ensure*
Sicherung (elektr.)	*fuse*
Sicht	*visibility*
in, Sicht	*in sight*
Sichtanflug (auf IFR-Flug)	*visual approach (on IFR flight)*
Sichtanflugkarte	*visual approach chart*
Sichtanflugverfahren	*visual approach procedure*
sichtbar	*visible*
Sichtflugregeln — VFR	*visual flight rules — VFR*
Sichtkontrolle	*inspection*
Sichtlinie	*line of sight*
Sichtmeßgerät	*Transmissometer*
Sichtpeilgerät	*direction finder, homer*
Sichtsignal	*visual signal*
Sicht voraus	*forward visibility*
Sichtweite	*visual range*
Sichtwetterbedingungen — VMC	*visual meteorological conditions — VMC*
Siedlung	*settlement*
Signal	*signal*
Signalfeld	*signal area*
Signalpistole, Leuchtpistole	*flare pistol*
Signalscheinwerfer	*light gun*
simulierter Instrumentenanflug	*simulated instrument approach*
sinken	*to descend*
Sinkflug	*descent, let-down*
im Sinkflug	*descending*
Sinkflug im Notfall	*emergency descent*
Sinkflugweg	*descent path*
Sinkgeschwindigkeit	*rate of descent*
Sinkgradient	*descent gradient*
Sinkverfahren	*let down procedure*
Sitz	*seat*
Skala	*scale, dial*
Skiddometer	*skiddometer*
Slip	*slip*
Smog	*smog*
so	*thus*
sobald als durchführbar	*as soon as practicable*
sobald als möglich	*as soon as possible*
soeben, gerade jetzt	*just now*
sofort, unverzüglich	*immediate*
Sofortstart	*immediate take-off*
sogar	*even*

sogenannt	*so-called*
solange	*as long as*
solch, -er, -e, -es	*such*
Soll-, Nenn-	*nominal*
Sollwert, Nennwert	*nominal value*
Sommerzeit	*summertime*
Sonderflug	*special flight*
Sonderflug nach Sichtflugregeln, Sonder-VFR-Flug	*special VFR flight*
Sonder-VFR-Freigabe	*special VFR clearance*
Sonderwettermeldung	*special met (eorological) report*
Sonne	*sun*
Sonnenaufgang − SR	*sunrise − SR*
Sonnenuntergang − SS	*sunset − SS*
sonnig	*sunny*
sonst	*else, otherwise*
Sorge	*care*
sorgen für	*to take care for, to provide for*
Sorgfalt	*care, carefulness*
sorgfältig	*careful*
soweit	*as far as*
sowohl . . . als	*as well as*
spät	*late*
Spaltflügel	*slotted wing*
Spaltflügelklappe	*slotted flap*
Spannung	*voltage*
Spannweite	*span*
sperren	*to block*
Sperrholz	*plywood*
Sperrmarkierung	*closed marking*
spezial, besonders	*special*
spezifisch, besonders	*specific*
Sporn	*tail skid*
Spornrad	*tail wheel*
Sportflugzeug	*sporting aeroplane*
Sprache	*language*
Sprachaufzeichnung (Tonband)	*voice recording*
Sprechfunk	*radio telephony − RTF*
Sprechfunkzeugnis	*radio telephony licence (certificate)*
Sprechfunkverbindung, Sprechfunkverkehr	*radio telephony communication, RT communication*
Sprengsatz, Sprengkörper, Sprengvorrichtung	*explosive device*
Sprengstoffe	*explosives*

300

springen, abspringen	*to jump*
sprühen	*to spray*
Sprühgeräte	*spray equipment*
Sprühregen	*drizzle*
Sprung	*jump*
Spurweite	*wheel track*
SRE − Anflug	*SRE approach*
SSR − Abfragegerät	*SSR interrogator*
SSR − Antwortgerät	*SSR Transponder*
SSR − Code	*SSR Code*
SSR − Modus	*SSR Mode*
Staatsgrenze	*state boundary*
Staatszugehörigkeits- und Eintragungszeichen	*nationality and registration marks*
stabil	*stable*
stabilisieren	*to stabilize*
Stabilisierungsflosse	*fin*
Stadion	*stadium*
Stadium	*stage*
Stadt	*town, city*
ständig, dauernd	*steady, continuous*
ständige Hörbereitschaft	*continuous listening watch*
Stärke	*strength*
staffeln	*to separate*
Staffelung	*separation*
Staffelungsprobleme	*separation problems*
Stand, Zustand	*condition, state*
Standard, Norm, Regel	*standard*
Standard-Atmosphäre	*standard atmosphere*
Standardeinflugstrecke	*standard inbound route*
Standardinstrumentenanflug	*standard instrument approach*
Standardinstrumentenabflugstrecke	*standard instrument departure − SID*
Standardinstrumenteneinflugstrecke	*standard instrument arrival − STAR*
Standardstaffelung	*standard separation*
Standlinie	*line of position − LOP*
Standort	*position*
Standort (milit.)	*garrison*
Standort bestimmen	*to fix a position*
Standortmeldung	*position report*
Standpunkt	*viewpoint*
stark	*strong*
starker Schauer	*heavy shower*
starker Verkehr	*dense traffic*

starres Fahrwerk	*fixed landing gear*
Starrflügel-, Flächenflugzeug	*fixed wing aircraft*
Starrluftschiff	*rigid airship*
Start	*departure, take-off*
Startabbruch	*abandoned take-off, interrupted take-of*
Startbahn-Randfeuer	*runway edge lights*
startbereit	*ready*
starten	*to take off*
starten, mit eigener Kraft	*starting on own power*
Startflugplatz	*departure aerodrome*
Startfreigabe	*take-off clearance*
Startgeschwindigkeit	*take-off speed*
Startgewicht	*take-off weight*
Startlauf	*take-off run*
Startleistung	*take-off power*
Startmeldung	*departure message, report of departure*
Startpunkt	*take-off position*
Startrollstrecke	*take-off roll distance*
Startschub	*take-off thrust*
Startstrecke	*take-off distance*
Start- und Landebahn (S/L-Bahn)	*runway*
Start- und Landebahn in Betrieb	*runway in use*
Start- und Landebahnbefeuerung	*runway lighting*
Start- und Landebahnbezeichnung	*runway designation*
Start- und Landebahngrundlänge	*runway basic length*
Start- und Landebahnmarkierung	*runway marking*
Start- und Landebahnmaße	*runway dimensions*
Start- und Landebahnmittellinie	*runway center line*
Start- und Landebahnneigung, -gefälle	*runway slope*
Start- und Landebahnoberfläche	*runway surface*
Start- und Landebahnrand, -kante	*runway edge*
Start- und Landebahnsicht	*runway visual range − RVR*
Start- und Landebahntragfähigkeit	*runway strength*
Start- und Landebahnzuweisung	*runway assignment*
Startverzögerung	*take-off delay*
Startzeit, Abflugzeit	*time of departure, airborne time*
stationär	*stationary*
statische Störung	*static interference, statics*
statischer Druck	*static pressure*
stattfinden	*to take place*
Staub	*dust*
staubig	*dusty*
Staudruck	*ram*
Staudruckrohr	*pitot tube*

Staudruckrohrkopf, Staudüse	*pitot head*
staunen	*to be astonished*
Stauung (des Verkehrs), Stockung	*congestion, jam*
stehen	*to stand*
steif	*stiff*
Steiggeschwindigkeit	*rate of climb*
Steiganweisungen	*climbing instructions*
Steigleistung	*climb performance*
Steigung (Propeller)	*pitch*
steil	*steep*
Steilkurve	*steep turn, sharp turn*
Stelle	*place, position, site*
stellen	*to place, to put*
stellen (die Uhr)	*to set (the clock)*
Stellungnahme, Kommentar	*comment*
Sternmotor	*radial engine*
stetig	*constant*
stets	*always, constantly*
Steuer	*control*
steuerbar	*controllable, steerable*
Steuerbarkeit, Wendigkeit	*manoeuvrability*
steuerbord	*starboard*
Steuerbordlampe, Steuerbordlicht	*starboard light*
Steuerknüppel	*control stick, stick*
Steuerkurs	*heading*
steuern	*to pilot, to steer*
Steuerorgane	*flight controls*
Steuersäule	*control column*
Steuerstrich	*lubber line*
Steuerung	*controls*
Steuerungssystem	*control system*
still, ruhig	*quiet, silent*
Stille	*silence*
Stimme	*voice*
Stockung, Stauung (des Verkehrs)	*congestion*
stören	*to disturb, to trouble*
Störung	*disturbance, trouble*
STOL-Flugplatz (für Kurzstart- und Landeflugzeuge)	*STOL-port*
Störung (beim Empfang)	*interference*
Stopbahn, Stopfläche	*stopway*
Stopbarrenbefeuerung, Haltebalkenfeuer	*stop bar lighting, stop bar light*
Stopeinrichtung	*stop device*
Straftat	*offence*

Strahl (Licht)	*beam, ray, flash*
Strahl, Strahlrohr	*jet*
Strahlantrieb, Düsenantrieb	*jet propulsion*
Strahlantriebsluftfahrzeug	*jet-propelled aircraft, jet aircraft*
Strahlbereich	*blast area*
Strahlböen	*jet wash*
Strahlschub	*jet thrust*
Strahlschutzwand, -zaun	*blast fence*
Strahltriebwerk	*jet engine*
Strahlturbine	*turbojet*
Strahlungsnebel	*radiation fog*
Straße	*road, street*
Straßenkreuzung	*road crossing*
strato-cumulus	*strato-cumulus*
stratus	*stratus*
Strebe	*strut*
Strecke	*route*
Strecke laut Flugplan	*flight plan route*
auf Strecke	*en route*
zu fliegende Strecke	*route to be followed*
Streckenfreigabe	*en-route clearance*
Streckenkarte	*en-route chart*
Streckennavigation	*en-route navigation*
Streckennavigationseinrichtung	*route navigation facility*
Streckennavigationshilfe	*route navigation aid*
Streckenrundsichtradar	*en-route surveillance radar − RSR*
Streckenverkehr	*en-route traffic*
Streckenwetter	*en-route weather*
Streckenwettervorhersage	*en-route weather forecast,*
	route forecast
streichen (Flugplan, Meldung)	*to cancel (flightplan, report)*
streichen (Freigabe)	*to disregard (clearance)*
Streichung (Flugplan, Meldung)	*cancellation (fligthplan, report)*
Streifen	*strip*
Streik	*strike*
Streuer	*spreader*
Strich, Linie	*line*
Strömung glatt	*laminar flow*
Strömung verwirbelt	*turbulent flow*
Stromausfall	*power failure*
stromlinienförmig	*streamlined*
Stromversorgung	*power supply*
studieren	*to study*
Stück	*piece*

Stufe	step
stufenweise, allmählich	gradually – GRADU
Stunde	hour
stündlich	hourly
Sturm	storm
Sturmwarnung	storm warning
Sturzflug	dive
Suchaktion	search action
suchen	to look for, to search
Suchgebiet	search area
Such- und Rettungsdienst – SAR	search and rescue service – SAR
Such- und Rettungsleitstelle – RCC	Rescue Coordination Center – RCC
Süden – S	south – S
südlich	southern
südliche Breite – S	southern latitude – S
südlich von	south of
in Südrichtung fliegend	southbound
suspendieren, aussetzen	to suspend
System	system

T

Tabelle	table
täglich	daily
tätig	active
Tätigkeit, Betrieb	activity; operation
Tag	day
bei Tageslicht	during daylight
tagelang	for days
Tagesaufgabe	day task
Tageskennzeichen	day markers
Tagesmarkierung	day marking
Tal	valley
tanken	to refuel
Tankstelle	fuel pit, gas(oline) station
Tankverschluß	fuel tank cover, -cap
Tankwagen	fuel truck
Tapleymeter	tapleymeter
Tarif (Flugschein)	fare (ticket)
Tarnfarbe	camouflage colour
Taste; Schlüssel	key
tasten	to key

Tatsache	*fact*
tatsächlich	*actual*
tatsächliche Startzeit − ATD	*actual time of departure − ATD*
tauen	*to thaw*
Tauglichkeit	*fitness*
Taupunkt	*dew point*
tauschen	*to exchange*
technisch	*technical*
Teich, See	*lake*
Teil	*part, portion*
teilen, einteilen	*to divide*
teilhaben, teilnehmen	*to participate*
teilnahmslos	*unconcerned*
Teilnehmer	*participant*
teils	*partly*
Telegramm	*telegram*
Telephon	*telephone*
Telephonanruf	*telephone call*
Telephonbeantworter	*telephone responder*
Telephonverbindung	*telephone connection*
Temperatur	*temperature*
Temperatur-Inversion	*temperature inversion*
Tendenz, Trend	*tendency, trend*
Testpilot	*test pilot*
Tetroonflug	*tetroon flight*
Theorie	*theory*
tief	*low*
Tiefanflug	*low approach*
Tiefdecker	*low-wing monoplane*
Tief(druckgebiet)	*low (pressure area)*
Tiefe	*depth*
tiefe Wolken	*low clouds*
tieffliegend	*flying low, low flying*
Tiefflug	*low-level flight*
Tieffluggebiet	*low-flying area*
Tiefflugstrecke	*low-flying route*
Tod	*death*
töten	*to kill*
tot	*dead*
Ton, Schall	*sound*
topographische Merkmale	*topographic features*
Trägerwelle	*carrier wave*
Tragbahre	*stretcher*
tragbar	*portable*

tragen	to carry
Tragfähigkeit	load bearing capacity
Trägheitsnavigationssystem	inertial navigation system — INS
Tragfläche, Tragflügel	wing, airfoil
Tragwerk	main plane structure
Transmissometer, Sichtmeßgerät	transmissometer
Transportflugzeug	transport aeroplane
transportieren	to transport
treffen	to meet
Treibstoff	fuel
Treibstoff ablassen	to jettison fuel, to dump fuel
Treibstoffbehälter	fuel tank
Treibstoffdruckmesser	fuel pressure gauge
Treibstoffhahn, Brandhahn	fuel cock
Treibstoffverbrauch	fuel consumption
Treibstoffvorrat	fuel supply
Treibstoffvorratsanzeiger	fuel quantity indicator
Trend, Tendenz	trend, tendency
trennen, staffeln	to separate, to space
Triebwerk	power plant, power ur.it, (engine)
Triebwerk ausgefallen	power unit failed, -inoperative
Triebwerküberwachungsgerät	power plant instrument
trimmen	to trim
Trimmklappe, Trimmruder	trim tab
Trimmsteuerung	trim controls
trocken	dry
trocknen	to dry
trotzdem, dennoch	nevertheless, in spite of
trudeln	to spin
Trudeln	spinning
trüb	gloomy
tüchtig, fähig	able, fit
Tüchtigkeit, Fähigkeit	ability
Tür	door
tun	to do
Turbine	turbine-type engine
Turbinenmotor	turbine engine
Turbinenstrahltriebwerk (TL)	turbo-jet engine
turbulent	turbulent
Turbulenz	turbulence
Turbulenz in wolkenfreier Luft	clear air turbulence — CAT

U

übel	bad, evil
üben	to exercise, to practice
über (eine Sache)	about
über (einem Ort)	over, overhead
über (einer Höhe)	above
über (einen Punkt hinaus)	beyond
über (von . . . über . . .)	via, by way of
überall	everywhere, all over
überblicken	to survey
Überdeckung	coverage
überdenken	to think over
über den Wolken	on top of clouds
überdrehen	to overspeed
übereinkommen	to agree
Übereinkommen	agreement
übereinstimmen mit, zusammentreffen mit	to accord with, to coincide with
überfällig	overdue
überfliegen	to overfly
überflüssig	superfluous
Überflug	overflying
Überflurleuchte	elevated light
Überführungsflug	ferry flight
überfüllt	crowded
Übergabe	delivery, transfer
Übergang	transition
Übergangsfläche	transition level
Übergangshöhe	transition altitude
Übergangsschicht	transition layer
überholen (im Verkehr)	to overtake
überholen (Motor)	to overhaul
Überholen (im Verkehr)	overtaking
Überholen (Motor)	overhaul
Überholrollbahn	by-pass taxiway
Überholstelle (z. B. auf Rollfeld)	by-pass area
überholt, veraltet	obsolete
Überlandflug	cross-country flight
überlasteter Luftraum	congested airspace
überlaut	too noisy
überleben	to survive
übermäßig	excessive
übermitteln	to transmit
Übermittlung	transmission

308

übernehmen	to take over
überprüfen (eine Meldung)	to verify
überprüfen (ein Luftfahrzeug)	to check
Überprüfung, Kontrolle	check
Überprüfung am Boden	ground check
Überprüfung im Fluge, Flugvermessung	flight check, flight calibration
Überprüfungsflug	check flight
überqueren	to cross, to traverse
überraschen	to surprise
Überraschung	surprise
überrollen	to overrun
Überrollfläche	stopway, overrun area
Überschall −	supersonic
überschätzen	to overestimate
überschießen	to overshoot
Überschlag	loop, turnover
überschlagen, sich	to turn over, to nose over
überschneiden	to overlap
überschreiten, übersteigen	to exceed
Überseeverkehr	trans-oceanic traffic
übersetzen	to translate
Übersetzer, Dolmetscher	interpreter
Übersprechen	cross-talking
überwachen	to monitor, to supervise
überwachter Anflug (z. B. PAR)	monitored approach
Überwachung	supervision
Überwachungsgerät	monitor
überzeugen	to convince
überziehen (Luftfahrzeug)	to stall
Überziehgeschwindigkeit	stalling speed
Überziehwarnung	stall warning
Überzug, Deckel	cover
üblich	usual
Übung	training, exercise
Übungsanflug	practice approach, training approach
Übungsflug	training flight
Übungszwecke	training purposes
Ufer, Küste	bank; shore, coast
Uhr	clock, watch
Uhrenvergleich	time check
Uhrzeit	time
UKW-Drehfunkfeuer − VOR	VHF omni directional radio range − VOR
UKW-Empfänger	VHF-receiver
UKW-Frequenzen	VHF-frequencies

UKW-Peilstelle – VDF	VHF-direction finding station – VDF
UKW-Sender	VHF-transmitter
Ultrakurzwellen – UKW	very high frequency – VHF
Ultraleichtflugzeug	ultralight aeroplane – UL
um (Uhrzeit)	at
um (herum)	around
um zu	in order to
umbenennen	to rename
umdrehen	to turn around
umfangreich	extensive
umfassen	to comprise
umfassend	comprehensive
umfliegen	to circumfly, to circumnavigate
umgeben von	surrounded by
Umgebung	surrounding
Umgrenzung	boundary
umgekehrt	vice versa, reverse
Umgrenzung	boundary
umkehren, wiederkehren	to return
Umkehrschicht (Wetter)	inversion
Umkehrschub	reverse thrust
umkreisen	to circle
umleiten	to divert, to bypass
Umleitung	diversion, detour (street), re-routing
Umleitungsflughafen, Ausweichflughafen	diversion airport
Umleitungsmeldung	diversion message
umrechnen	to convert
Umrechnung	conversion
Umrechnungstabelle	conversion table
umschalten	to switch over
Umschwung (Wetter)	sudden change
Umstand	circumstance
Umweg	detour
umzäunen	to fence in
unabhängig	independent
unachtsam	careless
unannehmbar	unacceptable
unbeabsichtigt	unintentional
unbeantwortet	unreplied
unbebautes Gelände	open area
unbefestigt (Landebahn)	unpaved (runway)
unbefugt, unberechtigt	unauthorized
unbegrenzt, unbeschränkt	unlimited
unbekannt	unknown

unbenutzbar	unusable
unbenutzbare Fläche	unserviceable area
unbequem, ungelegen	inconvenient
Unbequemlichkeit	unconvenience
unberührt	unaffected
unbeschadet	not withstanding
unbeschädigt	undamaged
unbeschränkt, uneingeschränkt	unrestricted
unbeschränkt, unbegrenzt	unlimited
unbesetzt	unoccupied
unbestätigt	unconfirmed
unbestimmt	indefinite
unbestimmte Verzögerung	indefinite delay
unbewohntes Gebiet	open area
unbrauchbar, außer Betrieb	unusable, unserviceable
und	and
undeutlich	obscured
undicht	leaky
uneben	uneven
unentschlossen	undetermined, undecided
unerfahren	inexperienced
unerkannt	unidentified
unerträglich	intolerable
unerwartet	unexpected
unfähig	unable, incapable
Unfall	accident
Unfallmeldung	accident report
Unfalluntersuchung	accident investigation
Unfallursache	cause of accident
ungefähr, etwa	approximately, about
ungelegen, unbequem	inconvenient
ungenau	inaccurate
ungenügend, unzureichend	insufficient
ungerade Zahlen	odd numbers
ungerichtete Leuchten, rundstrahlende Leuchten	omni-directional lights
ungerichtetes Funkfeuer − NDB	non-directional radio beacon − NDB
ungesetzlich	illegal
ungestört	undisturbed
ungewiß, unsicher	uncertain
Ungewißheit	uncertainty
Ungewißheitsstufe	uncertainty phase − INCERFA
ungewöhnlich	unusual
ungültig, nichtig	invalid, void

ungünstig	*unfavourable, inclement*
unklar	*unclear, not clear*
unkontrollierter Luftraum	*uncontrolled airspace*
unlängst, kürzlich	*recently, lately*
unmöglich	*impossible*
unpassend	*unsuitable*
unpünktlich	*unpunctual, not in time*
unregelmäßig	*irregular*
Unregelmäßigkeit	*irregularity*
unrichtig	*incorrect*
unruhig, schwankend	*unsteady*
unschädlich	*innocuous*
unschlüssig	*undecided*
unsicher	*unsafe*
unsicher, ungewiß	*uncertain*
Unstimmigkeit	*discrepancy*
unten	*below*
unter	*under, below*
unterbrechen	*to interrupt*
Unterbrechung	*interruption*
unterbrochen, aussetzend	*intermittent*
unterer Luftraum	*lower airspace*
Unterflurleuchte	*surface light*
Untergrenze (Luftraum)	*lower limit*
Untergrenze (Wolken)	*base*
Unterhaltung (eines Luftfahrzeuges)	*maintenance*
Unterhaltung, Gespräch	*conversation*
unterkühlter Regen	*freezing rain*
unterkühltes Nieseln	*freezing drizzle*
Unterlagen	*documents*
unternehmen	*to undertake*
unterrichten	*to instruct, to teach*
Unterschall −	*subsonic*
Unterschallflug	*subsonic flight*
unterscheiden	*to distinguish*
Unterschied, Verschiedenheit	*difference*
unterschiedlich, variabel	*variable, different*
unterschreiben	*to sign*
Unterschrift	*signature*
Unterstellgebühren, -entgelt	*hangar charges, -fees*
unterstützen	*to support, to assist*
Unterstützung, Hilfe	*support, assistance*
untersuchen, nachforschen	*to inquire, to investigate*
Untersuchung	*investigation; examination*

unterwegs, auf Strecke	*on the way, en-route*
ununterbrochen, fortlaufend	*continuous, uninterrupted*
unvermeidbar, unvermeidlich	*unavoidable*
unverständlich	*unreadable*
unverzüglich, sofort	*immediately*
unvollständig	*incomplete*
unvorbereitet	*unprepared*
unvorhergesehen	*unforeseen*
unvorhergesehener Fall	*contingency*
unwahrscheinlich	*improbable, unlikely*
unwichtig	*unimportant*
Unwucht	*unbalance*
unzulänglich, unzureichend, ungenügend	*inadequate, insufficient*
Unzulänglichkeit	*deficiency*
unzuverlässig	*unreliable*
unzweifelhaft	*undoubted*
Ursache	*reason, cause*
Ursprung, Herkunft	*origin*
ursprünglich	*original*
Urteil	*judgement*
urteilen	*to judge*

V

variabel, unterschiedlich	*variable, different*
Variometer	*rate-of-climb and descent indicator*
Ventil	*valve*
veränderlich	*variable*
Veränderung	*change, variation*
keine bedeutsame Veränderungen	*no significant change — NOSIG*
veraltet, überholt	*obsolete*
verankern (Luftfahrzeug)	*to tie down*
veranlassen, auslösen, einleiten	*to initiate*
verantwortlich	*responsible*
verantwortlicher Lfz.-Führer	*pilot-in-command*
Verantwortung	*responsibility*
Verband von Luftfahrzeugen	*formation of aircraft*
Verbandsflug, Formationsflug	*formation flight*
verbessern, berichtigen	*to correct*
Verbesserung	*correction*
verbinden (Tel.)	*to connect*
Verbindung (Funk)	*communication, contact*
Verbindung aufnehmen	*to establish communication (contact)*
Verbindungsflugzeug	*liaison aeroplane*
Verbindungsstrecke	*link route*

verboten	*prohibited*
Verbrauch (Kraftstoff)	*consumption*
verbreiten, sich ausbreiten	*to spread*
verbreitet	*widespread*
Verbreitung	*dissemination*
verbreitet Gewitter	*widespread thunderstorms*
verbrennen, brennen	*to burn*
Verbrennung	*combustion*
verdächtigen	*to suspect*
Verdichter	*compressor*
vereinbaren, arrangieren, einrichten, regeln	*to agree*
Vereinbarung	*agreement*
vereinigen, sich; sich zusammenschließen, eintreten in	*to join, to unite*
Vereinigung	*Union*
vereinzelt (Wolken)	*scattered (clouds)*
vereinzelt (Gewitter)	*isolated (thunderstorms)*
vereist (Start- und Landebahn)	*icy (runway)*
Vereisung	*icing*
Vereisungsbedingungen	*icing conditions*
Vereisungsgefahr	*danger of icing*
Vereisungsschutzanlage	*anti-icing device*
Verfahren	*procedure*
verfahrensmäßig	*procedural*
Verfahrenskurve links	*procedure turn left*
Verfahrenskurve rechts	*procedure turn right*
verfehlen, missen	*to miss*
verfliegen, sich; Orientierung verlieren	*to lose orientation, to be lost*
(ver)fließen, (ver)streichen	*to elapse*
verfranzen, sich	*to get lost*
verfügbar	*available*
verfügbare Landestrecke	*landing distance available − LDA*
verfügbare Startabbruchstrecke	*accelerate stop distance available − ASDA*
verfügbare Startlaufstrecke	*take-off run available − TORA*
verfügbare Startstrecke	*take-off distance available − TODA*
Verfügung, Anordnung	*disposal*
Vergaser	*carburettor*
Vergaservorwärmung	*carburettor heating*
vergessen	*to forget*
vergewissern, sich	*to make sure, to ascertain*
Vergleich	*comparison*
vergleichbar	*comparable*
vergleichen	*to compare*

vergrößern	*to enlarge*
Verhältnis	*proportion, rate, relation*
Verhaltungsmaßregeln, Anweisungen	*instructions*
verhangen (Himmel)	*obscured*
verhindern	*to impede*
verhindern, verhüten	*to prevent from*
verhüten, vermeiden	*to avoid*
Verhütung von Zusammenstößen	*avoidance of collisions*
Verkehr	*traffic*
Verkehrsflugzeug	*airliner, transport aeroplane*
Verkehrsfluß	*traffic flow*
Verkehrsflußsteuerungsmaßnahmen	*flow control measures*
Verkehrshinweis, Verkehrsinformation	*traffic information*
Verkehrslage, Verkehrssituation	*traffic situation*
verkehrsschwache Zeit	*slack traffic period*
Verkehrsspitze	*peak traffic*
verkehrsstarke Zeit	*peak traffic period*
Verkehrsstauung	*traffic congestion*
Verkleidung (Lfz.)	*fairing*
verkünden, ankündigen	*to announce*
Verkündung	*announcement*
verladen	*to load*
verlangen, erfordern	*to require*
verlangen, erbitten	*to request*
verlängern	*to prolong, to extend*
Verlängerung	*prolongation, extension*
verlangsamen	*to slow down*
Verlangsamung	*deceleration*
verlassen; räumen (Landebahn)	*to leave; to clear (runway)*
verlassen, sich	*to rely upon*
verläßlich, zuverlässig	*reliable*
Verlegung, Versetzung	*relocation*
verletzen	*to injure*
Verletzung	*injury*
Verletzung des Luftraumes	*violation of airspace*
verlieren	*to lose*
Verlust	*loss*
vermehren, vergrößern	*to increase*
vermeiden, meiden	*to avoid*
Vermeidung	*avoidance*
Vermerk	*note*
vermerken	*to record, to note*
vermessen	*to survey, to calibrate*
Vermessung	*surveying, calibration*

Vermessungsflug	calibration flight
vermindern, verringern	to diminish, to reduce
Verminderung	diminution, reduction
vermissen	to miss
vermißt	lost
vermißtes Luftfahrzeug	missing aircraft, lost aircraft
Vermittlung (Tel.)	switchboard
vermuten	to suppose
vermutetes Gebiet	potential area
vermutlich	presumably
Vermutung	supposition
vernachlässigen	to neglect
verneinen	to deny
verneinend	negative
vernünftig	reasonable
veröffentlichen	to publish
veröffentlichte Abflugstrecke	published departure route
veröffentlichtes Anflugverfahren	published approach procedure
veröffentlichtes Fehlanflugverfahren	published missed approach procedure
Veröffentlichung	publication
Verordnung	ordinance
verpflichtet sein	to be obliged
Verpflichtung	obligation
verrichten	to perform
Verriegeln (des Fahrwerkes)	locking (of the gear)
verriegelt (Fahrwerk)	locked, in place (gear)
verringern (Geschwindigkeit)	to reduce (speed)
verrücken, versetzen (Schwelle)	to displace (threshold)
verschieben auf	to postpone to
Verschiebung	postponement
verschieden	different
Verschiedenheit, Unterschied	difference
verschlechtern, sich (Wetter)	to deteriorate
Verschlechterung (des Wetters)	deterioration
verschließen, schließen	to lock, to shut, to close
Verschluß, Schloß	lock
verschlüsseln	encode, to
verschwinden	to disappear
versetzte Schwelle	displaced threshold, relocated threshold
Versetzung, Verlegung	relocation
versichern	to assure, to affirm
Version	version
versorgen	to supply, to provide
Versorgung (von Luftfahrzeugen)	servicing (of aircraft)

316

Versorgungseinrichtung	*servicing facility*
verspäten, sich	*to be late*
Verspätung, Verzögerung	*delay*
Versprechen, Zusage	*promise*
versprechen, zusagen	*to promise*
verstanden (im Sprechfunk)	*roger*
verständlich, lesbar	*readable*
Verständlichkeit	*readability*
verstärken	*to reinforce, to strengthen*
verstehen	*to understand, to read*
verstellbar	*adjustable*
verstellbare Luftschraube	*adjustable pitch propeller*
verstellen	*to adjust*
Verstellpropeller	*variable pitch propeller*
Verstoß gegen Regelungen	*violation of regulations*
verstoßen (gegen Regeln)	*to violate*
Verstoßmeldung	*violation report*
verstreben	*to strut*
(ver)streichen, (ver)fließen	*to elapse*
verstümmelt (Sendung)	*garbled*
Versuch, Probe	*attempt, test, experiment*
versuchen	*to attempt, to try*
Versuchsflugzeug	*experimental aeroplane*
vertäuen (ein Luftfahrzeug)	*to moore, to tie down*
verteilen, zerstreuen	*to disperse*
Vertiefung	*deepening, dent*
vertikal, senkrecht	*vertical*
Vertikalgeschwindigkeit	*vertical speed*
Vertikalsicht	*vertical visibility*
Vertrauen	*confidence*
vertrauen	*to trust*
vertraut machen mit, sich	*to familiarize oneself with*
vertraut sein mit	*to be familiar with*
Vertreter, Repräsentant	*representative*
verursachen	*to cause*
Verwaltung	*administration*
verwechseln	*to mix up with*
verweigern	*to refuse, to deny*
verwenden, benutzen	*to utilize*
verwickeln	*to involve*
verwirklichen, einführen	*to implement*
verwirrt	*confused*
verzerrt (Sendung)	*distorted*
Verzerrung	*distortion*

verzichten	to renounce
Verzögerung, Verspätung	delay
Verzurrausrüstung	tie-down-equipment
VFR-Beschränkungsgebiet	VFR restriction area
VFR-Flug	VFR flight
Vibration	vibration
vibrieren	to vibrate
viel	much
vielfach, mehrfach	multiple
viermotorig	four-engined
Viertel	quarter
Viertelkreis, Quadrant	quadrant
VMC-Anflug (IFR)	VMC approach (IFR)
Vögel	birds
Vogelschlag	bird strike
Vogelschwarm	flock of birds
voll	full
vollautomatisch	fully-automatic
vollbringen	to accomplish, to achieve
vollenden, beenden	to finish, to complete
Vollgas	full power, open throttle
vollkommen	entire(ly), total(ly)
vollkommen, einwandfrei	perfect
Vollkreis, Kreis	circle
vollständig	full, complete, completely, entirely
von	from, of
von Hand	manually
von nun an, künftig	henceforth
vor (zeitlich)	before, prior to, ago
vor (örtlich), voraus	in front of, ahead of
im voraus	in advance
Vorabflugkontrolle	preflight check
vorausbestimmen	to predetermine
vorausfliegen, -fahren, -rollen	to precede
vorausfliegender Verkehr	preceding traffic
vorausgesetzt, daß	provided that
vorausplanen	to preplan
Vorausplanung	preplanning
voraussetzen, annehmen	to suppose
Voraussetzung, Annahme	supposition
voraussichtlich, wahrscheinlich	probable
voraussichtliche Abblockzeit	estimated off-block time − EOBT
voraussichtliche Anflugzeit	expected approach time − EAT
voraussichtliche Ankunftszeit	estimated time of arrival − ETA

voraussichtliche Flugdauer	*estimated elapsed time — EET*
voraussichtlicher Zeitpunkt über . . .	*estimated timer over . . . — ETO*
vorbeikommen	*to pass by*
vorbereiten	*to prepare*
Vorbereitung	*preparation*
vorbeugen, verhüten	*to prevent*
Voreinflugzeichen	*outer marker*
VOR Container-Anlage	*VOR container facility*
VOR-Empfänger	*VOR receiver*
VOR-Leitstrahl	*VOR-radial*
vorenthalten	*to withhold*
vorerst	*initially*
Vorfall, Zwischenfall	*incident*
Vorfeld, Abfertigungsvorfeld	*apron, ramp*
Vorfeldkontrolldienst	*apron management service*
Vorflügel	*slat*
Vorflugrecht	*right of way*
vorgepfeilter Flügel	*swept-forward wing*
vorgesehener Kurs über Grund	*intended track*
Vorhaben, Absicht	*intention*
vorhaben, beabsichtigen	*to intend*
vorhanden sein, bestehen	*to exist*
vorher	*before*
vorhergehend, früher	*previous*
vorherige Genehmigung erforderlich	*prior permission required — PPR*
Vorhersage (Wetter)	*forecast*
vorherrschen	*to predominate, to prevail*
vorherrschende Winde	*prevailing winds*
vorhersehbar	*foreseeable*
vorkommen, sich ereignen	*to happen, to occur*
Vorkommnis	*occurrence*
vor kurzem	*recently*
vorläufig	*provisional, preliminary*
vormalig	*former*
vormerken	*to note, to mark down*
vormittags, am Vormittag	*in the forenoon*
Vorort	*outskirt*
Vorrang	*precedence, priority*
vorsätzlich	*intentional*
Vorschlag	*offer, proposal*
vorschlagen	*to offer, to suggest*
vorschreiben	*to prescribe*
Vorschrift, Regelung, Regel	*regulation, rule*
Vorschriften (ICAO)	*standards*

vorsehen, bereitstellen	to provide
Vorsicht	caution
vorsichtshalber	as a precaution
Vorsichtsmaßnahme	precautionary measure
Vorsorge, Bereitstellung	precaution; provision
Vorstadt	suburb
Vorteil	advantage
vorteilhaft	advantageous
vortrefflich, vorzüglich	excellent
vorüber	past, over
vorübergehend, zeitweilig	temporary
VOR-Empfangs-Testanlage	VOR test facility
VOR- und TACAN-Kombination – VORTAC	VOR and TACAN combination – VORTAC
Vorurteil	prejudice
vorwärmen	to preheat
vorwärts	forward
vorweg	beforehand
vorwegnehmen	to anticipate
vorwiegend	predominant(ly)
vorziehen, bevorzugen	to prefer
Vorzug	preference
vorzüglich, vortrefflich	excellent
vorzugsweise	preferably
V-Leitwerk, Schmetterlingsleitwerk	V-tail

W

waagerecht, horizontal	horizontal
waagerechte Ebene, Höhe	level
Wachfrequenz	guard frequency
Wachleiter	supervisor
wachsen	to grow; to increase
Wackeln mit den Flächen	rocking wings
wahren, dauern	to continue, to last
während	during, while
während, wohingegen	whereas
wagen	to risk, to dare
Wagen	car
Wahl	choise
wählen	to choose, to select
wählen (Tel.)	to dial
Wärmekraftwerk	thermal power plant
wahr	true
wahre Eigengeschwindigkeit	true airspeed – TAS
Wahrheit	truth

wahrnehmbar	*perceptible*
wahrnehmen	*to perceive*
Wahrnehmung	*observation*
wahrscheinlich, voraussichtlich	*probable; likely*
Wahrscheinlichkeit	*probability; likelyhood*
Wald	*wood, forest*
Waldgebiet	*wooded area*
Wall, Damm	*dam*
Wand	*wall*
wann; als	*when*
warm	*warm*
Warmfront	*warmfront*
warmlaufen lassen	*to run up*
Warmluftenteisung	*thermo de-icing*
Warnblinker, Zusammenstoßwarnlicht	*anti-collision light*
Warnblinkleuchte, Warnblitzleuchte	*flashing warning light*
warnen	*to warn*
Warngerät	*warning device*
Warnlampe, Warnlicht	*warning light*
Warnschauzeichen (ILS)	*flag alarm system (ILS)*
Warnung	*warning*
Warteanweisung	*holding instruction*
Wartebereich, -raum (im Fluge)	*holding area*
Wartebucht (Flugplatz)	*holding bay*
Wartefolge	*holding sequence*
Wartefreigabe	*holding clearance*
Wartehöhe (über NN)	*holding altitude*
warten	*to wait, to standby; to hold*
Wartepunkt	*holding fix*
Warteraum (Abfertigungsgebäude)	*waiting room*
Warteraum (im Fluge)	*holding area*
Warterunde	*holding pattern*
Wartestapel (übereinander wartende Flugzeuge im Flug)	*holding stack*
Warteverfahren	*holding procedure*
Wartung	*maintenance*
Wartungshalle	*maintenance hangar*
Wartungspersonal	*maintenance personnel*
was	*what*
Wasser	*water*
Wassereinspritzung	*water injection*
Wasserflugzeug	*seaplane*
Wasserhose	*water spout*
Wasser-Landflugzeug	*amphibian*

wassern	*to alight on water*
wechseln	*to change, to vary*
Wechselsprechfunkgerät	*two-way radio equipment*
weder . . . noch	*neither . . . nor*
wegen	*because of, on account of, due to*
wegfallenlassen, weglassen	*to omit*
wegfliegend, abfliegend	*outbound*
weggehen	*to go away*
wegschicken	*to send away*
wegstreichen	*to cancel*
weich, sanft	*smooth*
weigern, sich	*to refuse*
weil	*because, since*
Weinberg	*vineyard*
Weise	*manner, way*
weiß	*white*
weißes Kreuz	*white cross*
weit	*distant, far*
weit entfernt	*far distant, far away*
weiter	*further*
weiterbefördern	*to forward*
weiterführen	*to carry on*
Weitergabe	*relay*
Weitergabestelle, Relaisstation	*relay station*
weitergeben	*to relay*
weiterhin	*furtheron*
welcher	*which*
Wellenlänge	*wave length*
Welt	*world*
Weltraum, Raum	*space*
weltweit	*world-wide*
wenden, drehen	*to turn*
Wendepunkt	*turning point*
Wendezeiger	*turn-and-bank indicator*
Wendigkeit	*manoeuvrability*
wenig	*little*
weniger als	*less than*
wenigstens	*at least*
wenn	*when; if*
wenn immer	*whenever*
wer	*who*
werden	*to become*
werfen	*to throw*
Werk, Fabrik	*plant, factory*

Werkzeug	*tool*
Wert	*value*
wertvoll	*valuable*
Wesen, Art	*nature*
Wesensmerkmal	*principle*
wesentlich	*essential, substantial*
wesentliche Änderungen	*essential changes*
wesentlicher Schaden	*substantial damage*
weshalb, warum	*why*
Westen − W	*west − W*
westlich	*western*
westliche Länge − W	*western longitude − W*
westlich von	*west of*
in Westrichtung fliegend	*westbound*
Wetterbedingungen	*weather conditions*
Wetterbeobachter	*meteorological observer*
Wetterbeobachtung	*meteorological observation*
Wetterberatung	*weather briefing, meteorological briefing*
Wetterbesserung	*weather improvement*
Wettererscheinungen, − bedeutsame	*Significant Meteorological Phenomena − SIGMET*
Wetterinformationen für Luftfahrzeuge im Fluge − VOLMET	*Meteorological information for aircraft in flight − VOLMET*
Wetterkarte	*weather chart*
Wetterkunde	*meteorology*
Wetterlage	*weather situation*
Wettermeldung	*weather report, met report*
Wettermindestbedingungen	*meteorological minima*
Wetterradar	*weather radar*
Wetterverschlechterung	*weather deterioration*
Wetterverhältnisse	*met(eorological) conditions*
Wettervorhersage	*weather forecast*
Wetterwarnung	*weather warning*
Wetterwarte	*met(eorological) office*
wichtig	*important, essential*
Wichtigkeit	*importance, prominence*
widerrechtliche Handlung	*unlawful act*
widersprechen	*to contradict*
widersprechend	*contradictory*
Widerstand	*drag, resistance*
widmen, zueignen	*to dedicate*
widrige Wetterverhältnisse	*adverse weather conditions*
wie	*how*

wieder	*again*
wiederanlassen	*to restart*
wiederaufnehmen	*to resume*
wieder betriebsklar	*reoperative*
wiedereinstellen, nachstellen	*to reset*
wiedererlangen, wiedererreichen	*to regain*
wiederholen	*to repeat, to say again*
Wiederholen	*readback*
wiederholt	*repeated(ly)*
Wiederholung	*repetition*
wiederkehren, zurückkehren	*to return*
wieder öffnen	*to reopen*
Wiese	*meadow*
willkürlich, eigenmächtig	*arbitrarily*
Wind	*wind*
Winddrehung	*wind shifting*
Winde	*winch*
Windenschlepp	*winch launching*
Windgeschwindigkeit	*wind speed*
Windrichtung	*wind direction*
Windrichtungsanzeiger	*wind direction indicator*
Windsack	*windsock*
Windschutzscheibe	*wind shield*
windstill	*wind calm*
Windverhältnisse	*wind conditions*
Winkel	*angle*
winkelförmig, Winkel −	*angular*
Wirbel	*vortex*
Wirbelsturm	*revolving storm*
Wirklichkeit	*reality*
wirksam (in Kraft)	*effective, efficient*
Wirksamkeit	*effectiveness, efficiency*
Wirkung	*effect*
mit sofortiger Wirkung	* with immediate effect − WIE*
mit Wirkung vom	* with effect from − WEF*
wissen, kennen	*to know*
Wissen, Kenntnis	*knowledge*
wo	*where*
Woche	*week*
wohnen, leben	*to live*
Wolke	*cloud*
Wolkenabstand	*distance from clouds*
Wolkenbedeckung	*cloud coverage*
Wolkendurchstoßverfahren	*cloud-breaking procedure*

Wolkenhöhenmesser	*ceilometer*
wolkenlos	*sky clear*
Wolkenobergrenze	*tops of clouds*
Wolkenscheinwerfer	*cloud searchlight*
Wolkenschicht	*cloud layer*
Wolkenuntergrenze	*base of clouds*
wollen	*to wish, to want*
Wort	*word*
wörtlich	*verbal, literal, verbatim*
Wrack	*wreck*
Wrackteile	*wreckage*
wunderbar	*wonderful, marvellous*
Wunsch	*wish, desire*
wünschen	*to wish, to desire*

Z

Zahl, Anzahl, Nummer	*number*
zahlen	*to pay*
Zahlung	*payment*
Zaun	*fence*
Zeichen	*signal, mark*
Zeichenerklärung	*legend*
zeigen	*to show, to point to*
Zeiger, Nadel	*needle, pointer, hand, arm*
Zeit	*time*
Z – Zeit (mittlere Greenwich Zeit)	*Z – time (Greenwich mean time)*
Zeitabschnitt, Zeitraum	*period, phase*
zeitgesteuerter Anflug	*timed approach*
zeitliche Begrenzung	*time limitation*
Zeitpunkt	*moment*
Zeitraum, Zeitabschnitt	*period*
Zeitstempel	*time stamp*
Zeitvergleich	*time check*
zeitweilig, vorübergehend	*temporary*
zeitweilig reservierter Luftraum – TRA	*Temporary Reserved Airspace – TRA*
Zeitzeichen	*time signal*
Zelle (Flugzeug)	*structure, airframe*
zentral	*central*
zentriert, Mittelpunkt in	*centered*
Zerbrechlichkeit	*frangibility*
zerstören	*to destroy*
zerstreuen	*to disperse, to scatter*
zertrümmern	*to demolish*
Zeugnis, Schein	*licence*

ziehen (am Knüppel)	to pull up
Zielflugplatz	destination aerodrome
Ziel, Bestimmungsort	destination
Ziel (Radar)	target
Zielflug	homing
Ziellandung	precision point landing
Ziffer	digit
Zifferblatt	dial
Zimmer	room
zirkulieren	to circulate
zivil	civil
ziviler und militärischer Mischflugbetrieb	joint civil/military operations
ziviles Luftfahrzeug	civil aircraft
Zivilflugplatz	civil aerodrome
Zivilluftfahrt	civil aviation
Z-Markierungsfunkfeuer	Z marker beacon
Zoll	customs
Zollabfertigung	customs clearance
Zollamt	customs office
Zollflugplatz	customs aerodrome
zollfrei	duty free
Zollvorschriften	customs regulations
Zone	zone
Zonenzeit	zone time
Zubehör(teile)	accessories
zubilligen	to grant
Zubringer	feeder
Zubringerlinie	feeder line
Zündanlage	ignition system
Zündkerze	spark plug
Zündschalter	ignition switch
Zündung	ignition
zu fliegende Strecke	route to be followed
zuerst	(at) first
Zufahrtstraße	access road
zufrieden	satisfied
zufriedenstellend	satisfactory
zugeben, eingestehen	to admit
zugegen sein	to be present
zugelassen, genehmigt	approved
zuhören	to listen, to attend
Zukunft	future
zulässig	admissible
zulässiges Höchstgewicht	maximum permissible weight — MPW
zulassen	to authorize

Zunahme	*increase*
zunehmen (Verkehr)	*to increase*
zurück	*back*
zurück sein	*to be back*
zurückfliegen	*to fly back, to return*
zurückhalten	*to retain*
zurückkehren, wiederkehren	*to return*
zurückkommen	*to come back, to return*
zurückrollen	*to taxi back*
zurückrollen (auf Landebahn)	*to backtrack*
zurückstufen, rückstufen	*to downgrade*
zurückziehen	*to withdraw*
Zurückziehung	*withdrawal*
Zusage, Versprechen	*promise*
zusagen, versprechen	*to promise*
zusammen, miteinander	*together*
Zusammenarbeit, Mitarbeit	*cooperation*
zusammenarbeiten	*to cooperate*
zusammenbrechen, knicken (Fahrwerk)	*to collaps*
Zusammenfassung	*summary*
Zusammenkunft	*meeting*
zusammenschließen, sich; sich vereinigen, eintreten in	*to join, to unite*
Zusammenstoß, Kollision	*collision*
zusammenstoßen, kollidieren	*to collide, to run into*
Zusammenstoßgefahr	*danger of collision, collision hazard*
Zusammenstoß in der Luft	*mid-air collision*
Zusammenstoßwarnlicht, Warnblinker	*anti-collision light*
zusammentreffen	*to meet*
zusätzlich	*additional*
Zusatz	*addition*
Zusatzkraftstoffbehälter	*additional fuel tank*
Zusatzwarnlicht	*anti-collision light*
Zuschlaggebühr	*surcharge*
zuständig	*competent*
zuständige Behörde	*competent authority*
zuständige FVK-Stelle	*competent ATC unit*
Zuständigkeitsbereich	*area of competency, area of jurisdiction*
Zustand	*condition*
zustellen	*to deliver*
Zustellung	*delivery*
Zustimmung	*consent; approval*
Zustimmungsantrag	*approval request*
zutreffend, angemessen	*appropriate*

zutreffend, anwendbar	*applicable*
Zutritt	*access*
zuverlässig, verläßlich	*reliable*
Zuverlässigkeit	*reliability*
zuvorkommen	*to anticipate*
zuweisen	*to assign*
Zuweisung einer Höhe	*level assignment*
Zuwiderhandlung	*contravention*
Zweck	*purpose*
Zweideutigkeit (Seite bei Peilung)	*ambiguity*
zweifeln	*to doubt*
zweimotorig	*twin-engine*
Zweiter Luftfahrzeugführer	*co-pilot*
Zwillingsräder	*twin-wheel units*
zwingend	*mandatory*
zwischen	*between, among*
Zwischenanflug	*intermediate approach*
Zwischenanflugpunkt (fix)	*intermediate approach fix — IF*
Zwischenanflugsegment	*intermediate approach segment*
Zwischenfall, Vorfall	*incident*
Zwischenlandung	*intermediate landing, intermediate stop*
Zwischenraum, Abstand	*space, distance*
Zwischenzeit	*meantime*
Zylinder	*cylinder*
Zylinderblock	*cylinder block*
Zylinderkopf	*cylinder head*

Alphabetisches Wörterverzeichnis

2. Englisch – Deutsch

2. Englisch — Deutsch

A

abandon (take-off), to	*aufgeben (Start)*
abandoned take-off	*Startabbruch*
abbreviation	*Abkürzung (eines Wortes)*
abduction of aircraft, hijacking	*Entführung eines Luftfahrzeuges*
abeam	*querab*
able	*fähig, tüchtig*
to be able, to be in a position	*in der Lage sein, können*
abort (take-off), to	*abbrechen (Start)*
about	*über (eine Sache)*
about it	*darüber (über eine Sache)*
above	*über (einer Höhe)*
above it	*darüber (über einer Höhe)*
above quoted	*oben angeführt*
abridged	*abgekürzt*
absence	*Abwesenheit*
absent	*abwesend*
absorption	*Absaugung*
accelerate, to	*beschleunigen*
accelerate stop distance available — ASDA	*verfügbare Startabbruchstrecke*
acceleration	*Beschleunigung*
accept, to	*annehmen, akzeptieren*
acceptable	*annehmbar*
acceptance flight	*Abnahmeflug*
access	*Zugang, Zutritt*
access road	*Zufahrtstraße*
accessories	*Zubehör(teile)*
accident	*Unfall*
accident investigation	*Unfalluntersuchung*
accident report	*Unfallmeldung*
accomplish, to; to achieve	*vollbringen*
accord with, to	*übereinstimmen*
accordance	*Übereinstimmung*
according	*entsprechend*
accordingly	*demgemäß*
accuracy, exactness	*Genauigkeit*
accurate	*genau*
acknowledge, to	*bestätigen (Empfang)*
acknowledgement	*Bestätigung (Empfang)*
acknowledgement of receipt	*Empfangsbestätigung*
acrobatic aeroplane	*Kunstflugzeug*
acrobatic flying, acrobatics	*Kunstflug*

act contrary to order	Ordnungswidrigkeit
act, to	handeln
action	Handlung
active	tätig
activity	Tätigkeit
actual	tatsächlich, aktuell
actual time of departure − ATD	tatsächliche Startzeit − ATD
actual time of arrival − ATA	tatsächliche Landezeit − ATA
addition	Zusatz
additional, in addition	zusätzlich
additional fuel tank; auxiliary fuel tank	Zusatzkraftstoffbehälter
address	Adresse, Anschrift
adequate	angemessen
adhere, to; to comply with, to follow	befolgen, einhalten
adherence, compliance	Befolgung, Einhaltung
adjacent	benachbart
adjust, to	einstellen, justieren, verstellen
adjustable; controllable	verstellbar, regelbar
adjustable pitch propeller	Einstelluftschraube, -propeller
adjustment	Einstellung, Justierung
administration	Verwaltung
admissible, permissible	zulässig
admit, to	eingestehen, zugeben
adopt, to	annehmen
advantage	Vorteil
advantageous	vorteilhaft
adverse weather conditions	widrige Wetterverhältnisse
advice	Rat(schlag), Hinweis
advise, to	anraten; melden
adviseable	empfehlenswert, ratsam
aerial; antenna	Antenne
aerial mast, antenna mast	Antennenmast
aerial photography	Luftbildaufnahmen
aerodrome	Flugplatz
aerodrome beacon − ABN	Flugplatzleuchtfeuer
aerodrome boundary	Flugplatzbegrenzung
aerodrome circling approach	Platzrundenanflug
aerodrome circling procedure	Platzrundenanflugverfahren
aerodrome conditions	Platzzustand
aerodrome control	Platzverkehrskontrolle
aerodrome control service	Platzverkehrskontrolldienst
aerodrome control tower − TWR	Platzverkehrskontrollstelle
aerodrome control vehicle	Flugplatzkontrollfahrzeug
aerodrome controller	Platzverkehrslotse

aerodrome elevation	*Flugplatzhöhe*
aerodrome flight information service AFIS	*Flugplatzinformationsdienst*
aerodrome lighting system	*Flugplatzbefeuerungssystem*
aerodrome obstruction chart	*Flugplatzhinderniskarte*
aerodrome of departure	*Startflugplatz*
aerodrome of destination	*Zielflugplatz, Bestimmungsflugplatz*
aerodrome operator	*Flugplatzunternehmer*
aerodrome reference point − ARP	*Flugplatzbezugspunkt − FBP*
"Aerodromes, Air Routes and Ground Aids" − AGA	*„Flugplätze, Flugstrecken und Bodenhilfen" (AIP)*
aerodrome security	*Flugplatzsicherheit*
aerodrome service road	*Flugplatzbetriebsstraße*
aerodrome taxi circuit	*Flugplatzrollplan*
aerodrome traffic	*Flugplatzverkehr*
aerodrome traffic zone − ATZ	*Flugplatzverkehrszone*
aerodrome weather	*Flugplatzwetter*
aerodrome weather forecast	*Flugplatzwettervorhersage*
aerodrome with customs	*Zollflugplatz*
aerological	*aerologisch*
aeronautical authority	*Luftfahrtbehörde*
aeronautical chart	*Luftfahrtkarte*
Aeronautical Information Publication − AIP	*Luftfahrthandbuch − AIP*
Aeronautical Information Service − AIS	*Flugberatungsdienst − FB*
"Aeronautical Maps and Charts" − MAP	*„Luftfahrtkarten" (AIP)*
Aeronautical Telecommunication Service − COM	*Flugfernmeldedienst − FF*
aeronautics, aviation	*Luftfahrt*
aeroplane	*Flugzeug*
aeroplane maintenance	*Flugzeugwartung*
aeroplane towing	*Flugzeugschlepp*
aero-tow	*Schleppflug*
affect, to	*beeinflussen*
affirm, to; to assure	*versichern, gewährleisten*
affirmative	*bejahend, positiv*
after, upon	*nach, nachdem*
afterburner	*Nachbrenner*
afternoon	*Nachmittag*
afterwards	*nachher*
again	*wieder*
again, once more	*abermals*
against	*gegen*
against rules	*regelwidrig*
ago, before, prior to	*vor (zeitlich)*
agree, to	*übereinkommen, einverstanden sein, vereinbaren*

agreement	Vereinbarung, Übereinkommen
ahead of, in front of	vor (örtlich), voraus
aileron	Querruder
aileron trim tab	Querrudertrimmklappe
air	Luft
air activity	Flugtätigkeit
air base	Fliegerhorst (Militärflugplatz)
air density	Luftdichte
Air Defence Identification Zone − ADIZ	Flugüberwachungszone − FlugÜZ
air display	Flugveranstaltung
air exercise	Luftübung
air foil, wing	Tragflügel
air force	Luftwaffe
air frame	Zelle (Flugzeug)
air freight, air cargo	Luftfracht
air freight handling	Luftfrachtabfertigung
air-ground	Luft-Boden
air intake	Lufteinlaß, Luftansaugstutzen
air navigation	Flugnavigation, Luftfahrt
air piracy	Luftpiraterie
airport emergency control centre	Flughafenalarmzentrale
air pressure	Luftdruck
air-screw, propeller	Luftschraube, Propeller
air show	Luftfahrtveranstaltung, Flugtag
air-sick	luftkrank
air traffic	Luftverkehr
air traffic advisory route − ADR	Flugverkehrsberatungsstrecke
air traffic advisory service	Flugverkehrsberatungsdienst
air traffic clearance	Flugverkehrsfreigabe
air traffic control − ATC	Flugverkehrskontrolle − FVK
air traffic control clearance	Flugverkehrskontrollfreigabe
air traffic control instruction	Flugverkehrsanweisung
air traffic control service − ATC	Flugverkehrskontrolldienst − FVK
air traffic control unit	Flugverkehrskontrollstelle
air traffic controller	Flugverkehrslotse
air traffic density	Luftverkehrsdichte
air traffic service	Flugsicherungsdienst
air transport	Lufttransport
air work	Luftarbeit, Flugübungen
airblast sweeper	Kehr-Blas-Gerät
airborne	abgehoben, gestartet
airborne instrument	Flugüberwachungsgerät
airborne radar	Bordradar
airborne receiver	Bordempfänger

airborne time, time of departure	*Abflugzeit, Startzeit*
airborne transmitter	*Bordsender*
aircraft	*Luftfahrzeug*
aircraft accident	*Luftfahrzeugunfall*
aircraft attitude	*Lage des Luftfahrzeuges*
aircraft call sign	*Luftfahrzeugrufzeichen*
Aircraft classification number − ACN	*Lastklassifikationszahl des Luftfahrzeugs − ACN*
aircraft handling	*Luftfahrzeugabfertigung*
aircraft identification	*Luftfahrzeug-Kennung*
aircraft maintenance	*Luftfahrzeugwartung*
aircraft mechanic	*Luftfahrzeugmechaniker*
aircraft movements	*Luftfahrzeugbewegungen*
aircraft operator, aircraft operating agency	*Luftfahrzeughalter*
aircraft parking position	*Luftfahrzeugabstellplatz*
aircraft type designator	*Luftfahrzeugmuster-Kennzeichnung*
airfield	*Landeplatz*
airline company	*Luftverkehrsgesellschaft*
airline traffic	*Luftverkehr*
airliner, transport aeroplane	*Linienluftfahrzeug, Verkehrsflugzeug*
airmail	*Luftpost*
airman	*Luftfahrer*
airmiss, near miss	*Fastzusammenstoß*
airmiss report	*Meldung über Fastzusammenstoß*
airport	*Flughafen*
airport charges, − tariffs	*Gebührenordnung*
airport company	*Flughafengesellschaft*
airport obstruction chart	*Flughafenhinderniskarte*
airport operator	*Flughafenunternehmer*
Airport surface detection equipment − ASDE	*Rollfeldüberwachungsradar*
Airport surveillance radar − ASR	*Flughafenrundsichtradar*
airship	*Luftschiff*
airspace	*Luftraum*
airspace restriction	*Luftraumbeschränkung*
airspace user	*Luftraumbenutzer*
airspeed; speed	*Eigengeschwindigkeit, Fluggeschwindigkeit*
airspeed indicator	*Fahrtmesser, Geschwindigkeitsmesser*
airtight	*luftdicht*
airworthiness	*Lufttüchtigkeit*
airworthy	*lufttüchtig, flugklar*
alarm signal	*Alarmsignal*
alert, to	*alarmieren*
alerting service	*Flugalarmdienst*

alight on water, to	*wassern*
align (aircraft on runway), to	*ausrichten (Luftfahrzeug auf der Start-bahn)*
alive	*lebend(ig)*
all	*alle*
all (together)	*sämtlich*
allocate, to	*zuteilen, anweisen*
alone	*allein*
allow, to; to permit	*erlauben*
all-up weight — AUW	*Gesamtgewicht*
almost, nearly	*nahezu, beinahe*
along	*entlang, längs*
also; too	*auch*
alter, to; to change	*abändern*
alternate aerodrome	*Ausweichflugplatz*
alternate frequency	*Ausweichfrequenz*
alternate instructions	*Ausweichanweisungen*
alternative	*Alternative*
although, though	*obgleich, obwohl*
altimeter	*Höhenmesser*
altimeter setting	*Höhenmessereinstellung*
altimeter setting procedure	*Höhenmessereinstellverfahren*
altimeter check location	*Höhenmesserkontrollort*
altitude	*Höhe über NN, Flughöhe*
alto-cumulus — ac	*alto-cumulus — ac*
alto-stratus — as	*alto-stratus — as*
aluminum	*Aluminium*
always	*immer*
always, constantly	*stets*
amber, yellow	*gelb*
ambiguity	*Zweideutigkeit (Seite bei Peilung)*
ambulance	*Krankenwagen*
amend (clearance), to	*ändern*
amended clearance	*geänderte Freigabe*
amendment	*Änderung, Berichtigung*
amphibian (aeroplane)	*Amphibienflugzeug, Wasser-Land-flugzeug*
amphibious	*amphibisch*
and	*und*
angle	*Winkel*
angle of attack	*Anstellwinkel*
angle of bank	*Querneigungswinkel*
angle of incidence	*Einstellwinkel*
angular	*winkelförmig, Winkel —*

announce, to	*verkünden, ankündigen*
announcement	*Verkündung*
annual	*jährlich*
another	*ein anderer, noch ein*
answer, to; to reply	*antworten, beantworten*
antenna	*Antenne*
antenna mast	*Antennenmast*
anticipate, to	*vorwegnehmen*
anti-collision light	*Warnblinker, Zusammenstoßwarnlicht*
anti-icing device	*Vereisungsschutzanlage*
any	*irgendein*
apparent	*scheinbar*
apparently	*anscheinend*
appear, to; to seem	*scheinen, erscheinen*
applicable	*zutreffend, anwendbar*
application	*Anwendung*
application, request	*Gesuch*
apply, to	*anwenden, zutreffen*
apply for, to	*beantragen*
apprehend, to	*befürchten; begreifen*
apprehension	*Besorgnis; Auffassung*
approach, to	*anfliegen, sich nähern*
approach	*Anflug*
approach center line light	*Anflugmittellinienfeuer*
approach chart	*Anflugkarte*
approach clearance	*Anflugfreigabe*
approach control − APP	*Anflugkontrolle*
approach controller	*Anfluglotse*
. . . APPROACH	*Anfluglotse ohne SRE*
. . . RADAR	*Fluglotse mit SRE*
. . . ARRIVAL	*Anfluglotse für Anflüge mit SRE*
. . . DEPARTURE	*Anfluglotse für Abflüge mit SRE*
. . . PRECISION	*Anfluglotse für Endanflug mit PAR*
approach control office − APP	*Anflugkontrollstelle*
approach control service	*Anflugkontrolldienst*
approach flash lighting(system) − AFLS	*Anflugblitzbefeuerung*
approach for landing	*Landeanflug*
approach instructions	*Anfluganweisungen*
approach lighting	*Anflugbefeuerung*
approach lights	*Anflugfeuer*
approach procedure	*Anflugverfahren*
approach sector	*Anflugsektor*
approach sequence	*Anflugfolge*
approach slope, approach angle	*Anflugwinkel, Gleitwinkel*
approach speed	*Anfluggeschwindigkeit*

approach time	*Anflugzeit*
appropriate	*angemessen, zutreffend*
approve, to; to grant	*genehmigen*
approval	*Genehmigung; Zustimmung*
approval request	*Zustimmungsantrag*
approved	*zugelassen, genehmigt*
approximately, about	*ungefähr, etwa, annähernd*
apron, ramp	*Vorfeld, Abfertigungsvorfeld*
apron management service	*Vorfeldkontrolldienst*
arbitrarily	*willkürlich, eigenmächtig*
arc	*Bogen*
arc of a circle	*Kreisbogen*
area	*Gebiet*
area control – ACC	*Bezirkskontrolle*
area control center – ACC	*Bezirkskontrollstelle*
area control service	*Bezirkskontrolldienst*
area of competency, – of jurisdiction	*Zuständigkeitsbereich*
armed escort	*bewaffneter Sicherheitsbegleiter*
around	*um, herum*
arrange, to; to settle	*arrangieren, einrichten, vereinbaren*
arrangement, settlement	*Regelung, Vereinbarung*
arrival	*Ankunft*
arrival message	*Landemeldung*
arrival route	*Anflugstrecke*
arrive, to	*ankommen*
artificial	*künstlich*
artificial horizon, gyro horizon	*künstlicher Horizont*
ascent, to	*ansteigen (Ballon)*
ascent	*Anstieg*
ascertain, to; to make sure	*sich vergewissern, feststellen*
ask for, to; to request	*erbitten, ersuchen, auffordern*
as far as	*soweit*
as long as	*solange*
as soon as possible	*sobald wie möglich*
as soon as practicable	*sobald wie durchführbar*
as well as	*sowohl . . . als*
asphalt	*Asphalt*
assign, to	*zuweisen*
assignment of a level	*Höhenzuweisung*
assist, to; to support	*helfen, unterstützen*
assistance, support	*Hilfe, Unterstützung*
assistant	*Assistent*
assume, to	*annehmen, voraussetzen*
assumption	*Annahme, Voraussetzung*
assure, to; to affirm	*versichern, gewährleisten*

astern light, rear light	*Heckleuchte, Hecklicht*
astonished	*erstaunt*
at	*um (Uhrzeit)*
at, by; near	*bei*
at any time	*jederzeit*
at least	*mindestens*
at night	*nachts, in der Nacht; abends, am Abend*
at noon	*mittags, zu Mittag*
at present	*gegenwärtig*
ATC clearance	*Flugverkehrskontrollfreigabe*
ATC unit	*FVK-Stelle*
atmosphere	*Atmosphäre*
atmospheric pressure	*Luftdruck*
atmospherics, statics	*atmosphärische Störungen*
atomic power plant	*Atomkraftwerk*
ATS route	*Flugverkehrsstrecke*
attach, to	*beilegen, anheften*
attempt, test, experiment	*Versuch, Probe*
attempt, to; to try	*versuchen*
attend to, to	*sorgen für*
attention	*Achtung*
attention is drawn to	*es wird hingewiesen auf*
attitude of flight	*Fluglage*
August	*August*
aural	*akustisch*
authority	*Behörde*
authorization, approval	*Genehmigung*
authorize, to	*zulassen*
autobahn intersection, − crossing	*Autobahnkreuzung*
Automatic direction finder − ADF	*automatisches Peilgerät*
Automatic Terminal Information Service − ATIS	*Automatische Lande- und Startinformation (z. B. über VOR)*
automatically controllable propeller	*automatische Verstelluftschraube*
auto-pilot, automatic pilot	*Autopilot, automatische Steuerung, Selbststeuergerät*
autorotation landing	*Autorotationslandung (Hubschrauber)*
available	*verfügbar*
average	*Durchschnitt*
aviation, aeronautics	*Luftfahrt*
aviation gasoline − AVGAS	*Luftfahrtbenzin, Flugzeugbenzin*
avoid, to	*meiden, vermeiden*
avoidance	*Vermeidung*
avoidance of collisions	*Verhütung von Zusammenstößen*
avoiding action	*Ausweichmanöver*

avoiding turn	*Ausweichkurve*
aware, to be aware of	*bewußt sein*
awkward	*mißlich*
azimuth	*Azimut*
Azimuth guidance for nose-in stands – AGNIS	*Azimutführungshilfe für Bugeinwärtsaufstellung (an Gebäuden)*

B

back	*zurück*
to be back	*zurück sein*
back, reverse side	*Rückseite*
back beam (ILS)	*rückseitiger Leitstrahl (ILS)*
backfire, backflash	*Fehlzündung, Rückschlag*
background	*Hintergrund*
backtrack, to	*zurückrollen (auf Landebahn)*
backward	*rückwärts*
bad; poor	*schlecht; übel*
baggage, luggage	*Gepäck*
baggage delivery	*Gepäckausgabe*
bail out (with parachute), to	*aussteigen (mit Fallschirm), abspringen*
balked landing surface	*Durchstartfläche*
balloon	*Ballon, Luftballon*
balloon ascent	*Ballonaufstieg*
balloon cover	*Ballonhülle*
balloon flight	*Ballonfahrt*
bank	*Querlage, Querneigung, Schräglage*
bank, shore, coast	*Ufer, Küste*
bank-and-pitch indicator	*Quer- und Längsneigungsmesser*
banner drop	*Bannerabwurf*
banner pick-up	*Banneraufnahme*
barometric altimeter	*Luftdruckhöhenmesser*
base	*Queranflug*
base	*Untergrenze*
base of clouds	*Wolkenuntergrenze*
basic procedure	*Grundverfahren*
beacon	*Funkfeuer (RAC/COM); Leuchtfeuer (AGA)*
beam	*Strahl, Leitstrahl, Richtstrahl*
beam (spread) angle	*Abstrahlungs(öffnungs)winkel*
bearing	*Peilung*
beautiful, nice	*schön*
because, since	*weil*
because of, on account of, due to	*wegen*
become, to	*werden*
become cloudy, to	*sich bewölken*

340

before, prior to, ago	vor (zeitl.), bevor, davor, vorher
beforehand	vorweg
beyond	darüber hinaus
begin, to; to commence, to start	anfangen, beginnen
beginning, commencement	Anfang, Beginn
behind	hinter
behind it	dahinter
believe, to	glauben
belly landing, wheels-up landing	Bauchlandung
below	unten
belt	Gurt
bend	Leitstrahlkrümmung
beside, close to	neben
better	besser
between, among	zwischen
beyond	darüber hinaus
big	groß
biplane	Doppeldecker
birds	Vögel
bird strike	Vogelschlag
black	schwarz
blast	Düsenstrahl
blast area	Strahlbereich
blast fence	Strahlschutzwand
blind transmission	Blindsendung
block-to-block time	Blockzeit
blowout, flat tire	Reifenpanne
blower	Gebläse
blowing snow	Schneetreiben
blue	blau
board	Brett
body search	Durchsuchung von Personen
book	Buch
boost pressure	Ladedruck
booster, supercharger	Höhenlader
booster pump, fuel pump	Kraftstoffpumpe
border	Grenze
border police	Grenzpolizei; Grenzschutz
border region	Grenzgebiet
boundary	Umgrenzung
brake	Bremse
brake, to; to apply brakes	bremsen
brake check	Bremsenüberprüfung
braking action	Bremswirkung

braking coefficient	*Bremskoeffizient*
break, to	*brechen*
break through (clouds), to	*durchbrechen (Wolken), durchstoßen*
break-even point	*Kostendeckungspunkt*
breath difficulties	*Atemnot*
bridge	*Brücke*
briefing	*Flugberatung, Beratung, Flug-besprechung*
brief report	*kurze Meldung*
bring, to; to take	*bringen*
brightness	*Helligkeit*
broadcast	*Rundfunk*
broadcasting station	*Rundfunksender*
broken clouds	*aufgerissene Bewölkung*
brown	*braun*
buffeting	*Flattern, Schütteln*
building	*Gebäude*
built-up area	*bebautes Gebiet*
burn, to	*brennen, verbrennen*
bus	*Omnibus*
business –, executive aeroplane	*Geschäftsflugzeug*
busy (telephone)	*besetzt*
busy, to be	*beschäftigt sein*
but	*aber*
by-pass area	*Überholstelle*
by-pass taxiway	*Überholrollbahn*

C

cabin	*Kabine*
cabin door	*Kabinentür*
cabin heating	*Kabinenheizung*
cabin hood	*Kabinenhaube*
cabin lighting	*Kabinenbeleuchtung*
cabin pressure	*Kabinendruck*
cable	*Kabel*
cage, to (gyro)	*feststellen (den Kreiselkompaß)*
calculation	*Berechnung*
calibrate, to	*vermessen, eichen*
calibration	*Vermessung*
calibration flight	*Vermessungsflug*
call	*Ruf, Anruf*
call, to	*rufen, anrufen*
call sign	*Rufzeichen*

342

calm	*Windstille; windstill*
camouflage colour	*Tarnfarbe*
camshaft	*Nockenwelle*
cancel, to	*streichen, aufheben (einen Flugplan)*
cancellation	*Streichung (eines Flugplans)*
canopy	*Haube*
cantilever	*freitragend*
capability	*Fähigkeit*
capable	*fähig*
capacity	*Kapazität, Fassungsvermögen*
captain	*Kapitän*
captive ballon, fixed ballon	*Fesselballon*
car	*Wagen*
car race	*Autorennen*
carburettor	*Vergaser*
carburettor heating	*Vergaservorwärmung*
care	*Sorge, Sorgfalt*
careful	*sorgfältig*
carefulness	*Sorgfalt*
careless	*unachtsam*
cargo, load	*Fracht, Ladung*
cargo aeroplane	*Frachtflugzeug*
carnet	*Carnet*
carrier wave	*Trägerwelle*
carry, to	*tragen*
carry along, to	*mitführen*
carry on, to	*weiterführen*
carry out, to	*ausführen*
case	*Fall*
cash	*Barzahlung*
castle	*Burg, Schloß*
cause, to	*verursachen*
cause of accident	*Unfallursache*
caution	*Vorsicht*
use caution, to	*achtgeben*
ceiling	*Hauptwolkenuntergrenze*
ceiling and visibility OK	*Hauptwolkenuntergrenze und Sicht OK*
cease, to	*aufhören*
ceilometer	*Wolkenhöhenmesser*
celestial navigation	*Astronavigation*
center	*Mitte, Mittelpunkt*
center line	*Mittellinie*
center line lighting	*Mittellinienbefeuerung*

center line lights	*Mittellinienfeuer*
center of gravity – CG	*Schwerpunkt*
centered at	*mit Mittelpunkt in*
centigrade, degress –	*Grad Celsius*
central	*zentral*
Central European Time	*Mitteleuropäische Zeit – MEZ*
Central European Summer Time	*Mitteleuropäische Sommerzeit*
certain	*gewiß, sicher*
certificate, licence	*Ausweis*
certificate, to	*mit Zeugnis versehen*
certify, to	*bescheinigen*
championship	*Meisterschaft*
change, variation	*Veränderung*
no significant change – NOSIG	*keine wesentliche Veränderung (Wetter)*
change to; to exchange	*auswechseln*
change, to; to vary	*wechseln*
channel	*Kanal (Frequenz)*
channel selector switch	*Kanalwahlschalter*
charges, expenses	*Kosten*
charges, fees	*Gebühren, Entgelte*
chart, map	*Karte, Landkarte*
charter, to	*chartern*
charter flight	*Charterflug*
check	*Überprüfung*
check, to; to test	*überprüfen, nachprüfen, prüfen*
check flight	*Überprüfungsflug*
check list	*Prüfliste*
chimney	*Schornstein*
chocks	*Bremsklötze*
choice	*Wahl*
choose, to; to select	*wählen*
church	*Kirche*
church stepple	*Kirchturm*
circle	*Kreis, Vollkreis*
circle, to	*kreisen, umkreisen*
circular	*kreisrund*
circular, circular letter	*Rundschreiben*
circulate, to	*zirkulieren, umlaufen*
circumfly, to; to circumnavigate	*umfliegen*
circumstance	*Umstand*
cirrus – ci	*Federwolke, Cirrus*
cirro-cumulus – cc	*Cirro-cumulus*
cirro-stratus – cs	*Cirro-stratus*
city, town	*Stadt*

344

civil	*zivil*
civil aerodrome	*Zivilflugplatz*
civil aircraft	*ziviles Luftfahrzeug*
civil aviation	*Zivilluftfahrt*
clamp, to	*feststellen (Ruder)*
clarification	*Klärung*
clarify, to	*klären*
class	*Klasse*
classify, to	*einstufen*
clean	*sauber*
clear, free	*klar, frei*
clear, to	*freigeben*
clear, to; to leave (runway)	*freimachen (Landebahn), verlassen, räumen*
clear air turbulence − CAT	*Turbulenz in wolkenfreier Luft*
clear of clouds	*frei von Wolken*
clear of ice	*eisfrei*
clearance	*Freigabe*
clearance bar light	*Freigabebalkenfeuer*
clearance expires at . . .	*Freigabe läuft ab um . . .*
clearance limit	*Freigabegrenze*
clearance void time	*Freigabeablauf*
clearway	*Freifläche*
climb, to	*steigen*
climbing instructions	*Steiganweisungen*
climbing speed	*Steiggeschwindigkeit*
climb on course, to	*auf Kurs steigen*
climb performance	*Steigleistung*
clock, watch	*Uhr*
close, to (a VFR flight plan)	*aufheben (VFR-Flugplan)*
close, to; to lock, to shut	*schließen, verschließen*
close to, beside	*neben*
close to, near	*nahe, nahe bei*
closed	*gesperrt, geschlossen*
closed marking	*Sperrmarkierung*
closing of flight plan	*Aufhebung des Flugplanes*
closure	*Schließung*
cloud	*Wolke*
cloud breaking procedure	*Durchstoßverfahren*
cloud conditions	*Bewölkungsverhältnisse*
cloud coverage	*Wolkenbedeckung*
cloud layer	*Wolkenschicht*
cloud searchlight	*Wolkenscheinwerfer*
cloudy	*bewölkt*

clutter	*Störflecke (Radar)*
coast, shore	*Küste, Ufer*
coastal effect	*Küsteneffekt (z. B. NDB)*
cockpit	*Führersitz, Pilotenraum*
code, key	*Schlüssel, Code*
coincide, to	*übereinstimmen*
cold	*Kälte*
cold	*kalt*
coldfront	*Kaltfront*
collaps, to	*zusammenbrechen, knicken (Fahrwerk)*
collect, to	*sammeln*
collide, to	*zusammenstoßen, kollidieren*
collision	*Kollision, Zusammenstoß*
collision course	*Kollisionskurs*
collision hazard, danger of collision	*Zusammenstoßgefahr*
combustion	*Verbrennung*
combustion chamber	*Brennkammer*
come, to	*kommen*
come back, to; to return	*zurückkommen*
come through, to; to get through	*durchkommen*
come to a full stop, to	*haltmachen*
command	*Kommando*
in-command	*Leitung*
commence, to; to begin	*anfangen, beginnen*
commencement	*Anfang, Beginn*
comment	*Kommentar, Stellungnahme*
commercial	*gewerblich*
commercial air traffic	*gewerblicher Luftverkehr*
commercial flight	*gewerblicher Flug*
commercial pilot	*Berufsflugzeugführer*
commercial pilot licence − CPL	*Berufsflugzeugführerschein*
commercial transportation of passengers	*gewerbliche Personenbeförderung*
commission, to	*beauftragen*
"commissioned"	*bevollmächtigt, freigegeben*
communication, contact	*Verbindung (Funk)*
establish communication, to; to contact	*Funkverbindung aufnehmen*
com(munication) failure	*Funkverbindungsausfall*
commuter airline	*Regionalluftverkehrsgesellschaft*
company	*Gesellschaft*
comparable	*vergleichbar*
compare, to	*vergleichen*
comparison	*Vergleich*

compass	*Kompaß*
compass course	*Kompaßkurs*
compass deviation	*Deviation, Ablenkung*
compass needle	*Kompaßnadel*
compass rose	*Kompaßrose*
competent	*zuständig*
competent ATC unit	*zuständige FVK-Stelle*
competent authority	*zuständige Behörde*
complain, to	*beanstanden, sich beschweren*
complaint	*Beanstandung, Beschwerde*
complete, to; to finish, to terminate	*vollenden, beenden*
completely	*vollkommen*
completion, termination	*Beendigung*
compliance, adherence	*Befolgung, Einhaltung*
complicated	*kompliziert*
comply with, to; to adhere to	*beachten, befolgen*
comprehensive	*umfassend*
compressed air	*Druckluft*
compressor	*Verdichter*
comprise, to	*umfassen*
compulsory report	*Pflichtmeldung*
compulsory reporting point	*Pflichtmeldepunkt*
computer	*Rechner*
concern, to	*betreffen*
concrete runway	*Beton-Start- und -Landebahn*
condition	*Bedingung*
condition, state	*Stand, Zustand*
conditions of operations	*Betriebsbedingungen*
conduct	*Durchführung*
conduct, to	*durchführen*
cone of silence	*Schweigekegel (bei Funkfeuern)*
confidence	*Vertrauen*
configuration	*Gestaltung*
confirm, to	*bekräftigen, bestätigen*
confirmation	*Bekräftigung, Bestätigung*
confused	*verwirrt*
congested airspace	*überlasteter Luftraum*
congested area	*dichtbesiedeltes Gebiet*
congestion	*Stauung, Stockung (des Verkehrs)*
conical	*kegelförmig*
conical projection	*Kegelprojektion*
connect, to	*verbinden (Telefon)*
conscientious	*gewissenhaft*
consent	*Zustimmung*

consider, to	bedenken, in Betracht ziehen
considerable	beträchtlich, erheblich
consideration	Betracht
take into consideration, to	in Betracht ziehen
constant	beständig, gleichbleibend
constant listening watch	dauernde Hörbereitschaft
constant speed governor	Drehzahlregler
constant speed propeller	Propeller mit konstanter Drehzahl
constitute, to	darstellen
construction area, construction site	Baustelle
construction equipment	Baugerät
construction laborer	Bauarbeiter
construction work	Bauarbeiten
consumption	Verbrauch
contact, communication	Verbindung (Funk)
contain, to	enthalten
container	Behälter
contents	Inhalt
contingency	unvorhergesehener Fall
continue, to	fortsetzen
continue, to; to last	dauern, währen
continuous	ununterbrochen, fortlaufend
continuous line	durchgezogene Linie
continuous listening watch	ständige Hörbereitschaft
contour line	Höhenlinie
contradict, to	widersprechen
contradictory	widersprechend
contrary	entgegengesetzt
contravention	Zuwiderhandlung
contribute, to	beitragen
control	Kontrolle, Steuer
control area − CTA	Kontrollbezirk − CTA
control column	Steuersäule
control panel	Bedienungsfeld, Schalttafel
control stick	Steuerknüppel
control surfaces	Leitwerk
control system	Steuerungssystem
control tower − TWR	Kontrollturm − TWR
control unit	Bedienungsgerät
control zone − CTR	Kontrollzone − CTR
controllable, adjustable	steuerbar, regelbar
controlled aerodrome	Flugplatz mit Flugverkehrskontrolle
controlled airspace	kontrollierter Luftraum
controlled flights	kontrollierte Flüge

controlled VFR flight − CVFR	kontrollierter VFR-Flug
convenience	Bequemlichkeit
convenient	bequem
conventional aircraft	Luftfahrzeug herkömmlicher Bauart
converging courses	kreuzende Kurse
conversation	Gespräch, Unterhaltung
conversion	Umrechnung
conversion angle	Großkreisbeschickung
conversion table	Umrechnungstabelle
convert, to	umrechnen
conviction	Überzeugung
convince, to	überzeugen
cool	kühl
cooling flaps	Kühlklappen
cooling flaps, cowl gills	Kühlluftklappen
cooperate, to	mitarbeiten, zusammenarbeiten
cooperation	Mitarbeit, Zusammenarbeit
coordinate, to	koordinieren, absprechen
coordination	Koordinierung, Absprache
coordinates	Koordinaten
copilot	zweiter Luftfahrzeugführer
copy	Abschrift, Kopie
copy, to	mitschreiben
corner	Ecke
correct	korrekt, richtig
correct, to	berichtigen, korrigieren
correction	Berichtigung, Verbesserung
corrective	ausgleichend, berichtigend
correctness	Richtigkeit
correspond, to	entsprechen, übereinstimmen
corresponding	entsprechend
counter	Schalter (Flugscheine)
course	Lehrgang
course	Kurs (Navigation)
on course	auf Kurs
course bend (ILS, VOR)	Kurskrümmung
course correction	Kursverbesserung
course deviation	Kursabweichung
course deviation indicator	Kursablageanzeiger
course scalloping (ILS, VOR)	Kursschwingungen, Kurssprung
cover	Deckel; Überzug
cover, to	bedecken
coverage	Überdeckung, Erfassungsbereich
cowl flaps, cowl gills	Kühlluftklappen

crackle, to	*knistern*
crackling	*Geknister*
crane	*Kran*
crank, to	*anlassen (Motor)*
crankshaft	*Kurbelwelle*
crash	*Absturz, Bruch*
crash crew	*Rettungsmannschaft*
crash fire	*Aufschlagbrand*
crash-land, to	*bruchlanden*
crash landing	*Bruchlandung*
crew, team	*Besatzung, Mannschaft*
crew member	*Besatzungsmitglied*
critical, serious	*bedrohlich, ernstlich, kritisch*
critical engine	*kritischer Motor*
cross, to; to traverse	*kreuzen, durchqueren, überqueren*
cross bar	*Querbalken (Anflugbefeuerung)*
cross bearing	*Kreuzpeilung*
cross-country flight	*Überlandflug*
crossing courses	*kreuzende Kurse*
crossing, intersection	*Kreuzung*
crosspointer instrument	*Kreuzzeigerinstrument*
cross-talking	*übersprechen*
cross wind	*Querwind, Seitenwind*
cross wind component	*Querwindkomponente*
crowded	*überfüllt*
cruise, to	*kreuzen, fliegen*
cruising altitude	*Reiseflughöhe, Reisehöhe über Meer*
cruising level	*Reiseflughöhe*
cruising speed	*Reisegeschwindigkeit*
crystal	*Quarz*
cumulus – cu	*Cumulus*
cumulo-nimbus – cb	*Cumulo-nimbus*
current	*laufend*
current flight plan	*geltender Flugplan*
curve	*Kurve*
customs	*Zoll*
customs aerodrome	*Zollflugplatz*
customs clearance	*Zollabfertigung*
customs office	*Zollamt*
customs regulations	*Zollvorschriften*
cut, to	*schneiden*
cut engine, to	*Triebwerk abstellen*
CVFR area	*CVFR-Gebiet*
CVFR flight	*CVFR-Flug*

CVFR route	*CVFR-Strecke*
cylinder	*Zylinder*
cylinder block	*Zylinderblock*
cylinder head	*Zylinderkopf*
cylindrical projection	*Merkatorprojektion*

D

daily	*täglich*
dam	*Damm, Wall*
damage	*Schaden, Beschädigung*
damage, to	*beschädigen*
danger	*Gefahr*
danger area	*Gefahrengebiet*
danger of collision, collision hazard	*Zusammenstoßgefahr*
danger of icing	*Vereisungsgefahr*
dangerous	*gefährlich*
dare, to; to risk	*wagen*
dark	*dunkel*
darkness	*Dunkelheit, Finsternis*
data	*Angaben*
date	*Datum*
day	*Tag*
during day time	*bei Tage*
during daylight	*bei Tageslicht*
for days	*tagelang*
day markers	*Tageskennzeichen*
day marking	*Tagesmarkierung*
day task	*Tagesaufgabe*
dead	*tot*
dead reckoning navigation	*Koppelnavigation*
dead reckoning position	*Koppelstandort*
death	*Tod*
deceleration	*Verlangsamung*
decide, to	*entscheiden*
decision	*Entscheidung*
decision height − DH	*Entscheidungshöhe*
decimal	*Komma*
decode, to	*entschlüsseln*
decompression	*Druckverlust*
decrease of power	*Leistungsabfall*
decreasing	*abnehmend*
dedicate, to	*zueignen, widmen*
deem, to	*erachten*

deepening, dent	*Vertiefung*
defence	*Abwehr*
deficiency	*Unzulänglichkeit*
define, to	*definieren*
definition	*Begriffsbestimmung*
degree	*Grad*
degree Celsius (-centigrade) − °C	*Celsiusgrade − °C*
degree of latitude	*Breitengrad*
degree of longitude	*Längengrad, Meridian*
deicing system	*Enteisungsanlage*
deicing fluid	*Enteisungsflüssigkeit*
deicing unit	*Enteisungsgerät*
delay	*Verspätung, Verzögerung*
deliver, to (a message)	*absetzen (eine Meldung), zustellen*
delivery (of a message)	*Aufgabe (einer Meldung), Zustellung*
delta wing	*Deltaflügel, Dreieckflügel*
demand, to; to require	*erfordern*
demolish, to	*zertrümmern*
demonstration flight	*Vorführungsflug*
dense	*dicht*
dense traffic	*starker Verkehr*
density	*Dichte*
density altitude	*Luftdichtenhöhe*
dent, deepening	*Vertiefung*
deny, to	*verweigern, verneinen*
depart, to	*abfliegen*
departure, take-off	*Abflug, Start*
departure instructions	*Abfluganweisungen*
departure message	*Startmeldung*
departure route	*Abflugstrecke*
departure sector	*Abflugsektor*
depend on, to	*abhängen von*
depict, to	*darstellen*
depth	*Tiefe*
depth of modulation	*Modulationsgrad*
derive, to	*ableiten*
descend, to	*sinken*
descend on course, to	*auf Kurs sinken*
descending	*im Sinkflug*
descent	*Sinkflug*
descent gradient	*Sinkgradient*
descent path	*Sinkflugweg*
describe, to	*beschreiben*
description	*Beschreibung*
designate, to; to mark	*bezeichnen*

designation	Bezeichnung
destination	Ziel, Bestimmungsort
destination aerodrome	Zielflugplatz
destroy, to	zerstören
detach, to	lösen (losmachen)
details, particulars	Einzelheiten
in detail	ausführlich
detection	Erfassung (Radar)
deteriorate, to	verschlechtern, sich (Wetter)
deterioration of weather	Wetterverschlechterung
determine, to	bestimmen (Standort), sich
	entscheiden, entschließen
detour	Umweg, Umleitung
deviate, to	abweichen
deviation	Ablenkung (Kompaß), Abweichung
device, equipment	Gerät, Geräte
develop, to	sich entwickeln
development	Entwicklung
dew point	Taupunkt
D/F-station	Peilstelle
diagonal	diagonal
diagram	Diagramm
dial, scale	Skala, Zifferblatt
dial, to (telephone)	wählen
diameter	Durchmesser
difference	Unterschied, Verschiedenheit
different	verschieden
difficult	schwer, schwierig
difficulty	Schwierigkeiten
dig, to	graben
digit	Ziffer
dimensional unit	Maßeinheit
dimensions	Abmessungen, Ausmaße
diminish, to; to reduce	mindern, verringern
diminiution, reduction	Verminderung
dinghy	Schlauchboot
direct	direkt
direct approach	Direktanflug
direction	Richtung
directional	gerichtet (Leuchten)
directional gyro	Kurskreisel
direction finder − DF, homer	Peilgerät
direction-finding facility	Peilanlage
disabled (aircraft)	bewegungsunfähig, manövrierunfähig
	(-es Luftfahrzeug)

disadvantage	Nachteil
disappear, to	verschwinden
disaster	Katastrophe
disaster mission	Katastropheneinsatz
discharge, to	absetzen
discontinue, to	einstellen, aufhören, abbrechen (Anflug)
discover, to; to find out	entdecken
discrepancy	Abweichung
discretion	Belieben, Gutdünken, Dafürhalten
discuss, to	besprechen
discussion	Aussprache
disembark, to	aussteigen, von Bord gehen
dispense, to	entbinden
disperse, to; to scatter	zerstreuen, verteilen
displace, to (threshold)	verrücken, versetzen (Schwelle)
display (Radar)	Darstellung
disposal	Verfügung, Anordnung
disregard, to	mißachten, streichen (Freigabe)
dissemination	Verbreitung
distance, spacing	Abstand, Zwischenraum
distance, range	Entfernung
far distant, far away	fern, weit, weit entfernt
distance from clouds	Wolkenabstand
distance marking light	Entfernungsmarkierungsfeuer
distance measuring equipment — DME	Entfernungsmeßgerät
distinguish, to	unterscheiden
distorted	verzerrt (Sendung)
distortion	Verzerrung
distress call	Notruf
distress case, distress incident	Luftnotfall, Notlage
distress message	Notmeldung
distress phase — DETRESFA	Notstufe (Alarmstufe 3)
distress signal	Notsignal
distress traffic	Notverkehr
disturb, to; to trouble	stören
disturbance, trouble	Störung
ditch	Graben
ditching	Notlandung auf Wasser
dive	Sturzflug
diversion	Umleitung
diversion airport	Ausweichflughafen (Umleitungs-)
diversion landing	Ausweichlandung
diversion message	Ausweichmeldung
divert, to (to another aerodrome)	ausweichen (zu einem anderen Flugplatz)
divide, to	teilen, einteilen

DME distance (arc)	*DME-Entfernung (Bogen)*
DME interrogator	*DME-Abfragegerät*
DME separation	*DME-Staffelung*
docking (of aircraft)	*Anlegen, Andocken (von Luftfahrzeugen)*
doctor, physician	*Arzt*
documents	*Unterlagen, Urkunden*
dog	*Hund*
domestic air service	*Inlandfluglinie*
door	*Tür*
dot, point, spot	*Punkt*
dotted line	*punktierte Linie*
Doppler-VOR and TACAN − DVORTAC	*Doppler VOR und TACAN*
double	*doppelt, zweifach*
doubt, to	*zweifeln, bezweifeln*
down	*ab, abwärts*
down draft, down current	*Fallwind*
down drop	*Durchsacken*
downwind	*Gegenanflug*
downgrade, to	*zurückstufen, rückstufen*
downwind landing	*Rückenwindlandung*
downdraft	*Abwind*
drag, resistance	*Widerstand*
draw attention, to	*Aufmerksamkeit lenken*
drift	*Abtrift*
drift angle	*Abtriftwinkel*
drift correction angle	*Luvwinkel*
drift landing	*Schiebelandung*
drifting snow	*Schneetreiben*
drive	*Antrieb*
drive, to	*fahren*
drizzle	*Nieseln, Nieselregen, Sprühregen*
drop, to	*abwerfen*
dry	*trocken*
dry, to	*trocknen*
dual	*doppelt*
dual controls	*Doppelsteuer*
dual wheel undercarriage	*Doppelradfahrgestell*
due to	*infolge, wegen*
dumb-bell signal	*Hantelzeichen*
dump fuel, to	*Kraftstoff ablassen*
dumping, jettisoning	*Schnellablaß (Kraftstoff)*
duration	*Dauer*
during, while	*während*
dust	*Staub*

dusty	*staubig*
duty, obligation	*Pflicht*
duty free	*zollfrei*

E

each, every	*jeder, -e, -es*
early	*früh*
earphone; headset	*Kopfhörer*
earth	*Erde*
east – E	*Osten – E*
eastern	*östlich*
eastern longitude – E	*östliche Länge – E*
east of	*östlich von*
eastbound	*in Ostrichtung fliegend*
easy	*leicht (nicht schwierig)*
EAT (expected approach time)	*voraussichtliche Anflugzeit – EAT*
echo	*Echo*
edition	*Ausgabe*
edge	*Kante, Rand*
effect	*Wirkung*
with effect from – WEF	*mit Wirkung vom*
with immediate effect – WIE	*mit sofortiger Wirkung*
effect, to	*bewirken, erwirken*
effective	*wirksam (ab)*
effectiveness	*Wirksamkeit*
efficiency	*wirksame Kraft; Leistungsfähigkeit*
efficient	*wirksam, leistungsfähig*
efforts	*Anstrengungen*
either . . . or	*entweder . . . oder*
ejection seat	*Schleudersitz*
elaborate, to	*sorgfältig ausarbeiten*
elapse, to	*(ver)fließen, (ver)streichen*
electric system	*elektrische Anlage*
electric torch	*elektrische Handlampe*
electronic system	*elektronische Anlage*
elevated light	*Überflurleuchte*
elevation	*Erhebung, Ortshöhe über NN*
aerodrome elevation	*Flugplatzhöhe*
elevator	*Höhenruder*
elevator trim tab	*Höhenrudertrimmklappe*
elevator unit (assembly)	*Höhenleitwerk*
eliminiate, to	*ausschließen, eliminieren*
else, otherwise	*sonst, andernfalls*

356

emergency	*Not, Notstand*
emergency case	*Notfall*
emergency descent	*Sinkflug im Notfall*
emergency equipment	*Notausrüstung*
emergency exit	*Notausgang*
emergency frequency	*Notfrequenz*
emergency landing	*Notlandung*
emergency location beacon-aircraft – ELBA	*selbständiger Notsender – Luftfahrzeug*
emergency phase	*Alarmstufe*
emergency power	*Notstrom*
emergency power supply	*Notstromversorgung*
emergency procedure	*Notverfahren*
emission	*Ausstrahlung*
emphasize, to	*nachdrücklich betonen*
empty	*leer*
enable, to	*ermöglichen*
encode, to	*verschlüsseln*
end	*Ende*
endanger, to	*gefährden*
endeavor, to	*sich bemühen*
endurance	*Höchstflugdauer*
engine	*Motor*
engine control instrument	*Motorüberwachungsinstrument*
engine cowling	*Motorenverkleidung*
engine failure	*Motorausfall*
engine hood, -cowling	*Motorhaube, Motorverkleidung*
engine inoperative	*Motor ausgefallen*
engine nacelle	*Motorgondel*
engine noise	*Motorengeräusch*
engine power	*Motorleistung*
engine trouble	*Motorstörung*
enlarge, to	*vergrößern*
en-route	*unterwegs, auf Strecke*
enroute chart	*Streckenkarte*
en-route clearance	*Streckenfreigabe*
en-route navigation	*Streckennavigation*
en-route surveillance radar	*Streckenrundsichtradar*
en-route traffic	*Streckenverkehr*
en-route weather	*Streckenwetter*
en-route weather forecast	*Streckenwettervorhersage*
ensure, to	*sicherstellen*
enter, to	*einfliegen*
entirely	*vollkommen*
entry	*Einflug*

entry clearance	*Einflugfreigabe*
entry point	*Einflugpunkt*
entry procedure	*Einflugverfahren*
entry route	*Einflugstrecke*
equal	*gleich*
equipped with	*ausgerüstet mit*
equipment	*Ausrüstung, Gerät, Geräte*
equipment on test	*Gerät auf Probe*
erroneous	*irrtümlich*
err, to; to be mistaken	*sich irren*
error, mistake	*Fehler, Irrtum*
escape slide	*Notrutsche*
escort, to (an aircraft)	*begleiten (ein Luftfahrzeug)*
especially	*insbesondere*
essential, substantial	*wesentlich*
essential aerodrome traffic	*zu beachtender Platzverkehr*
essential changes	*wesentliche Änderungen*
essential local traffic	*zu beachtender örtlicher Verkehr*
essential traffic	*zu beachtender Verkehr*
establish, to	*einrichten, aufnehmen*
establish radio contact, to	*Funkverbindung aufnehmen*
establish ground contact, to	*Erdsicht bekommen*
estimate, to	*schätzen*
estimate	*Schätzung*
estimated elapsed time − EET	*geschätzte Flugdauer, voraussichtliche Flugdauer*
estimated off-block time − EOBT	*voraussichtliche Abblockzeit − EOBT*
estimated time of arrival − ETA	*voraussichtliche Ankunftszeit − ETA*
estimated time over . . . − ETO	*voraussichtlicher Zeitpunkt über . . . − ETO*
even	*sogar*
even numbers	*gerade Zahlen*
odd numbers	*ungerade Zahlen*
evening	*Abend*
in the evening	*am Abend, abends*
event, incident	*Ereignis, Vorfall*
eventual	*eventuell*
every; each	*jeder, -e, -es*
everywhere, all over	*überall*
evil, bad	*übel*
exact, accurate	*genau*
exactness, accuracy	*Genauigkeit*
examination, investigation	*Untersuchung*
example	*Beispiel*
exceed, to	*überschreiten, übersteigen*

excellent	*vortrefflich, vorzüglich*
except	*außer, ausgenommen*
exception	*Ausnahme*
exceptional	*außergewöhnlich*
excerpt	*Auszug*
excessive	*übermäßig*
exchange, to; to change	*auswechseln, tauschen*
exclude, to	*ausschließen*
exlusive (ly)	*ausschließlich*
execute, to; to perform	*ausführen, durchführen*
execution, performance	*Ausführung, Durchführung*
executive aeroplane	*Geschäftsflugzeug*
exercise	*Übung*
exercise, to	*üben*
exhaust (pipe)	*Auspuff(rohr)*
exhaust valve	*Auslaßventil*
exhibit, to	*ausstellen*
exhibition	*Ausstellung*
exhibitor	*Aussteller*
exist, to	*bestehen, vorhanden sein*
exit	*Ausgang*
exit point (VFR departure route)	*Ausflugpunkt (VFR Abflugstrecke)*
exit taxiway	*Abrollbahn*
expect, to	*erwarten*
expected approach time − EAT	*voraussichtliche Anflugzeit − EAT*
expedite, to	*beschleunigen*
expeditious	*beschleunigt*
expenses, charges	*Kosten*
experience	*Erfahrung*
experienced	*erfahren*
experiment, attempt, test	*Versuch, Probe*
experimental aeroplane	*Versuchsflugzeug*
expert	*Sachverständiger*
expire, to	*ablaufen (Freigabe)*
explain, to	*erklären*
explanation	*Erklärung*
explicit	*ausdrücklich*
explosives	*Sprengsatz, Sprengkörper*
explosive device	*Sprengvorrichtung*
express oneself, to	*sich ausdrücken*
expression	*Ausdruck*
expressive	*ausdrücklich*
extend, to; to prolong	*verlängern, ausdehnen*
extend flaps, to	*Klappen ausfahren*

extend landing gear, to; to lower landing gear	Fahrwerk ausfahren
extended landing gear	ausgefahrenes Fahrwerk
extension	Verlängerung
extensive	umfangreich
extent	Ausmaß
extreme	äußerst

F

"Facilitation of international air transport" — FAL	„Erleichterung für den internationalen Luftverkehr" (AIP)
facility	Anlage, Einrichtung
fact	Tatsache
factory, plant	Fabrik, Werk
fading	Schwund (Sprechfunk)
fail, to	ausfallen
failure	Ausfall (Motor, Funk)
fair	Messe
fairing	Verkleidung (Lfz.)
false, wrong	falsch
familiarize oneself with, to to be familiar with	sich vertraut machen mit, vertraut sein mit
familiarization flight	Einweisungsflug
fan marker beacon — FM	Fächermarkierungsfunkfeuer
far, distant	weit
far distant, far away	weit entfernt
fare (ticket)	Tarif (Flugschein)
fast, quick	schnell
fatal accident	tödlicher Unfall
fault	Schuld
faulty	fehlerhaft
favour, to to be in favour of, to prefer	begünstigen bevorzugen
favourable	günstig
feasable, practicable	durchführbar, möglich
feather, to (prop)	in Segelstellung bringen (Luftschraube)
feathered pitch	Segelstellung
Federal Armed Forces	Bundeswehr
Federal Republic	Bundesrepublik
federal road	Bundesstraße
feeder	Zubringer
feeder line	Zubringerlinie
feel, to	fühlen
feeling	Gefühl

fees, charges	Gebühren
feet, foot — ft	Fuß — ft
fence	Zaun
fence in, to	umzäunen
ferry flight	Überführungsflug
fetch, to; to pick up	abholen
fighter aeroplane	Jagdflugzeug
file, to; to submit (a flight plan)	aufgeben (einen Flugplan)
fin	Flosse, Stabilisierungsflosse
fin stabilizer	Dämpfungsflosse, -fläche
final (approach)	Endanflug
final approach area	Endanflugsektor
final approach fix — FAF	Endanflugpunkt (-fix)
final approach segment	Endanflugsegment
final approach speed	Endanfluggeschwindigkeit
final check	Endanflugkontrolle
finally	endlich, schließlich
find, to	finden
find out, to; to discover	entdecken, ausfindig machen
fine	Geldbuße
finish, to; to terminate, to complete	abschließen, beenden, vollenden
fire	Brand, Feuer
fire, to	schießen
fire crew, fire brigade	Feuerwehr (Mannschaft)
fire extinguisher	Feuerlöscher
fire fighting	Feuerbekämpfung
fire guard	Feuerwache
fire proof	feuersicher
fire station	Feuerwehr (Gebäude), Feuerwache
fire truck	Feuerlöschfahrzeug, Feuerwehrwagen
fire wall	Brandschott
fire warning	Feuerwarnung
firing	Schießen
firing range	Schießplatz
first, at first	zuerst
first-aid kit	Erste-Hilfe-Ausrüstung
fishing harbour	Fischereihafen
fit, suitable	geeignet (tüchtig)
fitness	Tauglichkeit
fix	festgelegter Standort (NAV)
fixed balloon, captive balloon	Fesselballon
fixed landing gear	festes (starres) Fahrwerk
fixed-pitch propeller	Festpropeller,
	nicht verstellbarer Propeller
fixed wing aircraft	Starrflügelluftfahrzeug, Flächenflugzeug

flag alarm system	*Warnschauzeichen (ILS)*
flame	*Flamme*
flap indication	*Landeklappenanzeige*
flaps	*Landeklappen, Klappen*
flaps down, – up	*Landeklappen ausgefahren, -eingefahren*
flare	*Fackel*
flare out, to	*ausschweben, abfangen*
flare pistol	*Leuchtpistole, Signalpistole*
flash	*Strahl (Licht)*
flash, to	*blinken*
flashing	*blitzend, blinkend*
flashing light, flashing beacon	*Blitzfeuer, Blinkfeuer, Blitzleuchtfeuer*
flashing warning light	*Warnblinkleuchte, Warnblitzleuchte*
flashlight	*Blitzlicht, Blinklicht, Taschenlampe*
flat	*flach*
flat spin	*Flachtrudeln*
flat terrain	*ebenes Gelände*
flat tire	*Reifenpanne*
flat turn	*flache Kurve*
flight	*Flug*
flight accident	*Flugunfall*
flight attitude	*Fluglage*
flight check, flight calibration	*Überprüfung im Fluge, Flugvermessung*
flight competition	*Flugwettbewerb*
flight conditions	*Flugbedingungen, Flugwetterbedingungen*
flight controls	*Steuerorgane*
flight crew	*Flugbesatzung*
flight crew members	*Flugzeugbesatzungsmitglieder*
flight demonstration	*Flugvorführung*
flight engineer	*Bordingenieur*
flight information center – FIC	*Fluginformationszentrale – FIC*
flight information region – FIR	*Fluginformationsgebiet – FIR*
flight information service – FIS	*Fluginformationsdienst – FIS*
flight instructor, instructor pilot	*Fluglehrer*
flight instrument	*Flugüberwachungsinstrument*
flight level	*Flugfläche*
flight level system	*Flugflächensystem*
flight manual	*Flughandbuch*
flight operational reasons	*flugbetriebliche Gründe*
flight operations	*Flugbetrieb*
flight path	*Flugweg*
flight performance	*Flugleistung*

flight plan	*Flugplan*
flight plan form	*Flugplanformblatt*
flight plan route	*Strecke laut Flugplan*
flight planning	*Flugplanung*
flight preparation	*Flugvorbereitung*
flight recorder	*Flugschreiber*
flight regularity message	*Flugbetriebsmeldung*
flight restrictions	*Flugbeschränkungen*
flight rules	*Flugregeln*
flight safety	*Flugsicherheit*
flight simulator	*Flugsimulator*
flight test	*Flugerprobung*
flight time	*Flugzeit*
flight visibility	*Flugsicht*
flock of birds	*Vogelschwarm*
flock of sheep	*Schafherde*
floodlight	*Flutlicht (-scheinwerfer)*
floor	*Fußboden*
flow control measures	*Verkehrsflußsteuerungsmaßnahmen*
fluctuate, to	*schwanken*
fluctuation	*Schwankung*
fluent	*flüssig*
flutter, to	*flattern*
fly, to	*fliegen*
fly through, to	*durchfliegen*
flying boat	*Flugboot*
flying characteristics	*Flugeigenschaften*
flying configuration	*Flugkonfiguration*
flying low, low flying	*tieffliegend*
flying object	*Flugkörper*
foam	*Schaum*
foam carpet (blanket)	*Schaumteppich (-decke)*
fog	*Nebel*
fog bank	*Nebelbank*
fog development	*Nebelbildung*
fog patches	*Nebelschwaden*
foggy	*neblig*
follow, to; to adhere to; to comply with	*folgen, befolgen*
follow (a course), to	*einhalten (einen Kurs)*
"Follow-me" car	*Leitfahrzeug*
foot, feet − ft	*Fuß − ft*
for	*für; denn*
for days	*tagelang, für mehrere Tage*

for instance	*zum Beispiel*
force, power, strength	*Kraft*
in force	*in Kraft*
forced landing, emergency landing	*Notlandung*
forecast	*Vorhersage (Wetter)*
forenoon, in the	*vormittags, am Vormittag*
foreseeable	*vorhersehbar*
forget, to	*vergessen*
formation	*Formation, Verband*
formation flight	*Formationsflug, Verbandsflug*
formation of aircraft	*Verband von Flugzeugen*
former, formerly	*vormalig, ehemals*
forward	*vorwärts*
forward, to	*weiterbefördern*
forward visibility	*Sicht voraus*
four-engined	*viermotorig*
frangibility	*Zerbrechlichkeit*
free, clear	*frei*
free balloon	*Freiballon*
free flying sonde	*freifliegende Sonde*
freezing (rain)	*gefrierend (-er Regen)*
freezing drizzle	*unterkühltes Nieseln*
freezing level	*Nullgrad-Grenze*
freight, cargo	*Fracht*
frequency	*Frequenz*
frequency band	*Frequenzband*
frequency channel	*Frequenzkanal*
frequency range	*Frequenzbereich*
frequency selector switch	*Frequenzwahlschalter*
frequently, often	*häufig, oft*
friction coefficient	*Reibungskoeffizient*
from, out of	*von, aus, ab*
front (MET)	*(Wetter-)Front*
front beam (ILS)	*frontseitiger Leitstrahl, Hauptleitstrahl*
frontier, border	*Grenze*
fuel	*Kraftstoff, Treibstoff*
fuel capacity	*Kraftstoffassungsvermögen*
fuel cock	*Brandhahn, Kraftstoffhahn*
fuel consumption	*Kraftstoffverbrauch*
fuel dumping, fuel jettisoning	*Kraftstoffschnellablaß*
fuel dumping area	*Kraftstoffablaßgebiet*
fuel feed	*Kraftstofförderung*
fuel grade	*Oktanzahl*
fuel pipe	*Kraftstoffanzeiger*

fuel level gauge	*Kraftstoffleitung*
fuel pit, refuelling station	*Tankstelle*
fuel pressure	*Kraftstoffdruck*
fuel pressure gauge	*Kraftstoffdruckmesser*
fuel pump, booster pump	*Kraftstoffpumpe*
fuel quantity indicator	*Kraftstoffvorratsanzeiger*
fuel requirement	*Kraftstoffbedarf*
fuel supply	*Kraftstoffversorgung*
fuel tank	*Kraftstoffbehälter*
fuel tank cover, − cap	*Kraftstofftankverschluß*
fuel truck	*Tankwagen*
fuelling, refuelling	*Tanken, Auftanken*
full	*voll*
full power, open throttle	*Vollgas*
fullfilment	*Erfüllung*
full-stop landing	*Abschlußlandung*
fully-automatic	*vollautomatisch*
function, to; to operate	*funktionieren*
functioning; ready for operation	*betriebsklar, betriebsbereit*
further	*weiter*
furthermore	*außerdem*
furtheron	*weiterhin*
fuse	*Sicherung (elektr.)*
fuselage	*Rumpf*
future	*Zukunft*

G

gap	*Lücke*
garbled message	*verstümmelte Meldung*
garrison	*Standort (mil.)*
gasoline	*Benzin*
gate, passenger gate	*Flugsteig*
GCA approach system	*GCA − Anflugsystem*
GCA monitored ILS approach	*GCA − überwachter ILS-Anflug*
gear	*Fahrwerk*
gear down	*Fahrwerk ausgefahren*
gear up	*Fahrwerk eingefahren*
gear well	*Fahrwerkschacht*
general	*allgemein*
"General" (AIP) − GEN	*„Allgemeines" (AIP)*
General Aviation	*Allgemeine Luftfahrt*
General Aviation Terminal − GAT	*Abfertigungsgebäude für die Allgemeine Luftfahrt*
generator	*Generator*
geodetic	*geodätisch*

geographical separation	*geographische Staffelung*
get, to; to receive	*erhalten, bekommen*
get lost, to	*abhanden kommen; Orientierung verlieren, sich verfranzen*
get through, to; to penetrate	*durchdringen (Schlechtwetter)*
give to	*geben*
give notice, to	*Nachricht geben*
give way, to	*ausweichen*
glance, look	*Blick*
glide angle	*Gleitwinkel*
glide path (ILS) – GP	*Gleitweg (ILS)*
glide path transmitter	*Gleitwegsender*
glider, sailplane	*Segelflugzeug, Gleitflugzeug*
glider activity	*Segelflugtätigkeit*
glider aerodrome	*Segelflugplatz*
glider competition	*Segelflugwettbewerb*
glider flight	*Segelflug*
glider flying	*Segelflugbetrieb*
glider pilot	*Segelflieger*
glider recovery service	*Segelflugrückholbetrieb*
glider traffic circuit	*Segelflugzeugplatzrunde*
gliding site	*Segelfluggelände*
gloomy	*trüb*
go, to	*gehen*
go ahead, to; to precede	*fortfahren*
go around, to	*durchstarten*
go away, to	*weggehen*
good	*gut*
govern, to; to control	*regeln*
gradual (ly) – GRADU (weather)	*allmählich, stufenweise*
grant, to; to allow, to approve	*bewilligen, genehmigen*
granular snow	*Griesel*
grass cutting, grass mowing	*Grasmähen*
grass runway, sod runway	*Gras-Start- und Landebahn*
gravity	*Schwerkraft*
gray	*grau*
grease, to; to lubricate	*schmieren*
great, big, large	*groß*
great circle	*Großkreis*
great circle navigation	*Großkreisnavigation*
green	*grün*
ground – GND	*Boden, Grund*
ground aid	*Bodenhilfe*
ground-air, ground-to-air	*Boden – Bord*

ground check	*Überprüfung am Boden*
"ground checked"	*am Boden überprüft*
ground clearance, terrain clearance	*Bodenabstand, Bodenfreiheit*
ground contact	*Erdsicht*
ground control − "GROUND"	*Rollkontrolle − „ROLLKONTROLLE"*
ground control frequency	*Rollkontrollfrequenz*
ground controlled approach − GCA	*GCA − Anflug, bodengelenkter Anflug*
ground fog	*Bodennebel*
ground handling	*Bodenabfertigung*
ground loop	*Ausbrechen, „Ringelpietz"*
ground signal	*Bodensignal*
ground speed − GS	*Grundgeschwindigkeit, Geschwindigkeit über Grund*
ground station	*Bodenstation*
ground visibility	*Bodensicht*
group	*Gruppe*
grow, to; to increase	*wachsen*
guard, to	*bewachen*
guidance (Radar)	*Führung*
guide, to	*führen, leiten*
guilty	*schuldig*
gust	*Bö*
gust locks	*Ruderfeststeller*
gusty wind	*böiger Wind*
gyro compass	*Kreiselkompaß*
gyro horizon, artificial horizon	*Kreiselhorizont, künstlicher Horizont*
gyroscopic instrument	*Kreiselgerät*

H

hail	*Hagel, Graupel*
hail shower	*Hagelschauer*
half	*halb*
half-hourly	*halbstündlich*
half-hourly observation	*halbstündliche (Wetter) Beobachtungen*
hamper, to; to hinder	*behindern*
hand	*Hand*
hand baggage	*Handgepäck*
hand in, to; to file, to submit	*aufgeben (einen Flugplan)*
handle, to (a message)	*befördern (eine Nachricht)*
handle, to (traffic)	*abwickeln*
handling	*Abfertigung (nicht behördlich)*
handling charge (fee)	*Abfertigungsentgelt*
hang, to	*hängen, aufhängen*

hang glider	*Hanggleiter, Drachen*
hangar	*Flugzeughalle, Halle*
hangar charge, hangar fee	*Unterstellgebühr, -entgelt*
happen, to	*sich ereignen, vorkommen, geschehen*
hard	*hart*
hardstand	*befestigter Abstellplatz*
hare	*Hase*
hardly	*kaum*
harness	*Fallschirmgurt*
hatch	*Luke*
have, to	*haben*
to have to	* müssen*
hay	*Heu*
hazard	*Gefahr*
collision hazard	* Zusammenstoßgefahr*
hazard beacon	*Gefahrenfeuer*
hazardous flight conditions	*gefährliche Flugbedingungen*
haze, mist	*Dunst*
hazy, misty	*dunstig*
tops of haze	* Dunstobergrenze*
head-set	*Kopfhörer*
head wind	*Gegenwind*
heading	*Steuerkurs*
health documents	*Gesundheitspapiere*
heating	*Heizung*
cabin heating	* Kabinenheizung*
heavier-than-air aircraft	*Luftfahrzeug schwerer als Luft*
heavy	*schwer (Gewicht)*
heavy landing	*harte Landung*
heavy shower	*starker Schauer*
Hectopascal (hPa)	*Hektopascal (hPa)*
height	*Höhe über Grund*
height-loss-margin	*Sinkgradient*
helicopter landing area	*Hubschrauberlandefläche*
helicopter	*Helikopter, Hubschrauber*
heliport	*Hubschrauberlandeplatz*
help, to	*helfen*
help, assistance, aid	*Hilfe, Unterstützung*
henceforth	*künftig, von nun an*
here	*hier*
high	*hoch*
high (pressure area)	*Hochdruckgebiet, Antizyklone*
high frequency − HF	*Kurzwelle − KW*
high intensity lighting	*Hochleistungsbefeuerung*
high level flight	*Höhenflug*

high performance aircraft	*Hochleistungsluftfahrzeug*
high speed taxiway	*Schnellabrollbahn*
high tension line, power line	*Hochspannungsleitung*
highway	*Fernstraße, Landstraße*
high-wing monoplane	*Hochdecker, Schulterdecker*
hijacking of aircraft	*Luftfahrzeugentführung*
hill (mountain)	*Anhöhe, Hügel (Berg)*
hill ridge, mountain ridge	*Bergrücken*
hilly, mountainous	*hügelig, bergig*
mountain peak	* Bergspitze*
hilly terrain	*hügeliges Gelände*
hinder, to; to hamper	*hindern, behindern*
hinge, joint	*Gelenk*
hook	*Haken*
hold, to; to stop	*halten*
hold position! stop!	*halt!*
to come to a full stop	* halt machen*
holding altitude	*Wartehöhe über NN*
holding area	*Wartebereich, -raum (im Flug)*
holding bay	*Wartebucht (Flugplatz)*
holding clearance	*Wartefreigabe*
holding fix	*Wartepunkt*
holding instruction	*Warteanweisung*
holding pattern	*Warterunde*
holding point	*Haltepunkt*
holding position sign	*Rollhaltzeichen, Rollhalttafel*
holding procedure	*Warteverfahren*
holding sequence	*Wartefolge*
holding stack	*Wartestapel (übereinander haltende Flugzeuge)*
homer, direction finder	*Peilgerät*
homing	*Zielflug*
horizon	*Horizont*
horizontal	*horizontal, waagerecht*
horizontal separation	*Horizontalstaffelung*
horizontal speed	*Horizontalgeschwindigkeit*
horizontal stabilizer	*Höhenflosse*
horizontal visibility	*Horizontalsicht*
horsepower (hp)	*Pferdestärke (PS)*
hospital aircraft	*Sanitätsluftfahrzeug*
hot	*heiß*
hot air deicing	*Heißluftenteisung*
hotel	*Hotel*
hour	*Stunde*

hourly	*stündlich*
hours of operation, operating hours	*Betriebsstunden*
hours of service	*Dienststunden, Betriebsstunden*
hover, to	*schweben*
hovercraft	*Luftkissenfahrzeug*
hovering flight	*Schwebeflug (eines Hubschraubers)*
how	*wie*
however	*jedoch*
human life	*menschliches Leben*
humidity	*Feuchtigkeit*
hydraulic brake	*Öldruckbremse*
hydraulic difficulties	*Hydraulikschwierigkeiten*
hydraulic strut	*Ölfederbein*
hydraulic system	*Hydrauliksystem*

I

ICAO council	*ICAO-Rat*
ICAO-standard atmosphere	*ICAO − Standard-Atmosphäre*
ice crystal	*Eiskristall*
ice forming	*Eisbildung*
icing	*Vereisung*
icing conditions	*Vereisungsbedingungen*
icy	*eisig, vereist*
identical	*identisch, gleich*
identification	*Identifizierung; Kennung, Kennzeichen*
identification of aircraft	*Luftfahrzeugerkennung (Radar)*
identification turn	*Identifizierungskurve*
identify, to; to recognize	*erkennen, identifizieren*
identity card	*Personalausweis*
idling	*Leerlauf*
if, in case of	*falls, wenn, im Falle von*
if, whether	*ob*
IFR approach	*IFR-Anflug*
IFR clearance	*IFR-Freigabe*
IFR flight	*IFR-Flug*
IFR flight plan	*IFR-Flugplan*
IFR licence, IFR rating	*IFR-Berechtigung*
IFR traffic	*IFR-Verkehr*
ignition	*Zündung*
ignition switch	*Zündschalter*
ignition system	*Zündanlage*
illegal	*ungesetzlich*
ILS approach	*ILS-Anflug*

ILS approach clearance	*ILS-Anflugfreigabe*
ILS back course	*ILS-Rückkurs*
ILS cross pointer	*ILS-Kreuzzeigergerät*
ILS glide path − GP	*ILS-Gleitweg*
ILS localizer − LLZ	*ILS-Landekurs*
ILS middle marker − MM	*ILS-Haupteinflugzeichen*
ILS outer marker − OM	*ILS-Voreinflugzeichen*
ILS receiver	*ILS-Empfänger*
ILS straight-in approach	*ILS-Geradeausanflug*
imitate, to	*nachahmen*
immediate	*sofort, unverzüglich*
Immediate take-off	*Sofortstart*
immigration	*Einwanderung*
impact	*Aufprall, Aufschlag*
impaired	*beeinträchtigt*
impede, to	*hindern*
imperial gallon	*Britische Gallone (4,52 l)*
implement, to	*in Betrieb nehmen*
implementation	*Inbetriebnahme*
imply, to	*bedeuten*
importance	*Belang, Wichtigkeit*
important, essential	*wichtig*
impose, to	*gebieten, auferlegen*
imposition	*Gebietung, Auflage*
impossible	*unmöglich*
improbable, unlikely	*unwahrscheinlich*
improve, to	*bessern, verbessern*
improvement	*Besserung*
in, at	*in*
in advance	*im voraus*
in force	*in Kraft*
in order to	*um zu*
in particular	*insbesondere*
in sight	*in Sicht*
in so far as	*insofern als*
in spite of	*trotzdem*
in time, in due time	*rechtzeitig*
in the afternoon	*nachmittags, am Nachmittag*
in the evening	*abends, am Abend*
in the forenoon	*vormittags, am Vormittag*
in the morning	*morgens, am Morgen*
in view of	*im Hinblick auf*
in writing	*schriftlich*
inaccurate	*ungenau*

inactive	*nicht aktiviert*
inadequate, insufficient	*unzulänglich*
inbound	*anfliegend, ankommend*
inbound route	*Einflugstrecke*
inbound track	*Anflugkurs über Grund*
incapable, unable	*unfähig*
incident, event	*Ereignis, Vorfall*
inclement	*ungünstig*
incline, slope, pitch	*Neigung*
including	*einschließlich*
inclusive(ly)	*einschließlich*
incomplete	*unvollständig*
inconvenience	*Unbequemlichkeit*
inconvenient	*unbequem, ungelegen*
incorrect	*unrichtig*
increase	*Zunahme*
increase, to	*wachsen, zunehmen*
indefinite	*unbestimmt*
indefinite delay	*unbestimmte Verzögerung*
independent	*unabhängig*
indicate, to	*anzeigen*
indicated airspeed − IAS	*angezeigte Fluggeschwindigkeit − IAS*
indication	*Anzeige*
indicator	*Anzeigegerät*
indicator lamp	*Anzeigelampe*
individual	*individuell*
individual cases	*Einzelfälle*
inertial navigation system − INS	*Trägheitsnavigationssystem*
inexperienced	*unerfahren*
inform, to; to notify, to let somebody know	*benachrichtigen, informieren, mitteilen*
information, notification	*Benachrichtigung, Mitteilung*
information sign	*Hinweiszeichen, Informationstafel*
initially	*vorerst*
initial approach	*Anfangsanflug*
inital approach altitude	*Anfangsanflughöhe*
initial approach fix − IAF	*Anfangsanflugfix (-punkt)*
initial approach segment	*Anfangsanflugsegment*
initial call	*erster Anruf*
initial climb	*Anfangssteigflug*
initiate, to	*einleiten*
initiation	*Einführung, Einleitung*
initiative	*Initiative*
inject, to	*einspritzen*
injection pump	*Einspritzpumpe*

injure, to	*verletzen*
injury	*Verletzung*
in-line engine	*Reihenmotor*
innocuous	*unschädlich*
inoperative	*nicht betriebsfähig, außer Betrieb*
inquire, to; to investigate	*sich erkundigen, forschen, nachforschen*
inquiry	*Erkundigung*
insert, to	*einfügen*
insertion	*Einfügung*
inside, within	*innerhalb*
insist on, to	*bestehen auf*
inspection	*Besichtigung, Kontrolle (Sichtkontrolle)*
install, to	*einbauen, installieren*
installation	*Einrichtung, Anlage*
instantaneous, momentary	*augenblicklich*
instead of	*anstatt*
institute, to	*einrichten*
instruct, to	*unterrichten*
instruction	*Anweisung*
instruction flight, training flight	*Schulflug*
instructor pilot	*Fluglehrer*
instructor, teacher	*Lehrer*
instrument	*Instrument, Gerät*
instrument approach	*Instrumentenanflug*
instrument approach chart	*Instrumentenanflugkarte*
instrument approach procedure	*Instrumentenanflugverfahren*
instrument error	*Instrumentenfehler*
instrument flight	*Instrumentenflug*
instrument flight rules − IFR	*Instrumentenflugregeln − IFR*
instrument indication	*Instrumentenanzeige*
instrument landing system − ILS	*Instrumenten-Landesystem − ILS*
instrument met (eorological) conditions − IMC	*Instrumenten-Wetterbedingungen − IMC*
instrument panel, instrument board	*Instrumentenbrett*
instrument rating	*Berechtigung für IFR-Flüge*
instrument runway	*Instrumenten-Start- und -Landebahn*
insufficient	*ungenügend, unzulänglich*
intake valve	*Einlaßventil*
intend, to	*beabsichtigen, vorhaben*
intended route	*beabsichtigte Strecke*
intended track	*beabsichtigter Kurs über Grund, vorgesehener Kurs über Grund*
intensify, to	*verstärken*
intensity	*Stärke, Leistung*

intensive	*intensiv*
intended route	*beabsichtigter Flugweg*
intention	*Absicht, Vorhaben*
intercept, to (a message)	*auffangen (eine Meldung)*
intercept, to (VOR radial, ILS)	*einbiegen auf, eindrehen auf*
interception (of an aircraft)	*Ansteuern (eines Luftfahrzeuges)*
interception (of VOR radial or ILS)	*Eindrehen auf (VOR-Leitstrahl, ILS)*
intercom	*Bordverständigung*
interest	*Interesse*
interesting	*interessant*
interference	*Interferenz, Störung*
intermediate approach	*Zwischenanflug*
intermediate approach fix – IF	*Zwischenanflugpunkt (-fix)*
intermediate approach segment	*Zwischenanflugsegment*
intermediate landing, intermediate stop	*Zwischenlandung*
intermittent	*aussetzen, unterbrochen*
international	*international*
international airport	*internationaler Flughafen*
International Air Transport Association – IATA	*Internationaler Luftverkehrsverband*
International Civil Aviation Organization – ICAO	*Internationale Zivilluftfahrt-Organisation*
interpreter	*Übersetzer, Dolmetscher*
interrogator (SSR)	*Abfragegerät (SSR)*
interrupt, to	*unterbrechen*
interrupted take-off, abandoned take-off	*Startabbruch*
interruption	*Unterbrechung*
intersection (runway, taxiway)	*Kreuzung*
interval	*Intervall, Abstand (zeitlich)*
intolerable	*unerträglich*
introduce, to	*einführen*
introduction	*Einführung*
invalid, void	*nichtig, ungültig*
inversion	*Inversion, Umkehrschicht*
inverted flight	*Rückenflug*
investigate, to; to inquire	*nachforschen, untersuchen*
investigation, inquiry	*Nachforschung*
involve, to	*verwickeln (in eine Sache)*
involved	*beteiligt*
irregular	*unregelmäßig*
irregularity	*Unregelmäßigkeit*
irritate, to	*irritieren*
isolated (thunderstorms)	*vereinzelt (Gewitter)*
isolated aircraft parking position	*abgesetzter Luftfahrzeugabstellplatz*

issue	*Ausgabe*
issue, to (clearance)	*erteilen, ausgeben (Freigabe)*
items (flight plan)	*Punkte (Flugplan)*

J

jam	*Stauung, Stockung*
jet	*Strahl, Düse*
jet aircraft	*Düsenluftfahrzeug*
jet airliner	*Düsenverkehrsflugzeug*
jet engine	*Düsenmotor, Strahltriebwerk*
jet fighter	*Düsenjäger*
jet nozzle	*Schubdüse*
jet-propelled aircraft	*Strahlantriebsflugzeug*
jet propulsion	*Düsenantrieb, Strahlantrieb*
jet thrust	*Strahlschub*
jet traffic	*Düsenverkehr*
jet wash	*Düsenverwirbelungen*
jettisoning (fuel), fuel dumping	*Kraftstoff-Schnellablaß*
join, to; to unite	*sich vereinigen, sich zusammen- schließen, treffen, eintreten in*
join ATS route, to	*in eine Flugverkehrsstrecke einfliegen*
joint, hinge	*Gelenk*
joint civil/military operations	*ziviler und militärischer Mischflugbetrieb*
jointly	*gemeinsam*
judge, to	*beurteilen*
judgement	*Beurteilung*
jump, to	*springen, abspringen*
junction	*Einmündung, Schnittpunkt, Kreuzung*
just	*gerade, eben (zeitlich)*
just now	*gerade jetzt, soeben*
justify, to	*rechtfertigen*

K

keep, to	*halten, behalten*
keep an eye on, to	*im Auge behalten*
keep clear, to	*freihalten*
kerosene	*Kerosin*
key	*Taste; Schlüssel*
key, code	*Schlüssel, Code*
key, to	*tasten*
kill, to	*töten*
kilogram − kg	*Kilogramm − kg*
kilohertz − kHz	*Kilohertz − kHz*

kilometer – km	*Kilometer – km*
kind	*Art, Gattung*
kit	*– Ausrüstung*
first-aid kit	*Erste-Hilfe-Ausrüstung*
kite	*Drachen*
knot(s) – Kt (1 NM per hour)	*Knoten – Kt (1 sm pro Stunde)*
know, to; to be acquainted with	*kennen, wissen*
known aircraft, reported aircraft	*gemeldetes Luftfahrzeug*
known traffic, reported traffic	*gemeldeter Verkehr*
knowledge	*Wissen, Kenntnis*

L

laborer	*Arbeiter*
lake	*Teich, (der) See*
laminar flow	*Strömung (glatt)*
lamp, light	*Lampe, Leuchte*
land, country	*Land*
land, to	*landen*
land aerodrome	*Landflugplatz*
landing	*Landung*
landing area	*Landebereich*
landing charges, – fees	*Landegebühren*
landing clearance	*Landefreigabe*
landing direction	*Landerichtung*
landing distance available – LDA	*verfügbare Landestrecke*
landing direction indicator	*Landerichtungsanzeiger*
landing fees, – charges	*Landegebühren*
landing gear, undercarriage	*Fahrwerk, Fahrgestell*
landing gear door	*Fahrwerkklappe*
landing gear indication	*Fahrwerkanzeige*
landing gear leg	*Fahrwerkbein*
landing gear lever	*Fahrwerkhebel*
landing gear light	*Fahrwerkkontrollicht*
landing gear lock	*Fahrwerkverriegelung*
landing gear strut	*Fahrwerkstrebe*
landing interval	*Landeabstand*
landing light	*Landescheinwerfer*
landing mass	*Landemasse, Landegewicht*
landing path, landing strip	*Landestreifen*
landing priority	*Landevorrang*
landing sequence	*Landefolge*
landing speed	*Landegeschwindigkeit*
landing "T"	*Lande – T*
landing tetrahedron	*Lande-Tetraeder*

376

landing threshold	Landeschwelle
landing time, time on the ground	Landezeit
landline	Kabel, Freileitung
land mark	Landschaftsmerkmal
land side (of an airport)	Landseite; allgemein zugänglicher Bereich (eines Flughafens)
language	Sprache
large, big, great	groß
large city	Großstadt
large scale	großes Ausmaß, großer Maßstab
last	(der, die, das) letzte
last, to	dauern, bleiben
late	spät
late, to be	sich verspäten
lately, recently	kürzlich, unlängst
lateral	seitlich
lateral axis	Querachse
lateral limits	seitliche Begrenzung
lateral separation	Seitenstaffelung
latitude	geographische Breite
lay, to; to place, to put	legen
layer	Schicht
layout	Gesamtanordnung, Anlage
lead, to	führen
lead-in lights	Leitfeuer
leading edge	Flügelvorderkante
leak, to	lecken, leck sein
leaky	undicht
learn, to; to study	lernen
leave, to	lassen, liegenlassen, verlassen
left	links
left turn	Linkskurve
legal	legal
legend	Zeichenerklärung
length	Länge
less than	weniger als
let, to	lassen, gestatten
let somebody know, to	jemandem mitteilen
let-down	Sinkflug
let-down, to (for landing)	heruntergehen zur Landung
let-down procedure	Sinkflugverfahren
letter	Buchstabe; Brief
level	Höhe, waagerechte Ebene
level assignment	Höhenzuweisung

level change	*Höhenänderung, Höhenwechsel*
level flight	*Horizontalflug*
level off, to (after climb or descent)	*Höhe beibehalten (nach Steig- oder Sinkflug)*
lever	*Hebel*
liability	*Haftung*
liable	*haftbar*
liaison aircraft	*Verbindungsluftfahrzeug*
licence, certificate	*Ausweis, Erlaubnisschein, Lizenz*
lie, to; to be situated	*liegen*
life boat	*Rettungsboot*
life jacket	*Schwimmweste*
life raft	*Rettungsfloß, Schlauchboot*
life saving equipment	*Lebensrettungsausrüstung*
lift	*Auftrieb*
lift, to	*sich erheben, aufsteigen*
light, lamp	*Lampe, Leuchte*
light	*Licht*
light aeroplane	*Leichtflugzeug*
light beam	*Lichtstrahl*
light failure	*Feuerausfall, Lichtausfall*
light gun	*Signalscheinwerfer*
light intensity control	*Lichtstärkeregelung*
light signal	*Lichtsignal*
light unit	*Feuereinheit*
lighted	*beleuchtet*
lighting	*Befeuerung*
lighting charge (fee)	*Befeuerungsentgelt*
lighting facilities	*Befeuerungsanlagen*
lightning	*Blitz*
likely, probable	*wahrscheinlich*
likelyhood, probability	*Wahrscheinlichkeit*
limit, border, boundary	*Grenze*
limit, to	*begrenzen*
limitation	*Beschränkung*
limited, restricted	*begrenzt, beschränkt*
limited extent	*begrenztes Ausmaß*
line	*Linie, Strich*
line, row	*Reihe*
line of position – LOP	*Standlinie*
line of sight	*Sichtlinie*
line squall	*Böenwalze*
line up, to (an aircraft)	*ein Luftfahrzeug auf der Startbahn in Startrichtung ausrichten*

378

link-route	Verbindungsstrecke
linktrainer	Linktrainer, Flugsimulator
list	Liste
listen, to	horchen, hören, zuhören
listen in, to (on frequency)	abhören, mithören (Frequenz)
listening watch	Hörbereitschaft
little	klein, gering, wenig
live, to	leben, wohnen
load, to	beladen, verladen
load, cargo	Ladung
load	Last
load bearing capacity	Tragfähigkeit
load factor	Nutzladefaktor
load limitations	Beladungsbeschränkungen
load sheet	Ladeplan
local flight	örtlicher Flug
local time	Ortszeit
localizer (ILS)	Landekurs (ILS)
location, place, spot	Ort
location indicator	Ortskennung
locator − L	Anflugfunkfeuer
Locator at Middle Marker − LM	Anflugfunkfeuer am Haupteinflugzeichen
Locator at Outer Marker − LO	Anflugfunkfeuer am Voreinflugzeichen
lock	Schloß, Verschluß
lock, to; to close, to shut	schließen, verschließen
lock, to; to clamp	feststellen (Ruder)
locked, in place (landing gear)	verriegelt
log book	Bordbuch
long	lang
long approach	langer Anflug
long distance flight, long range flight	Langstreckenflug
longeron	Rumpfholm
longitude	geographische Länge
longitudinal axis of an aircraft	Flugzeuglängsachse
longitudinal separation	Längsstaffelung
long range	Langstrecke
long range radar	Großraumradar
long wave − LW, low frequency − LF	Langwelle − LW
look, to	aussehen; blicken, schauen, sehen
look at, to	ansehen
look, glance	Blick
look for, to; to search	suchen
look out for, to; to watch out for	aufpassen
loop, turn over	Überschlag

loop antenna	Rahmenantenne
looping	Looping, Überschlag
loose	lose
lose, to	verlieren
lose orientation, to	sich verfliegen, Orientierung verlieren
loss	Verlust
loss of power	Leistungsabfall
loud	laut
loudspeaker	Lautsprecher
low	niedrig, tief
low (on fuel), short (on fuel)	knapp (an Kraftstoff)
low (pressure area)	Tief(druckgebiet)
low approach	Tiefanflug
low flying	tieffliegend
low-flying area	Tieffluggebiet
low-flying route	Tiefflugstrecke
low frequency − LF, long wave − LW	Langwelle − LW
low-intensity lighting	Niederleistungsbefeuerung
low-level flying	Tiefflug
low-speed flight	Langsamflug
low-wing monoplane	Tiefdecker
lower, to; to extend (landing gear)	ausfahren (Fahrwerk)
lower limit	Untergrenze (Luftraum)
lubber line	Steuerstrich
lubricate, to; to grease	schmieren
lubrication	Schmierung
luggage, baggage	Gepäck
luggage compartment	Gepäckraum

M

Mach number	Mach-Zahl
magnetic − Mag	magnetisch, mißweisend
magnetic bearing	mißweisende Peilung
magnetic compass	Magnetkompaß
magnetic heading	mißweisender Steuerkurs
magnetic track	mißweisender Kurs über Grund
magnetic heading to the station − QDM	Mißweisender Kurs zum Peiler − QDM
mail	Post
main	Haupt-
main landing gear	Hauptfahrwerk
main plane structure	Tragwerk
main runway	Haupt-S/L-Bahn, Haupt-Start- und Landebahn
main switch, master switch	Hauptschalter
mainly	hauptsächlich

maintain, to	*beibehalten (Höhe)*
maintenance	*Unterhalt, Wartung (eines Lfz.)*
maintenance hangar	*Wartungshalle*
maintenance personnel	*Wartungspersonal*
major accident	*schwerer Unfall*
major damage	*größerer Schaden*
make, to	*machen*
make use of, to; to use	*benutzen*
make sure, to; to ascertain	*sich vergewissern*
malfunction, to	*fehlerhaft arbeiten (z. B. Motor)*
man	*Mann*
mandatory	*zwingend*
mandatory instruction sign	*Gebotszeichen*
manifold	*mehrfach, vielfach*
manifold pressure	*Ladedruck*
manifold pressure gauge	*Ladedruckmesser*
manned free balloon	*bemannter Freiballon*
manner; way	*Weise*
manoeuvrability	*Wendigkeit, Steuerbarkeit*
manoeuvring area	*Rollfeld*
manual	*Handbuch*
manually	*von Hand*
map, chart	*Karte, Landkarte*
map symbol	*Kartenzeichen*
maritime	*maritim, See-*
maritime flights	*Flüge über See*
mark, to; to designate	*bezeichnen*
mark down, to; to note	*vermerken*
marker	*Marker (Gegenstand)*
marking	*Marke, Markierung*
marker (radio)beacon	*Markierungsfunkfeuer*
marker beacon indicator	*Markierungsfunkfeueranzeiger*
marker beacon receiver	*Markierungsfunkfeuerempfänger*
marking	*Markierung*
marshaller, signalman	*Einwinker*
marshalling signal	*Einwinkzeichen*
mast	*Mast*
master station	*Hauptstation*
master switch	*Hauptschalter*
material	*Material*
material damage	*Sachschaden*
matter; thing	*Angelegenheit; Sache*
maximum all-up weight	*Höchstgewicht*
maximum permissible weight – MPW	*zulässiges Höchstgewicht*
maximum speed	*Höchstgeschwindigkeit*

meadow	*Wiese*
mean, to; to think	*meinen*
mean, to; to stand for	*bedeuten*
Mean Sea Level − MSL	*Mittlere Meereshöhe, Normalnull − NN*
meaning	*Bedeutung*
meantime	*Zwischenzeit*
meanwhile	*inzwischen*
measure, to	*messen*
measure	*Maßnahme*
measured	*gemessen*
measurement	*Maß*
mechanic	*Mechaniker*
mechanical	*mechanisch*
mechanism	*Mechanismus*
medical	*ärztlich*
medical assistance	*ärztliche Hilfe*
medical examination	*ärztliche Untersuchung*
medical kit	*Sanitätsausrüstung*
medium	*mittelmäßig*
medium frequency − MF	*Mittelwelle − MW*
medium range	*mittlere Reichweite*
medium scale	*mittleres Ausmaß*
meet, to	*begegnen, treffen, zusammentreffen*
meet requirements, to	*den Anforderungen entsprechen*
meeting	*Zusammenkunft*
megahertz − MHz	*Megahertz − MHz*
melt, to	*schmelzen (Schnee)*
member	*Mitglied*
meridian	*Meridian, Längenkreis*
message; report	*Meldung, Nachricht, Bericht*
metal	*Metall*
metal propeller	*Metalluftschraube (-propeller)*
meteorological briefing	*mündliche Wetterberatung*
meteorological conditions	*Wetterverhältnisse*
Meteorological information for aircraft in flight − VOLMET	*Wetterinformation für Flugzeuge im Fluge*
meteorological minima	*Wettermindestbedingungen*
meteorological observer	*Wetterbeobachter*
meteorological observation	*Wetterbeobachtung*
met(-eorological) office	*Wetterwarte*
meteorologist forecaster	*Meteorologe Wetterberater (Vorhersager)*
meteorology	*Meteorologie, Wetterkunde*
meter, metre − m	*Meter − m*

method	*Methode*
microphone, mike	*Mikrophon*
microphone button, mike button	*Mikrophontaste, −knopf*
mid-air collision	*Zusammenstoß in der Luft*
middle; center, centre	*Mitte*
middle marker − MM (ILS)	*Haupteinflugzeichen*
mid-field	*Platzmitte*
midnight	*Mitternacht*
midwing monoplane	*Mitteldecker*
mile (nautical or statute mile)	*Meile (See- oder Landmeile)*
mileage	*Meilenlänge*
military	*militärisch*
military actions	*militärische Aktionen*
military exercise	*militärische Übung*
minimum	*Mindest-, Mindestwerte*
minimum clearance, − distance	*Mindestabstand*
minimum descent	*Mindestsinkflughöhe*
altitude/height − MDA/H	*über NN/Grund*
minimum en-route altitude	*Mindestreisehöhe über NN*
minimum radar vectoring altitude	*Radarführungsmindestnöhe*
minimum safe height	*Mindestsicherheitshöhe über Grund −*
	GND
minimum sector altitude − MSA	*Sektorenmindesthöhe über NN*
minor accident	*geringfügiger Unfall*
minus	*minus*
minute	*Minute*
misconception	*falsche Auffassung*
misinterpret, to	*mißdeuten*
miss, to	*fehlen, verfehlen, vermissen*
missed approach	*Fehlanflug*
missed approach procedure	*Fehlanflugverfahren*
missed approach point − MAPt	*Fehlanflugpunkt*
missed approach segment	*Fehlanflugsegment*
missing aircraft	*vermißtes Luftfahrzeug*
mission, order	*Auftrag*
mist; haze	*Dunst*
misty; hazy	*dunstig*
mistake; error	*Fehler; Irrtum*
mistaken, to be; to err	*sich irren*
misunderstand, to	*mißverstehen*
misunderstanding	*Mißverständnis*
mix up with, to; to be confused with	*verwechseln*
mixture	*Gemisch, Mischung*
mixture control	*Gemischregler*
mobile; movable	*beweglich*

mock-up	Nachbildung
mode (SSR)	Modus (SSR)
moderate	mäßig
modulation	Modulation
depth of modulation	Modulationsgrad
moment	Augenblick; Zeitpunkt
momentary, instantaneous	augenblicklich
monitor	Überwachungsgerät
monitor, to; to listen to	mithören, überwachen
monitored approach	überwachter Anflug
monoplane	Eindecker
month	Monat
moore, to; to tie down	vertäuen (ein Lfz)
mooring mast (airship)	Ankermast (Luftschiff)
mooring rope	Halteseil
more	mehr
more than	mehr als
morning, in the	morgens, am Morgen
morning twilight	Morgendämmerung
morse key	Morsetaste
morse signal	Morsezeichen
mortar	Mörser
most	meist
motion, in	in Bewegung
motivated	begründet
mountain; hill	Berg
mountainous; hilly	bergig
mountain peak	Bergspitze
mountain ridge; hill ridge	Bergrücken
movable; mobile	beweglich
move, to	bewegen
movement; motion	Bewegung
movement area	Bewegungsfläche (Flugplatz)
moving target indicator − MTI	Festzeichenlöscher (RADAR)
mow, to	mähen
mower	Mähmaschine
much	viel
mud	Matsch; Schlamm
muddy, soft	aufgeweicht (Boden), schlammig
muffler	Schalldämpfer
multiple	vielfach, mehrfach
multiple call	Mehrfachanruf
multi-engine aeroplane	mehrmotoriges Flugzeug
multiple wheel landing gear	Mehrradfahrwerk
mu-meter	Mü-Meter

N

name	*Name*
name, to	*nennen*
narrow	*eng, schmal*
nationality	*Nationalität*
nationality and registration marks	*Staatszugehörigkeits- und Eintragungs-zeichen*
national guard frequency	*Nationale Wachfrequenz*
nature	*Art, Wesen*
natur.ely, of course	*natürlich*
nautical mile — NM	*Seemeile — sm*
navigation	*Navigation*
navigation (air traffic control) charge (fee)	*Navigations-(Flugsicherungs-)Gebühr*
(navigation) computer	*(Navigations)rechner*
navigation instrument	*Navigationsinstrument*
navigation light	*Navigationsleuchte, -licht*
navigation system	*Navigationssystem*
navigation warning	*Flugwarnung*
navigational aid, nav-aid	*Navigationshilfe (Funkfeuer)*
navigational assistance	*navigatorische Unterstützung*
navigational equipment	*Navigationsausrüstung*
navigational facility	*Navigationseinrichtung, -anlage*
navy	*Marine*
near, close to	*nahe, nahe bei*
near by	*dabei (örtlich), nahe bei*
near miss, airmiss	*Fastzusammenstoß, gefährliche Begegnung*
nearest suitable	*nächster geeigneter*
necessary	*notwendig, nötig*
necessitate, to	*erforderlich machen*
necessity	*Notwendigkeit*
need, to; to want	*benötigen*
needle	*Nadel, Zeiger*
negative	*verneinend, negativ*
neglect, to	*vernachlässigen*
negligence	*Nachlässigkeit*
negligent	*nachlässig*
neither . . . nor	*weder . . . noch*
net weight	*Leergewicht*
neutral position	*Nullstellung (Ruder, Trimmung)*
never	*nie, niemals*
nevertheless	*dennoch, trotzdem*
new	*neu*

news, notice	*Nachricht*
next	*nächster, -e, -es*
nice, beautiful	*schön*
night	*Nacht*
at night	*nachts, bei Nacht*
night flight	*Nachtflug*
night flight operations	*Nachtflugbetrieb*
nimbo-stratus	*nimbo-stratus*
no	*nein, kein*
nobody	*niemand*
noise	*Geräusch, Lärm*
noise abatement procedure	*Lärmminderungsverfahren*
noise abatement reasons	*Lärmminderungsgründe*
noise abatement route	*Lärmminderungsstrecke*
noise level	*Geräuschpegel*
noise measuring values	*Lärmmeßdaten*
noise suppression	*Geräuschdämpfung*
nominal	*Soll-, Nenn-*
nominal value	*Sollwert, Nennwert*
non-compliance	*Nichtbeachtung*
non-directional radio beacon − NDB	*Ungerichtetes Funkfeuer*
non-retractable landing gear	*festes Fahrwerk*
non-scheduled traffic	*nicht-planmäßiger Verkehr*
non-stop flight	*Direktflug*
normal	*normal*
north − N	*Nord, Norden − N*
northbound	*in Nordrichtung fliegend*
northern	*nördlich*
northern latitude − N	*nördliche Breite − N*
north of	*nördlich von*
nose	*Bug, Rumpfnase*
nose down, to	*drücken (Flugzeug im Fluge)*
nose-down attitude	*gedrückte Fluglage*
nose heavy	*kopflastig*
nose-in	*bugeinwärts*
nose over, to; to turn over	*sich überschlagen*
nose-up attitude	*gezogene Fluglage*
nose wheel	*Bugrad*
nose wheel strut	*Bugradstrebe*
NOSIG (no significant change)	*keine wesentliche Änderung (Wetter)*
notably	*ganz besonders*
NOTAM (notice to airmen)	*Nachricht für Luftfahrer*
NOTAM code	*NOTAM-Schlüssel*
note	*Anmerkung, Vermerk*

note, to; to record, to mark down	*vermerken, vormerken*
notice, news	*Nachricht*
notice, to	*bemerken*
notices to airmen – NOTAM	*Nachrichten für Luftfahrer – NfL*
notification, information	*Benachrichtigung*
notify, to; to inform	*benachrichtigen, informieren*
notwithstanding	*unbeschadet*
now	*jetzt*
now and then	*ab und zu, dann und wann*
nowhere	*nirgends*
nuclear power plant	*Atomkraftwerk*
nuclear research	*Atomforschung*
number	*Anzahl, Zahl, Nummer*
noxious	*schädlich*

O

object	*Gegenstand*
objection	*Einwand*
obligation	*Verpflichtung*
obligatory	*obligatorisch*
obliged, to be	*verpflichtet sein*
oblique, slanting	*schief*
obscured	*undeutlich; düster, verhangen*
observance	*Beachtung*
observation	*Beobachtung, Wahrnehmung*
observe, to; to comply with	*beachten (Regeln, Anweisungen)*
observe, to; to see, to look	*beobachten, schauen*
observer	*Beobachter*
obsolete	*veraltet, überholt*
obstacle, obstruction	*Hindernis*
obstacle (obstruction) clearance	*Hindernisfreiheit*
obstacle clearance altitude – OCA	*Hindernisfreihöhe über NN*
obstacle clearance height – OCH	*Hindernisfreihöhe über Grund*
obstacle lighting	*Hindernisbefeuerung*
obstacle limitation surface	*Hindernisbegrenzungsfläche*
obstruction warning light	*Hinderniswarnlicht*
obtain, to	*einholen (Freigabe)*
obtainment	*Erlangung*
obvious	*offensichtlich*
occasion, opportunity	*Gelegenheit*
occasional, intermittent	*gelegentlich*
occupant	*Insasse*
occupied	*besetzt, belegt*

occur, to; to happen	vorkommen, sich ereignen
occurrence	Vorkommnis
ocean	Meer, Ozean
octane	Oktan
odd, strange	seltsam
odd numbers	ungerade Zahlen
of; from	von
of course	selbstverständlich
off	von, weg
off-course	vom Kurs abgekommen
off-field landing	Außenlandung
offence	Straftat
offer, proposal	Vorschlag
offer, to; to suggest	vorschlagen
office	Amt, Büro
official	offiziell, amtlich
often, frequently	oft, oftmals
oil	Öl
oil cooler	Ölkühler
oil pressure	Öldruck
oil pressure gauge	Öldruckmesser
oil pressure indication	Öldruckanzeige
oil pump	Ölpumpe
oil shock absorption	Öldruckfederung
oil tank	Öltank, Ölbehälter
oil temperature	Öltemperatur
oil temperature indication	Öltemperaturanzeige
old	alt
omit, to	wegfallenlassen, weglassen, unterlassen
omni bearing selector – OBS	Kurswähler (VOR)
omni-directional light	Rundstrahlfeuer, ungerichtete Leuchte
on	auf
on both sides	beiderseits, auf beiden Seiten
on request	auf Anforderung
on test	in Erprobung
on the way	unterwegs
on time, punctual	pünktlich
once	einmal
once more, again	abermals, noch einmal
one way traffic	Einbahnverkehr
only	nur
open, to	öffnen
open	offen
open area	unbebautes Gelände, unbewohntes Gelände

open sea	*offenes Meer, offene See*
open throttle, full power	*Vollgas*
operate, to	*bedienen (ein Gerät)*
operating procedures	*Betriebsverfahren*
operation	*Betrieb, Tätigkeit*
operation hours, hours of operation	*Betriebsstunden*
operational	*betrieblich, Betriebs-*
operational area	*Betriebsfläche*
operations, aircraft handling	*Flugzeugabfertigung*
operations building	*Betriebsgebäude, Abfertigungsgebäude*
operations manual	*Betriebshandbuch*
operative	*betriebsfähig*
operator	*Halter*
opinion	*Ansicht, Meinung*
opposite	*entgegengesetzt, gegenüber*
opposite direction, reciprocal track	*Gegenrichtung, Gegenkurs*
opposite direction traffic	*entgegenkommender Verkehr*
opportunity	*Gelegenheit*
optical	*optisch*
oral, verbal	*mündlich*
orbit, to; to circle	*kreisen*
order, sequence	*Reihenfolge, Folge*
orderly, regular	*ordentlich*
ordinance	*Verordnung*
organization	*Organisation*
organize, to	*organisieren*
orientate, to	*sich orientieren*
orientation	*Orientierung*
origin	*Herkunft, Ursprung*
original	*ursprünglich*
originate, to	*hervorbringen*
otherwise	*andernfalls*
outage	*Ausfall*
outbound	*abfliegend, wegfliegend*
outbound route	*Abflugstrecke*
outbound track	*Abflugkurs*
outer marker — OM	*Voreinflugzeichen*
out of, from	*aus, von*
out of force	*außer Kraft*
outside	*Außen —; außerhalb, draußen*
outside air temperature	*Außenlufttemperatur*
outskirts	*Randsiedlung (einer Stadt), Vorort*
outstanding	*hervorragend*
over, overhead	*über (einem Ort)*

over, past	*vorüber*
overcast	*bedeckt (durch Wolken)*
overdue	*überfällig*
overestimate, to	*überschätzen*
overfly, to	*überfliegen*
overflying	*Überflug*
overhaul, to	*überholen (Motor)*
overhaul	*Überholung (eines Motors)*
overlap, to	*überschneiden*
overrun, to	*überrollen*
overrun area, stopway	*Überrollfläche*
overshoot, to; to go around	*durchstarten*
overshoot, to	*überschießen*
overspeed, to	*überdrehen*
overtake, to	*überholen (im Verkehr)*
overtaking	*Überholung (im Verkehr)*
owing to	*auf Grund*
own	*eigen*
owner	*Eigentümer*
oxygen	*Sauerstoff*
oxygen bottle	*Sauerstoffbehälter*
oxygen mask	*Sauerstoffmaske*
oxygen supply	*Sauerstoffversorgung*
oxygen system	*Sauerstoffanlage*

P

package	*Packung*
page	*Seite (Buch)*
panic	*Panik*
paper	*Papier*
PAR approach	*PAR-Anflug*
PAR monitored ILS approach	*PAR-überwachter ILS-Anflug*
para	*Absatz*
parachute	*Fallschirm*
parachute descent	*Fallschirmabsprung*
parachute jumping exercises – PJE	*Fallschirmabsprungübungen*
parachutist	*Fallschirmspringer*
paragraph	*Paragraph*
parallel	*parallel*
park, to (an aircraft)	*abstellen (ein Luftfahrzeug)*
parking area, parking lot	*Abstellfläche, Parkplatz*
parking position	*Abstellplatz*
parking charges (fees)	*Abstellgebühren*
part, portion	*Teil*

participate, to	teilhaben, teilnehmen
participant	Teilnehmer
partly	teils
particular(ly)	besonders
in particular	insbesondere
particulars, details	Einzelheiten
pass, to	passieren
pass by, to	vorbeikommen
passenger	Passagier, Fluggast
passenger bus	Fluggastbus
passenger compartment	Passagierraum, Fluggastkabine
passenger gate	Flugsteig
passenger terminal	Fluggastabfertigungsgebäude
passport	Reisepaß
passport control	Paßkontrolle
past, over	vorüber
patches of ground fog	Bodennebelschwaden
patches of ice	Eisflecken
paved runway	befestigte Start- und Landebahn
pavement (of runway)	Belag (der Start- und Landebahn)
Pavement classification number − PCN	Lastklassifikationszahl des Belages − PCN
pay, to	bezahlen
pay attention, to	Aufmerksamkeit walten lassen
payload	Nutzlast
payment	Bezahlung
peak traffic	Verkehrsspitze
peak traffic hours	Hauptverkehrsstunden
peak traffic period	Hauptverkehrszeit
pedals	Pedale (für Seitenruder)
pedestrian	Fußgänger
penalty	Bestrafung
penetrate, to; to break through	durchbrechen (Wolken), durchstoßen
penetrate, to; to get through	durchdringen (Schlechtwetter)
penetration	Durchflug
perceive, to	wahrnehmen
perfect	einwandfrei, vollkommen
perform, to; to execute	verrichten, ausführen, durchführen
performance	Leistung, Flugleistung
performance, execution	Durchführung, Ausführung
performance criteria	Leistungsdaten
period	Zeitabschnitt, Zeitraum, Periode
periodical	periodisch
permanent	dauernd
permissible, admissible	zulässig
permission	Erlaubnis

permit, to; to allow	erlauben
permitted, to be; to be allowed	dürfen
persist, to	dabeibleiben
person	Person
personal	persönlich
personnel	Personal
phase	Phase, Zeitabschnitt
photo flight	Photoflug
phraseology	Redewendung
physical search	Durchsuchung
physician	Doktor, Arzt
piece	Stück
pilot	Luftfahrzeugführer
pilot-in-command	verantwortlicher Luftfahrzeugführer
pilot, to; to steer	steuern
pilot report	Pilotenmeldung (z. B. Wetter)
piston	Kolben
piston aeroplane	Kolben(motor)flugzeug
piston engine	Kolbenmotor
piston ring	Kolbenring
piston rod	Kolbenstange
pitch	Steigung (Prop.); Längsneigung
pitot head	Staudruckrohrkopf
pitot tube	Staudruckrohr
place, spot, location, position	Ort, Stelle
place, to; to lay, to put	legen, stellen
place name	Ortsname
place name abbreviation	Ortsnamenabkürzung
plain, level	Fläche, Ebene
plain language	offene Sprache
plan	Plan
plan, to	planen
plane, aeroplane	Flugzeug
plant, factory	Fabrik, Werk
plotting chart	Arbeitskarte
plus	plus
plywood	Sperrholz
pneumatic	druckluftbetätigt
pneumatic deicing	Druckluftenteisung
point, spot, dot	Punkt
point at, to	hindeuten
point out, to	hinweisen
point of departure	Abflugort
pointer, hand, arm, needle	Zeiger, Nadel

polar	polar
police	Polizei
poor, bad	arm, schlecht
poor visibility, bad visibility	schlechte Sicht
populated area	besiedeltes Gebiet, bewohntes –
portable	tragbar
port light	Backbordlicht
position, location, place	Ort, Stelle
position light	Positionslampe, Positionsleuchte
position report	Standortmeldung
possibility	Möglichkeit
possible	möglich
possibly	möglicherweise
postpone to, to	verschieben auf
postponement	Verschiebung
potential area	vermutetes Gebiet
power driven	motorgetrieben
power, force, strength	Kraft
power failure	Stromausfall
power plant, power unit	Triebwerk
power plant instrument, engine –	Triebwerksüberwachungsgerät, -instrument
power setting	Leistungseinstellung
power supply	Stromversorgung
power unit failed	Triebwerk ausgefallen
powered aircraft	Motorluftfahrzeug
powered glider	Motorsegler
powerful, strong	kräftig, mächtig
practicable	durchführbar, ausführbar
practice approach, training approach	Übungsanflug
practise, to; to exercise	üben
precaution	Vorsorge
as a precaution	vorsichtshalber
precautionary measure	Vorsichtsmaßnahme
precede, to	vorausfliegen, -rollen, -fahren
precedence, priority	Vorrang
preceding traffic	vorausfliegender Verkehr
precipitation	Niederschlag
precipitation area	Niederschlagsgebiet
precipitation clutter	Niederschlagsstörflecke (Radar)
precise, accurate, exact	genau, präzis
precise data	genaue Angaben
presicion	Präzision
presicion approach path indicator – PAPI	Gleitwinkelbefeuerung – PAPI

precision approach radar – PAR	*Präzisionsanflugradar – PAR*
precision point landing	*Ziellandung*
predetermine, to	*vorausbestimmen*
predicate, to	*aussagen*
predominate, to; to prevail	*vorherrschen*
predominantly	*vorwiegend*
prefer, to; to be in favour of	*vorziehen, bevorzugen*
preferably	*vorzugsweise*
preference	*Vorzug*
preflight action	*Flugvorbereitung*
preflight check	*Vorabflugkontrolle*
preflight weather briefing	*Flugwetterberatung*
preheat, to	*vorwärmen*
prejudice	*Vorurteil*
preliminary	*vorläufig*
preparation	*Vorbereitung*
prepare, to	*vorbereiten*
preplan, to	*vorausplanen*
preplanning	*Vorausplanung*
prescribe, to	*vorschreiben*
presence	*Gegenwart*
present, at present	*gegenwärtig*
present, to be	*zugegen sein*
present wind	*gegenwärtiger Wind*
press, to	*drücken*
pressure	*Druck*
pressure altimeter	*barometrischer Höhenmesser*
pressure ballance	*Druckausgleich*
pressure cabin, pressurized cabin	*Druckkabine*
pressure drop	*Druckabfall*
pressure refuelling	*Druckauftankung*
pressure suit, G-suit	*Druckanzug*
pressure wave	*Druckwelle*
presumably	*vermutlich*
prevail. to; to predominate	*vorherrschen*
prevailing winds	*vorherrschende Winde*
prevent, to; to hinder	*vorbeugen, hindern*
previous	*früher, vorhergehend*
principal(ly)	*hauptsächlich, prinzipiell*
principle	*Wesensmerkmal*
prior to, before	*vor (zeitlich), bevor*
prior permission required – PPR	*vorherige Genehmigung erforderlich*
priority, precedence	*Vorrang*
private	*privat*

private pilot	*Privatflugzeugführer*
private pilot licence – PPL	*Privatflugzeugführerschein*
probability, likelyhood	*Wahrscheinlichkeit*
probable; likely	*wahrscheinlich*
procedural	*verfahrensmäßig*
procedure	*Verfahren*
proceed, to; to go ahead	*fortfahren*
proceed on course, to	*auf Kurs gehen*
program	*Programm*
progress	*Fortschritt*
progress, to	*fortschreiten*
progressive	*fortschrittlich*
prohibited	*verboten*
prohibited area	*Luftsperrgebiet*
prolong, to; to extend	*verlängern*
prolongation	*Verlängerung*
prominence, importance	*Wichtigkeit*
prominent land mark	*markanter Punkt im Gelände*
promise	*Zusage, Versprechen*
promise, to	*zusagen, versprechen*
promising	*erfolgversprechend*
promulgate, to	*bekanntmachen*
pronounce, to	*aussprechen*
pronounciation	*Aussprache (eines Wortes)*
proper	*gebührend*
proportion, rate, relation	*Verhältnis*
proposal, offer	*Vorschlag*
propeller, air-screw	*Luftschraube, Propeller*
propeller blade	*Luftschraubenblatt*
prop(eller) clearance	*Bodenfreiheit der Luftschraube*
prop(eller) deicing	*Luftschraubenenteisung*
propeller hub	*Luftschraubennabe*
propeller pitch	*Luftschraubensteigung*
propeller pitch control	*Luftschraubenregelung (bei Verstellprop)*
propeller shaft	*Luftschraubenwelle*
propeller speed	*Luftschraubendrehzahl*
prop(eller) reversal	*Luftschraubenumkehr*
prop wash	*Propellerböen*
protect, to	*schützen*
protection	*Schutz*
prove necessary, to	*sich als notwendig erweisen*
provably	*nachweislich*
provide, to	*vorsehen, vorsorgen, versorgen, bereitstellen*

provide for, to; to take care for	*sorgen für*
provided that	*vorausgesetzt, daß*
provision	*Bereitstellung; Auflage*
provisional	*vorläufig*
proximity	*Nähe*
public	*öffentlich*
public safety	*öffentliche Sicherheit*
publication	*Veröffentlichung*
publish, to	*veröffentlichen*
published approach procedure	*veröffentlichtes Anflugverfahren*
published departure route	*veröffentlichte Abflugstrecke*
published missed approach procedure	*veröffentlichtes Fehlanflugverfahren*
pull-up, to	*hochziehen*
pump	*Pumpe*
pump, to	*pumpen*
punctual, on time	*pünktlich*
punish, to	*bestrafen*
purpose	*Zweck*
pursuant, to (LuftVO)	*nach der LuftVO, gemäß −*
pusher propeller	*Druckluftschraube*
pyrotechnics, pyrotechnical lights	*Feuerwerksraketen, Leuchtraketen*

Q

quadrant	*Quadrant, Viertelkreis*
qualification	*Befähigung, Qualifikation*
qualified	*befähigt, qualifiziert*
qualify, to	*sich qualifizieren*
quality	*Güte, Qualität*
quantity	*Menge, Quantität*
quarantine	*Quarantäne*
quick, fast	*schnell*
quiet, silent	*ruhig, still*
QDM Magnetic heading to D/F	*Mißweisender Steuerkurs zum Peiler*
QDR Magnetic bearing from station	*Mißweisende Peilung von der Station*
QTE True bearing from station	*Rechtweisende Peilung von der Station*
QFE Atmosph. pressure at a/d-elevation	*Luftdruck in Flugplatzhöhe*
QNH Atmospheric pressure of a location reduced to MSL	*Der auf mittlere Meereshöhe reduzierte Luftdruckwert eines Ortes*

R

race	*Rennen*
race-track holding pattern	*„Rennbahn"-Warterunde*
radar (radio detecting and ranging)	*Radar*

radar antenna, aerial	*Radarantenne*
radar approach	*Radaranflug*
radar assistance	*Radarunterstützung, -hilfe*
radar clutter	*Radarstörflecke*
radar contact	*Radarerfassung, -verbindung*
radar controller	*Radar-Flugverkehrslotse*
radar coverage	*Radarerfassungsbereich*
radar echo	*Radarecho*
radar identification	*Radaridentifizierung*
radar monitoring	*Radarüberwachung*
radar navigation	*Radarnavigation*
radar pick-up	*Erfassung eines Radarzieles*
radar scope	*Radarbildschirm*
radar separation	*Radarstaffelung*
radar target	*Radarziel*
radar vector, radar vectoring	*Radarführung*
radial engine	*Sternmotor*
radiation fog	*Strahlungsnebel*
radio	*Funk*
radio aid	*Funkhilfe*
radio altimeter	*Funkhöhenmesser*
radio beacon	*Funkfeuer*
radio beacon identification	*Funkfeuerkennung*
radio bearing	*Funkpeilung*
radio call sign	*Funkrufzeichen*
radio communication	*Funkverkehr*
radio compass	*Funkkompaß − ADF*
radio contact	*Funkverbindung*
radio coverage	*Funküberdeckung*
radio direction finder	*Funkpeilgerät*
radio discipline	*Funkdisziplin*
radio facility	*Funkeinrichtung*
radio maintenance mechanic	*Funkwart, -mechaniker*
radio magnetic indicator − RMI	*mißw. Funkkompaß-Anzeigegerät*
radio navigation	*Funknavigation*
radio navigation aid	*Funknavigationshilfe*
radio navigation chart	*Funknavigationskarte*
radio navigation equipment	*Funknavigationsausrüstung, -gerät*
radio navigation facility	*Funknavigationseinrichtung*
radio receiver	*Funkempfangsgerät*
radio silence	*Funkstille*
radio station	*Funkstelle*
radio telephony − RTF (R/T)	*Sprechfunk*
radio telephony communication, R/T communication	*Sprechfunkverbindung, Sprechfunk- verkehr*

radio telephony licence	*Sprechfunkzeugnis*
radio tower	*Funkturm*
radio transceiver	*Funksender und -empfänger*
radio transmitter	*Funksendegerät*
radio wave	*Funkwelle*
radius	*Radius, Umkreis*
radome	*Radarhaube (Lfz)*
raft	*Floß*
railroad line, railway line	*Bahnlinie, Eisenbahnlinie, Schienen-strang*
railroad track	*Eisenbahngleis, Eisenbahnlinie*
railway station	*Bahnhof*
railway traffic	*Eisenbahnverkehr*
rain	*Regen*
rain, to	*regnen*
rain shower	*Regenschauer*
ram	*Staudruck*
ramp, apron	*Vorfeld, Abfertigungsvorfeld*
range, area	*Bereich*
range, distance	*Entfernung, Reichweite*
rare, seldom	*selten*
rate, relation, proportion	*Verhältnis*
rate-I (one) turn	*Instrumentenflugkurve I (3°/sec)*
rate of climb	*Steiggeschwindigkeit*
rate of climb and descent indicator	*Variometer*
rate of descent	*Sinkgeschwindigkeit*
rate of turn	*Drehgeschwindigkeit (im Kurvenflug)*
rating (e. g. IFR)	*Berechtigung (z. B. IFR)*
ray, beam, flash	*Strahl (elektr.)*
react, to	*reagieren*
react, to; to respond	*gehorchen (Steuerausschläge)*
reaction	*Reaktion*
read, to	*lesen, verstehen*
read off, to	*ablesen (Instrument)*
readable	*lesbar, verständlich*
readability	*Verständlichkeit*
readback, to	*wiederholen*
ready	*bereit, fertig*
ready for operation, functioning	*betriebsbereit, betriebsklar*
ready (for take-off)	*startbereit*
to take off	*starten*
reality	*Wirklichkeit*
reason	*Grund, Begründung*

reason, cause	*Ursache*
reasonable	*angemessen, vernünftig*
receipt	*Erhalt, Empfang*
receive, to; to get	*erhalten, bekommen, empfangen*
receiver	*Empfänger*
receiver failure	*Empfängerausfall*
receiver frequency	*Empfangsfrequenz*
recently, lately	*kürzlich, unlängst*
reception	*Empfang*
reciprocal track, opposite direction	*Gegenkurs*
reckless flying	*rücksichtsloses Fliegen*
reclear, to	*neu freigeben*
recognize, to; to identify	*erkennen*
recommend, to; to suggest	*empfehlen*
recommendation, suggestion	*Empfehlung*
recommended practices (ICAO)	*Empfehlungen*
record, to; to note	*vermerken*
recorder	*Aufnahmegerät*
tape recorder	*Tonbandgerät*
record	*Aufzeichnung, Schallplatte, Rekord*
recreation area	*Erholungsgebiet*
rectified airspeed − RAS	*berichtigte Eigengeschwindigkeit*
red	*rot*
red square with yellow diagonals	*rotes Quadrat mit gelben Diagonalen*
reduce, to; to diminish	*reduzieren, verringern, vermindern*
	(z. B. Geschwindigkeit)
reduction, diminution	*Verminderung*
refer, to	*sich beziehen auf, Bezug nehmen auf,*
with reference to	*mit Bezug auf*
reference point	*Bezugspunkt*
refile, to (flight plan)	*erneut aufgeben (Flugplan)*
refuel, to	*tanken*
refuelling stop	*Landung zum Auftanken*
refuse, to; to deny	*verweigern, sich weigern*
regain, to	*wiedererlangen, wiedererreichen*
regard, to	*betrachten, beachten*
regard	*Rücksicht*
regarding	*betreffend*
region, district	*Gegend, Region*
regional	*regional*
regional airport	*Regionalflughafen*
regional control center	*Regionalkontrollstelle*
regional guard frequency	*regionale Wachfrequenz (z. B. 119.7)*
registration mark (aircraft)	*Eintragungszeichen*
regret, to	*bedauern*

regular	regelmäßig, ordentlich
regulation	Regelung, Vorschrift
reinforce, to; to strengthen	verstärken
relation	Relation, Bezug, Verhältnis
relative	relativ
relative bearing	Funkseitenpeilung
release, to	loslassen, freilassen, abgeben
relevant, pertinent	sachgemäß
relevant, objective	sachlich
relay	Weitergabe
relay, to	weitergeben
relay station	Relaisstation, Weitergabestation
reliable	verläßlich, zuverlässig
reliability	Zuverlässigkeit
relocation	Verlegung, Versetzung
rely upon, to	sich verlassen, auf
remain, to; to stay	bleiben
remark	Bemerkung
remark, to	bemerken
remedial measure	Abhilfsmaßnahme
remember, to	sich erinnern
remind, to (somebody)	erinnern (jemanden)
remote control	Fernsteuerung, -bedienung
remote controlled	ferngesteuert
remote indication	Fernanzeige
removal	Abbau, Beseitigung
remove, to (obstruction)	beseitigen (Hindernis)
remove, to (snow)	räumen (Schnee)
rename, to	umbenennen
render assistance, to	Hilfe leisten
renounce, to	verzichten
renewal	Erneuerung
reopen, to	wieder öffnen
reoperative	wieder betriebsfähig
repairs	Reparatur, Instandsetzung
repair, to	reparieren
repeat, to; to say again	wiederholen
repeated(ly)	mehrmalig, wiederholt
repetition	Wiederholung
repetitive flight plan	Dauerflugplan
replace, to	ersetzen
replacement	Ersatz
reply, response	Antwort
reply, to; to respond, to answer	antworten, erwidern

report, message	*Bericht, Meldung, Nachricht*
report, to	*berichten, melden*
report of arrival, arrival message	*Landemeldung*
report of departure, departure message	*Startmeldung*
reported traffic	*gemeldeter Verkehr*
reporting point	*Meldepunkt*
representative	*Repräsentant, Vertreter*
requirement	*Bedarf*
request	*Anforderung, Aufforderung, Bitte*
request, application	*Gesuch*
request, to; to ask for	*anfordern, auffordern, erbitten, ersuchen, verlangen*
requested route	*angeforderte Strecke*
require, to; to demand	*erfordern, benötigen, verlangen*
requirement	*Erfordernis*
re-routing	*Umleitung*
rescue	*Rettung*
rescue, to	*retten*
Rescue Coordination Center – RCC	*Such- und Rettungsleitstelle*
rescue equipment	*Rettungsgerät*
rescue helicopter	*Rettungshubschrauber*
rescue service	*Rettungsdienst*
rescue vehicle	*Rettungsfahrzeug*
research	*Forschung*
reset, to (gyro)	*nachstellen (Kurskreisel), wieder einstellen*
reservation	*Platzbelegung*
resistance, drag	*Widerstand*
resort area	*Kurgebiet*
respective(ly)	*jeweilig*
response, reply	*Antwort*
responder beacon	*Antwortsenderbake*
responsible	*verantwortlich*
responsibility	*Verantwortung*
restart, to (engine)	*wiederanlassen (Motor)*
restaurant	*Gaststätte*
restricted, limited	*beschränkt, begrenzt*
restricted area	*Flugbeschränkungsgebiet*
restriction, limitation	*Beschränkung*
restrictive	*einschränkend*
result	*Ergebnis*
result, to	*zur Folge haben*
resume, to	*wiederaufnehmen*
retain, to	*zurückhalten*
retract, to (landing gear, flaps)	*einfahren (Fahrwerk, Klappen)*

retractable landing gear	einfahrbares –, einziehbares Fahrwerk
retracting system	Einziehanlage (Fahrwerk)
return, to	umkehren, wiederkehren, zurückkehren
return trip, return flight	Rückflug
revenue	Einnahme
reverse, vice versa	umgekehrt
reverse course, to	auf Gegenkurs gehen
reverse pitch (prop.)	Bremssteigung (Luftschraube)
reverse side	Rückseite
reverse thrust	Bremsschub, Umkehrschub
reversible pitch propeller	Propeller mit einstellb. Bremsstellung
revised QNH	geändertes, neues QNH
revolving storm	Wirbelsturm
rhumb line	Kursgleiche, Loxodrome
right	rechts
rich mixture	reiches, fettes Gemisch
right-hand traffic	Rechtsverkehr
right-hand twist	Rechtsdrall
right of way	Vorflugrecht
right of way rules	Ausweichregeln
right traffic circuit	Platzrunde rechts
right turn	Rechtskurve
rigid airship	Starrluftschiff
rime ice	Rauheis
risk	Risiko, Wagnis
risk, to; to dare	wagen
risky	riskant, gewagt
river	Fluß
river valley	Flußtal
road, street	Straße
road crossing	Straßenkreuzung
rock	Felsen
rocket	Rakete
rocking wings	Wackeln mit den Flächen
rocky	felsig
roger	verstanden
roll out, to	ausrollen
"roll out"	Erstes Verlassen der Halle eines neuen Flugzeugmusters
roof	Dach
roof-type marker	Dachreiter
room, space	Raum, Zimmer
rotary snow plough	Schneeschleuder
rotate, to	rotieren

rotating beacon (e. g. anti-collision light)	*Drehfeuer (z. B. Zusammenstoßwarnlicht)*
rotational speed	*Drehzahl (Motor)*
rotor	*Drehflügel (Hubschrauber), Rotor*
rotor blade	*Drehflügelblatt, Rotorblatt*
rotorcraft	*Drehflügler*
rotor head	*Drehflügelkopf, Rotorkopf*
RPM (revolutions per minute)	*Motordrehzahl*
RPM fluctuations	*Drehzahlschwankung*
RPM indicator	*Drehzahlmesser*
rough	*rauh, roh*
rough engine	*rauher Motor (-lauf)*
rough landing	*harte Landung*
round trip	*Hin- und Rückflug*
route	*Strecke*
on route, enroute	*auf Strecke*
route chart	*Streckenkarte*
route forecast	*Strecken(wetter)vorhersage*
route navigation facility, -aid	*Streckennavigationseinrichtung*
route of flight, flight path	*Flugstrecke, Flugroute, Flugweg*
route to be followed	*zu fliegende Strecke*
routine	*laufend, planmäßig*
row, line	*Reihe*
rubber boat	*Schlauchboot*
rudder	*Seitenruder*
rudder control	*Seitenrudersteuerung*
rudder fin	*Seitenflosse*
rule	*Regel, Vorschrift*
against rules	*regelwidrig, gegen Vorschriften*
rules of the air	*Luftverkehrsregeln*
run into, to	*zusammenstoßen*
run off, to	*ausbrechen, abkommen*
run up, to (engine)	*abbremsen (Motor), warmlaufen lassen*
run-up area	*Abbremsplatz*
runway	*Start- und Landebahn, S/L-Bahn*
runway assignment	*Start- und Landebahnzuweisung*
runway basic length	*Start- und Landebahngrundlänge*
runway center line	*Start- und Landebahnmittellinie*
runway designation	*Start- und Landebahnbezeichnung*
runway dimensions	*Start- und Landebahnmaße*
runway edge	*Start- und Landebahnrand, -kante*
runway end safety area	*Sicherheitsfläche am Ende der Start- und Landebahn*
runway edge lights	*Start- und Landebahnrandfeuer*
runway in use	*Betriebs-Start- und -Landebahn*

runway length	*Start- und Landebahnlänge*
runway lighting	*Start- und Landebahnbefeuerung*
runway markings	*Start- und Landebahnmarkierungen*
runway slope	*Start- und Landebahnneigung, -gefälle*
runway strength	*Start- und Landebahntragfähigkeit*
runway surface	*Start- und Landebahnoberfläche*
runway threshold	*Start- und Landebahnschwelle*
runway visual range – RVR	*Start- und Landebahnsicht*
rupture	*Bruch (einer Leitung)*

S

safe	*sicher*
safe distance	*Sicherheitsabstand*
safe, without risk	*gefahrlos*
safety	*Sicherheit*
safety belt	*Anschnallgurt*
safety measure	*Sicherheitsmaßnahme*
safety reasons	*Sicherheitsgründe*
safety strip	*Schutzstreifen*
sailplane, glider	*Segelflugzeug*
sample	*Beispiel*
sand, to	*Sand streuen*
sanding in progress	*Sandstreuen im Gange*
sandstorm	*Sandsturm*
sanitary certificate	*Gesundheitszeugnis*
satisfactory	*zufriedenstellend, befriedigend*
satisfied	*zufrieden*
saturate, to	*sättigen*
saturation (of airspace)	*Sättigung (des Luftraumes)*
save, to	*retten, bewahren*
say again, to; to repeat	*wiederholen*
scale	*Maßstab*
scatter, to; to disperse	*zerstreuen, verteilen*
scattered (clouds)	*vereinzelt (Wolken)*
scene of crash	*Absturzstelle*
schedule	*Fahrplan, Flugplan*
scheduled traffic	*planmäßiger Verkehr*
scheme	*Schema*
scope (radar)	*Bildschirm (Radar)*
scope	*Rahmen (im Rahmen)*
screening	*Abschirmung, Abdeckung*
screw	*Schraube*
sea, ocean	*Meer, (die) See*
sea-going vessel	*Seeschiff*

sea level	*Meeresspiegel*
sealed	*luftdicht verschlossen*
seaplane	*Wasserflugzeug*
search, to; to look for	*absuchen, suchen*
search action	*Suchaktion*
Search and Rescue Service − SAR	*Such- und Rettungsdienst − SAR*
search area	*Suchgebiet*
searchlight	*Scheinwerfer*
season	*Jahreszeit*
seasonal snow plan	*saisonaler Schneeplan*
seat	*Sitz*
seat belt, belt	*Anschnallgurt, Sitzgurt, Gurt*
second	*Sekunde; zweiter, -e, -es*
secondary frequency	*Nebenfrequenz*
secondary surveillance radar − SSR	*Rundsicht-Sekundärradar − SSR*
secondhand aircraft	*gebrauchtes Luftfahrzeug*
sector	*Sektor*
security	*Sicherheit*
security check	*Sicherheitskontrolle*
see, to; to observe, to look	*schauen, sehen, beobachten*
seem, to; to appear	*scheinen, erscheinen*
seldom, rare	*selten*
select, to; to choose	*wählen, auswählen*
Selective Calling System − SELCAL	*Selektivrufsystem − SELCAL*
semi-circular levels	*Halbkreishöhen*
semi-circular rule	*Halbkreisregel*
send away, to	*abschicken*
sensing	*Seitenbestimmung, Richtungs-*
	bestimmung
sensitive	*empfindlich*
sensitivity	*Empfindlichkeit*
separate, to; to space	*staffeln, trennen*
separation	*Staffelung*
standard separation	*Standardstaffelung*
separation problems	*Staffelungsproblem*
sequence, order	*Folge, Reihenfolge*
sequenced flashing lights	*Blitzfeuerkette, Blitzfolgefeuer*
serious, critical	*ernstlich, bedrohlich*
service	*Dienst*
service area	*Abfertigungsbereich*
service ceiling	*Dienstgipfelhöhe*
serviceable, functioning	*betriebsfähig*
serviceability	*Betriebsfähigkeit*
service load	*Nutzlast*

servicing (of aircraft)	*Versorgung (von Luftfahrzeugen)*
servicing facility	*Versorgungseinrichtung*
servo motor (booster)	*Servomotor; Verstärkermotor*
servo tab	*Flettnerruder, Servo-Ruder*
set, to; to put	*setzen*
servicing facility	*Versorgungseinrichtung*
set, to; to put	*setzen*
set, to (the clock)	*stellen, einstellen*
setting (altimeter)	*Einstellung (Höhenmesser)*
settle, to	*abwickeln, regeln*
settlement	*Abwicklung*
severe (icing, turbulence)	*schwer, heftig*
several, some	*einige*
several times	*mehrmals*
shading	*Schummerung (in Karten)*
shallow	*seicht, flach*
shallow fog	*flacher Nebel*
shape	*Gestalt, Form*
sharp	*scharf*
sheet metal	*Blech*
ship	*Schiff*
shipping traffic	*Schiffsverkehr*
schock absorber leg	*Fahrwerkfederbein*
shoot, to	*schießen*
shore, coast	*Küste*
shore line	*Küstenlinie*
short	*kurz*
short approach	*kurzer Anflug*
short-cut	*Abkürzungsweg*
short landing	*kurze Landung*
short range	*Kurzstrecke, kleine Reichweite*
short take-off and landing − STOL	*Kurzstart und Kurzlandung*
short-term	*kurzfristig*
short wave, high frequency − HF	*Kurzwelle − KW*
shorten, to	*abkürzen, kürzen (eine Strecke)*
shortly	*demnächst*
show, to; to point to	*zeigen*
show	*Ausstellung, Schau*
shower	*Schauer*
shut, to; to lock, to close	*schließen, verschließen*
shuttle, to	*pendeln*
shuttle service	*Pendelverkehr*
sick	*krank*
side	*Seite*

side row light	*Seitenreihenfeuer*
sideslip, slip	*Seitengleitflug, Slip*
sideward	*seitwärts*
sight-seeing flight	*Rundflug*
sign, to	*unterschreiben*
signal, mark	*Zeichen*
signal area	*Signalfeld*
signalman, marshaller	*Einwinker*
signature	*Unterschrift*
significant	*bezeichnend, bedeutsam*
Significant Met(eorological) Phenomina – SIGMET	*bedeutsame Wettererscheinungen*
silence	*Stille*
silent, quiet	*still*
simple	*einfach*
simulated instrument approach	*angenommener Instrumentenanflug*
simulated instrument flight	*angenommener Instrumentenflug*
simultaneous	*gleichzeitig*
since	*seit*
single, individual	*einzeln*
single isolated wheel load – SIWL	*Einzelradbelastung*
single-engine aircraft	*einmotoriges Luftfahrzeug*
site	*Stelle*
situated, located	*gelegen*
situation, position	*Lage, Situation*
skid, to	*rutschen*
skid	*Sporn, Kufe*
skiddometer	*Skiddometer, Bremswertmesser*
skill	*Fertigkeit*
skin	*Bespannung, Beplankung*
sky	*Himmel*
sky clear	*wolkenlos, heiter*
sky obscured	*verhangen*
slack traffic period	*verkehrsschwache Zeit*
slant range	*Schrägentfernung*
slant visibility	*Schrägsicht*
slanting, oblique	*schief*
slat	*Vorflügel*
slip, sideslip	*Seitengleitflug, Slip*
slip stream	*Propellerstrahl*
slippery	*glatt, rutschig, schlüpfrig*
slope	*Abhang, Böschung, Gefälle*
slope, incline, pitch	*Neigung*
slotted wing	*Spaltflügel*

slow	*langsam*
slow down, to	*verlangsamen*
slush	*Schneematsch, Matsch*
small, little	*klein*
small arms	*Hand(feuer)waffen*
small scale	*kleiner Maßstab, geringes Ausmaß*
smell	*Geruch*
smell, to	*riechen*
smog	*Smog*
smoke	*Rauch*
smoke development	*Rauchentwicklung*
smooth	*weich, sanft*
snow	*Schnee*
snow, to	*schneien*
snow blower	*Schneefräse*
snow drifts	*Schneewehen*
snow plough	*Schneepflug*
snow removal	*Schneeräumung*
snow removal equipment	*Schneeräumgerät*
snow walls	*Schneemauern, Schneewälle*
snowfall	*Schneefall*
soar, to	*segeln, schweben*
soaring, glider flying	*Segelflug*
so-called	*sogenannt*
sod runway, grass runway	*Gras-Start- und Landebahn*
soft, muddy	*aufgeweicht (Boden)*
soft hail	*Frostgraupel*
solid, thorough	*gründlich*
solo flight	*Alleinflug*
solution	*Lösung*
solve, to	*lösen*
somebody, someone	*jemand*
something	*etwas*
somewhere	*irgendwo*
soon	*bald*
sound	*Schall, Ton*
sound barrier	*Schallmauer*
sound proof	*schalldicht*
source	*Quelle*
south – S	*Süden – S*
southbound	* in Südrichtung fliegend*
southern	* südlich*
southern latitude – S	* südliche Breite – S*
south of	* südlich von*

space, distance	*Abstand, Zwischenraum*
space	*Raum, Weltraum*
space, to; to separate	*staffeln, trennen*
spacing	*Abstand*
span	*Spannweite*
spare part	*Ersatzteil*
spark plug	*Zündkerze*
speak, to; to talk	*reden, sprechen*
special	*Sonder-, besonderer, -e, -es*
special airfield	*Sonderlandeplatz*
special fligth	*Sonderflug*
special met (eorological) report	*Sonderwettermeldung*
special permission	*Ausnahmegenehmigung*
special position identification pulse-SPI	*Identifizierungssonderimpuls*
special procedure	*besonderes Verfahren*
special requirements	*besondere Anforderungen*
special VFR clearance	*Sonder-VFR-Freigabe*
special VFR flight	*Sonderflug nach Sichtflugregeln, Sonder-VFR-Flug*
specific	*spezifisch, besonders*
specify, to	*angeben*
specimen	*Muster*
speed	*Geschwindigkeit*
speed brake	*Bremsklappe, Luftbremse*
spell, to	*buchstabieren*
spelling alphabet	*Buchstabieralphabet*
spend, to	*aufwenden*
spin, to	*trudeln*
spinner	*Propellernabenhaube*
spinning	*Trudeln*
sporting aeroplane	*Sportflugzeug*
spot, location, place	*Ort*
spray, to	*sprühen*
spray equipment	*Sprühgerät*
spread, to	*verbreiten, sich ausbreiten*
spreader	*Streuer*
square	*Quadrat*
squawk, to (operate SSR transponder)	*kreischen, schreien (SSR-Antwortgerät: transpond)*
squeal, to	*quietschen, pfeifen*
SRE approach	*SRE-Anflug*
SSR Code	*SSR-Code*
SSR Mode	*SSR-Modus*
SSR Interrogator	*SSR-Abfragegerät*

SSR Transponder	*SSR-Antwortgerät*
stabilize, to	*stabilisieren*
stabilizer	*Höhenflosse*
stable	*stabil*
stadium	*Stadion*
stage	*Stadium*
stall, to	*überziehen (ein Luftfahrzeug)*
stall warning	*Überziehwarnung*
stalling speed	*Abreißgeschwindigkeit, Überziehge-* *schwindigkeit*
stand, to	*stehen*
stand for, to; to mean	*bedeuten*
standard	*Norm, Regel; Standard −*
standard atmosphere	*Normalatmosphäre, Standard-* *atmosphäre*
standard inbound route	*Standardeinflugstrecke*
standard instrument approach	*Standardinstrumentenanflug*
standard instrument arrival − STAR	*Standard-(Instrumenten-)einflug*
standard instrument departure − SID	*Standardinstrumentenabflug*
standard separation	*Normalstaffelung, Standardstaffelung*
standards (ICAO)	*Richtlinien*
standby, to; to wait	*warten*
starboard	*steuerbord*
starboard light	*Steuerbordlampe, Steuerbordlicht*
start, to; to begin, to commence	*anfangen, beginnen*
start up, to	*anlassen*
start-up clearance	*Anlaßfreigabe*
starter	*Anlasser*
starter button	*Anlasserknopf*
starter unit	*Anlaß-Aggregat*
starting point	*Ausgangspunkt*
starting on own power	*mit eigener Kraft starten, − anlassen*
state, to	*feststellen, angeben*
state, conditions	*Stand, Zustand*
state boundary	*Staatsgrenze*
statement	*Angabe, Darlegung, Feststellung*
static interference, statics	*statische Störung*
static pressure	*statischer Druck*
stationary	*stationär*
status	*Zustand, Rang*
statute mile	*Landmeile, engl. Meile (1609 m)*
stay, to; to remain	*bleiben*
steady	*dauernd, ständig*
steep	*steil*

steep turn, sharp turn	*Steilkurve*
steer, to; to pilot	*steuern*
steerable, controllable	*steuerbar*
step	*Schritt, Stufe*
sterile area (of terminal)	*sicherheitskontrollierter Bereich*
	(eines Abfertigungsgebäudes)
stick control	*Knüppelsteuerung*
stiff	*steif*
still air	*ruhige Luft*
stipulate, to	*festlegen*
STOLport	*STOL-Flugplatz*
stop! hold position!	*halt!*
stop, to; to cease	*aufhören*
stop bar lighting, stop bar light	*Stoppbarrenbefeuerung, Haltebalkenfeuer*
stop device	*Stoppeinrichtung*
stopped engine	*abgestellter Motor*
stopway	*Stoppbahn, Überrollfläche*
storm	*Sturm, Orkan*
storm warning	*Sturmwarnung, Orkanwarnung*
straight	*gerade*
straight ahead	*geradeaus*
straight-in approach	*Geradeausanflug*
strange	*fremd, seltsam*
stranger, foreigner, guest	*Fremder*
strato-cumulus − sc	*Stratocumulus*
stratus − st	*Stratus, Schichtbewölkung*
streamlined	*stromlinienförmig*
street, road	*Straße*
strength, force, power	*Kraft, Stärke, Festigkeit*
strengthen, to; to reinforce	*verstärken*
stretcher	*Tragbahre*
strictly	*genau, strikt*
strike	*Streik*
strip	*Streifen*
strong, powerful	*stark, kräftig*
strongly	*nachdrücklich*
strongly advised	*dringend geraten*
structure	*Aufbau, Zelle (Flugzeug)*
strut	*Strebe*
strut, to	*verstreben*
student pilot	*Flugschüler*
study, to; to learn	*studieren*
subject	*Gegenstand*
subject to	*Gegenstand von*
sub-scale (altimeter)	*Einstellskala (Höhenmesser)*

submit, to; to file (flight plan)	aufgeben (Flugplan)
subsequent	anschließend
subsequently	danach
subsonic	Unterschall-
subsonic flight	Unterschallflug
substantial, essential	wesentlich
substantial damage	wesentlicher Schaden
substitute, to	ersetzen
suburb	Vorstadt
succeed, to	(nach)folgen, gelingen
succeeding traffic	nachfolgender Verkehr
success	Erfolg
successful	erfolgreich
succession, sequence	Folge
successive	aufeinanderfolgend
successively	nacheinander
such	solch(er), (-e), (-es)
sufficient	ausreichend, genügend, hinlänglich
suggest, to; to recommend	empfehlen
suitable, fit	geeignet
summarize, to	zusammenfassen
summer time	Sommerzeit
sun	Sonne
sunny	sonnig
sunrise – SR	Sonnenaufgang – SR
sunset – SS	Sonnenuntergang – SS
supercharger, booster	Lader, Höhenlader
superfluous	überflüssig
supersede, to	ersetzen
supersonic	Überschall-
supersonic flight	Überschallflug
supervise, to; to monitor	überwachen
supervision	Überwachung
supervisor	Wachleiter
supplement	Ergänzung, Nachtrag
supplement, to	ergänzen
supplementary	nachträglich
supply, to; to provide	versorgen
support, to, to assist	helfen, unterstützen
support, assistance	Hilfe, Unterstützung
suppose, to; to guess	annehmen, mutmaßen, vermuten
supposition	Annahme, Mutmaßung, Vermutung
surcharge	Zuschlaggebühr
surface	Oberfläche
surface light	Unterflurleuchte

surface marking	Oberflächenmarkierung
surface of the earth	Erdoberfläche
surface wind	Bodenwind
surprise, to	überraschen
surprise	Überraschung
surrounding	Umgebung
surveillance radar equipment — SRE	Rundsichtradargerät
survey, to	überblicken; vermessen
surveying	Vermessung
survival equipment	Lebensrettungsausrüstung
survive, to	überleben
suspect, to	verdächtigen
suspend, to	suspendieren, aussetzen
suspension	Einstellung, Aussetzung
swept-back wing	Pfeilflügel
swept-forward wing	vorgepfeilter Flügel
switch, to	schalten
switch	Schalter
switchable	schaltbar
switch off, to	abschalten, ausschalten
switch on, to	einschalten
switch over, to	umschalten
switchboard	Vermittlung
symbol	Kürzel

T

tab	Hilfsruder, Hilfsklappe
table	Tabelle; Tisch
tail	Heck
tail chute (parachute)	Bremsschirm
tail heavy	schwanzlastig
tail light, astern light	Heckleuchte, Hecklicht
tail rotor	Heckrotor
tail skid	Sporn
tail unit, control surfaces	Leitwerk
tail wheel	Spornrad
tail wind	Rückenwind
tail wind landing	Rückenwindlandung
take, to; to bring	bringen
take action, to	Schritte unternehmen
take care for, to; to provide for	sorgen für
take due account, to	gebührend berücksichtigen
take into consideration, to	in Betracht ziehen
take off, departure	Start, Abflug
ready (for take-off)	startbereit

take off, to	*starten*
take off clearance	*Startfreigabe*
take-off delay	*Startverzögerung*
take off distance	*Startstrecke*
take-off distance available – TODA	*verfügbare Startstrecke*
take off position	*Startpunkt*
take off power (performance)	*Startleistung*
take off roll distance	*Startrollstrecke*
take off run	*Startlauf*
take off run available – TORA	*verfügbare Startlaufstrecke*
take off speed	*Startgeschwindigkeit*
take off thrust	*Startschub*
take off weight	*Startgewicht*
take over, to	*übernehmen*
take place, to	*stattfinden*
talk down, to	*heruntersprechen (PAR)*
tank	*Behälter*
Tapleymeter	*Tapleymeter, Bremswirkung-Meßgerät*
target, blip	*Echoanzeige, Ziel (Radar)*
tariffs, airport charges	*Gebührenordnung*
tax	*Steuer, Abgabe*
taxi, to	*rollen*
taxi back, to	*zurückrollen*
taxi clearance	*Rollfreigabe*
taxi frequency	*Rollfrequenz*
taxi holding position	*Rollhalteort*
taxi procedures	*Rollverfahren*
taxiway	*Rollbahn*
taxiway lighting	*Rollbahnbefeuerung*
taxiway marking	*Rollbahnmarkierung*
taxiing	*Rollen*
taxiing guidance system	*Rolleitsystem*
taxiing guide line	*Rolleitlinie*
taxiing traffic	*Rollverkehr*
teacher, instructor	*Lehrer*
technical	*technisch*
telecommunication	*Fernmeldeverkehr*
telegram	*Telegramm*
telephone	*Fernsprecher, Telefon*
telephone call	*Telefonanruf*
telephone connection	*Telefonverbindung*
telephone responder	*Telefonbeantworter*
teletype message	*Fernschreibmeldung*
television tower, TV-tower	*Fernsehturm*
temperature	*Temperatur*

temperature inversion	*Temperatur-Inversion, -umkehr*
temporary	*vorübergehend, zeitweilig*
temporary reserved airspace — TRA	*zeitweilig reservierter Luftraum*
tendency, trend	*Tendenz, Trend*
term	*Fachausdruck, Begriff*
terminal area surveillance radar — TAR	*Nahverkehrsbereichsradar*
terminal building	*Flughafen-(Passagier)-abfertigungsge-bäude*
terminal control area — TMA	*Nahverkehrsbereich*
terminal VOR — TVOR	*Flugplatz-UKW-Drehfunkfeuer*
terminate, to; to finish, to complete	*beenden, abschließen, vollenden*
termination, completion	*Beendigung*
terrain	*Gelände*
terrain clearance, ground-clearance	*Bodenabstand, Bodenfreiheit (Flughöhe)*
terrestrial navigation	*Bodennavigation (Sicht-)*
test, attempt, experiment	*Probe, Erprobung, Versuch*
test, to; to check	*prüfen, nachprüfen*
on test	*auf Probe*
test flight	*Erprobungsflug*
test pilot	*Testpilot*
test run	*Probelauf*
tetrahedron	*Landerichtungsanzeiger, Tetraeder*
"Tetroon" flight	*Tetroonflug*
than	*als (nach Komparativ)*
thaw, to	*tauen*
thaw off, to	*abtauen*
theft	*Diebstahl*
then	*dann*
theory	*Theorie*
there	*da, dort*
thereafter	*danach*
thereby	*dadurch*
therefore	*daher, deshalb, deswegen*
thermal power plant	*Wärmekraftwerk*
thermo deicing	*Warmluftenteisung*
tickness of cloud	*Mächtigkeit von Wolken*
thin	*dünn*
think, to; to mean	*meinen*
think over, to	*überdenken*
thorough	*gründlich*
thoroughness	*Gründlichkeit*
though, although	*obgleich, obwohl*
three blade propeller	*Dreiblattluftschraube*
treshold — THR	*Schwelle*

treshold lighting	*Schwellenbefeuerung*
treshold marking	*Schwellenmarkierung*
throat mike	*Kehlkopfmikrophon*
throttle (control)	*Gashebel, Drossel*
throttle back, to; to throttle down	*drosseln (Motor)*
throttle linkage	*Gashebelgestänge*
through	*durch*
through,across	*hindurch*
throw, to	*werfen*
thrust	*Schub*
thrust reversal	*Schubumkehr*
thunderstorm	*Gewitter*
widespread thunderstorms	*verbreitet Gewitter*
thus	*so*
ticket	*Flugschein*
tie down, to; to moore	*verankern, vertäuen (Luftfahrzeug)*
tie down area, parking area	*Abstellfläche*
tie-down equipment	*Verzurrausrüstung, Verankerungsgerät*
till now, up to now	*bisher*
time	*Uhrzeit*
time check	*Uhrenvergleich, Zeitvergleich*
time limitation	*zeitliche Begrenzung*
time of arrival	*Landezeit*
time of departure, airborne time	*Abflugzeit, Startzeit*
time of operation; working hours	*Betriebszeit*
time signal	*Zeitzeichen*
timed approach	*zeitgesteuerter Anflug*
tire	*Reifen*
tire pressure	*Reifendruck*
flat tire	*Reifenpanne*
to be	*sich befinden, sein*
today	*heute*
together	*zusammen, miteinander*
tonight	*heute abend*
too, also	*auch*
tool	*Werkzeug*
topographic features	*topographische Merkmale*
tops of clouds	*Wolkenobergrenze*
tops of haze	*Dunstobergrenze*
total(ly)	*vollkommen*
touch-and-go landing	*Aufsetzen und Durchstarten*
touch down, to	*aufsetzen*
touchdown point	*Aufsetzpunkt*
touchdown speed	*Aufsetzgeschwindigkeit*

touchdown zone	*Aufsetzzone*
tow, to	*schleppen, ziehen*
tow flight	*Schleppflug*
tower	*Kontrollturm*
towing aircraft	*Schleppluftfahrzeug*
town, city	*Stadt*
track	*Gleis, Schienenstrang*
track	*Kurs über Grund*
track guidance	*Kursführung*
track made good	*geflogener Kurs über Grund*
traffic	*Verkehr*
traffic circuit	*Platzrunde*
traffic circuit altitude	*Platzrundenhöhe*
traffic conditions	*Verkehrsverhältnisse*
traffic flow	*Verkehrsfluß*
traffic congestion	*Verkehrsstauung*
traffic information	*Verkehrsinformation, Verkehrshinweis*
traffic situation	*Verkehrssituation, Verkehrslage*
trailing edge	*Flügelhinterkante*
leading edge	*Flügelvorderkante*
trailing smoke	*Rauch nachziehend*
train	*Zug*
trainer (link-trainer), simulator	*Übungsgerät, Flugsimulator*
training	*Ausbildung, Übung*
training approach,	*Übungsanflug*
practice approach	
training flight	*Schulungsflug, Übungsflug*
training programm	*Ausbildungsprogramm*
training purposes	*Übungszwecke*
transceiver	*Sender und Empfänger*
transfer, delivery	*Übergabe*
transition	*Übergang*
transition altitude	*Übergangshöhe*
transition layer	*Übergangsschicht*
transition level	*Übergangsfläche*
translate, to	*übersetzen*
transmission	*Sendung, Übermittlung*
transmissometer	*Sichtmeßgerät*
transmit, to	*übermitteln, senden*
transmitter	*Sender*
transmitter failure	*Senderausfall*
transmitting equipment	*Sendegerät*
transmitting frequency	*Sendefrequenz*
transmitting station	*Sendestelle*
trans-oceanic traffic	*Überseeverkehr*

transponder – SSR	automatisches Antwortgerät – SSR
transport aeroplane, airliner	Transportflugzeug, Verkehrsflugzeug
transport, to	transportieren
transverse slope	Quergefälle
traverse, to; to cross, to fly trough	durchfliegen, durchqueren
tree	Baum
trend, tendency	Trend, Tendenz
tricycle landing gear	Bugradfahrwerk, Dreiradfahrwerk
triple rudder	dreifaches Seitenleitwerk
trim, to	trimmen, austrimmen
trim controls	Trimmsteuerung
trim tab	Trimmklappe, Trimmruder
trouble, disturbance	Störung
trouble, to; to disturb	stören
truck	Lastkraftwagen
true	rechtweisend
true	wahr
true bearing	rechtweisende Peilung (Richtung)
true bearing from station	QTE – rechtw. Peilung von der Station
true airspeed – TAS	wahre Eigengeschwindigkeit
true heading, heading true	rechtweisender Steuerkurs
true track, track true	rechtweisender Kurs über Grund
trust, to	vertrauen
truth	Wahrheit
try, to; to attempt	versuchen
turbine engine	Turbinenmotor
turbine-type engine	Turbine
turbocharger	Höhenlader
turbojet	Strahlturbine
turbo-jet engine	Strahlturbinenmotor
turboprop	Propellerturbine
turbo-prop aircraft	Luftfahrzeug mit Turbinenpropeller-Antrieb
turbulence	Turbulenz, Böigkeit
turbulent	turbulent
turbulent flow	Strömung verwirbelt
turbulent wake	Luftwirbelschleppe
turn	Kurve
turn, to	drehen, wenden
rate of turn	Drehgeschwindigkeit im Kurvenflug
turn-and-bank indicator	Wendezeiger
turn around, to	umdrehen
turn away, to	abdrehen
turn off, to	abbiegen, abschalten
turn on, to	eindrehen auf, einschalten

turn on course, to	*auf Kurs drehen*
turning point	*Wendepunkt*
turnover, loop	*Überschlag*
turn over, to; to nose over	*sich überschlagen*
twilight	*Dämmerung*
twin engine	*zweimotorig*
twin rudder	*Doppelseitensteuer*
twin tailboom	*Doppelleitwerksträger*
twin wheel unit	*Zwillingsräder*
two-way radio equipment	*Wechselsprechfunkgerät*
type	*Art, Muster*
type of aircraft	*Luftfahrzeugmuster*
type of emission	*Sendeart*
type rating	*Musterberechtigung*

U

Ultra high frequency – UHF	*Dezimeterwelle*
ultra light aeroplane	*Ultraleichtflugzeug*
unable, incapable	*unfähig*
unable, to be	*außerstande sein*
unacceptable	*unannehmbar*
unaffected	*unberührt*
unauthorized	*unbefugt, unberechtigt*
unavoidable	*unvermeidlich, unvermeïdbar*
unbalance	*Unwucht*
uncertain	*ungewiß, unsicher*
uncertainty	*Ungewißheit*
uncertainty phase – INCERFA	*Ungewißheitsstufe*
unclear	*unklar*
unconcerned	*teilnahmslos*
unconfirmed	*unbestätigt*
uncontrolled airspace	*unkontrollierter Luftraum*
undamaged	*unbeschädigt*
undecided	*unschlüssig*
under, below	*unter*
under it	*darunter*
undercarriage, landing gear	*Fahrgestell, Fahrwerk*
under control, manoeuvrable	*manövrierfähig*
under it, below	*darunter*
undershoot, to	*zu kurz kommen (Landۂng)*
understand, to; to read	*verstehen*
undertake, to	*unternehmen*
undetermined	*unentschlossen*
undisturbed	*ungestört*

undoubted	*unzweifelhaft*
uneven	*uneben*
unexpected	*unerwartet*
unfavourable	*ungünstig*
unforeseen	*unvorhergesehen*
unfortunately	*leider*
unidentified	*unerkannt*
uni-directional light	*Einstrahlfeuer*
uniform	*gleichförmig*
unimportant	*unwichtig*
unintentional	*unbeabsichtigt*
uninterrupted, continuous	*ununterbrochen, fortlaufend*
unit	*Dienststelle, Einheit*
unit of measurement	*Maßeinheit*
unknown	*unbekannt*
unlawful act	*widerrechtliche Handlung*
unless	*außer wenn*
unlikely, improbable	*unwahrscheinlich*
unlimited	*unbegrenzt, unbeschränkt*
unload, to	*abladen, entladen*
unoccupied	*unbesetzt*
unofficial	*inoffiziell*
unpaved (runway)	*unbefestigt (Landebahn)*
unprepared	*unvorbereitet*
unpunctual	*unpünktlich*
unreadable	*unverständlich*
unreliable	*unzuverlässig*
unreplied	*unbeantwortet*
unrestricted	*unbeschränkt, uneingeschränkt*
unsafe	*unsicher*
unserviceable − U/S	*außer Betrieb, unbrauchbar*
unserviceable area	*unbenutzbare Fläche*
unsteady	*schwankend, unruhig*
unstick, to	*abheben*
unstick speed	*Abhebegeschwindigkeit*
unsuitable	*unpassend*
until, up to	*bis*
unusable, unserviceable	*unbrauchbar*
unusual	*ungewöhnlich*
update, to	*auf den neuesten Stand bringen*
updraft	*Aufwind*
upon	*auf, bei*
Upper Advisory Area − UDA	*Oberer Flugverkehrsberatungsbezirk*
upper airspace	*oberer Luftraum*
Upper Air Traffic Services Route	*Obere Luftverkehrsstrecke*

Upper Area Control Center – UAC	Bezirkskontrollstelle für den oberen Luftraum
Upper Control Area – UTA	Oberer Kontrollbezirk
Upper Flight Information Region – UIR	Oberes Fluginformationsgebiet
upper limit	Obergrenze
upper winds, winds aloft	Höhenwind
up to now, till now	bisher
urgency call	Dringlichkeitsruf
urgency message	Dringlichkeitsmeldung
urgency traffic	Dringlichkeitsverkehr
urgent	dringlich
US-gallon	Amerikanische Gallone (3.82 l)
usability	Benutzbarkeit
usable, serviceable	benutzbar
use	Benutzung
use, to; to make use of	brauchen, gebrauchen
use caution, to	achtgeben
useful	nützlich
user	Benutzer
usual	gewöhnlich, üblich
utilization	Ausnutzung, Verwendung
utilize, to	benutzen, verwenden

V

V-tail	V-Leitwerk, Schmetterlingsleitwerk
vacate, to	freimachen (z. B. Höhe)
valid	gültig
validity	Gültigkeit
valley	Tal
valve	Ventil
intake valve	Einlaßventil
exhaust valve	Auslaßventil
valuable	wertvoll
value	Wert
vapor trail, contrail	Kondensstreifen
variable	unterschiedlich, veränderlich, variabel
variable pitch propeller	Verstellpropeller
variation	Ortsmißweisung
variation	Veränderung
vary, to; to change	wechseln
VASIS – Visual approach slope indicator system	Gleitwinkelbefeuerung
vector, to; to guide	führen, leiten (mit Radar)
vectoring, guidance	Radarführung

vehicle	*Fahrzeug*
vehicular traffic	*Fahrzeugverkehr*
velocity, speed	*Geschwindigkeit*
verbal, oral	*mündlich*
verbal, literal, verbatim	*wörtlich*
verify, to	*überprüfen (eine Meldung)*
version	*Version, Fassung*
vertical	*senkrecht, vertikal*
vertical axis	*Hochachse*
vertical distance, vertical clearance	*Höhenabstand, -freiheit*
vertical separation	*Höhenstaffelung*
horizontal separation	*Horizontalstaffelung*
vertical speed	*Vertikalgeschwindigkeit*
vertical speed indicator	*Variometer*
vertical stabilizer	*Seitenflosse*
vertical take-off and landing — VTOL	*Senkrechtstart und -landung*
vertical visibility	*Senkrechtsicht*
very	*sehr*
Very high frequency — VHF	*Ultrakurzwelle — UKW*
VFR flight	*VFR-Flug*
VFR restriction area	*VFR-Beschränkungsgebiet*
VHF-direction finding station — VDF	*UKW-Peilstelle*
VHF-frequencies	*UKW-Frequenzen*
VHF omni directional radio range — VOR	*UKW-Drehfunkfeuer*
VHF-receiver	*UKW-Empfänger*
VHF-transmitter	*UKW-Sender*
via, by way of	*über (von . . . über . . .)*
vibrate, to	*vibrieren, schwingen*
vibration	*Vibration, Schwingung*
vice versa, reverse	*umgekehrt*
vicinity	*nähere Umgebung*
vicinity of an aerodrome	*Flugplatznähe*
view	*Blick, Aussicht*
viewpoint	*Standpunkt*
village	*Dorf*
vineyard	*Weinberg*
violate, to	*verstoßen (gegen Regeln)*
violation	*Verstoß*
violation of airspace	*Verletzung des Luftraumes*
violation of regulations	*Verstoß gegen Regelungen*
violation report	*Verstoßmeldung*
visibility	*Sicht*
forward visibility	*Sicht voraus*
horizontal visibility	*Horizontalsicht*

vertical visibility	*Vertikalsicht*
slant visibility	*Schrägsicht*
visit, to	*besuchen*
visitor	*Besucher*
visual alarm signal	*optisches Alarmzeichen*
visual approach (on IFR flight)	*Sichtanflug (auf IFR-Flug)*
visual approach aid	*optische Anflughilfe*
visual approach chart	*Sichtanflugkarte*
visual approach procedure	*Sichtanflugverfahren*
Visual approach slope	*Gleitwinkelbefeuerung*
indicator system — VASIS	
visual contact, visual reference to the	*Erdsicht*
ground	
visual flight rules — VFR	*Sichtflugregeln — VFR*
visual guidance	*optische Führung*
visual meteorological	*Sichtwetterbedingungen — VMC*
conditions — VMC	
visual range	*Sichtweite*
(in) visual range of an aerodrome	*in Sichtweite eines Flugplatzes*
runway visual range — RVR	*Start- und Landebahnsicht*
visual signal	*Sichtsignal*
VMC approach (IFR)	*VMC-Anflug*
voice	*Stimme*
voice recording	*Sprachaufzeichnung (Tonband)*
void, invalid	*nichtig, ungültig*
volontary	*freiwillig*
voltage	*Spannung*
volume	*Lautstärke; Band (z. B. AIP)*
volume control	*Lautstärkeregler*
VOR container facility	*VOR Container-Anlage*
VOR radial	*VOR-Leitstrahl, VOR-Radiale*
VOR-receiver	*VOR-Empfänger*
VORTAC — VOR and TACAN combination	*VOR- und TACAN-Kombination*
VOR test facility	*VOR-Empfangs-Testanlage*
vortex	*Wirbel*
wing tip vortex	*(Tragflächen-) Randwirbel*
VTOL aircraft	*Senkrechtstarter*

W

wait, to; to standby; to hold	*warten*
waiting room	*Warteraum (Abfertigungsgebäude)*
wake	*Luftwirbel*
wake turbulence	*Luftwirbelturbulenz*

wake turbulence category	*Luftwirbelschleppen-Kategorie*
walk, to	*gehen*
wall	*Mauer*
want, to; to need	*benötigen, wünschen*
warm	*warm*
warm front	*Warmfront*
warn, to	*abraten, warnen*
warning	*Warnung*
warning device	*Warngerät*
warning light	*Warnlampe, Warnlicht*
watch	*Uhr*
watch, to	*aufpassen, bewachen*
watch out for, to; to look out for	*Ausschau halten nach*
water	*Wasser*
water injection	*Wassereinspritzung*
water spout	*Wasserhose*
wave length	*Wellenlänge*
way	*Weg*
way, manner	*Weise*
weak	*schwach*
weaken, to	*nachlassen, schwächer werden*
weakness	*Schwäche*
wear out, to	*abnutzen*
wear and tear	*Abnutzung*
weather	*Wetter*
weather briefing	*Wetterberatung*
weather chart	*Wetterkarte*
weather conditions	*Wetterbedingungen*
weather deterioration	*Wetterverschlechterung*
weather forecast	*Wettervorhersage*
weather improvement	*Wetterbesserung*
weather radar	*Wetterradar*
weather report, met report	*Wettermeldung*
weather situation	*Wetterlage*
weather warning	*Wetterwarnung*
week	*Woche*
weight	*Gewicht*
west − W	*Westen − W*
westbound	*in Westrichtung fliegend*
western	*westlich*
western longitude − W	*westliche Länge − W*
west of	*westlich von*
wet	*naß, feucht*
what	*was*

wheel	*Rad*
wheel base	*Radstand*
wheel brake	*Radbremse*
wheel load	*Radlast*
wheel track	*Spurweite*
wheels-up landing, belly landing	*Bauchlandung*
when	*wann; als, wenn*
whenever	*wenn immer*
where	*wo*
whereas	*während, wohingegen*
whether, if	*ob*
which	*welcher*
while	*während*
white	*weiß*
white cross	*weißes Kreuz*
who	*wer*
whooping-cough flight	*Keuchhustenflug*
why	*warum, weshalb*
widespread	*verbreitet*
widespread thunderstorms	*verbreitet Gewitter*
width	*Breite*
winch	*Winde*
winch launching	*Windenschlepp*
wind	*Wind*
wind calm	*windstill*
wind conditions	*Windverhältnisse*
wind direction	*Windrichtung*
wind direction indicator	*Windrichtungsanzeiger*
wind shear	*Windscherung, Windsprung*
wind shield	*Windschutzscheibe*
wind shift	*Winddrehung*
wind sock	*Windsack*
wind speed, wind velocity	*Windgeschwindigkeit*
windmill, to (propeller)	*vom Fahrtwind getrieben werden*
window	*Fenster*
winds aloft, upper winds	*Höhenwinde*
wing	*Fläche, Flügel, Tragfläche*
wing-heavy	*querlastig*
wing light	*Flügellicht (Navigationslicht)*
wing loading	*Flächenbelastung*
wing root	*Flügelwurzel*
wing span	*Flügelspannweite*
wing spar	*Flächenholm*
wing tank	*Flächentank*
wing threshold light	*seitliche Schwellenfeuer*

wing tip	Flügelspitze, Flügelende
wing tip tank	Flächenendbehälter
wing tip turbulence, − vortex	Randwirbel
wish, to; to want	wünschen, wollen
with	mit
withdraw, to	zurückziehen
withdrawal	Zurückziehung
within	innerhalb
withhold, to	vorenthalten
without	ohne
without risk; safe	gefahrlos
wood, forest	Wald
wood propeller	Holzluftschraube (-propeller)
wooded area	bewaldetes Gebiet, Waldgebiet
word	Wort
work	Arbeit
work, to	arbeiten
work load	Arbeitsbelastung
working hours, operating hours	Betriebsstunden
world	Welt
world-wide	weltweit
wreck	Wrack
wreckage	Wrackteile
write, to	schreiben
in writing	schriftlich
write down, to	aufschreiben
wrong, false	falsch

Y

yaw, to	gieren
year	Jahr
yellow, amber	gelb
yesterday	gestern
yet	noch
young	jung

Z

Z marker beacon	Z-Markierungsfunkfeuer
Z time (Greenwich mean time)	Z-Zeit (Mittlere Greenwich-Zeit)
zero meridian	Nullmeridian
zone time	Zonenzeit
zoom (aircraft), to	hochreißen, hochziehen (ein Luftfahrzeug)

ANHANG

1. Prüfungsbestimmungen für
   den Erwerb von Flugfunkzeugnissen

2. Abkürzungen

Inhalt:

Prüfungsbestimmungen für den Erwerb von Flugfunkzeugnissen

1   **Prüfung für den Erwerb des Beschränkt Gültigen Sprechfunkzeugnisses II für den Flugfunkdienst (BZF II)**

1.1   **Kenntnisse**
Im schriftlichen Teil in deutscher Sprache sind folgende Kenntnisse nachzuweisen:

1.1.1   Rechtliche Grundlagen des beweglichen Flugfunkdienstes im nationalen und internationalen Bereich.

1.1.2   Die wichtigsten Bestimmungen über Zulassung und Genehmigung von Funkanlagen des beweglichen Flugfunkdienstes.

1.1.3   Betriebsverfahren für den Sprechfunkverkehr im beweglichen Flugfunkdienst.

1.1.4   Anwendung des Not- und Dringlichkeitsverfahrens im Sprechfunkverkehr des beweglichen Flugfunkdienstes.

1.1.5   Die wichtigsten Bestimmungen und Betriebsverfahren aus dem Bereich der Flugsicherung.

1.1.5.1 Flugsicherungssystem und Luftraumorganisation in der Bundesrepublik Deutschland einschließlich Such- und Rettungsdienst (SAR).

1.1.5.2 Luftverkehrsordnung einschließlich der dazu erlassenen Durchführungsverordnungen, soweit sie für Flüge nach Sichtflugregeln zur Anwendung kommen.

1.1.5.3 Verordnung über die Flugsicherungsausrüstung der Luftfahrzeuge für Flüge nach Sichtflugregeln einschließlich der dazu ergangenen Durchführungsverordnung.

1.1.5.4 Funknavigation bei Flügen nach Sichtflugregeln.

1.2   **Fertigkeiten**
Im praktischen Teil sind folgende Fertigkeiten nachzuweisen:

1.2.1   Vorbereitung eines Fluges nach Sichtflugregeln von und zu einem Flugplatz mit Flugverkehrskontrolle unter Verwendung amtlicher Unterlagen und Veröffentlichungen, soweit es für die Durchführung des Sprechfunkverkehrs erforderlich ist.

1.2.2   Abwicklung eines Sprechfunkverkehrs in deutscher Sprache unter Annahme eines Fluges nach Sichtflugregeln und unter Verwendung der dafür festgelegten Redewendungen, Ausdrücke, Verfahren und Abkürzungen einschließlich der Not- und Dringlichkeitsverfahren.

2 Prüfung für den Erwerb des Beschränkt Gültigen Sprechfunkzeugnisses I für den Flugfunkdienst (BZF I)

2.1 Kenntnisse

Im schriftlichen Teil in deutscher Sprache sind folgende Kenntnisse nachzuweisen:

2.1.1 Kenntnisse gemäß 1.1.

2.1.2 In Zusatzprüfungen für Bewerber, die Inhaber eines Beschränkt Gültigen Sprechfunkzeugnisses II für den Flugfunkdienst sind, entfällt 2.1.1.

2.2 Fertigkeiten

Im praktischen Teil sind folgende Fertigkeiten nachzuweisen:

2.2.1 Fertigkeiten gemäß 1.2.1.

2.2.2 Abwicklung eines Sprechfunkverkehrs in deutscher und englischer Sprache unter Annahme eines Fluges nach Sichtflugregeln und unter Verwendung der dafür festgelegten Redewendungen, Ausdrücke, Verfahren und Abkürzungen einschließlich der Not- und Dringlichkeitsverfahren.

2.2.3 Lesen eines Textes in englischer Sprache aus dem Fluginformationsdienst – etwa zehn Schreibmaschinenzeilen – mit anschließender mündlicher Übersetzung ins Deutsche.

2.2.4 In Zusatzprüfungen für Bewerber, die Inhaber eines Beschränkt Gültigen Sprechfunkzeugnisses II für den Flugfunkdienst sind, entfällt unter 2.2.2 die Abwicklung eines Sprechfunkverkehrs in deutscher Sprache.

3 Prüfung für den Erwerb des Allgemeinen Sprechfunkzeugnisses für den Flugfunkdienst (AZF)

3.1 Kenntnisse

Im schriftlichen Teil sind folgende Kenntnisse nachzuweisen:

3.1.1 Kenntnisse gemäß 1.1.

3.1.2 Zusätzlich sind folgende Kenntnisse in englischer Sprache nachzuweisen:

3.1.2.1 Luftverkehrsordnung einschließlich der dazu ergangenen Durchführungsverordnungen, soweit sie für Flüge nach Instrumentenflugregeln zur Anwendung kommen.

3.1.2.2 Verordnung über die Flugsicherungsausrüstung der Luftfahrzeuge bei Flügen nach Instrumentenflugregeln einschließlich der dazu ergangenen Durchführungsverordnungen.

3.1.2.3 Funknavigation bei Flügen nach Instrumentenflugregeln einschließich Radar, Radarverfahren.

3.1.3 In Zusatzprüfungen für Bewerber, die Inhaber eines Beschränkt Gültigen Sprechfunkzeugnisses I oder II für den Flugfunkdienst sind, entfällt 3.1.1.

3.2 **Fertigkeiten**

Im praktischen Teil sind folgende Fertigkeiten nachzuweisen:

3.2.1 Vorbereitung eines Fluges nach Instrumentenflugregeln sowie Sichtflugregeln zwischen zwei Verkehrsflughäfen unter Verwendung amtlicher Unterlagen und Veröffentlichungen, soweit es für die Durchführung des Sprechfunkverkehrs erforderlich ist.

3.2.2 Abwicklung eines Sprechfunkverkehrs in englischer Sprache unter Annahme eines Fluges nach Instrumentenflugregeln; ein Teil ist in deutscher Sprache unter Verwendung der für einen Flug nach Sichtflugregeln festgelegten Redewendungen, Ausdrücke, Verfahren und Abkürzungen einschließlich Not- und Dringlichkeitsverfahren abzuwickeln.

3.2.3 Lesen eines Textes in englischer Sprache aus dem Fluginformationsdienst – etwa zehn Schreibmaschinenzeilen – mit anschließender mündlicher Übersetzung ins Deutsche.

3.2.4 In Zusatzprüfungen für Bewerber,

die Inhaber eines Beschränkt Gültigen Sprechfunkzeugnisses I für den Flugfunkdienst sind, entfallen 3.2.3 und unter 3.2.2 der Teil des Fluges nach Sichtflugregeln.

3.2.5 In Zusatzprüfungen für Bewerber,

die Inhaber eines Beschränkt Gültigen Sprechfunkzeugnisses II für den Flugfunkdienst sind, entfällt unter 3.2.2 der Teil des Fluges nach Sichtflugregeln.

Abkürzungen

Behörden, Dienste und Organisationen

		Authorities, Services and Organisations
ACC	Bezirkskontrollstelle,	*Area Control Centre,*
	Bezirkskontrolle	*Area Control*
AFIS	Flugplatzinformationsdienst	*Aerodrome Flight Information Service*
AFTN	festes Flugfernmeldenetz	*Aeronautical fixed telecommunication network*
AIS	Flugberatungsdienst	*Aeronautical Information Service*
AMS	beweglicher Flugfunkdienst	*Aeronautical Mobile Service*
APP	Anflugkontrollstelle,	*Approach Control, Office,*
	Anflugkontrolle	*Approach Control*
ATC	Flugverkehrskontrolle	*Air Traffic Control*
ATS	Flugverkehrsdienste	*Air Traffic Services*
BFS	Bundesanstalt für Flugsicherung	*Bundesanstalt für Flugsicherung*
COM	Fernmeldewesen	*Communications*
CTL	Kontrolle, Überwachung	*control*
FIC	Fluginformationszentrale	*Flight Information Centre*
FIS	Fluginformationsdienst	*Flight Information Service*
ICAO	Internationale Zivilluftfahrt-organisation	*International Civil Aviation Organization*
LBA	Luftfahrt-Bundesamt	*Luftfahrt-Bundesamt*
RAC	Luftverkehrsregeln und Flugverkehrsdienste	*Rules of the Air and Air Traffic Services*
TWR	Platzkontrollstelle, Platzkontrolle	*Aerodrome Control Tower, Aerodrome Control*
UIC	Zentrale für das obere Fluginformationsgebiet	*Upper Information Centre*
UIS	Fluginformationsdienst für den oberen Luftraum	*Upper Airspace Flight Information Service*

Funknavigation und Fernmeldewesen

Radio Navigation and Communications

AO A1 A2 A3	} Bezeichnung der Sendearten	} designation of emissions
A/A	Bord/Bord-	air-to-air
ADF	Automatisches Peilgerät	automatic direction-finding equipment
AFS	Fester Flugfernmeldedienst	Aeronautical fixed service
AIREP	Flugmeldung	air-report
AMS	Beweglicher Flugfunkdienst	aeronautical mobile service
ASDE	Rollfeldüberwachungsradaranlage	airport surface detection equipment
ASR	Flughafenrundsichtradar	airport surveillance radar
ATIS	Automatische Ausstrahlung von Lande- und Startinformationen	Automatic terminal information service
AZM	Azimut	azimuth
BCST	Rundfunk, Rundsendung	broadcast
BRG	Peilung	bearing
BS	Rundfunksender	commercial broadcasting station
CFM	bestätigen Sie, ich bestätige	confirm, I confirm
CH	Kanal	channel
CHG	Änderungsmeldung	modification message
CNL	aufheben	cancel
CNL	Flugplanaufhebungsmeldung	flight plan cancellation message
COM	Fernmeldewesen	communications
CON	Consol	Consol, Consolan
CPL	Meldung bezüglich des geltenden Flugplans	current flight plan message
CS	Rufzeichen	call sign
CW	ungedämpfte Welle	continuous wave
DEP	Start-, Abflugmeldung	departure message
DLA	Verspätungsmeldung	delay message
DME	Entfernungsmeßgerät	Distance measuring equipment
DVORTAC	Doppler VOR und TACAN	Doppler VOR and TACAN
EAT	voraussichtl. Anflugzeitpunkt	expected approach time
EM	Ausstrahlung	emission
ETA	voraussichtliche Ankunftszeit	estimated time of arrival
EOBT	voraussichtliche Abblockzeit	estimated off-block time
FAC	Einrichtungen, Anlagen	facilities

FREQ	Frequenz	*frequency*
G/A	Boden/Bord-	*ground-to-air*
GCA	GCA-Anflugsystem, GCA-Anflug	*ground controlled approach system, ground controlled approach*
GP	Gleitweg	*glide path*
HF	Kurzwelle	*high frequency*
Hz	Hertz	*Hertz*
ID	Kennung, Identifizierung	*identifier, identification*
IFF	Identifizierung Freund/Feind	*identification friend/foe*
ILS	Instrumentenlandesystem	*instrument landing system*
IM	Platzeinflugzeichen	*inner marker*
INOP	außer Betrieb, ausgefallen	*inoperative*
INS	Trägheits-Navigationssystem	*inertial navigation system*
INTER	aussetzend, unterbrochen	*intermittent*
kHz	Kilohertz	*kilohertz*
kW	Kilowatt	*kilowatt(s)*
L	(Platz)Anflugfunkfeuer	*locator*
LF	Langwelle	*low frequency*
LLZ	Landekurssender	*localizer*
LM	(Platz)Anflugfunkfeuer am Haupteinflugzeichen	*locator at the middle marker*
LO	(Platz)Anflugfunkfeuer am Voreinflugzeichen	*locator at the outer marker*
LRG	große Reichweite	*long range*
Mag	mißweisend	*magnetic*
MF	Mittelwellen	*medium frequency*
MHz	Megahertz	*megahertz*
MKR	Markierungsfunkfeuer	*marker radio beacon*
MM	Haupteinflugzeichen	*middle marker*
MSG	Meldung	*message*
NAV	Navigation	*navigation*
NDB	Ungerichtetes Funkfeuer	*non-direction radio beacon, non-directional beacon*
OM	Voreinflugzeichen	*outer marker*
PAR	Präzisionsanflugradar	*precision approach radar*
PPI	Rundsichtanzeigegerät	*plan position indicator*
RCF	Funkausfallmeldung	*radio communication failure message*

RDO	Funk	*radio*
REC	empfangen, Empfänger	*receive, receiver*
RNG	Kursfunkfeuer	*radio range*
RON	nur Empfang	*receiving only*
RPS	Radarzielsymbol	*radar position symbol*
RSP	Antwortsenderbake	*responder beacon*
RSR	Streckenrundsichtradar	*en route surveillance radar*
RTF	Sprechfunkgerät	*radio telephone*
RTG	Tastfunkgerät	*radio telegraph*
RUT	regionale Streckenfrequenzen	*standard regional route transmitting frequencies*

SEL	Selektivrufsystem	*selective calling system (SELCAL)*
SIF	Selektives Freund/Feind-Kennungssystem	*selective identification feature*
SIGMET	wichtige Wetterinformation	*significant meteorological information*
SMR	Bodenbewegungsradar	*surface movement radar*
SRE	Rundsichtradarteil für GCA	*surveillance radar element of GCA*
SRG	kleine Reichweite	*short range*
SSR	Rundsicht-Sekundärradar	*secondary surveillance radar*

TACAN	UHF Taktische Funknavigationshilfe	*UHF Tactical Air Navigation Aid*
TAR	Platzrundsichtradar, Nahverkehrsbereichsradar	*terminal area surveillance radar*
TRANS	senden, Sender	*transmit, transmitter*
TVOR	Platz-UKW-Drehfunkfeuer	*terminal VOR*

UDF	Dezimeterwellen-Peilstelle	*UHF direction-finding station*
UHF	Dezimeterwellen	*ultra high frequency*
UNREL	unzuverlässig	*unreliable*
U/S	unbrauchbar	*unserviceable*

VAR	Vierkursfunkfeuer mit Sicht- und Höranzeige	*visual-aural radio range*
VAR	Ortsmißweisung	*magnetic variation*
VDF	UKW-Peilstelle	*VHF direction-finding station*
VHF	Ultrakurzwellen	*very high frequency*
VOLMET	Wetterinformation für Luftfahrzeuge im Fluge	*meteorological information for aircraft in flight*
VOR	UKW-Drehfunkfeuer	*VHF omni-directional radio range*
VOR/DME	UKW-Drehfunkfeuer und Entfernungsmeßgerät	*VHF omni directional radio range and distance measuring equipment*
VORTAC	VOR- und TACAN-Kombination	*VOR and TACAN combination*
VOT	VOR-Empfänger Testanlage	*VOR receiver test facility*

436

Betrieb

Operation

ABM	querab	*abeam*
ACFT	Luftfahrzeug	*aircraft*
ACPT	annehmen, angenommen	*accept, accepted*
ACT	in Betrieb, Betrieb	*active, activity*
ADDN	Zusatz, zusätzlich	*addition, additional*
AGL	über Grund	*above ground level*
ALT	Höhe über Meer	*altitude*
APCH	Anflug	*approach*
APRX	ungefähr, annähernd	*approximate or approximately*
ARR	ankommen, Ankunft	*arrive or arrival*
ASC	Aufstieg bis, aufsteigend bis	*ascent to or ascending to*
ATTN	Achtung, beachten	*attention*
AUW	Gesamt(flug)gewicht, Fluggewicht	*all up weight*
AVBL	verfügbar	*available*
B	blau	*blue*
BA	Bremswirkung	*braking action*
BLW	unter . . .	*below . . .*
BTN	zwischen	*between*
CIV	zivil	*civil*
CLR	freigegeben, freigegeben nach, Freigabe	*clear or cleared to or clearance*
CLSD	geschlossen	*closed*
CMPL	Beendigung, beendet, vollständig	*completion or completed or complete*
CNL	aufheben	*cancel*
COND	Zustand, Beschaffenheit	*condition*
CONT	fortsetzen, fortgesetzt	*continue or continued*
CTN	Vorsicht, Warnung	*caution*
CUST	Zoll	*customs*
DA/H	Entscheidungshöhe über NN/Grund	*decision altitude/height*
DEC	Dezember	*December*
DEP	abfliegen, Abflug	*depart, departure*
DEP	Startmeldung, Abflugmeldung	*departure message*
DES	sinken, sinkend auf	*descend, descending to*
DEST	Bestimmungsort, Ziel	*destination*
DIST	Entfernung	*distance*
DLA	Verspätung, verspätet	*delay, delayed*
DLA	Verspätungsmeldung	*delay message*
DNG	während	*during*
DTG	Datum-Zeit-Zahlengruppe	*date-time group*

DTW	Doppelrad-Tandem	*dual tandem wheels*
DUR	Dauer	*duration*
DW	Doppelrad	*dual wheels*
EAT	Voraussichtlicher Anflugzeitpunkt	*Expected approach time*
EET	Voraussichtliche Flugdauer	*Estimated elapsed time*
ENRT	auf Strecke, unterwegs	*en route*
EST	geschätzte Zeit über einem bestimm-	*estimated time over significant*
	ten Punkt, Schätzung, geschätzt	*point or estimate or estimated*
ETA	Voraussichtliche Ankunftszeit,	*Estimated time of arrival or*
	Ankunft voraussichtlich	*estimating arrival*
EOBT	Voraussichtliche Abblockzeit	*Estimated off-block time*
EUR	Europa Region	*European region (ICAO)*
EXC	ausgenommen	*except*
EXP	erwarten, erwartet, erwartend	*expect or expected or expecting*
FAF	Endanflugpunkt (-fix)	*final approach fix*
FAL	Erleichterungen für den inter-	*Facilitation of international air transport*
	nationalen Luftverkehr	
FEB	Februar	*February*
FL	Flugfläche	*flight level*
FLG	blitzend, blinkend	*flashing*
FLT	Flug	*flight*
FLTCK	Überprüfung im Fluge	*flight check*
FLW	folgt, folgen, folgend	*follow(s), following*
FNA	Endanflug	*final approach*
FPL	aufgegebene Flugplanmeldung	*filed flight plan message*
FPM	Fuß je Minute	*feet per minute*
Fr	französisch	*French*
Fri	Freitag	*Friday*
FRNG	Schießen	*firing*
FSL	Abschlußlandung	*full stop landing*
ft	Fuß(Maßeinheit)	*feet (dimensional unit)*
G	grün	*green*
GAF	Deutsche Bundeswehr (Luftwaffe)	*German Air Force*
GCA	GCA-Anflugsystem, GCA-Anflug	*Ground Controlled Approach System,*
		Ground Controlled Approach
Ge	deutsch	*German*
GEN	Allgemeines	*General*
GEO	geographisch, rechtweisend	*geographic, true*
GLD	Segelflugzeug	*glider*

438

GND	Grund	*ground*
GNDCK	Überprüfung am Boden	*ground check*
GRADU	allmählich, stufenweise	*gradual(ly)*
GS	Geschwindigkeit über Grund	*ground speed*
H24	ununterbrochener Betrieb bei Tag und Nacht	*continuous day and night service*
HBN	Gefahrenfeuer	*hazard beacon*
HDG	Steuerkurs	*heading*
HEL	Hubschrauber	*helicopter*
HGT	Höhe, Höhe über . . .	*height, height above . .*
HJ	Sonnenaufgang bis Sonnenuntergang	*sunrise to sunset*
HN	Sonnenuntergang bis Sonnenaufgang	*sunset to sunrise*
HOL	Feiertag	*holiday*
hPa	Hektopascal	*hectopascal*
HR	Stunden	*hours*
HS	verfügbar während der Zeiten des planmäßigen Verkehrs	*service available during hours of scheduled operations*
HX	keine festgelegte Betriebszeit	*no specific working hours*
IAF	Anfangsanflugpunkt (-fix)	*Initial approach fix*
IAL	Instrumentenanflug- und Landekarte	*instrument approach and landing chart*
IAS	angezeigte Fluggeschwindigkeit	*indicated air speed*
IBN	Kennfeuer	*identification beacon*
ID	Kennung, Identifizierung	*identifier, identification*
IF	Zwischenanflugpunkt (-fix)	*Intermediate approach fix*
IFF	Identifizierung Freund/Feind	*identification friend/foe*
IFR	Instrumentenflugregeln	*instrument flight rules*
IGA	Internationale Allgemeine Luftfahrt	*International General Aviation*
IMC	Instrumentenwetterbedingungen	*instrument meteorological conditions*
IMPR	verbessern, besser werdend	*improve, improving*
IMT	sofort	*immediate(ly)*
INA	Anfangsanflug	*initial approach*
INBD	ankommend, (einwärts)	*inbound*
INFO	Information, Auskunft	*information*
INOP	außer Betrieb	*inoperative*
ins	Zoll (Maßeinheit)	*inch(es) (dimensional unit)*
INT	Kreuzung	*intersection*
INTER	aussetzend, unterbrochen	*intermittent*
INTL	international	*international*
JAN	Januar	*January*
JUL	Juli	*July*
JUN	Juni	*June*

439

Kg	Kilogramm	*kilogramme(s)*
km	Kilometer	*kilometre(s)*
kHz	Kilohertz	*kilohertz*
kmH	Kilometer je Stunde	*kilometre(s) per hour*
kt	Knoten	*knot(s)*
kW	Kilowatt	*kilowatt(s)*
L	links (bei Start- und Landebahn-bezeichnung)	*left (runway identification)*
L	(Platz)Anflugfunkfeuer	*locator*
l	Liter	*litre(s)*
LAT	geographische Breite	*latitude*
lb	engl. Pfund (Gewicht)	*pound(s) (weight)*
LCN	Tragfähigkeitszahl	*load classification number*
LDG	Landung	*landing*
LDI	Landerichtungsanzeiger	*landing direction indicator*
LGT	Feuer, Befeuerung	*light, lighting*
LGTD	beleuchtet	*lighted*
LOC	örtlich, Ort, gelegen	*locally, location, located*
LONG	geographische Länge	*longitude*
LRG	große Reichweite	*long range*
LT	Linkskurve	*left turn*
LTD	begrenzt, beschränkt	*limited*
LYR	Schicht, geschichtet	*layer, layered*
M	Meter	*metre(s)*
Mag	mißweisend	*magnetic*
MAINT	Wartung	*maintenance*
MAP	Luftfahrtkarten	*aeronautical maps and charts*
MAPt	Fehlanflugpunkt	*missed approach point*
MAR	März	*March*
MAX	Höchst . . . , maximal(e)	*maximum*
MDA/H	Mindestsinkflughöhe	*minimum descent altitude/height*
MEA	Mindestreisehöhe über NN	*minimum en route altitude*
Mil	militärisch	*military*
MIN	Minute(n)	*minute(s)*
MNM	Mindest . . .	*minimum*
MNT	Überwachungsgerät, überwachen	*monitor, to monitor*
MOD	mäßig	*moderate*
Mon	Montag	*Monday*
MPH	Englische Meile(n) je Stunde	*statute mile(s) per hour*
mps	Meter je Sekunde	*metre(s) per second*
MPW	Zulässiges Höchstgewicht	*maximum permissible weight*
MRA	niedrigste Empfangshöhe	*minimum reception altitude*
MRG	mittlere Reichweite	*medium range*
MS	minus	*minus*

440

MSA	Sicherheitsmindesthöhe über NN	*minimum safe altitude*
MSG	Meldung	*message*
MSL	Mittlerer Meeresspiegel	*mean sea level*
N	Nord, nördliche Breite	*north, northern latitude*
NAV	Navigation	*navigation*
NE	Nordost	*north-east*
NfL	Nachricht(en) für Luftfahrer	*(notice to airmen)*
NGT	Nacht	*night*
NM	Seemeile(n)	*nautical mile(s)*
NML	normal	*normal*
NNE	Nordnordost	*northnortheast*
NNW	Nordnordwest	*northnorthwest*
NOF	Internationales NOTAM-Büro	*International NOTAM Office*
NOTAM	notice to airmen (Nachricht[en] für Luftfahrer)	*notice to airmen*
NOV	November	*November*
Nr.	Nummer	*number*
NW	Nordwest	*north-west*
OBS	beobachten, Beobachtung	*observe, observation*
OBSC	undeutlich, unbekannt	*obscure, obscured*
OBST	Hindernis	*obstruction*
OCA/H	Hindernisfreihöhe über NN/Grund	*obstacle clearance altitude/height*
OCT	Oktober	*October*
OPN	offen, Öffnung	*open, opening*
OPR	Halter; in Betrieb	*operator; operative, operational*
OPS	Betrieb	*operations*
O/R	auf Anforderung	*on request*
OTP	über der Wolkenobergrenze	*on top*
P . . .	Sperrgebiet	*prohibited area*
PANS	Verfahren für Luftfahrtdienste	*procedures for air navigation services*
PAPI	Gleitwinkelbefeuerung	*precision approach path indicator*
PAR	Präzisionsanflugradar	*precision approach radar*
PERM	dauernd	*permanent*
PJE	Fallschirmabsprungübung	*parachute jumping exercise*
PLA	Übungsanflug im Tiefflug	*practice low approach*
PLN	Flugplan	*flight plan*
PN	vorherige Meldung erforderlich	*prior notice required*
POB	Personen an Bord	*persons on board*
PPI	Rundsichtanzeigegerät	*plan position indicator*
PPR	vorherige Genehmigung erforderlich	*prior permission required*
PROB	Wahrscheinlichkeit	*probability*
PROV	vorläufig	*provisional*

PS	plus	*plus*
PSN	Standort	*position*
PSP	Stahlrostplatte	*pierced steel plates*
PTN	Verfahrenskurve	*procedure turn*
PWR	Leistung, Kraft	*power*
QDM	mißweisender Steuerkurs zur Peilstation bei Windstille	*meagnetic heading to DF station in wind calm conditions*
QDR	mißweisende Peilung von der Peilstation	*magnetic bearing from DF station*
QFA	Streckenwettervorhersage	*route weather forecast*
QFE	Luftdruck in Platzhöhe	*atmospheric pressure at aerodrome elevation*
QFU	mißweisende Richtung der Start- und Landebahn	*magnetic orientation of runway*
QNH	Höhenmesser-Skalaeinstellung, um bei der Landung die Flugplatz-höhe zu erhalten	*altimeter sub-scale setting to obtain aerodrome elevation when on the ground*
QTE	rechtweisende Peilung von der Peilstation	*true bearing from DF station*
R	rot	*red*
R . . .	Flugbeschränkungsgebiet	*restricted area*
R . . .	Leitstrahl (folgt Kursangabe)	*Radial (followed by mag track)*
R	rechts (Start- und Landebahn-bezeichnung)	*right (runway identification)*
RAC	Luftverkehrsregeln und Flugver-kehrsdienste	*Rules of the Air and Air Traffic Services*
RAF	Britische Luftwaffe	*Royal Air Force*
RCAF	Kanadische Luftwaffe	*Royal Canadian Air Force*
RCF	Funkausfallmeldung	*radio communication failure message*
RDH	Bezugshöhe über Schwelle	*reference datum height*
RDO	Funk	*radio*
REF	Bezugnahme auf . . .	*reference to . . .*
REP	Meldepunkt	*reporting point*
REQ	ersuchen, ersucht	*request, requested*
RG	Reichweite	*range*
RMK	Bemerkung	*remark*
RON	nur Empfang	*receiving only*
RPL	Dauerflugplan	*repetetive flight plan*
RPT	wiederholen, ich wiederhole	*repeat, I repeat*
RSP	Antwortsenderbake	*responder beacon*
RSR	Streckenrundsichtradar	*en route surveillance radar*
RT	Rechtskurve	*right turn*
RTF	Sprechfunkgerät	*radiotelephone*
RTG	Tastfunkgerät	*radiotelegraph*

442

RUT	regionale Streckenfrequenzen	*standard regional route transmitting frequencies*
RV	Rettungsboot	*rescue vessel*
RVR	Start- und Landebahnsichtweite	*runway visual range*
RWY	Start- und Landebahn	*runway*
S	Süd, südliche Breite	*south, southern latitude*
SAP	sobald wie möglich	*as soon as possible*
SAR	Such- und Rettungsdienst	*search and rescue*
SARPS	Richtlinien und Empfehlungen (ICAO)	*Standards and Recommended Practices (ICAO)*
Sat	Samstag	*Saturday*
SCT	aufgelockert	*scattered*
SE	Südost	*south-east*
SEC	Sekunde(n)	*second(s)*
SEL	Selektivrufsystem	*Selective Calling System (SELCAL)*
SEP	September	*September*
SEV	schwer	*severe*
SFC	Oberfläche, Fläche	*surface*
SID	Standard-Instrumentenabflug	*standard instrument departure*
SIF	Selektives Freund/Feind-Kennungssystem	*selective identification feature*
SIMUL	gleichzeitig	*simultaneous(ly)*
SIWL	vergleichbare Einzelradlast	*single isolated wheel load*
SKED	Plan, planmäßig	*schedule, scheduled*
SMC	Bodenbewegungskontrolle	*surface movement control*
SMR	Bodenbewegungsradar	*surface movement radar*
SNOWTAM	Besondere NOTAM-Serie, die über besondere winterliche Bedingungen auf den Bewegungs- flächen Auskunft gibt	*Special NOTAM series concerning special winterly conditions on the movement area*
SPL	Flugplanergänzungsmeldung	*supplementary flight plan message*
SR	Sonnenaufgang	*sunrise*
SRE	Rundsichtradarteil für PAR	*surveillance radar element of PAR*
SRG	kleine Reichweite	*short range*
SS	Sonnenuntergang	*sunset*
SSE	Südsüdost	*southsoutheast*
SSR	Rundsicht-Sekundärradar	*secondary surveillance radar*
SST	Überschallbeförderung	*supersonic transport*
SSW	Südsüdwest	*southsouthwest*
STA	Geradeausanflug	*straight-in approach*
STAR	Standard-(Instrumenten-)einflug- strecke	*standard (instrument) arrival route*
STOL	Kurzstart und Kurzlandung	*short take-off and landing*

Sun	Sonntag	*Sunday*
SVCBL	benutzbar, einsatzbereit	*serviceable*
SW	Südwest	*south-west*
t	Tonne(n), (Gewicht)	*ton(s) (weight)*
TAR	Platzrundsichtradar, Nahverkehrs-bereichsradar	*terminal area surveillance radar*
TAS	wahre Eigengeschwindigkeit	*true airspeed*
TAX	rollen, rollend	*taxi, taxying*
TDZ	Aufsetzzone	*touchdown zone*
TEL	Fernsprecher	*telephone*
TEMPO	vorübergehend	*temporary*
TFC	Verkehr	*traffic*
TGL	Aufsetzen und Durchstarten	*touch-and-go landing*
THR	Schwelle	*threshold*
Thu	Donnerstag	*Thursday*
TIL	bis	*until*
TKOF	Start	*take-off*
TODA	verfügbare Startstrecke	*take-off distance available*
TORA	verfügbare Startlaufstrecke	*take-off run available*
TR	Kurs über Grund	*track*
TRA	zeitweilig reservierter Luftraum	*temporary reserved airspace*
TRANS	senden, Sender	*transmit, transmitter*
Tue	Dienstag	*Tuesday*
TWR	Platzkontrollstelle, Platzkontrolle	*aerodrome control tower, aerodrome control*
TYP	Luftfahrzeugmuster	*type of aircraft*
UFN	bis auf weiteres	*until further notice*
UNL	unbegrenzt	*unlimited*
UNREL	unzuverlässig	*unreliable*
U/S	unbrauchbar	*unserviceable*
USAFE	Amerikanische Luftwaffe Europa	*US Air Force Europe*
UTC	Koordinierte Weltzeit	*Universal time coordinated*
VAL	Sichtanflug- und Landekarte	*visual approach and landing chart*
VASIS	Gleitwinkelbefeuerung	*visual approach slope indicator system*
VDF	UKW-Peilstelle	*VHF direction-finding station*
VFR	Sichtflugregeln	*visual flight rules*
VHF	Ultrakurzwellen	*very high frequency*
VIA	über	*by way of*
VIO	schwer (Störungen)	*heavy (interference)*
VIP	sehr wichtige Persönlichkeit	*very important person*
VIS	Sicht	*visibility*
VLR	sehr große Reichweite	*very long range*

VMC	Sichtwetterbedingungen	*visual meteorological conditions*
VOLMET	Wetterinformationen für Luftfahrzeuge im Fluge	*meteorological information for aircraft in flight*
VRB	veränderlich	*variable*
VTOL	Senkrechtstart und -landung	*vertical take-off and landing*
W	West, westliche Länge	*west, western longitude*
W	weiß	*white*
WDI	Windrichtungsanzeiger	*wind direction indicator*
Wed	Mittwoch	*Wednesday*
WEF	mit Wirkung vom	*with effect from, effective from*
WIE	mit sofortiger Wirkung	*with immediate effect, effective immediately*
WIP	Durchführung von Arbeiten	*work in progress*
WNW	Westnordwest	*westnorthwest*
WSW	Westsüdwest	*westsouthwest*
WX	Wetter	*weather*
XS	atmosphärische Störungen	*atmospherics*
Y	gelb	*yellow*
YCZ	gelbe Warnzone (Start- und Lande-bahnbefeuerung)	*yellow caution zone (runway lighting)*
yd	Yard(s) (Maßeinheit)	*yard(s) (dimensional unit)*
YR	Ihr	*your*

Flugplan

Flightplan

ACPT	annehmen, angenommen	*accept or accepted*
AFIL	Flugplanabgabe in der Luft	*flight plan filed in the air*
AFS	Fester Flugfernmeldedienst	*aeronautical fixed service*
AFTN	Festes Flugfernmeldenetz	*aeronautical fixed telecommunication network*
AIC	Aeronautical Information Circular	*Aeronautical information circular*
AIP	Luftfahrthandbuch	*Aeronautical information publication*
AIRAC	System zur Regelung der Verbreitung von Luftfahrtinformationen	*Aeronautical information regulation and control*
AIS	Flugberatungsdienst	*Aeronautical information service*
ALTN	Ausweichflugplatz	*alternate aerodrome*
ARR	ankommen, Ankunft	*arrive or arrival*
CHG	Änderungsmeldung	*modification message*
CLSD	geschlossen	*closed*
CNL	aufheben	*cancel*
CNL	Flugplanaufhebungsmeldung	*flight plan cancellation message*
COM	Fernmeldewesen	*communications*
COR	richtig, berichtigt, Berichtigung	*correct or corrected or correction*
CPL	Meldung bezügl. des geltenden Flugplans	*current flight plan message*
CS	Rufzeichen	*call sign*
CVFR	Kontrollierter VFR-Flug	*controlled VFR flight*
DEP	Abfliegen, Abflug	*depart or departure*
DEP	Start-, Abflugmeldung	*departure message*
DEST	Bestimmungsort, Ziel	*destination*
DLA	Verspätungsmeldung	*delay message*
EET	Voraussichtliche Flugdauer	*estimated elapsed time*
EOBT	Voraussichtliche Abblockzeit	*estimated off-block time*
EQPT	Ausrüstung, Gerät	*equipment*
FL	Flugfläche	*flight level*
FPL	aufgegebene Flugplanmeldung	*filed flight plan message*
FREQ	Frequenz	*frequency*
IFR	Instrumentenflugregeln	*instrument flight rules*
INOP	außer Betrieb, stillgelegt, ausgefallen	*inoperative*
MAP	Luftfahrtkarten	*aeronautical maps and charts*
NOF	Internationales NOTAM-Büro	*International NOTAM office*
PLN	Flugplan	*flight plan*
POB	Personen an Bord	*persons on board*
PPR	vorherige Genehmigung erforderlich	*prior permission required*
REC	empfangen, Empfänger	*receive or receiver*

REQ	ersuche, ersucht	*request or requested*
RIF	Neufreigabe während des Fluges	*reclearance in flight*
RMK	Bemerkung	*remark*
RON	nur Empfang	*receiving only*
RPL	Dauerflugplan	*repetitive flight plan*
RQS	Anforderung für Flugplan-ergänzungsmeldung	*request supplementary flight plan message*
RUT	Regionale Streckenfrequenzen	*standard regional route transmitting frequencies*
SKED	Plan, planmäßig	*schedule or scheduled*
SPL	Flugplanergänzungsmeldung	*supplementary flight plan message*
TAS	Wahre Eigengeschwindigkeit	*true airspeed*
TGL	Aufsetzen und Durchstarten	*touch-and-go landing*
TRANS	senden, Sender	*transmits or transmitter*
TYP	Luftfahrzeugmuster	*type of aircraft*
VFR	Sichtflugregeln	*visual flight rules*
VIP	sehr wichtige Persönlichkeit	*very important person*

Flugplatz

Aerodrome

ABN	Flugplatzleuchtfeuer	*aerodrome beacon*
ACN	Lastklassifikationszahl des Luftfahr-zeuges	*aircraft classification number*
ACFT	Luftfahrzeug(e)	*aircraft*
ACP	Höhenmesserkontrollpunkt	*altimeter check location*
AD	Flugplatz	*aerodrome*
AGA	Flugplätze und Bodenhilfen	*aerodromes and ground aids*
AGNIS	Azimutführungshilfe für Bugeinwärtsaufstellung	*azimuth guidance for nose-in stands*
ALA	Landebereich	*alighting area*
AOC	Flugplatzhinderniskarte	*aerodrome obstruction chart*
ARP	Flugplatzbezugspunkt	*aerodrome reference point*
ASDE	Rollfeldüberwachungsanlage (RADAR)	*airport surface detection equipment*
ASPH	Asphalt	*asphalt*
ATIS	automatische Ausstrahlung von Lande- und Startinformationen	*automatic terminal information service*
AUW	Gesamt(flug)gewicht, Fluggewicht	*all up weight*
AVGAS	Luftfahrt-Benzin	*aviation gasoline*
BA	Bremswirkung	*braking action*
BLDG	Gebäude	*building*
CONC	Beton	*concrete*
COND	Zustand, Beschaffenheit	*condition*
CONST	Bau, gebaut	*construction or constructed*
CUST	Zoll	*customs*
CWY	Freifläche	*clearway*
„d"	Stärke flexibler Decken	*thickness of flexible pavement*
ELEV	Ortshöhe über NN	*elevation*
EQPT	Ausrüstung, Gerät	*equipment*
FAC	Einrichtungen, Anlagen	*facilities*
HBN	Gefahrenfeuer	*hazard beacon*
IR	Eis auf der Start- und Landebahn	*ice on runway*
L	links (Start- und Landebahn-bezeichnung)	*left (runway identification)*
„I"	Westergaard-Radius der relativen Steifigkeit starrer Decken	*Westergaard radius of relative stiffness of rig pavement*
LCN	Tragfähigkeitszahl	*load classification number*
LDA	verfügbare Landestrecke	*landing distance available*
LDI	Landerichtungsanzeiger	*landing direction indicator*
LGT	Feuer, Befeuerung	*light or lighting*
LGTD	beleuchtet	*lighted*
LIH	Hochleistungsbefeuerung	*light intensity high*

LIL	Niederleistungsbefeuerung	*light intensity low*
MPW	zulässiges Höchstgewicht	*maximum permissible weight*
OBST	Hindernis	*obstruction*
OCA/H	Hindernisfreihöhe über NN/Grund	*obstacle clearance altitude/height*
OPR	Halter, betreiben, in Betrieb	*operator or operate or operative or operating or operational*
OPS	Betrieb	*operations*
O/R	auf Anforderung	*on request*
PCN	Lastklassifikationszahl des Belages	*pavement classification number*
PPR	vorherige Genehmigung erforderlich	*prior permission required*
PSP	Stahlrostplatte	*pierced steel plank*
R	rechts (Start- und Landebahnbezeichnung)	*right (runway identification)*
RCL	Start- und Landebahn-Mittellinie	*runway centre line*
RWY	Start- und Landebahn	*runway*
SFC	Oberfläche, Fläche, Decke, Boden	*surface*
SIWL	Vergleichbare Einzelradlast	*single isolated wheel load*
SMC	Bodenbewegungskontrolle	*surface movement control*
SMR	Bodenbewegungsradar	*surface movement radar*
STOL	Kurzstart und Kurzlandung	*short take-off and landing*
SWY	Stoppbahn, Stoppfläche	*stopway*
TAX	rollend, rollen	*taxying or taxi*
TDZ	Aufsetzzone	*touchdown zone*
TEL	Fernsprecher	*telephone*
THR	Schwelle	*threshold*
TODA	verfügbare Startstrecke	*take-off distance available*
TORA	verfügbare Startlaufstrecke	*take-off run available*
TWY	Rollbahn	*taxiway*
UFN	bis auf weiteres	*until further notice*
U/S	unbrauchbar	*unserviceable*
VTOL	Senkrechtstart und -landung	*vertical take-off and landing*
WDI	Windrichtungsanzeiger	*wind direction indicator*
WIP	Durchführung von Arbeiten	*work in progress*
XBAR	Querbalken (des Anflugbefeuerungssystems)	*crossbar (of approach lighting system)*
YCZ	gelbe Warnzone (Start- und Landebahnfeuerung)	*yellow caution zone (runway lighting)*

Flugwetter

Aeronautical weather

AFWA	Automatische Flugwetteransage	*automatic flight weather advisory*
AIREP	Flugmeldung	*air report*
ARFOR	Gebiets-Wettervorhersage (verschlüsselt)	*area forecast (in aeronautical meteorological code)*
ARMET	Höhenwind- und Temperatur-vorhersage an bestimmten Punkten	*forecast upper wind and temperature at specified points (in aeronautical met code)*
AS	Altostratus	*altostratus*
BASE	Wolkenuntergrenze	*cloud base*
BCFG	Nebelschwaden	*fog patches*
BKN	aufgebrochen (Bewölkung)	*broken*
BLO	unterhalb der Wolken	*below clouds*
BLSN	Schneetreiben	*blowing snow*
BR	(feuchter) Dunst	*mist*
BTL	zwischen Wolkenschichten	*between layers*
C	Celsiusgrade	*degrees celsius (centigrade)*
CAT	Turbulenz in wolkenfreier Luft	*clear air turbulence*
CAVOK	Sicht, Wolken und gegenwärtiges Wetter besser als die vorgeschrie-benen Werte oder Bedingungen	*visibility, cloud and present weather better than prescribed values or conditions*
CB	Cumulonimbus	*cumulonimbus*
CC	Cirrocumulus	*cirrocumulus*
CI	Cirrus	*cirrus*
COV	Decke, bedeckt, bedeckend	*cover or covered or covering*
CS	Cirrostratus	*cirrostratus*
CU	Cumulus	*cumulus*
DEG	Grad	*degrees*
DENEB	Entnebelungsverfahren in Betrieb	*fog dispersal operations*
DP	Taupunkttemperatur	*dew point temperature*
DRSN	niedriges Schneefegen	*low drifting snow*
DTG	Datum-Zeit-Zahlengruppe	*date-time group*
DTRT	verschlechtern, verschlechternd	*deteriorate or deteriorating*
DUR	Dauer	*duration*
DWD	Deutscher Wetterdienst	*Deutscher Wetterdienst (German Meteorological Service)*
DZ	Sprühregen	*drizzle*
EXTD	Ausdehnen(d), erstrecken(d)	*extend or extending*
FBL	leicht (Vereisung, Böigkeit, Störung oder atmosphärische elektrische Entladungen)	*light (icing, turbulence, interference or static reports)*
FC	Großtrombe	*funnel cloud*
FCST	Wettervorhersage	*forecast*

FG	Nebel	*fog*
ft	Fuß (Maßeinheit)	*feet (dimensional unit)*
FU	Industrierauch	*smoke*
FZ	gefrierend	*freezing*
FZDZ	gefrierender Sprühregen	*freezing drizzle*
FZFG	gefrierender Nebel	*freezing fog*
FZRA	gefrierender Regen	*freezing rain*
GAFOR	Flugwettervorhersage für die Allgemeine Luftfahrt	*General aviation forecast*
GMT	Mittlere Greenwich Zeit	*Greenwich mean time*
GR	Hagel, Graupel	*hail or soft hail*
GRADU	allmählich, stufenweise	*gradual or gradually*
gr/m³	Gramm je Kubikmeter	*gramme(s) per cubic metre*
hPa	Hektopascal	*hectopascal*
ICE	Vereisung	*icing*
IMC	Instrumentenwetterbedingungen	*instrument meteorological conditions*
IMPR	verbessern, besser werdend	*improve or improving*
IR	Eis auf der Start- und Landebahn	*ice on runway*
km	Kilometer	*kilometre(s)*
kt	Knoten	*knot(s)*
LMT	mittlere Ortszeit	*local mean time*
LSQ	Linienbö	*line squall*
LYR	Schicht, geschichtet	*layer or layered*
m	Meter	*metre(s)*
MET	Wetter . . . , Wetterkunde	*meteorological or meteorology*
METAR	planmäßige Flugwettermeldung (verschlüsselt)	*aviation routine weather report (in aeronautical met code)*
MIFG	flacher Nebel, Wiesennebel	*shallow fog*
MOD	mäßig (Vereisung, Böigkeit, Störungen oder atmosph. elektrische Entladungen)	*moderate (icing, turbulence, interference or static reports)*
MOTNE	Europäisches Flugwetter-Fernmeldenetz	*meteorological operational tele-communications network Europe*
mps	Meter je Sekunde	*metre(s) per second*
MS	minus	*minus*
MSG	Meldung	*message*
MWO	Flugwetter-Überwachungsstelle	*meteorological watch office*
MX	gemischte Eisbildung (weiß und klar)	*mixed type of ice formation (white and clear)*
NC	keine Veränderung	*no change*
NGT	Nacht	*night*
NML	normal	*normal*

NOSIG	keine bedeutsame Veränderung (beim Trend in der Landewettervorhersage)	*no significant change (used in trend-type landing forecasts)*
NS	Nimbostratus	*nimbostratus*
OBS	beobachten, beobachtet, Beobachtung	*observe or observed or observation*
OBSC	undeutlich, unbekannt	*obscure or obscured or obscuring*
OCNL	gelegentlich	*occasional or occasionally*
OPA	Trübe, mit Angabe der Eisbildung	*opaque, with type of ice formation*
O/R	auf Anforderung	*on request*
OTP	über der Wolkenobergrenze	*on top*
P_s	Vorhersagekarte (Boden)	*prognostic chart (surface)*
P_2	Vorhersagekarte für 200 mb-Fläche	*prognostic chart for 200 mb surface*
P_{25}	Vorhersagekarte für 250 mb-Fläche	*prognostic chart for 250 mb surface*
P_3	Vorhersagekarte für 300 mb-Fläche	*prognostic chart for 300 mb surface*
P_5	Vorhersagekarte für 500 mb-Fläche	*prognostic chart for 500 mb surface*
P_7	Vorhersagekarte für 700 mb-Fläche	*prognostic chart for 700 mb surface*
P_{85}	Vorhersagekarte für 850 mb-Fläche	*prognostic chart for 850 mb surface*
PE	Eiskörner	*ice pellets*
PERM	dauernd	*permanent*
PO	Staubwirbel	*dust devils*
PROB	Wahrscheinlichkeit	*probability*
PS	plus	*plus*
QFA	Streckenwettervorhersage	*route weather forcast*
QFE	Luftdruck in Flugplatzhöhe (oder an der Start- und Landebahnschwelle)	*atmospheric pressure at aerodrome elevation (or at runway threshold)*
QNH	Höhenmesser-Skaleneinstellung, um bei der Landung die Flugplatzhöhe zu erhalten	*altimeter sub-scale setting to obtain elevation when on the ground*
RA	Regen	*rain*
RASH	Regenschauer	*rain showers*
RASN	Schneeregen, Schneeregenschauer	*rain and snow or showers of rain and snow*
RE	vor kurzem (bei Wettererscheinungen, z. B. vor kurzem Regen = RERA)	*recent (for weather phenomena, e. g. recent rain = RERA)*
ROFOR	Streckenwettervorhersage (verschlüsselt)	*route forecast (in aeronautical meteorological code)*
RTD	verspätet (Anzeige einer verspäteten Wettermeldung)	*delayed (indication of delayed meteorological message)*
RVR	Start- und Landebahnsichtweite	*runway visual range*
S_3	3-stündige synoptische Bodenwetterkarten	*3-hourly surface synoptic charts*

S$_6$	6-stündige synoptische Boden-wetterkarten	*6-hourly surface synoptic charts*
SA	Staubsturm, Sandsturm, aufge-wirbelter Staub oder Sand	*duststorm, sandstorm, rising dust or rising sand*
SC	Stratocumulus	*stratocumulus*
SCT	aufgelockert	*scattered*
SEV	schwer (bei Vereisungs- und Böigkeitsmeldungen)	*severe (for icing and turbulence reports)*
SFC	Oberfläche, Fläche, Decke, Boden	*surface*
SG	Schneegriesel	*snow grains*
SH	Schauer	*showers*
SIGMET	Information bezüglich Wetter-erscheinungen auf der Flugstrecke, die die Sicherheit des Flugbetriebs beeinträchtigen können	*information concerning en route weather phenomena which may affect the safety of aircraft operations*
SKC	Himmel klar	*sky clear*
SN	Schnee	*snow*
SNOWTAM	NOTAM-Serie über gefährliche Zustände, verursacht durch Schnee, Eis, Matsch etc., auf Bewegungs-flächen	*special series NOTAM on hazardous conditions due to snow. ice, slush etc. on movement area*
SNSH	Schneeschauer	*snow showers*
SPECI	ausgewählte Sonderwettermel-dung für die Luftfahrt (verschlüsselt)	*aviation selected special weather report (in aeronautical met code)*
SPECIAL	Sonderwettermeldung (in abgekürztem Klartext)	*special meteorological report (in abbreviated plain language)*
SQ	Bö	*squall*
SR	Sonnenaufgang	*sunrise*
SS	Sonnenuntergang	*sunset*
ST	Stratus	*stratus*
T	Temperatur	*temperature*
TAF	Flughafen-Wettervorhersage	*aerodrome forecast*
TCU	Quell-Cumulus	*towering cumulus*
TEMPO	vorübergehend	*temporary or temporarily*
TOP	Wolkenobergrenze	*cloud top*
TS	Gewitter	*thunderstorm*
TSGR	Gewitter mit Hagel	*thunderstorm with hail*
TSSA	Gewitter mit Staub- oder Sandsturm	*thunderstorm with duststorm or sandstorm*
TURB	Turbulenz, Böigkeit	*turbulence*
U$_1$	absolute Topographie der 100 mb-Fläche	*100 mb chart*

U₂	absolute Topographie der 200 mb-Fläche (siehe auch U₃, U₅, U₇, U₈₅)	*200 mb chart*
VIO	schwer (Störungen oder atmosphärische elektrische Entladungen)	*heavy (interference or static reports)*
VIS	Sicht	*visibility*
VMC	Sichtwetterbedingungen	*visual meteorological conditions*
VOLMET	Wetterinformationen für Luftfahrzeuge im Fluge	*meteorological information for aircraft in flight*
VRB	veränderlich	*variable*
WDI	Windrichtungsanzeiger	*wind direction indicator*
WX	Wetter	*weather*
XS	atmosphärische Störungen	*atmospherics*
XX	stark (bei Wettererscheinungen, wie Regen, z. B. starker Regen = XXRA)	*heavy (for weather phenomena such as rain, e. g. heavy rain = XXRA)*

Such- und Rettungsdienst

Search and rescue service

AIRAC	System zur Regelung der Verbreitung von Luftfahrtinformationen	*aeronautical information regulation and control*
AIREP	Flugmeldung	*air-report*
ALERFA	Bereitschaftsstufe	*alert phase*
ALR	Alarmierungsmeldung	*alerting message*
ARR	ankommen, Ankunft	*arrive or arrival*
ARR	Landemeldung	*arrival message*
ARS	Sonderflugmeldung	*special air-report*
ATTN	Achtung, beachten	*attention*
BCST	Rundfunk, Rundsendung	*broadcast*
CTN	Vorsicht, Warnung	*caution*
DETRESFA	Notstufe	*distress phase*
DNG	Gefahr, gefährlich	*danger or dangerous*
ELBA	selbsttätiger Notsender – Luftfahrzeug	*emergency location beacon – aircraft*
EMERG	Dringlichkeit, Notlage	*emergency*
EQPT	Ausrüstung, Gerät	*equipment*
FPL	aufgegebene Flugplanmeldung	*filed flight plan message*
GAF	Deutsche Bundeswehr (Luftwaffe)	*German Air Force*
HEL	Hubschrauber	*helicopter*
ID	Kennung, Identifizierung, erkennen	*identifier or identification or identify*
INCERFA	Ungewißheitsstufe	*uncertainty phase*
INFO	Information, Auskunft	*information*
LBA	Luftfahrt-Bundesamt	*Luftfahrt-Bundesamt*
MNT	Überwachungsgerät, überwachen, überwacht	*monitor or monitoring or monitored*
MRG	mittl. Reichweite (SAR-Flugzeuge)	*medium range (SAR aircraft)*
MSG	Meldung	*message*
OPS	Betrieb	*operations*
O/R	auf Anforderung	*on request*
POB	Personen an Bord	*persons on board*
PSN	Standort	*position*
QDM	mißweisender Steuerkurs zur Peilstation	*magnetic heading to DF station*
QDR	mißweisende Peilung	*magnetic bearing*
QTE	rechtweisende Peilung	*true bearing*
RCC	SAR-Leitstelle	*rescue coordination centre*
RSC	SAR-Unterleitstelle	*rescue sub-centre*
RSP	Antwortsenderbake	*responder beacon*
RV	Rettungsboot	*rescue vessel*
SAR	Such- und Rettungsdienst	*search and rescue*
SRR	Such- und Rettungsgebiet	*search and rescue region*